狱政管理

（第二版）

主　　编：唐新礼

副 主 编：黄慧芸　周盛军　张要平

参编人员：（以撰写章节先后为序）

唐新礼　黄慧芸　唐贵平

张学仁　孙宏艳　孙宪平

王利杰　王　梅　周盛军

王　丽　张要平

法律出版社

LAW PRESS · CHINA

——北京——

图书在版编目(CIP)数据

狱政管理 / 唐新礼主编. -- 2版. -- 北京 : 法律出版社, 2020(2025.1重印)
ISBN 978-7-5197-4383-3

Ⅰ. ①狱… Ⅱ. ①唐… Ⅲ. ①监狱－管理学－中国
Ⅳ. ①D926.7

中国版本图书馆CIP数据核字(2020)第057199号

狱政管理(第二版)
YUZHENG GUANLI(DI-ER BAN)

唐新礼 主编

责任编辑 李 群 陈 熙
装帧设计 贾丹丹

出版发行 法律出版社
编辑统筹 法规出版分社
责任校对 张红蕊
责任印制 耿润瑜
经 销 新华书店

开本 710毫米×1000毫米 1/16
印张 22.5 字数 368千
版本 2020年7月第2版
印次 2025年1月第5次印刷
印刷 天津嘉恒印务有限公司

地址:北京市丰台区莲花池西里7号(100073)
网址:www.lawpress.com.cn
投稿邮箱:info@lawpress.com.cn
举报盗版邮箱:jbwq@lawpress.com.cn

销售电话:010-83938349
客服电话:010-83938350
咨询电话:010-63939796

书号:ISBN 978-7-5197-4383-3
定价:48.00元

主编简介

唐新礼 北京大学在职研究生学历，原新疆兵团警官高等专科学校副教授、三级警监、主任，从事兵团监狱系统的狱政管理和监狱学等方面研究。先后担任刑事司法系主任、公安系书记、心理健康教育中心主任。参加国家级、省部级课题三项，担任监狱方面十余部教材的主编、副主编，发表论文二十余篇。曾在新疆兵团农一师夏黑里克监狱任劳改中队区队长，狱政科干事，教培中心教员等基层工作经历，曾获“司法部优秀教师”称号，获兵团监狱工作30年纪念章，还获得八次嘉奖，单位若干优秀教师和先进工作者称号。

前　　言

《狱政管理》是监狱学专业中非常重要的专业课程，本教材吸取了以往教材的经验，借鉴了当前狱政管理中的成功经验，在结合狱政管理“四防一体化”的要求下，突出了狱政管理的理论性、系统性、应用性、规范性和科学性，在广泛调研的基础上，编写了本教材。

狱政管理结合理论与实践，走向开放式研究，走向多元化研究，走向个性化研究，完成了目标转变、评价转变、服务转变。随着我国监狱管理的法治化、科学化、社会化的开展，如何进一步提高罪犯管理技术，减少和预防狱内再犯罪，构建和谐监狱，已成为监狱人民警察普遍关注的问题。《狱政管理》不仅是一个教学的依据，一种文化传递的工具或实现目标的文化载体，而且它还具有一个重要功能即能够启发监狱工作者和其他读者去实践和研究。参编本教材的同志都具有良好的理论素养，长期在一线监狱调研，又有丰富的教学经验，他们以前瞻性的视野，开拓性的思维，基于现代监狱管理的理念，立足于监狱工作事业的高度负责的职业操守，大胆创新，小心求证，精心钻研，为《狱政管理》的编写夯实了基础。

《狱政管理》由唐新礼任主编，黄慧芸、周盛军、张要平任副主编。全书由唐新礼审查、修改定稿。各章撰稿人为（以撰写章节先后为序）：

唐新礼　（新疆兵团警官高等专科学校）：第一章、第十三章
黄慧芸　（广西警察学院）：第二章、第三章
唐贵平　（湖南司法警官职业学院）：第四章、第五章
张学仁　（宁夏司法警官职业学院）：第六章、第十一章
孙宏艳　（河南司法警官职业学院）：第七章
孙宪平　（新疆兵团警官高等专科学校）：第八章

王利杰　（河北司法警官职业学院）：第九章、第十章
王　梅　（安徽警官职业学院）：第十二章
周盛军　（黑龙江司法警官职业学院）：第十四章、第十五章
王　丽　（江西司法警官职业学院）：第十六章（第一、二节）
张要平　（新疆兵团警官高等专科学校）：第十六章（第三、四节）

目　录

第一章

狱政管理与组织机构

第一节　狱政管理的研究对象

一、狱政管理的诠释

狱政管理是一种特殊行业的管理，是监狱警察对在押罪犯执行刑罚和处理狱内罪犯一切事务的管理活动，2012 年 10 月 26 日第十一届全国人民代表大会常务委员会第二十九次会议修正《监狱法》，赋予了监狱管理艰巨的任务，也为狱政管理的发展提供了新的机遇和挑战。伴随着新时代的伟大进程，在中国共产党的坚强领导下，中国监狱警察始终不忘初心、不断前行，改造罪犯的工作虽经艰难曲折，却又神圣而光荣。监狱警察坚持以人民为中心，坚守安全底线，严格公正执法，践行改造宗旨，促进社会和谐稳定，这正是新中国监狱工作者的初心和使命。

狱政管理是监狱所开展的刑事司法行政管理活动，它拥有特殊的管理目的、管理对象、管理手段及管理方法。简单地说，狱政管理者是代表国家对罪犯执行刑罚、教育改造及从事相关行政司法活动的主体。被管理者是被依法判处实体刑的在押罪犯，它包括罪犯在服刑期内的所有日常管理活动。

由此可见，狱政管理是在一个特殊的层面、在狭义的基础上研究监狱内的司法行政事务，是监狱对罪犯惩罚矫治方面的执法事项的管理。现代的监狱工作，在体制改革后涉及面广泛，内容丰富，各方面的具体工作较多，尤其在转型中表现得更为淋漓尽致，如罪犯的日常管理，刑务管理，生活、文化、奖惩等各种信息化的管理。

（一）狱政管理

狱政管理是指我国监狱依法对在押罪犯直接进行的刑罚执行过程中所实施的刑务和狱内行政事务的管理活动。

狱政管理是特殊的局部管理，在具体操作中应把握以下几个方面的内容：

1. 狱政管理是依法实施的活动

《监狱法》规定，狱政管理的内容包括分押分管、武装警戒、戒具和武器使用、通信会见、生活卫生、考核奖惩等业务。突出表现在它贯穿于监狱惩罚与改造罪犯的全过程，用严格管理、科学文明管理、严密的组织形式，对在押罪犯实施监督、控制、矫正，为正确执行刑罚、有效改造罪犯提供前提和保障作用。

2. 狱政管理是对在押罪犯的行刑管理

狱政管理主要针对依法裁定的罪犯，主要表现在对判处有期徒刑、无期徒刑和死刑缓期二年执行的罪犯的刑罚执行。具体来说，是通过收监对罪犯进行组织、监督与控制，采取有效的手段和方法实现判决，起到预防和减少犯罪的目的。

3. 狱政管理是监狱民警对罪犯的直接管理活动

从基本理论上说，把罪犯的所有活动控制在监狱民警手中，24 小时不间断监控。它是我国几十年监狱实践的总结和发扬，彰显出狱政管理的基本属性。

4. 狱政管理是监狱一切行政事务的管理活动

狱内场所的管理内容丰富，涉及面广泛，除了正常的刑务管理外，罪犯的一切生活制度、文化娱乐、安全防范、行政活动都包含在内，它渗透于罪犯改造的全过程。

5. 狱政管理是监狱管理的桥梁和纽带

狱内的三大现场管理，它直接涉及两项，也是提高监狱安全及防范不可缺少的重要环节。狱政管理还担负着对上级狱情反映和对罪犯服刑改造表现情况汇总的职责。

（二）狱政管理的依据

我国的狱政管理经过两个大的变革时期（第一个时期被称为劳改工作，第二个时期被称为监狱工作），被法律所确认并固定下来，它是代表国家执行刑罚的活动。要保证国家执法者和被刑罚对象的合法性，即保证两个权益（监狱民警的执法权、在押罪犯的合法权益）有效地实现，必须具有实施和运作的有关依据。狱政管理是一项严肃的执法活动，在具体实施过程中，要依法办事，确保管理内容、方法、手段、行为都符合法律的规定和要求，把狱政管理真正纳入法治化建设的轨道中。

1. 以法律为依据

在《宪法》的基础上制定了《监狱法》，达到了有法可依、执法必严、违法必究的目的，同时又有《刑法》《刑事诉讼法》《国家赔偿法》作保障。明确了狱政管理的基本职权、基本内容、基本程序和基本手段，在国家法律的保护下，使狱政管理活动不出偏差。对分押分管、警戒看守、戒具和武器使用、日常事务都作了明确的规定，以此来确保狱政管理的专门性和直接性。除法律规定外，监狱的行政性文件，如细则、规范、规定、办法以及相关文件都为狱政管理提供了详细的、可操作性较强的依据，直接指导、规范和调整着狱政管理的一切活动。

2. 以政策为依据

监狱的一切工作中心都必须与党和国家的政策保持高度一致，将其作为立足点来指导监狱工作，确保党的方针政策在监狱的展开。在转变观念、创新发展时都要依据党和国家的基本刑事政策，如人道主义、惩办与宽大、区别对待、给出路的政策。《监狱法》的颁布，明确了监狱工作方针政策，即“以人为本”和“两个结合”（惩罚与改造相结合、教育与劳动相结合）的方针。有这些方针政策作为指导，才能保证狱政管理活动的顺利运作和发展。

3. 以科学为依据

随着我国社会的经济发展，监狱也不断发生变化，这使狱政管理更具有合法性、合理性、科学性。这是惩罚和改造罪犯的需要，也是狱政管理发展的必然。现代管理理论、现代管理技术、现代管理手段、现代管理方法都为狱政管理夯实了基础，让狱政管理从旧式的管理模式发展到新式的管理模式，从根本上提高了管理质量和管理水平。狱政管理的对象是“人”（犯了罪的人，即被关押在监狱的人）。对他们的管理应以现代行为管理为核心内容，以“人本管理”为依据，不断完善狱政管理的内容、体系，改革管理方法、手段，提升狱政管理质量。随着社会科学技术的迅猛发展，很多先进的技术已经运用到管理之中，监狱的控制、监督、技术防范设施装备等具有较高技术含量的现代科技推动着监狱文明的进程，也加快了狱政管理现代化建设的步伐。

4. 以实践为依据

众所周知，理论来源于实践，实践为理论提供依据。我国的狱政管理经过几十年的实践，积累了很多成功的经验和做法，形成了具有中国特色的监狱管理模式，为狱政管理活动的创新和发展提供了理论和实践依据。狱政管理随着社会的发展而发展，几十年的狱政管理积累了丰富的经验，管理内容、制度管理的方法与手段，在具体的实践运作中被法律所固定并加以规范。狱政管理的很多成功做法被肯定，也检验了狱政管理的利弊。在经济发展的今天，监狱押犯的结构也发生了巨大的变化，这必然会带来狱政管理实践的变化。狱政管理活动必须适应新的变化、新的情况、新的特点，与社会的发展相适应，与在押罪犯的特点及种种变化相适应，从现行改造罪犯的实际出发，勇于实践，不断创新，为提高狱政管理的质量和水平提供新的思路和途径。

二、狱政管理的研究对象

要确定狱政管理的研究对象，首先，要从理论上确认，狱政管理是《监狱法》内容之一。狱政管理有它独有的理论基础，有自己的研究领域和对象。要摒弃那种认为狱政管理只是接受关押罪犯，把罪犯管好，办好罪犯的日常管理等错误认识。其次，要区别管理者与被管理者的关系问题，二者既有联系又有区别。管理者是管理活动的主体，同时国家又是狱政管理的主体，监狱代表国家行使狱政管理权，监狱人民警察又是狱政管理的具体实施者，而罪犯属于被管理者，是研究的主要对象。从总体而言，狱政管理活动的一切活动都属于管理范畴，由管理者、管理对象、管理手段、管理目标等基本内容组成。狱政管理所反映的内容都是狱政管理所研究的内容，目的在于揭示狱政管理的本质和规律以及其他关系，来指导狱政管理的司法行政实践活动。

任何一门学科都有其相对固定的学科体系和研究对象，这是学科建立的基础，也是狱政管理区别于其他学科的主要根据。狱政管理旨在专门研究监狱这一特殊行业的相关问题。因为狱政管理有其独特的管理对象——罪犯。他们都是被判处刑罚正在监狱内服刑的罪犯，与所有社会人相关的物质条件、时间、空间等都受到一定程度的限制。因而形成狱政管理在管理方式、方法、手段、目标、要求等方面的特殊方式。主要从以下几方面进行探讨：

（一）监狱管理者

《人民警察法》第2条第2款规定：“人民警察包括公安机关、国家安全机关、监狱、劳动教养管理机关的人民警察和人民法院、人民检察院的司法警察。”第18条规定：“国家安全机关、监狱、劳动教养管理机关的人民警察和人民法院、人民检察院的司法警察，分别依照有关法律、行政法规的规定履行职权。”

《监狱法》第5条规定：“监狱的人民警察依法管理监狱、执行刑罚、对罪犯进行教育改造等活动，受法律保护。”第12条第2款规定：“监狱的管理人员是人民警察。”其主要表现在：第一，我国狱政管理法律关系由国家和罪犯两方面构成，是由国家对罪犯实施惩罚和改造，本质上是国家对罪犯的管理，对罪犯的一切管理权属于国家。第二，在狱政管理中要由监狱来完成并通过一定的物质表现出来，完成对罪犯的管理。第三，具体的实施者就是法律所规定的监狱人民警察，由其来实现对罪犯的管理活动。

（二）被管理者

《监狱法》第2条第2款规定："依照刑法和刑事诉讼法的规定，被判处死刑缓期二年执行、无期徒刑、有期徒刑的罪犯，在监狱内执行刑罚。"狱政管理的基本对象是被判处刑罚在监狱内执行刑罚的罪犯。由于社会经济的快速发展已经影响和制约了监狱的发展，如果不能通过强制手段依法限制罪犯自由、有效控制罪犯的社会隔离，依法限制罪犯的相关权利、监督罪犯履行法定义务，严格规范和控制罪犯的行为，就不能完成狱政管理的实施，更不能达到教育罪犯、矫正恶习的目的。在强制管理的同时，要切实保护罪犯的合法权益，根据罪犯的实际表现予以不同程度的奖励和惩戒。

对罪犯相关物质的管理应从两个方面入手：第一，狱政管理不仅是人的管理，也包括对物的管理，如狱政设施、狱政装备、技术监控等历来都是狱政管理的重要组成部分，也是实现狱政管理现代化、科学化建设的重要内容。第二，对在押罪犯的衣、食、住、医疗、卫生等物质需要都包含在具体的管理之中。当然，也有狱政管理中出现的非物质文化等内容。

由于罪犯是被关押在监狱，与社会隔离，就凸显出狱政管理在特定的时间内对罪犯进行的管理，这个"特定"的时间通常是指罪犯的刑期。这期间也就自然存在空间的特定性。狱政管理就是要在这"特定"的时间、空间内通过对罪犯的刑罚，合理安排罪犯的学习、生活、劳动、文体活动、作息时间，保证对罪犯的惩罚和改造紧张有序、准确有效。充分利用监舍、餐厅、会见室、图书馆、谈话室、洗漱室、禁闭室、教师，以及学习、劳动、监区文化等空间。抓好对罪犯活动空间的严格管理，对维护监狱安全、促进罪犯改造是十分必要的。

狱政管理工作的效率高低，往往取决于狱内的信息管理。在对罪犯实施惩罚和改造过程中，会产生大量的改造信息，是否能科学地处理好信息是关系到狱政管理决策、系统分析、目标控制的基础和依据。狱政管理应采用现代的高科技手段，重新对信息收集、分析、传递、反馈、储存系统进行资源整合，建立科学的、先进的信息网络管理体制，更好地发挥狱政管理的信息作用。

（三）狱政管理目标

一切管理活动都是有预期目标的活动，但是不同领域、不同行业的管理活动，其具体的管理目标是不同的。狱政管理作为一种特殊行业的管理活动，具有它特定的管理目标。监狱这一特定的场所，面对不同类型的罪犯和不同层次结构的罪犯，所设定的目标不一样，也不是单一的。为了实现目标管理应从总体目标、基本目标和具体目标三个层次来管理。

狱政管理的总体目标。即对关押的罪犯实现刑罚目的，惩罚罪犯，预防和减少犯罪，同时把罪犯改造成为守法公民，这是狱政管理的总体目标。根据《监狱法》第1条的规定，为了正确执行刑罚，惩罚和改造罪犯，预防和减少犯罪，也是有效地实现我国宪法赋予的“惩办和改造犯罪分子”的任务。狱政管理作为监狱对罪犯执行刑罚和改造罪犯的基本手段，最终的目的就是实现以上法律所赋予的任务。

狱政管理的基本目标。就监狱而言，狱政管理活动中最基本的管理目标，就是通过科学有效的手段，来提高刑罚执行的最大效益，确保刑罚执行场所的安全及各项工作的顺利开展。为了实现和完成基本目标，狱政管理的一切内容、制度、手段、方法都是立足改造罪犯，使监狱的刑罚执行成为一个积极的过程，从而惩罚和改造罪犯，达到预防和减少犯罪的目的。

狱政管理的具体目标。监狱一般都是远离城市、相对交通不便的地方，监狱处在这样的一种环境，相对独立，就形成狱政管理多层次、多环节的管理活动。在总体目标的指导下，狱政管理的各层次、各局部都有各自的具体目标，如安全目标、控制目标、行为管理目标、现场管理目标、安全事故目标、“五无”目标等。所有的具体目标的确立和实现，都是狱政管理实现目标管理的过程。

（四）狱政管理手段

管理手段是传递管理者和管理对象相互作用的中介系统。管理手段不仅传递管理者对管理对象的单向作用，同时管理对象对管理者运用手段也起到制约作用。就监狱的狱政管理而言，管理手段是实现狱政管理目标的纽带和桥梁。管理手段是否合乎法律的规定，是否与管理目标相适应，是否与社会的发展进步相吻合，将直接影响狱政管理的质量和水平。狱政管理在长期的实践过程中，由粗放式到精细化，逐步形成了科学有效的一系列管理手段，如强制手段、监控手段、教育手段、奖惩手段、威慑手段、分级处遇、心理矫治、个别教育等。除了上述列举的管理手段外，狱政管理还有赖于其他一些手段。这些手段在狱政管理活动中共同发挥着重要作用。在当下社会经济飞速发展的时代，科技也在不断地创新和发展，对狱政管理手段的现代化、科学化要求更加迫切。这就要求我们管理者在实践中坚持开拓创新的精神，不断探索和开发出新的、有利于狱政管理的手段，使监狱的狱政管理手段不断进步，迈向一个新的目标。

第二节　狱政管理的组织机构

一、狱政管理组织机构的含义

狱政管理的组织机构就是指监狱机关为了实现狱政管理工作内容的宗旨和目标，而将监狱的狱政管理工作按照一定的要求分设为不同的管理层次和管理机构，并明确各自的职责和权限，形成分工协作的专门工作系统。监狱作为党和人民的“刀把子”，政治性是监狱机关的第一属性，监狱警察要在思想上、行动上进一步增强“四个意识”，坚定“四个自信”，做到“两个维护”。要毫不动摇地坚持党对监狱工作的绝对领导，把党的领导作为最高政治原则和根本政治规矩。

狱政管理是监狱工作中一项最基本、最经常的活动，内容丰富，层面广泛，贯穿于监狱对罪犯依法执行刑罚和教育改造的全过程，是监狱对罪犯实施惩罚与改造的基础。为了保障监狱对罪犯顺利、准确、有效地执行刑罚、保障惩罚和改造罪犯目标的顺利实现，做好罪犯在服刑过程中的管理工作，监狱系统应当设立不同层次的、负责不同内容的专门的狱政管理工作机构，对有关的狱政管理内容进行领导、组织和具体实施，以保障狱政管理工作的顺利进行。由于这些机构是以实现狱政管理工作内容为专门职责的，所以就形成狱政管理工作的组织机构。它是为了实现狱政管理工作内容的宗旨和目标，而将监狱的狱政管理工作按照一定要求分设为不同的管理层次和管理机构，并明确各自的职责和权限，形成分工协作的专门工作系统。它们在狱政管理工作中分别承担了不同的职责和形成了不同的工作关系。与监狱的统一领导、分级管理的管理体制相适应，我国狱政管理的组织机构关系也体现出纵向和横向两种关系。

狱政管理的组织机构是为了保障监狱顺利落实执行刑罚、改造罪犯而设立的，狱政管理组织机构对于惩罚和改造罪犯目标的实现具有重要的意义，狱政管理机构的设置要遵循的原则是：第一，依法设置原则；第二，工作目标原则；第三，分工协作原则；第四，精简原则。

二、狱政管理的组织体系

（一）司法部监狱管理局

根据《监狱法》第10条的规定，国务院司法行政部门主管全国的监狱工作。司法部是我国监狱工作的最高主管机关，主管我国的监狱和未成年犯管教所的工作，也是全国狱政管理工作的最高主管机关。司法部虽是主管机关，但实际上其与全国的狱政管理工作之间是间接管理关系，因为在司法部下设一个专门的部门监狱管理局来负责和主管全国的监狱工作。它应该是全国狱政管理工作最高的直接领导机构，在宏观上制定适用于全国范围内的狱政管理制度、办法、标准、规划、方法和要求等，对狱政管理工作进行宏观组织、指导、监督和调控。①

司法部监狱管理局是从宏观上对监狱进行管理，对全国监狱工作进行指导、组织和监督，直接行使监狱的管理权。司法部监狱管理局在内部设有专门负责组织实施狱政管理工作的专门部门，即狱政管理处、生活卫生处和装备处，由于侧重的内容不一样，它们的职责也不同。狱政管理处主要侧重于安全管理和罪犯行为管理方面的工作，生活卫生处主要侧重于生活卫生方面的管理工作，而装备处主要侧重于监狱民警的装备和罪犯被服管理工作。此外，司法部监狱管理局设有刑罚执行处、教育改造处、生产指导处、科技处等职能机构，它们所进行的活动，在一定程度上也需要与狱政管理工作密切配合，相辅相成，而不能各自为政。

（二）省（市）监狱管理局

省级行政区域的监狱工作的主管机关是各省、自治区、直辖市司法厅，各省、自治区、直辖市司法厅（局）主管本行政区域内的监狱工作，这种主管也是一种间接管理关系，直接管理的部门是各省、自治区、直辖市司法厅（局）下属的监狱管理局。各省、自治区、直辖市监狱管理局具体管理本行政区域内的监狱工作，主管本行政区域内的监狱、教育矫治局和未成年犯管教所工作，负责本行政区域内监狱工作的管理和指导，因此，监狱管理局是各省级行政区域狱政管理工作的领导机构。省、自治区、直辖市监狱管理局根据司法部监狱管理局在狱政管理方面的规定和要求，结合本行政区域内的实际情况，制定适合本行政区域的狱政管理规章和制度，领导和组织本行政区域内的监狱、教育矫治局、未成年犯管教所工作，并对实施情况进行考核和监督。这里所说的“新疆生产建设兵团”（以下简称兵团）是全国独一无二的管理体制。

省、自治区、直辖市监狱管理局是狱政管理工作的主管机关，对本行政区域内的狱政管理工作进行指导和监督，在省级监狱管理局内部设有专门组织实施狱政管理工作的专门机构，即省级监狱管理局狱政管理处和生活卫生装备处，具体负责本行政区域内的狱政管理工作的组织实施。

省级监狱管理局狱政管理处主要从事以下方面的狱政管理工作：负责组织和指导监狱、未成年犯管教所的罪犯收押、调遣、日常管理、刑满释放、狱内侦

① 万安忠、李忠源主编：《狱政管理》，中国政法大学出版社2010年版，第23页。

查、狱内案件、监管安全、追捕在逃罪犯、监管警械设施的规划、狱内管理和狱内侦查工作基础台账及统计报表等狱政管理工作，负责罪犯管理信息的收集、统计和积累，对决定暂予监外执行的罪犯进行监督考察，指导创建现代化文明监狱工作。

省级监狱管理局生活卫生装备处主要从事以下方面的狱政管理工作：检查指导监狱、罪犯的生活卫生管理、制定罪犯生活卫生标准，指导罪犯的疾病预防、治疗和劳动保护，指导监狱防疫和医疗管理工作，负责本系统监管技术装备、警用交通工具、计算机网络等总体规划以及监狱人民警察被服和罪犯囚服等供应管理工作。

（三）监狱

根据《监狱法》第 2 条的规定，监狱是对判处死刑缓期二年执行、无期徒刑、有期徒刑的罪犯执行刑罚的机关。为了完成惩罚和改造罪犯的任务，保障狱内生产、生活、学习三大现场秩序和整个监狱秩序的持续稳定，在监狱机关内部设有专门负责狱政管理工作的组织实施的机构。狱政管理科（以下简称狱政科）是最主要的机构之一，它在本监狱内主要负责依法收押、调配、调遣罪犯和对罪犯日常规范化管理、分级管理及考核奖惩工作，负责落实监管安全防范措施，负责狱内突发事件的处理，负责与驻监武警部队的日常业务联系，负责创建现代化文明监狱、监区的达标工作，负责狱政管理工作的统计报表工作。

按照《监狱法》及有关法规规定，为了做好罪犯的日常生活卫生工作，监狱机关设置生活卫生科。生活卫生科是狱政管理工作的组织实施机构之一，在本监狱内主要负责罪犯的饮食、被服、住宿、医疗卫生防疫和监狱医院的管理工作，负责罪犯囚服的供应以及监舍的管理、罪犯物品的供应工作。

监狱机关所设的狱政管理和生活卫生科，主要具体执行以上业务部门下达的工作计划和任务，同时负责组织、领导、分工、协调本单位狱政管理、狱内侦查、生活卫生工作，从而起到承上启下的作用。

三、狱政管理的具体执行机构

监狱在执行刑罚、惩罚和改造罪犯各项活动中，行刑目标的实现、改造任务的完成都要依托于狱政管理的具体执行机构来开展。按照监狱的实际，狱政管理的具体执行机构包括监狱、监区、分监区三级。根据管理层级、管理对象、管理阶段、管理要求、警戒程度等不同，其内部又分设入监队、出监队、严管队、内看守队、防暴队、禁闭室及具体管理组织。根据狱政管理的不同需要，可以划分不同层次、负责不同工作内容的狱政管理的具体执行机构，从而形成一个完整的狱政管理工作的运行体系。

（一）以狱政管理层级为标准设置的机构

1. 监狱

《监狱法》第2条规定："监狱是国家的刑罚执行机关。依照刑法和刑事诉讼法的规定，被判处死刑缓期二年执行、无期徒刑、有期徒刑的罪犯，在监狱内执行刑罚。"因此，监狱是我国依法准确执行刑罚、惩罚和改造罪犯的一级管理机构，直接承担行刑任务。监狱对罪犯实行惩罚和改造相结合、教育和劳动相结合的管理原则，将罪犯改造成为守法公民。监狱对罪犯依法监管，根据改造罪犯的实际需要，组织罪犯从事生产劳动，对罪犯进行思想教育、文化教育、技术教育。监狱人民警察依法管理监狱、执行刑罚、对罪犯进行教育和改造等活动，受法律保护。罪犯必须严格遵守法律、法规和监规纪律，服从管理、接受教育、参加劳动。

2. 监区

监区是监狱对罪犯实施惩罚和改造的二级管理机构，是依法对罪犯实行惩罚、教育、改造和组织罪犯学习、劳动生产，完成各项工作任务的基层组织，也是狱政管理的具体组织实施机构。监区的押犯数量一般在500人左右的标准设置，它的主要职能是执行上级的指导，确保政令畅通，依法执行刑罚，落实教育改造及监管制度，确保监管场所的安全稳定，组织开展生产经营活动，完成监狱下达的考核指标，组织开展政务公开和狱务公开工作。

3. 分监区

分监区是对罪犯惩罚和改造的三级管理机构，分监区是依法具体对罪犯实施惩罚和改造的基层单位，是对罪犯实行惩罚、进行监管、实施教育改造和组织生产劳动最直接的组织形式。分监区一般按照150名罪犯的标准设置，它的主要职能是执行监区下达的工作指标，开展业务工作，负责对罪犯的日常考核，提请对罪犯的奖惩，掌握罪犯的思想、行为动态，组织罪犯学习，做好教育、转化工作，依法组织罪犯参加劳动，落实生产现场管理，执行直接管理制度，经办相关业务台账。

在通常情况下，我国监狱对罪犯的惩罚和改造是通过三级管理实现的。由监狱、监区和分监区构成对罪犯的三级管理体制，有层次地对罪犯实施全面管理，也有的省区是实行监狱和监区二级管理体制，其中狱政管理部门机关负责对本监狱的狱政管理工作进行领导、组织和实施，监区和分监区是狱政管理的具体执行部门。

（二）以分类管理为目的设置的机构

1. 入监队

入监队是监狱对新收押的罪犯进行集中管理、强化教育与行为养成训练的专门机构。监狱设立专门的入监监区或分监区，负责对新收押罪犯进行集中管理、教育和训练，每期2个月，实行半天劳动、半天学习的制度，通过训练来强化纪律，达到服从管理的目的。入监教育结束后，监狱（监区）应对收押的罪犯进行考核。对考核合格的，移送相应类别的监狱（监区）服刑改造；对考核不合格的，应当延长入监教育，时限为1个月。

2. 出监队

出监队是针对即将刑满释放的罪犯而设立的集中管理教育的专门机构。它主要针对即将刑满释放罪犯回归社会时的态度，对罪犯的改造质量进行全面的检查。针对不同罪犯的思想状态，进行查漏补缺，对认罪态度、政策形势、前途等教育，帮助解决罪犯的一些实际问题。有条件的还可以创造和社会相近的服刑环境或者实行社区矫正，让罪犯提前适应社会环境，为其回归社会扫除适应性的障碍。出监队实行3个月的集中管理教育，实行半天劳动，半天学习制度，管理上可以实行从宽管理制度。监狱狱政管理部门应当根据罪犯在服刑期间的考核情况，奖惩情况，心理测验情况，对其改造效果进行评估，不断提高改造质量。

3. 严管队

严管队是将狱内一贯违反监规纪律、屡教不改的顽固罪犯集中起来进行特别严格管理的专门机构。它是狱政管理中不可缺少的组织形式和方法，也是分类管理的具体表现形态。对维护监管改造秩序具有重要的作用。罪犯在严管队实行严格管理，经过一段时间的考察，对确有悔改表现的，调入分监区或监区进行改造，其处遇随悔改的程度和刑期做出适当的调整或者变更。

严管队由监狱机关根据实际情况而建立，一般是以小队或小组来设立严管队，受监狱机关狱政科的直接领导，一般配备具有较高政治水平和业务能力的中青年监狱人民警察来担任队长。对罪犯分类管理，是现代监狱对罪犯执行刑罚和监督管理制度发展的基本趋势。我国监狱设立入监队、出监队和严管队，是根据服刑改造阶段和改造表现来进行分类管理的，针对不同的服刑阶段和改造表现采取不同的管理方式。

（三）以监管警戒为目的设置的机构

1. 狱内警卫队

狱内警卫队是监狱在警戒线范围内设立的专门负责监狱场所内部警戒、维护正常改造秩序的看守力量，是狱内警卫队队员贯彻直接管理原则的具体体现，是实现24小时不脱管，对罪犯实施有效控制的重要措施，监狱内看守业务工作由狱政管理工作部门主管和领导。

2. 防暴队

防暴队是以保证监管场所安全，制止和平息狱内发生严重暴力事件为目的，协助有关部门处理监狱各种突发事件而建立的一支专业防暴队伍，其接受监狱狱政管理部门的领导。

3. 禁闭室

禁闭室是监狱对具有现实危险的罪犯进行强制防范和对罪犯进行禁闭行政处罚的场所。前一种是防范措施，后一种是行政惩罚。从监管角度出发，这里所讲述的“禁闭”是防范措施。禁闭作为消除危险、确保安全的防范措施，只有遇到特殊情形时才能适用。

除上述狱政管理的固定组织机构外，监狱机关还可以根据工作需要设立一些临时性的组织机构。

四、狱政管理组织机构的关系

（一）中央领导机构和地方领导机构的关系

我国对监狱的管理主要是由省级人民政府直接负责监狱的管理和领导工作。由各省司法厅、局负责对监狱管理的领导和管理工作。司法部监狱管理局作为狱政管理的最高领导机构，对全国的狱政管理工作进行宏观的管理、指导和组织，规定一些原则性的管理方法。各省、自治区、直辖市监狱管理局根据司法部监狱管理局的要求，在司法部监狱管理局的统筹指导下，结合各省、自治区、直辖市的实际情况，根据司法部监狱管理局对监狱工作的规定和要求，制定适合本地区情况的具体计划和措施，具体负责本行政区域内的狱政管理的组织实施。这种关系是一种指导关系，而各省、自治区、直辖市监狱管理局是各省、自治区、直辖市人民政府的工作部门，接受当地人民政府领导。

（二）司法部监狱管理局和司法部直属监狱的关系

司法部直属监狱又称中央直属监狱，所谓直属监狱，是相对地方监狱而言的。中央直属监狱由司法部监狱管理局直接领导、管理，所以司法部监狱管理局和司法部直属监狱在狱政管理工作上的关系是领导和被领导的关系。针对直属监狱的特点，司法部监狱管理局负责对直属监狱的狱政管理工作进行组织、领导、协调和监督，制定适合直属监狱特点的具体计划和措施，组织直属监狱实施，并进行协调和监督。直属监狱在司法部监狱管理局的领导下，具体组织狱政管理的实施，接受司法部监狱管理局的监督。

（三）狱政管理地方领导机构之间的关系

省、自治区、直辖市监狱管理局是本行政区域内的狱政管理工作的主管机关，根据本地区的实际情况，制定适合本地区情况的具体计划和措施，组织省直属监狱实施，并全面协调、监督和考核。从当前我国的监狱管理体制来看，由省人民政府领导和管理监狱是当前最主要的管理体制，即由省人民政府的监狱管理局来进行领导和管理，所以称为省直属监狱。省直属监狱根据省、自治区、直辖市监狱管理在狱政管理工作上的要求，在其领导下，具体组织实施狱政管理工作，并接受省、自治区、直辖市的协调、监督和考核。省、自治区、直辖市监狱管理局和省直属监狱在狱政管理工作上的关系是领导与被领导的关系。

（四）省、自治区、直辖市监狱管理局和市属监狱在狱政管理工作上的关系

省、自治区、直辖市监狱管理局和市属监狱在狱政管理工作上的关系是指导与被指导的关系。20世纪80年代，随着国家政治、经济的发展，我国的经济体制发生了重大的变化，这种变化给监狱带来的冲击很大，导致一些监狱生产经营困难，国家财政也无法全额保障监狱的经费。因此，各地的监狱发展水平很不平衡。根据这种形势的需要，一些省份将原来由省监狱管理局直接管理的监狱放到地级市人民政府进行管理，由地方司法局具体行使管理职权，所以称为市属监狱，在业务上接受省监狱管理局的指导，然后结合本市的具体情况，制定适合具体情况的计划和措施，组织实施狱政管理工作。

（五）狱政管理具体组织机构之间的关系

狱政管理的具体组织机构存在两种关系。监区内设分监区的，监区和分监区之间是上下级的领导关系，监区负责组织分监区实施狱政管理工作，分监区接受监区的领导；除了监区和分监区上下级领导关系外，其他狱政管理具体组织机构之间是平行并列的关系，他们之间没有级别高低之分，不存在领导或指导关系，只是分工上的不同，都是在监狱狱政管理机构的组织下，按照分工的不同，具体实施狱政管理工作。各具体组织机构彼此之间相互联合、相互协调、相互配合，共同完成狱政管理工作，为完成对罪犯的惩罚和改造，保障监狱的工作秩序和安全稳定提供坚实的后盾。

典型案例剖析

辽宁凌源第三监狱罪犯脱逃事件启示

2018年10月4日12时许，辽宁省凌源第三监狱发布协查通报，两罪犯当日从监狱脱逃，一人因绑架罪被判处死缓，一人因抢劫罪被判处无期徒刑。两名犯人逃走时偷走了狱警的衣服，利用衣服中所夹带的门禁卡逃出监狱。凌源第三监狱发布的最新协查通报显示，罪犯王××逃脱时上身穿深色长袖，罪犯张××逃脱时身穿春秋制式警服，所穿警服警号为21＊＊＊43。当晚，辽宁省监狱管理局在官网通报，并立即启动应急处置预案，成立了脱逃案件应急指挥部，协调公

安、武警对逃犯进行追捕。据查，张××曾两次因抢劫入狱、两度脱逃未遂；王××因绑架罪被判死缓后减为无期。两人均有犯罪前科，特别是张××还有两次脱逃经历。辽宁省监狱管理局发布了《关于凌源第三监狱罪犯脱逃细节的通报》，称王××、张××先进入了会见室，撬开工作人员办公桌内盗取部分现金后，利用凌源钢铁集团噪音作掩护，撬开会见室门窗脱逃。此外，二人脱逃前还盗取了一件监狱事业管理人员穿的警用工作服（有臂章，无警号和肩章）。10月6日14时许，辽宁省公安厅、朝阳市公安局称，公安民警在河北省平泉市将二人抓获。

罪犯脱逃事件反映出“偶然中存在必然”。监狱的围墙设施、监控体系、干警值班制度、狱内罪犯信息的获取、罪犯之间的相互监督体系以及罪犯心理测试等，均出了问题。

首先，在硬件上，除了在围墙上设立专门岗位的武警，监狱至少会有三道警防线：罪犯监舍、生产区外的二道门和整个监狱的第一道门。值班人员，理应对每一个进出监狱大门的人进行检查，哪怕是刑满释放人员，也应当需要有监狱开设的相关证明及专门干警陪同，送出监外。如果严格执行这样的监控体系，是不应该发生脱逃事件的。

其次，罪犯凌晨脱逃，又暴露了以下几个问题：（1）干警值班和罪犯相互监督的体系出了问题。半夜时分，当属于罪犯休息时间，一个单位至少应该有两名值班干警守在监舍。尽管不在监舍内部，值班干警依然可以通过相关监控定时进行清点人数。显然，中队值班人员不在岗或没尽职的可能性最大。（2）罪犯内部的监督也出了问题。监狱曾有规定，罪犯之间应该相互监督。无论是劳动还是休息，“三五人行动小组”应当是他们之间相互制约的一个具体措施。而两名罪犯脱逃其他人却不知晓，也足以证明相关体系出了问题。

再次，当下每一个监狱应该有一个完善的电子监控系统，这个系统可以监视着监狱任何一个角落，专门有一个相关的团队在负责，进行24小时全方位监控。再好的制度和设施，不去实施和严格执行，都只是一纸空文。显然，这起事故暴露了监狱安全体系的漏洞。

最后，这起事故还暴露了其他问题：罪犯内部信息的获取以及他们的心理测试等系统有待完善。除了正常的围墙、干警值班等安全体系外，中国监狱特别是在中华人民共和国成立后的监狱建设中，几十年里，积累下了一套“软”的安全防范体系。比如，罪犯之间应当有另外一套严密的信息获取体系，能让干警及时掌握狱情。

除此之外，监狱还会对每一个新入监的罪犯，进行心理测试。罪犯的性格、危险程度和撒谎值，都会在里面得以体现。无数的案例证明：罪犯有可能发生事故的倾向，多数会在测试报告中有所显示。只是容易被相关工作人员忽略。另外，一起脱逃行为，一定有让罪犯铤而走险的原因。而在他们实施犯罪之前，会有一些迹象可循。

第二章

狱政管理的性质、任务和功能

第一节　狱政管理的性质

正确认识狱政管理的性质，是研究狱政管理所有问题的基本前提。什么是性质？性质是事物本身所具有的与其他事物不同的根本属性，即事物的本质。作为我国监狱工作重要组成部分的狱政管理之性质，必然受到监狱性质的制约和决定。《监狱法》第2条第1款规定："监狱是国家的刑罚执行机关。"这一法律规定清楚地表明了我国监狱的法律属性。因此就本质而言，狱政管理是国家执行刑罚的活动。要坚持总体国家安全观，维护国家政治安全和社会大局稳定，防范和化解影响我国现代化进程的各种风险，筑牢国家安全屏障。监狱安全工作是总体国家安全观的重要组成部分，监狱工作贯彻落实总体国家安全观，必须深化对监狱安全工作的认识，充分认清安全是发展的前提，发展为安全提供保障。

狱政管理的性质可以被具体化地表述为以下内容。

一、狱政管理是刑罚执行中实施的一种特殊的刑事、行政管理活动

（一）狱政管理是特殊的刑事管理活动

《中共中央关于全面推进依法治国若干重大问题的决定》对优化司法职权配置提出新要求，即实现司法职权的序列化、属性差异化、领域化、流程化。国家刑罚体系包含制刑权、求刑权、量刑权和行刑权；监狱机关作为国家刑罚执行机关，行使的是国家刑罚权中的行刑权。狱政管理是监狱以"管理"的方式对罪犯进行的刑事司法活动。主要体现在以下三个方面：

1. 狱政管理是执行刑罚的管理活动

《刑事诉讼法》第264条第2款规定，对被判处死刑缓期二年执行、无期徒刑、有期徒刑的罪犯，由公安机关依法将该罪犯送交监狱执行刑罚。监狱通过一系列狱政管理活动剥夺罪犯的人身自由，强制罪犯遵守监规监纪、参加劳动和接受教育，从而使对罪犯的刑罚执行成为惩罚和改造罪犯的积极主动的管理过程。

2. 狱政管理是处理行刑事务的管理活动

我国监狱的刑罚执行包括对罪犯的收监、刑罚执行变更、刑罚执行终结等基本环节，监狱要严格按照法定程序处理相关事务。以收监为例，监狱应当对人民法院送交监狱收监的罪犯进行身体、人身及携带物品检查，对人民法院交付执行刑罚罪犯的法律文书进行验收，做好罪犯入监登记，通知罪犯家属，并将罪犯档案有关信息录入软件并上报省、自治区、直辖市监狱管理局备查。行刑就是通过这些具体的工作得以处理和实现。

3. 狱政管理是保障行刑权益的管理活动

惩罚意味着罪犯某些权利被依法剥夺或限制，但对罪犯合法权益的保障同样离不开狱政管理。首先，监狱会平等地执行罪犯被依法剥夺或限制的权利以体现刑罚的惩罚性和执法的公平性。其次，监狱待遇管理保障所有罪犯都应该享有基本的待遇，不至于出现虐囚的现象。最后，监狱通过分级管理将部分可控待遇与罪犯改造表现和服刑时间挂钩，以激励罪犯积极改造。

（二）狱政管理是特殊的行政管理活动

我国监狱在对罪犯执行刑罚的过程中涉及大量的行政事务，特别是对罪犯的衣、食、住、医疗卫生、行为控制、监督检查、物质保障、奖励惩戒等方面都需要通过行政管理的手段予以实现，而对这些行政事务的管理正是狱政管理的内容和范围。但狱政管理不是一般的行政管理，而是与履行国家刑事管理职能相关的管理活动，是与监狱对罪犯执行刑罚相一致的特殊的刑事行政管理活动。其特殊性主要表现在：

1. 狱政管理的主体特殊

《监狱法》第5条规定："监狱的人民警察依法管理监狱、执行刑罚、对罪犯进行教育改造等活动，受法律保护。"《监狱法》第12条第2款规定："监狱的管理人员是人民警察。"监狱警察必须直接管理监狱和罪犯，不准将监管罪犯的职权交予他人行使。监狱工作也会涉及工人、医生、教师、志愿者等身份人员，但他们不执行狱政管理工作。

2. 狱政管理的对象特殊

狱政管理的管理对象是被判处死刑缓期二年执行、无期徒刑、有期徒刑的罪犯，其特殊性主要表现在权利与义务上。作为公民，罪犯的人身自由和部分公民权利被剥夺，而且由于罪犯处在监禁的环境之中，有些权利在行使时因环境的关系而丧失或被限制。同时，罪犯除要履行宪法和法律规定的一般公民的义务以外，还要履行监狱管理机关制定的一些特殊义务。比如遵守2004司法部通过的《监狱服刑人员行为规范》。

3. 狱政管理的方式特殊

与其他执行工作相比，狱政管理有着自己独特的运作方式。《监狱法》第3条规定："监狱对罪犯实行惩罚和改造相结合、教育和劳动相结合的原则，将罪犯改造成为守法公民。"惩罚带有明显的强制性，罪犯必须强制接受管理、参加劳动和教育、遵守服刑人员行为规范。但狱政管理并不仅仅局限于强制，他强调以改造人为宗旨，注重激发罪犯改造的主观能动性，争取自觉改造。

4. 狱政管理的内容特殊

狱政管理的前提就是剥夺罪犯的人身自由，通过这种方式让罪犯感受到痛苦，为自己的犯罪行为接受惩罚。但剥夺罪犯的人身自由不是狱政管理的唯一内容或目的。监管改造罪犯才是狱政管理的核心内容。通过有效的监管依法维护监狱安全，寓教于管。在严格规训中促进罪犯良好行为习惯的养成，在公正文明的氛围中提升罪犯自愿接受改造的内心认同。

二、狱政管理是体现监狱基本性质的主要方式

（一）狱政管理体现了监狱是政治机关

我国监狱是人民民主专政的工具。习近平总书记指出，坚持总体国家安全观，必须坚持国家利益至上，以人民安全为宗旨，以政治安全为根本，统筹外部安全和内部安全、国土安全和国民安全、传统安全和非传统安全、自身安全和共同安全，完善国家安全制度体系，加强国家安全能力建设，坚决维护国家主权、安全、发展利益。为此，司法部强调监狱是政治机关，必须坚持党对监狱工作的绝对领导。监狱设政委，监区设政治教导员，分监区设政治指导员负责履行管辖范围内的政治工作。

监狱要教育引导罪犯树立正确的历史观、民族观、国家观、文化观、宗教观，做到认同党的领导、认同伟大祖国、认同中华文化、认同中国特色社会主义道路，成为具有一定文化素养、劳动技能和生活能力，能够过上美好生活的社会主义大家庭中的幸福成员。

（二）狱政管理体现了监狱是国家刑罚执行机关的性质

1. 狱政管理使刑罚的执行程序化、规范化

通过狱政管理，建立起严谨有序的执行过程：从办理罪犯入监手续、行为规

范、奖惩考核、生活管理、分级处遇、狱内侦查、又犯罪处理，到办理刑满释放证明书，全部都是经过狱政管理将它们条理化、精细化，也就是通过狱政管理使刑罚执行的具体操作程序有了落脚点，使刑罚执行活动程序化。

国家法律对刑罚执行的各个环节，都规定有详细的执行规则，准确地、不偏不倚地执行这些规则，就达到了刑罚执行的规范化。而各个环节的执行规则的准确落实，无一不是通过有效的狱政管理来达到的。刑罚是国家最严厉的制裁与处罚。因而必须使刑罚从制定、适用到执行，都要严格地做到有标准、有规范，绝不允许把刑罚变成执法人员随心所欲的东西，更不允许罪犯漠视和践踏刑罚的内容。

当然，我国必须加快推动和完善刑事执行立法。从法理角度分析，狱政管理不受民事诉讼法管辖。结合《行政诉讼法》第 12 ~ 13 条规定和现行监狱法规定导致罪犯基本上对涉及行政管理的狱政管理争议无法提出诉讼救济。刑事诉讼法虽然规定刑罚执行，但未将执行刑罚的各种争议列为规制对象。

2. 狱政管理使刑罚的执行科学化、文明化

古代的刑罚更强调的是刑罚的震慑力，把刑罚推向野蛮、血腥和恐怖的歧途。中国的凌迟和西方的火刑都是臭名昭著的酷刑。到了近代社会，随着以人道主义为标志的现代文明的出现，人们开始认识到刑罚在遏制和防止犯罪中应有的地位和作用。在“罪刑法定主义”“罪刑相适应”“刑罚人道主义”3 个现代刑法原则的指导下，逐步建立起全新的现代刑罚制度。

现代刑罚制度的重要特征，是科学和文明。我国监狱的狱政管理大量借鉴了社会学、心理学、教育学、管理学等现代科学原理和方法，不断地充实着自己，努力进行科学文明的管理，保证刑罚执行的科学化、文明化，为我国的现代刑罚制度服务。

三、狱政管理是改造罪犯的基本手段之一

毛泽东曾说：“人是可以改造的，就是政策和方法要正确才行。”目前，我国社会主要矛盾已经转化为人民日益增长的美好生活需要和不平衡不充分的发展之间的矛盾，我国的狱政管理也相应地做出调整。

第一，有关狱政管理的法律和国家政策解决罪犯接受改造的思想问题。罪犯一入监，监狱就会对罪犯服刑权利进行告知，且服刑期间通过法律学习从而在思想上解决罪犯的认罪态度问题。我国的狱政管理始终受宽严相济、给出路、区别对待和人道主义的刑事政策指导和调整，绝大多数罪犯能认识到自己仍然是人民的一员，在思想上并不排斥改造。

第二，狱政管理为改造罪犯提供安全的环境。我国狱政管理注重管理规范

化，从罪犯收监、教育、减刑假释直至释放，以及学习、生活、劳动这三大现场的管理活动都作出细致规定。监狱不断整理监狱管理清单、责任清单，将安全管理的环节不断细化分解，防止责任缺失、监督缺位。监狱建立健康的改造群体，防止罪犯相互之间的不利交往和不利影响，消除各种不利诱因和条件，使罪犯在良好的改造环境和群体中安心改造。

第三，狱政管理可以激励罪犯自觉改造。根据罪犯改造表现和危险性的变化，及时调整其处遇级别，将各级的待遇体现到罪犯的活动空间、伙食标准、通讯会见、学习培训、娱乐休闲等各个方面，调动罪犯改造的积极性，激励约束罪犯改恶从善。

当然，我们也要看到当前狱政管理在改造罪犯出现的新问题。近年来罪犯减刑、假释、暂予监外执行等政策不断收紧，特别是《刑法修正案（九）》公布实施，导致罪犯思想动态、改造形势出现许多新态势。对限制减刑罪犯来说，计分考核等激励作用弱化，降低了他们的改造动力。罪犯在监狱内长期封闭教育改造，极易形成监禁型人格特征，不利于罪犯融入社会。随着狱务公开的推进，自媒体时代对舆论的影响，罪犯需求多元化等多因素影响也对狱政管理提出不同程度的挑战。

四、狱政管理是连接惩罚改造罪犯各个环节的基础链

惩罚改造罪犯环节从收监开始，通过分类监管、警戒，监狱要对罪犯进行考核、奖惩、安排生活处遇、做出是否暂予监外执行，是否提请减刑、假释或又犯罪处理，最后释放罪犯。我们把狱政管理看作惩罚改造罪犯的基本手段之一，是对现代狱政管理在监狱工作中日益提高的地位和实际效能的深入认识。惩罚改造罪犯是一项复杂的、多层次的、综合运用多种手段的工作。多手段、多因素的有机结合，才会形成相对有利、协调一致的惩罚改造力量。而要达到这种理想的“结合”和“一致”，就要具备必要的条件和基础。作为基础工作，狱政管理主要发挥以下作用：

（一）创造必要的服刑改造环境，为其他改造手段的顺利实施奠定基础

狱政管理通过科学的管理配置“人、财、物”等方面的资源要素，创造出惩罚改造罪犯所必要的良好条件，为劳动改造、教育改造等改造罪犯基本手段的顺利运作准备了适宜的基础环境。一般来说，这种基础环境可以分为硬件环境和软件环境两个方面：

硬件环境。主要是指比较完善的狱政设施，包括围墙、电网、AB 门、监房和各种必要的警戒、通信设施等，严密明确的分隔监管区域，各种有形的监管制度，井然有序的罪犯的活动场所，合乎法定要求的医疗卫生条件，会见亲属的场

所以及其他的管理设施等。

软件环境。主要是指狱内通过狱政管理形成的积极向上的服刑改造气氛，良好的服刑改造程序，通过考核奖惩建立起来的正确的价值观念和是非观念，罪犯正式组织中的良好风气，罪犯个人服刑改造的竞争机制，对法律法规、监规纪律的遵守意识，文明的服刑行为、言谈举止等。

良好的硬件环境和软件环境的形成与协调一致，是狱政管理为监狱全部的惩罚改造罪犯活动所提供的必不可少的基础条件和保障。

（二）保证服刑改造场所的安全，保障惩罚改造工作的顺利进行

监狱的安全是改造的前提，罪犯的生命及安全权是其最基础的人权要求。在监狱中不可避免地存各种各样的斗争和矛盾。如果没有严格的狱政管理，罪犯的狱内违法犯罪活动就得不到及时的制止和应有的制裁，那么监狱的权威无法树立，改造环境无法形成，那么罪犯的劳动改造、教育改造等其他改造罪犯基本手段的实施都将遇到极大的困难，以致难以开展。

罪犯在监服刑期间，任何人都无法非法剥夺他的生命或非法伤害他的身体、侮辱他的人格或者非法侵害他的其他合法权益。没有严格的狱政管理为监内服刑改造的罪犯提供必要的人身安全保障和权益保障，罪犯是不能安心服刑改造的。因此，保证安全无论对监狱还是对罪犯个人都是十分重要的，而狱政管理正是解决这一问题的基本措施和可靠保障。

（三）实行人道主义，提供罪犯服刑改造生活上的物质保证

罪犯的个人待遇，罪犯群体生活的安排，都是稳定监狱秩序、安定罪犯个人服刑改造情绪、保持监狱各项工作正常运作的重要问题，也是监狱文明的重要体现。通过科学文明的狱政管理，在人道主义原则指导下，组织好监狱行刑所需的各种物质供应和依法给予罪犯的生活用品供应，保障各种改造罪犯的经费足额到位，使罪犯服刑改造生活所必要的物质需求依法得到保证，这也是惩罚改造罪犯工作的不可缺少的重要方面。在监狱所在社区的居民平均水平不断提高的前提下，逐步改善罪犯的物质生活水平，这本身就具有强烈的教育感化作用。

（四）以合法的强制作为劳动、教育等改造手段的坚强后盾，保证这些手段的运作

对罪犯实行劳动改造和教育改造是我国惩罚改造罪犯的成功经验，也是行之有效的基本手段。但是罪犯的劳动和教育都不是罪犯自愿参加的。对罪犯的劳动改造、教育改造是正义战胜邪恶的斗争，必须以合法的强制为前提、为保证，它们是相辅相成的。狱政管理在合法的必要的强制中，发挥着不可缺少和不可估计的作用。包括武装警戒的威慑，严格的纪律规范的约束，严密的组织管理的控制，严肃的奖惩的激励，对狱内犯罪分子严厉打击以及庄严牢固的狱政设施、训

练有素的监狱人民警察等，都为所有改造手段的顺利正常运作提供着必不可少的物质上和实力上的强大后盾与保障。

狱政管理除了本身具备改造功能之外，还能为其他改造手段提供基础和保障，这是狱政管理独具的作用和特殊的贡献。因此，狱政管理在监狱工作中占有举足轻重的地位。

第二节　狱政管理的任务

狱政管理的任务是与它的性质密切相关的。我国监狱狱政管理的基本任务是：通过有效的管理活动执行刑罚和改造罪犯，并为劳动改造、教育改造的顺利运作提供了基础和保障，共同为实现建设现代化文明的法制监狱而努力。具体地说，狱政管理主要有以下几个方面的任务：

一、建立良好的监管秩序，保证准确执行刑罚

李玫瑾教授先后在江苏和新疆两所监狱内对服刑人员进行过三次较大规模的问卷调查。从人数观察：因危险心结而犯罪的人数最多，占 59.3%，因危险人格而犯罪的占 40.7%。第一次服刑的人员（法律意义上的初犯）占全部服刑人员的 64.9%；另有 35% 的人属于 2 次以上的服刑人员。重新犯罪人（指 2 次刑罚以上的人员）平均每人约作 13 起案件，每名犯罪人将对应 20 名被害人。因此在监狱中服刑的罪犯大多有严重的主观恶性和人身危害性，对他们的改造需要经过一个从强迫到自觉的过程。具有危险人格的罪犯往往自私而冷漠，具有危险心结的罪犯犯罪多源于社会矛盾因而容易愤愤不平。他们中的有些人在没有得到彻底改造之前，还会留恋过去的犯罪生活，对服刑改造不满，有的甚至会伺机逃跑、行凶、破坏或进行其他犯罪活动。因此，通过严密的监管警戒和各种安全措施，防止自杀、逃跑和进行违法活动，确保监管改造场所的安全，是狱政管理的重要任务之一。

监狱要想保证刑罚执行任务的顺利完成，就离不开狱政管理，而狱政管理也必须将“确保刑罚执行的正常运作”当作自己的首要任务。狱政管理首先应当以有效的刑务管理，建立一整套科学的刑罚执行运作程序，建立严谨的刑务管理环节和手续，使刑罚执行的运作程序化、标准化。

二、加强物防、人防、技防，确保监狱安全

司法部重新组建以来，在系统谋划监狱工作时，明确坚守安全底线、践行改造宗旨工作思路。

加大监狱的投入力度，保障硬件建设，“物防”是实现狱政管理任务的基础。住房和城乡建设部令2018年第187号《监狱建筑设计标准》出台以来，监狱的新建、扩建和改建都依照此规定。执行良好的监狱硬件是完成狱政管理任务的一个物质基础，也是实现“环境改造人”的基础。

提高监狱民警职业素养，突出“人防”的重要性。强化警察对“三大现场”的直接管理，有效防范和打击在监区内出现的“牢头狱霸”现象；严格落实四级狱情排查制度，做好隐患排查整治。实现监管工作精细化、执法工作程序化、功能区域网格化。深化联防建设，与武警、公安、群众实现联动、联防、联处。

运用现代的科学技术加强“技防”，建立警民联防的外部保障体制。把现代安全防范技术运用到监狱的建设之中，这样既可以提高狱政管理的安全防范技术，也可以减少过去的“死看硬守”和“人海战术”，使更多的民警从事一线的管教工作，了解罪犯的思想，为人防做好基础。2018年7月，司法部召开网络安全和信息化工作电视电话会议，做出了加快建设“数字法治、智慧司法”的重大决策，研究制定了《“数字法治、智慧司法”信息化体系建设指导意见》。11月，司法部印发《关于加快推进“智慧监狱”建设的实施意见》，明确了“智慧监狱”建设的总体目标、重点任务、实施步骤。

三、建立良好的法治环境，维护社会公众利益

法治监狱建设是依法治国的必然要求。监狱是国家刑罚执行机关，是社会主义法治建设的重要领域。作为监狱机关要始终把公平正义作为价值追求，自觉将监狱执法工作的每一个执法环节、每一项执法活动全部纳入法治轨道，进一步健全完善监狱执法监督体系，依法严格罪犯行政奖惩和减刑、假释、暂予监外执行等案件办理，着力增强刑罚执行的公正性、透明度，不断提高监狱执法公信力。

法治监狱建设是提高罪犯改造质量的根本保证。坚持依法、严格、公正、文明执法，建立更加公正、规范、高效、有序的法治监狱，确保罪犯改造质量的全面提升。监狱机关只有通过依法治监，在法律框架内规范监狱各项内部管理，优化监狱的刑罚执行和教育改造职能，让被改造的对象在监狱高墙内深刻体会到正义、公平、规范、秩序、平安、文明、和谐等这些人类共同的价值追求，才能促使罪犯积极改恶向善，主动追求道德公义，自觉遵守法律法规，由“被动改造”转变为“主动改造”，也只有这样，才能将提高罪犯改造质量落到实处，真正将

罪犯改造成为守法公民。要更好地发挥监狱职能作用，践行以人民为中心的发展思想，努力把罪犯教育好、改造好、塑造好，使其回归后能更好地融入社会，做守法公民，为经济社会发展做出新贡献，不断促进社会和谐稳定。

同时，在总体国家安全观的指引下，应将监狱执法领域所涉及的利益主体全部纳入管理视界，全面关注所有人的利益。也就是说，监狱要将社会公众利益和普遍感受考虑进去，公正执法、提高改造质量为社会的和谐稳定作出贡献。随着我国经济社会的不断发展，人权理念的不断深入，保护罪犯权利问题日益引起社会各界的广泛关注和重视，我国也先后签订了一系列有关罪犯权利的若干准则和国际性规范文件。同时，狱政管理也应该将被害人安抚和对社区的影响综合考虑，力争服刑人员以实际行动获得被害人谅解和社区的接纳。

四、加强罪犯的生活卫生管理，建立良好的改造环境

搞好罪犯的生活卫生和医疗管理，是我国监狱工作的直接体现，是教育感化罪犯必不可少的物质条件。我国经济发展的不平衡造成了监狱在卫生、生活上有很大差异，个别监狱医院、医务所诊治疾病的能力欠缺，监狱医院、医务所设施简陋、仪器落后，医务人员的医务水平整体不高，整体素质亟待提高。但是不论经济发达的地区还是经济相对落后的地区，监狱都从根本上保证了罪犯的基本的生活权和健康权。

为此，司法部监狱局颁布《关于加强监狱生活卫生管理工作的若干规定》，进一步规范了监狱管理，切实维护罪犯的基本权利，为罪犯提供了基本生活保障，提高了罪犯改造的积极性。随着市场经济的迅猛发展和监狱体制改革的不断深入，监狱罪犯生活卫生工作已处在改革的前沿。如何适应改革的新形势，不断探索监狱生活卫生后勤保障社会化的新路子，实现监狱罪犯生活卫生管理的合理化、规范化、科学化；是生活卫生工作面临的新课题，也是监狱管理改革的一项重大任务。

第三节　狱政管理的功能

根据功能主义的理论，功能是指事物基于其固有的属性可能具有的积极作用。“功能”一词本身表明的是可能性而非现实性。例如，胃的功能是消化，而胃是否能够发挥现实的消化作用，不仅取决于胃本身是否健全，而且取决于其他条件，如胃是否和其他器官协调一致。可见，“功能”一词，不仅排除消极作

用，而且不能简单地等同于作用。中华人民共和国成立以来，狱政管理作为改造罪犯的基本手段，经过七十多年不断地总结、完善、充实、提高，已经具备了比较丰富的改造罪犯功能，在执行刑罚与惩罚改造罪犯中起到了不可替代的作用。狱政管理的功能，是指狱政管理基于其固有的属性可能具有的积极作用。狱政管理一般具有以下几个方面的功能：

一、惩罚威慑功能

罪犯在交付监狱执行刑罚之后，监狱依法按照严格的狱政管理程序，通过狱政设施使罪犯与社会隔离开来，限制他们个人行为并剥夺其人身自由，再通过一定的行为管理模式，如《监狱服刑人员行为规范》《犯人生活卫生管理办法》等使其受到一定的痛苦，体现出刑罚的惩罚威慑功能。监狱通过狱政管理对罪犯实现了刑事处罚，实现了社会正义。被害人及其亲属因犯罪行为产生的痛苦得以宣泄，使犯罪所可能引发的社会冲突得以化解。当前，我国政治安全、政权安全、社会安全各类风险不容忽视，反恐维稳、扫黑除恶等各种斗争形势紧迫，涉黑、涉恶、涉枪、涉爆、涉邪、危安犯等重大刑事犯比例不断增加，严重威胁到监狱的安全稳定和监狱政治责任的履行；因此狱政管理的惩罚威慑功能日益凸显。

通过对犯罪分子的惩罚和改造，让其身受“牢狱之苦”，不忘沉痛教训，使其从今往后不敢和不愿意再犯罪，实现“特殊预防”的目的。同时，也正是对犯罪分子惩罚和改造的痛苦事实，震慑和教育了社会上那些危险分子或铤而走险的不法之徒，使其在危险的道路上就此悬崖勒马，减少社会危险因素，以实现“一般预防”的目的。如果监狱在刑罚执行过程中，通过狱政管理不能震慑惩罚罪犯，不能实现预防和减少犯罪的目的，既会影响狱内改造秩序的安全稳定，也必然会影响社会秩序的安全稳定。

狱政管理不仅运用着刑罚总体上的惩戒威慑作用和伦理否定、行为判断的功能，而且在日常生活管理中，也以严格的标准、严肃的要求，以及对抗拒改造行为、消极抵制改造的行为的惩戒对其他罪犯产生了巨大威慑，建立起狱内服刑行为的价值取向，影响和改变着罪犯的思想、思维方式，并且事实上起到纠正、督促、规范、引导罪犯的日常举止言行的作用，久而久之，使其成为行为定式，从而发挥着改造罪犯的作用。

二、隔离保障功能

通过系列犯罪实证性分析研究可看出，许多受过法律惩罚、曾被判刑、被教育改造过的人在释放后如果继续犯罪，会形成更严重的威胁，特别是系列案件制造者、累犯和惯犯会制造更严重的犯罪案件。国内外的预防犯罪研究更倾向于控制罪犯再犯罪的机会和能力。美国联邦于1994年通过了《暴力犯罪控制与执法条例》，其中规定，对于已犯2次重大犯罪之重犯，或者前曾犯1次以上重大犯罪之暴力重罪犯，或者1次以上重大犯罪之毒品犯，当其再犯罪时，将被处终身监禁，不得假释。刑法的第八、九次修正案实际上加大了对罪犯的监禁力度。监狱通过狱政管理，依法实行罪犯与社会的隔离，有效地降低了犯罪率，为公民提供了一个稳定安全的社会环境，对社会心理产生安全效应。

狱政管理同样也对监狱安全提供保障。罪犯在服刑期间，其社会危害性不会自然消失，罪犯在狱内仍有再次实施犯罪的可能性。监狱通过狱内犯罪的预防、控制和处理，为罪犯服刑改造提供安全稳定的环境，并对罪犯、监狱工作人员的人身安全以及国家和社会的财产安全加以切实的保护。在现实中，监狱承受着来自狱内外的巨大安全压力，监狱人民警察工作任务加大，难度增强，需要监狱及其干警转变思维，创新工作方式，为维护社会稳定付出艰辛的努力。

在狱政管理过程中，要认真贯彻执行党和国家的各项刑事政策，注意法律政策的感召力，严格掌握是非界限，注意管理的公正、公平、廉明，经得起时间的考验，这些都有助于罪犯建立改造动机，树立改造信心和对改造机关及监狱人民警察的信任，促进改造的进程。文明的、人道的狱政管理深刻地体现着国家社会对罪犯的关怀、挽救和期待，必然会引起罪犯的强烈的心理震撼，产生独到的教育改造效果。

三、矫治改造功能

我国监狱的狱政管理实行严格的军事化管理，对罪犯的生活、起居、举止、交往、作风、内务等方面都要求按设定的模式一丝不苟地完成或实行。纪律约束、考核监督、行为规范、奖励惩罚、激励引导等一系列制度，规范了罪犯的行为和习惯。长此以往，就会使罪犯养成新的行为习惯，摒弃不良行为习惯，从而起到养成教育的作用。

通过科学文明的狱政管理和严明奖惩制度，规范和约束罪犯的行为，利用罪犯群体的组织发挥他律作用，如监舍、班组、互监组、分监区、监区、入出监区等正式的组织形式，在学习、生活、劳动中让改造好的罪犯起到表率作用，带动其他罪犯向好的方面转化。这样长期生活、训练、教育，有机渗透改造行为规范，矫治恶习，使他们养成尊重他人、尊重社会、关心他人等良好的习惯。

罪犯能否顺利地重返社会，是决定监狱改造罪犯的效果和刑释人员是否会重新犯罪的重要因素。旧的自由刑只管严厉剥夺，将罪犯与社会严格隔离，但是长期的严格隔离会造成所谓的“监狱人”，罪犯只适应监狱的生活方式，反而不习惯社会生活了。结果造成罪犯刑满释放时犹如从高楼坠地，难以及时适应社会，所以很容易重新犯罪。现代自由刑制度充分注意到这个问题，一般国家监狱纷纷采取“始于严格监禁隔离，终于顺利重返社会”的监狱行刑格局，其是要通过狱政管理来实现的，是根据罪犯的改造表现逐步放宽管束、改善处遇的过程。这个过程，一般被称为“改造过程”或“转化过程”，即从罪犯被严厉强制隔离开始，设立处遇差别，根据罪犯的改造表现，逐步放宽和改善罪犯的处遇。到临近释放时，管束程度逐步放松至接近于平常人，从而使罪犯释放后能早日适应社会生活，顺利回归社会。现代狱政管理不但注意将罪犯改造成为守法公民，而且也注意将罪犯从“监狱人”向“社会人”的转化，并不是一味追求严格隔离，随着以人为本的理念在监狱中实施，监狱行刑更加注重人的转化，注重罪犯的顺利重返社会，以最大限度地消除刑罚的副作用。因此，设计和运作现代的狱政管理，应当使其具有一定的转化功能，以保证罪犯顺利回归社会。

典型案例剖析

对暴力型违纪罪犯的转化个案

罪犯，朱××，男，1987年出生，初中文化，山东临沂人，因抢劫罪被判处有期徒刑14年。该犯在狱内人际关系紧张，脾气暴躁，易冲动，多次违反监规队纪，屡教不改。该犯代表性的违纪行为有：2012年11月，因生产琐事与罪犯黄某发生争执，随即持生产专用螺丝刀攻击黄某，被他犯制止。2013年4月19日，罪犯朱××因生产琐事对罪犯尹某不满，对其进行辱骂和威胁，当班干警上前制止时，该犯不听劝阻，当场顶撞。2014年5月7日晚，在狱内洗漱间洗漱时，罪案薛某将水溅到朱××身上，二人发生争吵、谩骂、打斗。2015年2月也因洗漱时王犯将水溅到他身上，朱××对王犯进行了殴打。朱××个人陈述：8岁左右，父母因为感情不和离婚，离婚前父亲经常殴打母亲，母亲离婚后到济南打工，父母都不想要自己，感觉被遗弃。跟着父亲生活，经常挨打，自己也是经常不回家，在亲戚家轮流住。15岁到济南、北京等地自己打工，在自己打工期间，也多次受别人的欺负。此前有两次服刑经历：第一次服刑是2005年，抢劫罪，被判处有期徒刑3年，在邹城监狱服刑；第二次服刑是2010年，盗窃罪，被判处有期徒刑1年6个月，在济南看守所服刑。朱犯分管干警的反映：该犯劳动态度积极，在意干警及他犯对自己的评价，敏感，易激惹，往往因为鸡毛蒜皮的小事，就对他犯进行辱骂甚至殴打，行为偏激。该犯描述打架行为时，虽然口头能够认错，但下次遇到类似情形时，往往又难以避免。其他罪犯很少有人与其交往，基本都采取“敬而远之”的态度。监狱对其具体矫治过程如下：

第一阶段：建立矫治关系——确立矫正目标阶段

2014年10月1日-2014年10月31日

第一阶段主要是建立相互信任的矫治关系，通过了解发现问题，确立矫治目标。

具体过程：之前，矫治干警从干警的手中得到罪犯朱××亲情会见的录音。录音中，朱××母亲对儿子的关怀之情溢于言表，矫治干警期望以此激发朱犯积极主动改变的动机。了解相关资料，建立咨询关系。后续相继进行心理测验。资料综合分析，探讨心理问题和改变意愿。将分析结果反馈给对方，一起商定咨询方案，布置家庭作业。

第二阶段：分析暴力行为——探寻原因阶段

2014年11月1日-2014年11月30日

探讨分析问题根源，初步尝试运用心理动力学理论分析问题产生的原因。

具体过程：

①家庭作业完成，矫治干警对其认真态度给予表扬。矫治干警阅读朱犯家庭作业，摘录如下：在监狱服刑改造，我感觉压力很大，我不知道该如何定位自己，也不知道以后的人生会是什么样子，跟我一般大的人都该结婚生子了，而我什么都没有，等我释放的时候也有差不多快40岁了，我对人生感到很迷茫。

②矫治干警根据家庭作业显示的问题，向求助者介绍心理动力学理论，通过提问引导其进行自我审查，挖掘自己暴力行为所发生的根本原因。

③针对罪犯朱××的童年经历及当前的违纪行为，指出其情绪的根源在于服刑改造带来的焦虑，而其多次发生打架行为其实质是自身产生的防御机制——迁移，即将自己对当前服刑改造的负面情绪转移到了其他同犯的身上。以及其童年时遭遇父亲殴打，引发防御机制压抑与延续，即对被殴打导致的焦虑情绪进行压抑，并择机爆发，通过殴打他人转移焦虑。两种防御机制引发了同一种暴力行为，即暴力违纪，殴打他犯。同时向其解释防御机制的类型有：压抑与延续、否认、投射灯等。

④布置家庭作业：你是如何理解你的攻击行为的，现在想来，别人把水溅在你身上，真的是你大打出手殴打别人的根本原因吗？回忆童年处理日常问题时出现的行为模式有哪些？

第三阶段：进一步明确防御机制——学习放松技巧阶段

2014年12月1日-2014年12月31日

进一步确定焦虑背后潜在的防御结构，并了解其应用特定防御机制的目的，除了发泄心中的不满情绪外，还希望因此证明自己不是好欺负的。因为其童年经常被父亲殴打，所以存在暴力对抗的“情结”。

具体过程：

①求助者（朱××）来访，家庭作业基本完成，说通过深刻的反思，对上次讲的理论有了更加深刻的认识，结合自身的情况，认识到自己的暴力行为是转移了自己的愤怒与不安。

②矫治干警分析求助者的汇报，对其给予充分肯定。

③告知放松训练的重要作用，教授放松训练的方法。

④家庭作业：自行进行放松练习。

第四阶段：阳性强化——相应惩罚阶段

2015年1月1日－2015年1月31日

运用阳性强化法矫正具体情境下的暴力行为，通过情景模拟的形式，帮助该犯在遇到易激惹的情景时，学会更加合理的控制自己的情绪和行为。

具体过程：

①求助者（朱××）按时来访，反映每天都进行放松训练，情绪有了明显好转，感觉身心比较轻松，很多烦恼也都没有了，心境也更加平和，本月未发生违纪行为，可能跟放松训练有一定的关系。

②矫治干警认真分析了求助者心理状况结合实际情况，对其行为给予赞赏和表扬。

③将矫正目标具体化，遇到容易激怒自己的情形时，控制自己的情绪，矫治干警征得求助者同意后决定采取阳性强化法。即通过重新体验容易激怒自己的场景，学会控制自己的情绪，当成功控制时，将予以奖励。

④根据日常观察，在发生撕扯、辱骂等违纪行为时，及时给予惩罚，比如暂时剥夺其正常参加劳动的权利，让其参与打扫公共卫生等。

第五阶段：预防复发——巩固成果阶段

2015年2月1日－2015年2月28日

制定具体的措施帮助巩固治疗成果，预防复发。

具体过程：

主要通过谈话，告知三种预防复发的方法：

①预见困难情景。能够识别出高危险性的、可能破坏新习惯的情景，比如别人撞了自己或把水溅在自己身上，等等。

②调整思维与情感。告知情绪有时候会失控，也会让我们力不从心、不安或者暂时失去理性。要能够预料到这些暂时性的反应，保持理智，从错误中不断吸取教训。

③调控结果。学会自己支持自己，并不一定每次做得好时都有人喝彩，要学

会自己鼓励自己，每当出现良好行为时，学会给予自己有意义的奖励。

总结回顾：

2015 年 3 月 1 日

进一步巩固矫治效果并结束矫治

具体过程：

①这次朱××前来会谈时，表情轻松、自然，朱××自述通过近期的教育矫治，收获很大，心里感觉轻松了许多，感觉自己的人生也还是很有希望的，已经开始营造和谐的人际关系，争取取得干警和同犯的支持和理解。

②矫治干警对其反馈情况，表示肯定和赞赏。

③心理测验

效果评估：

朱××的焦虑、紧张抑郁等不适情绪明显好转，饮食睡眠情况正常，社会功能状态有良性发展，人际关系改善，改造态度端正。干警反映朱××与他犯的沟通交流明显增多，学习、劳动、日常生活规范能达到监区要求。与朱××共同生活改造的罪犯也反映自从朱××进行心理矫治以来，性格开朗了很多，在一起交流也融洽了许多，脾气上改变了不少，更没有出现与别的罪犯打架的事情，已达到教育矫治的预期目的。

第三章

狱政管理的指导思想及基本原则

第一节　狱政管理的指导思想

一、狱政管理指导思想的界定

指导思想就是指在某个实践活动中对主体行为起指明方向和支配作用的观点或理论，它不同于理念、理想、信念、工作计划等。理念是指绝对正确的观点，可以作为道理、真理来形容；理想是一种对未来的想象，但是，并不是任何想象都是理想，也可以这样表达，理想是指人们希望达到的人生目标和追求向往的奋斗前景；观念指观点、看法、想法，是中性词；信念是自己认为可以确信的看法，引申为对某人或某事信任、信赖或有信心的一种思想状态。可见，指导思想与理念、理想、信念、工作计划是不同的，它们之间有着严格的区分。

我们党和国家在我国不同的历史发展时期有不同的工作方针政策，受党和国家工作方针政策的影响，监狱的工作方针也随之变化。作为监狱工作的主要管理手段，狱政管理也是随着监狱的工作方针变化而变化的，所以说狱政管理是一门政策性很强的学科，同时也是一门综合性、应用性很强的监狱管理学科。

二、坚持实事求是，一切从实际出发的指导思想

中华人民共和国成立以来，我国狱政管理工作实践造就了狱政管理学。狱政管理学是监狱学学科体系内一门实践性、专业性非常突出的应用科学，它没有什么现成的理论体系和固有模式，更不可能只是从理论到理论的空洞说教，只能立足于我国监狱行刑中的狱政管理工作实际。一方面，遵循学科理论体系架构的一

般规律，通过深入、系统的调查研究，总结管理服刑罪犯的丰富经验，并加以科学地分析、比较、归纳和综合，把普遍意义的感性认识升华到理性认识的高度，再反过来经过狱政管理实践的检验，从而形成狱政管理学的理论体系。另一方面，考虑我国幅员辽阔，各地经济水平、文化发展、生活习惯、民族宗教等实际情况的不同，全国各地的监狱所处场所的社会、物质、生活环境有很大差别，监狱服刑罪犯的犯罪构成、改造表现也复杂多变。

鉴于这些实际情况，狱政管理指导思想的研究，必须严格奉行实事求是、一切从实际出发的指导思想，必须立足于我国狱政管理的实际，借鉴普通管理学的一般理论，及时总结那些最能反映和体现我国监狱狱政管理的社会主义特色的经验、手段和方法，因地制宜、因人而异，通过总结形成符合我国国情的狱政管理的手段和理论体系，再回到狱政管理的实际，接受实践的检验，从而发展、完善狱政管理学的理论体系和内容。

三、坚持以依法治国、以人为本的科学行刑观为指导思想

依法治国、以人为本是我国社会发展进步的必然要求，也是建设社会主义物质文明、精神文明和政治文明乃至司法文明的必由之路，更是维护社会治安的必然要求。作为国家的刑罚执行机关，狱政管理工作必须坚持社会主义法制原则的基本要求，符合依法治国的方略。在我国，监狱执行刑罚是人民民主专政的体现，是社会主义国家用以惩罚和改造罪犯的手段，不同于历史上一切剥削阶级国家残暴、野蛮、落后的行刑制度。我国对罪犯执行刑罚的目的是预防犯罪、改造罪犯，使之回归社会成为遵纪守法的合格公民。

我国监狱的狱政管理工作是对服刑罪犯依法执行刑罚的直接体现与落实。因此，狱政管理指导思想的研究必须坚持依法治国的方略和科学的行刑观，体现法治理念，贯彻惩罚与改造相结合的精神，始终奉行社会主义的人道主义和区别对待、给出路的政策，抛弃并肃清一切“人治”和剥削阶级腐朽刑罚思想的影响，严禁对服刑罪犯施加酷刑、侮辱和打骂虐待，保障服刑罪犯的合法权益。总之，在总结狱政管理指导思想时，应充分发挥社会主义法治的功效，发挥科学行刑观对狱政管理工作的指导作用，严格依法行刑、依法管理，以人为本，加强对服刑罪犯的惩罚改造。

四、坚持可持续性发展、与时俱进的指导思想

我国监狱的狱政管理工作必须坚持可持续性发展、与时俱进的指导思想。监狱司法实践证明，人类自形成国家以来，犯罪现象延续、存在至今，相应地，对犯罪人采取的刑罚措施也一直延续至今，从未间断。因此，作为刑罚执行机关，

监狱的可持续性发展是必然的，对此不应有任何怀疑，否则就难以适应行刑工作的需要。因为监狱作为阶级社会的不可缺少部分，是随着社会的发展变化而变化的，狱政管理的方法也需要发展、变化、更新。

狱政管理必须适应监狱形势与犯罪原因的发展变化，顺应国际、国内刑事司法领域的改革发展趋势，勇于开拓创新，打破传统僵化思维定式和保守陈旧的管理模式。一方面，立足于我国监狱的行刑实践，积极探索；另一方面，积极引入新思想、新观念和新方法，努力把先进的行刑思想、司法理念、行刑手段、管理模式运用到狱政管理的工作之中。

五、坚持一切为了人民的指导思想

在服务巩固人民民主专政、维护社会稳定、发展国民经济和改革开放的历程中，新中国监狱始终坚持党的绝对领导政治原则，始终跟进党中央重大决策部署，始终融入国家法治进程，始终加强监狱干部队伍建设，推行准军事化管理模式，较好地发挥了掌握在党和人民手中“刀把子”的功能。

“中国特色社会主义进入新时代”和“我国仍处于并将长期处于社会主义初级阶段”，是对我国发展新的历史方位的重大判断。监狱在维护我国政治安全和社会安宁、满足人民公平正义需求方面，势必将在较长一段时期内发挥不可或缺的重要作用。在百年未有之大变局中实现“两个一百年”的伟大梦想，需要我们坚持以人民为中心的发展思想，落实总体国家安全观，有效防范化解重大风险，实现国家治理体系和治理能力现代化。新时代监狱工作需要进一步坚持“四个自信”，旗帜鲜明地坚持党对监狱工作的绝对领导，拭亮我国监狱的政治底色。新时代监狱工作需要准确把握“五个新”即人民对社会安宁、公平正义新需求，刑罚演进新趋势，刑事犯罪新特点，押犯构成新变化和国际人权斗争新情况；突出两项政治任务即以政治建设为统领，突出政治建警先行、突出政治改造罪犯。

司法为了人民、依靠人民、造福人民、保护人民、由人民评判，监狱工作要主动接受人民群众监督，从人民群众不满意的地方改起。切实保障罪犯合法权益，如人身安全、人格尊严、辩（护）控（告）申（诉）检（举）、合法财产、会见通信和未被依法剥夺的政治权利等，严禁打骂、体罚和虐待罪犯，落实罪犯伙食、被服实物量标准，实行革命人道主义政策。严肃整治“有权人”“有钱人”服刑不实、出狱快、“踩点”减刑、虚假立功等司法腐败行为和牢头狱霸、狱内高消费、享受特殊待遇等问题。加大财产性判项履行与减刑假释关联和假释罪犯社区环境评价力度，促进罪犯积极履行刑事附带民事赔偿，以期获得被害人谅解。罪犯生活处遇和权利保障水平，既要逐步有所提高，又不能超越社会发展阶段、突破公众心理底线，搞所谓建“豪华监狱”、为罪犯举办婚礼、倡导“人性化”等引发社会公众不满、背离刑罚本质的做法。破除“大墙思维”“封闭观念”，推进狱务公开，加强公共关系建设，增加人民群众对监狱工作的可感知性，提升监狱刑罚执行公信力。

第二节　狱政管理的基本原则

一、安全管理的原则

尽管狱政管理学都会专章讲述监狱安全防范，但实践中有的监狱或干警却暴露出在意识上缺乏安全管理意识。2009 年 10 月 17 日，内蒙古第二监狱某监区组织罪犯劳务加工，乔犯、董犯、李犯和高犯先后诱骗捆绑了一名值班罪犯和一名带班民警，获取了一套警服，后将民警骗到仓库欲扒其警服，遭反抗后四名罪犯用准备好的两把自制刀具和藏匿的两把裁纸刀残忍地将其杀害，接着他们四人穿一套警服和准备好的三套便服尾随一出监狱大门民警先后通过了三道刷卡门和一道虹膜门，最后在门卫验证时事情败露，强行脱逃。出事后总结该案存在如下问题：第一，监狱领导没有坚持安全管理原则，监狱民警敌情观念淡薄，首位意识差，重生产，轻管教。第二，耳目、信息员没有发挥应有的作用。两名主要案犯预谋一年多的时间，民警竟然毫不知晓。第三，工具管理混乱。丢失的两把裁纸刀没有及时发现。第四，劳动现场管理不到位。罪犯制作两把钢制和塑料制刀具没有及时发现。第五，清监制度不落实。罪犯藏匿的违禁品没有查出。第六，勤杂事务岗位类罪犯审核不严。四人其中的一人是仓库保管，他们作案时也就是利用仓库便利，先后将一名值班罪犯和两名民警骗进捆绑或杀害。第七，门卫制度执行不到位。内蒙古第二监狱是部级现代化文明监狱，硬件设施好，四名罪犯尾随一名民警连续通过了四道门，而且是技术含量较高的刷卡门和虹膜门。同时，也说明技术含量较高的刷卡门和虹膜门存在明显的缺陷，从开门到关门一般有几秒的时间间隔。总而言之，该监狱安全管理意识不到位才导致上述问题的发生。如果监狱和干警将安全管理上升到原则层面，相信类似的案件可能会减少发生。

（一）安全管理原则的含义

安全管理原则，是指在狱政管理活动中，监狱及其管理人员要坚持风险思维，通过安全教育、安全事件防范确保监管场所安全、维护监狱秩序、保障监狱人员和财产不受不法侵害，形成能够保障其职能履行、目标（价值）实现的规范秩序持续状态。

安全管理原则是其他原则贯彻的前提。执法是监狱最基本的活动，是监狱功能发挥和价值实现的外在形态。安全是监狱的重要价值维度，对监狱的安全管理离不开对人——民警和罪犯的研究，而风险管理、应急管理理论的引进和实践，是实现监狱安全管理科学化的重要路径，为此我们要不断创新监狱安全管理的内容和路径。

《监狱法》第7条第1款规定："罪犯的人格不受侮辱，其人身安全、合法财产和辩护、申诉、控告、检举以及其他未被依法剥夺或者限制的权利不受侵犯。"第44条规定："监区、作业区周围的机关、团体、企业事业单位和基层组织，应当协助监狱做好安全警戒工作。"2017年7月20日，司法部召开全国司法厅（局）长座谈会，专门部署司法行政改革工作，要求全国监狱系统深入开展以落实"治本安全观"为主要内容的模范监狱建设试点。

（二）安全管理原则的内容

1. 监狱安全

监狱安全包含监狱秩序安全、监管场所安全、人员安全和财产安全四个方面。没有监管安全，行刑秩序的维护、教育制度的落实、改造质量的提高都无从谈起。监狱场所安全稳定是推进监狱工作法治化、科学化、社会化的前提和基础，也对维护社会的安全稳定起到重要作用。2015年，联合国毒品和犯罪办公室组织多国专家编写了《动态安保与监狱情报手册》。所谓动态安保是指通过监狱一线工作人员与罪犯建立积极的工作关系，及时了解罪犯个体特征，并为罪犯开展建设性活动，进而实现监狱安全和促进罪犯顺利回归的安保制度。教育改造罪犯是监狱的本质，要把"不跑人"的底线安全观深化为向社会输出"合格产品"的治本安全观。要从底线安全观转变为治本安全观，就要把实现"四无"目标作为新时期新形势下监狱安全稳定工作的起点，把安全稳定这条"生命线"变成向社会输送合格"产品"的"起跑线"。

2. 预防、控制和处置安全事件

立足于监狱行刑工作规律，可以发现，不同监管风险的可控程度也有所不同。在绝大部分监狱，可以将日常监管风险大体分为三类：第一类是基本可控的监管风险，是指运用目前和随科技进步将持续加强的人防技防和物防，可以杜绝的风险，主要是群体性的暴狱、闹狱。第二类是可控性较强的监管风险，主要包括脱逃、私带私藏违禁品和严重的罪犯斗殴和警囚冲突。这些风险之所以具有较强的可控性，除了加强化解罪犯矛盾、完善罪犯管理制度、加强队伍建设和规范执法等常规方式之外，飞速进步的现代科技可以大大提升风险防控能力。尤其随着智慧监狱的建设，很多场景下有可能最大限度地排除民警个人意志的介入和干预，从而显著降低这些风险的实际发生概率，或者有效控制其严重程度。第三类则是可控性较弱的监管风险，主要是罪犯自杀自伤风险。此类风险高危犯群多、察觉难度大、后果严重，整体来看是目前监狱系统安全压力最大的监管风险。在借助科技最大限度提升风险防控能力的同时，也要立足于监狱行刑工作规律和对监管风险的理性认识；从调动民警队伍积极性、主动性、创造性的角度出发，从制度层面入手，在监狱领域探索建立以容错机制和履职保护制度为核心的民警正向激励机制。

（三）安全管理原则的基本要求

1. 健全预测预警预防机制

科学预测才能做到安全心中有底，及时预警才能做到安全防线前移，精准预防才能做到安全万无一失。监狱安全管理的本质是对监狱所面临的现实或潜在的各种风险、隐患、威胁的辨识、预防、管控与事故处置的动态过程。以防范罪犯暴动、脱逃、凶杀、自杀为主要目标的监管安全，就是识别危险罪犯、转化与控制危险罪犯、处置罪犯危险行为的一系列管理活动。预测机制是基础，是前置性条件；预警机制是关键，具有倍增效益；预防机制是根本，是“最后一公里”。健全完善犯情“日收日解”机制，提升监狱安全防范的及时性。健全完善狱情动态分析研判机制，提升监狱安全防范的针对性。及时掌握罪犯中的违法违纪线索、不利于安全稳定的思想情绪、影响改造的情况等信息；对于一般犯情，由分监区值班领导于当晚罪犯就寝前处置完毕；对于当晚不能处置完毕的犯情，必须落实有效管控措施，并向监区、监狱值班领导汇报。健全完善罪犯危险性评估工作机制，提升监狱安全防范的科学性。健全完善重点罪犯教育管控机制，提升监狱安全防范的精准性。浙江监狱管理局创新实行“310”罪犯排摸管控机制，即分监区、监区、监狱三个层面每周排摸确定最危险的罪犯各10名进行重点管控。

2. 完善监狱安全管理体制机制

“可防卫空间（也称环境预防犯罪）”理论创始人美国学者奥斯卡·纽曼在《可防御的空间：通过城市设计预防犯罪》中写道：“既然我们不能抑制人们的犯罪动机，我们何不从犯罪的目标和条件上去限制犯罪。因为众所周知，没有作案的条件和目标，犯罪是不可能发生的。”通过组织控制、物理控制、信息控制、心理控制和事态控制促使罪犯“不敢犯、不能犯、不愿犯”。“不敢犯”，重在震慑形成心理强制；“不能犯”，重在控制阻断犯罪条件；“不愿犯”，重在教育培养守法意识。管理科学的“二八定律”提示我们要区别管理重点，抓住关键人、关键事、关键时空、关键资源、关键制度。以推进安全管理标准化为抓手，建立安全管理长效机制；开展安全“强基工程”，压实责任、筑牢基础、做强基层。

3. 构筑“五位一体”的监管安全体系

监狱主体本身不仅是安全防范工作的承载者，更是主导者，承担着首要的安全防范责任，发挥着基础性与统领性的安全防范功能。加强监管人员力量的配备，提高监狱的职业化程度也是迫切需要解决的问题。在我国，2005 年监狱系统平均警囚比例是 17.96%，大致达到司法部规定的 18% 的警囚比例。当然，仍有相当数量的监狱没有达到这一比例，2010 年，广东监狱的警囚比例才 12.6%，远低于司法部规定的 18% 警囚比例。就一线警力而言，许多监狱更是远远没有达到 8% 的基本要求。加大监管设施与监管装备投入，提高安全防范标准。监狱领域安防有自身的特殊性，它可以由事前技术防范与事后技术防范两部分组成。事前的防范技术包括探测、环境控制、周界管理与出入控制等技术等。而事后的技术主要是指狱内侦查技术与应急处置技术。在监狱监管安全体制中需建立安全管理组织机构并明确其岗位职责，形成安全管理制度系统，实现规范化与专业化，从而维护监狱安全管理体系的有效运行。

二、依法管理的原则

（一）依法管理原则的含义

依法管理原则，也称依法治监，是指狱政管理活动必须严格依照监狱监管法规对罪犯实施管理，做到有法可依、有法必依、执法必严、违法必究，坚持依法行刑，依法规范管理行为并切实保障罪犯合法权益的基本准则。

《宪法》第 5 条规定：“中华人民共和国实行依法治国，建设社会主义法治国家……一切国家机关和武装力量、各政党和各社会团体、各企业事业组织都必须遵守宪法和法律。一切违反宪法和法律的行为，必须予以追究……”可见，依法治国是我国的一项宪法原则，是我国的基本治国方略，是社会文明进步的重要标志，是国家长治久安的重要保障。十八届四中全会审议通过的《中共中央关于全面推进依法治国若干重大问题的决议》特别指出，“保证公正司法，提高司法公信力；增强全民法治观念，推进法治社会建设；加强法治工作队伍建设；完善刑罚执行制度，统一刑罚执行体制”。这是新时期司法工作的最高纲领，同时也是新时期司法工作的出发点和落脚点。监狱是国家的刑罚执行机关，监狱对罪犯的管理是国家事务和社会事务管理的一个组成部分，要遵守宪法，保证国家法律的准确执行，必须依法管理。依法治监是依法治国的方针在监狱管理中的具体体现。因此，监狱的管理必须体现依法治国方略的基本要求，必须依照法律规定对罪犯实施管理。

全面依法治国是中国特色社会主义的本质要求和重要保障。监狱作为刑罚执行机关，要坚定不移走中国特色社会主义法治道路，坚持依法治监、依法管理、依法行政，增强党员干部队伍的法治素养。要深入学习习近平总书记在中央全面依法治国工作会议重要讲话中精辟概括的“十一个坚持”，认真践行依法治监的基本要求，始终把维护公平正义作为价值追求，全面深入推进监狱法治实践，从实体、程序、实效上保证监狱行刑的公开、公平、公正，实现政治效果、法律效果和社会效果的有机统一。坚持不懈推进执法规范化建设，健全完善执法制度体系，深化执法权力监督制约机制和执法责任体系改革，不断提高运用法治思维和法治方式教育改造罪犯、维护监管安全、治理监狱的能力水平，努力让人民群众在每一个司法案件中都感受到公平正义。

（二）依法管理原则的内容

1. 狱政管理内容合法

狱政管理是严肃的执法活动，特别是在对罪犯执行刑罚的过程中，涉及大量的行刑事务，对这些行刑事务的处理，我国法律有明确规定。因此，在狱政管理过程中，必须依法实施对罪犯人身自由的剥夺，依法处理刑罚执行变更、释放等事务，依法建立隔离设施、实行武装警戒，依法使用武器和警械等，以保证狱政管理的各项内容符合法律规定。

2. 狱政管理程序合法

狱政管理的各项活动、各个环节都涉及严格的法定程序，执行程序合法是保证执法内容合法的基础要件。因此，对罪犯组织、监控、考核、奖励、惩戒等活动都必须严格遵守法律程序，特别是在处理罪犯收监、暂予监外执行、建议减刑和假释、又犯罪的处理、释放等刑罚执行事务时，必须按照法律规定的程序和条件办理，必须使国家所确定的刑罚得以准确无误地实现，体现国家法律的严肃和公正。

3. 监管行为规范合法

对罪犯实施监管，是狱政管理的主要内容之一。为保证监管工作的顺利进行，在认真总结新中国监管工作经验的基础上，我国制定了一系列的监管工作法律规范，涵盖了分押分管、生活卫生、现场管理、安全防范、考核奖惩等众多方面。其中包括对监狱工作全局和监管活动起到关键性指导作用的法律规范；规定监狱人民警察可以作出一定的行为或者要求他人作出或不作出某种行为的规范；禁止监狱及监狱人民警察作出某种行为或者必须禁止一定行为的法律规范等。如根据《监狱法》第14条的规定，监狱的人民警察不得有下列行为：（1）索要、收受、侵占罪犯及其亲属的财物；（2）私放罪犯或者玩忽职守造成犯罪脱逃；（3）刑讯逼供或者体罚、虐待罪犯；（4）侮辱罪犯的人格；（5）殴打或者纵容他人殴打罪犯；（6）为谋取私利，利用罪犯提供劳务；（7）违反规定，私自为罪犯传递信件或者物品；（8）非法将监管罪犯的职权交予他人行使；（9）其他违法行为。监狱的人民警察有前款所列行为，构成犯罪的，依法追究刑事责任；尚未构成犯罪的，应当予以行政处分。这些法律规范分别从不同的角度规范着监狱人民警察的监管行为，对监狱人民警察的监管行为起到了“以轻明重”的作用。所以，在狱政管理中监管行为必须规范合法。

4. 保障罪犯的合法权益

《监狱法》对罪犯权益保障作出了明确规定。对罪犯实施依法管理，必须严格依法保障罪犯的合法权益。罪犯在狱内服刑期间，其人身自由被剥夺，以人身自由为前提的一些权利无法行使和实现。但是，罪犯仍然享有宪法、法律所规定的未被依法剥夺和限制的公民权利。罪犯入监之后，作为被管理者与管理者之间形成了特定的法律关系，也就相应具有了一些特定的权利，如会见亲属、监护人的权利，获得奖励的权利等。罪犯在监狱这一特定环境中，其基本权利得到了充分保障。这些权利主要包括：第一，罪犯作为一名公民所应该享有的基本权利，包括生命权、健康权、名誉权、荣誉权、宗教信仰自由权、受教育权、休息权和婚姻家庭方面的权利，以及在财产方面所享有的合法权利；第二，罪犯在服刑期间依法应当在物质条件和医疗卫生等方面所享有的权利和保障，《监狱法》设有“生活、卫生”一节予以明确规定；第三，罪犯由于性别、年龄、身体状况等生理情况所应当依法享有的特殊权利和保障，如未成年犯有不同于成年犯的管教政策，老、弱、病、残犯享有特殊的待遇等；第四，罪犯对自己所犯罪行的申诉权、辩护权以及其他合法的权利。

在现实社会中权利和义务是对等的，任何一个人不能只享受权利而不尽义务，同样也不可能只尽义务而不享受权利，罪犯也是如此。监狱在切实保障罪犯的合法权益的同时，也必须要强制、督导罪犯履行法律所规定的义务。这些义务是：遵守国家的法律法规和监狱统一制定的监规纪律；服从监管工作人员的管理教育；积极参加生产劳动；接受思想、文化、技术教育；爱护国家财产，保护公共设施；讲究文明礼貌，遵守社会公德；检举违法犯罪活动；增强组织纪律性，参加集体活动；联系犯罪实际，接受改造等。

（三）依法管理原则的基本要求

1. 提高执法意识，严格依法办事

社会主义法治是实现人民民主专政的基本方法，是调整社会主义社会关系的基本规范。现已基本形成由宪法、刑法、刑事诉讼法的有关规定，监狱法、人民警察法、国家赔偿法、人民警察使用警械、武器的条例等行政法规和司法部一系列行政规章构成的监狱工作法律体系，为监狱工作提供了充分的法律依据和坚实的法律基础。宪法和各种法律对狱政管理的各项规定都应该被认真执行。例如，

《宪法》第5条中规定，“任何组织或者个人都不得有超越法律的特权”；《刑事诉讼法》第275条规定，“监狱和其他执行机关在刑罚执行中，如果认为判决有错误或者罪犯提出申诉，应当转请人民检察院或者原判人民法院处理”，所有与监狱有关的法律、法规都是监狱管理工作中应当恪守的法律规定。因此，监狱必须依据法律实施管理，切实维护法律的权威和尊严。监狱人民警察要精通监狱法和其他的有关法律，尽可能多地掌握法律知识，明确法定职权和义务，在切实保障罪犯的权利的同时，监督罪犯履行法定义务。同时，监狱人民警察要有正确的执法意识，严格按照法律规定办事，坚持廉洁自律，自觉地规范管理方式和管理行为，以保障各项管理活动的有效实施。1994年12月29日第八届全国人民代表大会常务委员会第十一次会议通过并公布施行了《监狱法》，它标志着我国的狱政管理和监狱工作正式被纳入法治的轨道。在《监狱法》颁布之前，我国的狱政管理和监狱工作主要依靠一些行政、监管法规来调控。随着我国政治、经济形势的巨大变化，原来的方法已经不能适应和调整个方面的关系，尤其是与我国的社会主义法治进程不协调。《监狱法》的颁布实施，使我国惩罚和改造罪犯的活动有法可依，也进一步完善了我国法律体系。《监狱法》对狱政管理等一系列监管工作作了具体、全面、明确的规定，对监管活动的内容也提出了更新、更高的要求，涉及实体和程序以及相关的法律责任，还包括有监狱与其他相关部门，如公安机关、检察机关、审判机关之间的关系等，为确保正确、有效地执行刑罚奠定了基础。为此，司法部高度重视监狱法的修订工作。

2. 严肃执法观念，做到执法必严、违法必究

监狱是国家的刑罚执行机关，监狱人民警察代表国家对罪犯执行刑罚、进行改造，同时也是国家法律和监管方针、政策的执行者。监狱是依靠全体监狱人民警察来完成监管任务的，这就要求监狱人民警察严肃执法观念，正确履行职责，执法必严，违法必究。严肃执法观念就是要在思想上树立依法进行管理的指导原则，严格按照有关法律的规定，不枉不纵，不偏不倚，杜绝个人的主观臆断和其他部门或个人的不当干预，正确使用国家赋予的权力。严肃执法观念就是在实际的狱政管理工作中监狱民警既与罪犯保持法律规定的距离，又不脱离监管的实际，做到严厉不违规、和蔼有分寸。监狱人民警察代表国家对罪犯执行刑罚，在监狱执法中如果有违反法律规定的行为，应予以追究，绝不姑息迁就。因为在罪犯眼里，监狱人民警察是政府的代表、法律的化身，如果个别监狱人民警察违反了法律、法规，这绝不仅仅是其个人的问题，还损害了监狱人民警察作为公职人员的形象，也大大降低了政府在人民群众中的公信力，因此必须予以相应的处理，触犯刑律的追究其刑事责任。

3. 实行狱务公开，接受检查和监督

狱务公开就是监狱将执法的主要依据程序和结果，通过一定的形式，向罪犯及其家属和社会公众公布并接受广泛监督的一种执法制度。狱务公开的对象，主要是正在监狱服刑的罪犯及其亲属和社会公众。狱务公开的重点主要是执法过程中，执法内容、程序、奖罚结果等是否准确合法。实行狱务公开，可以将监狱的执法活动置于社会各界的监督之下，增强人民警察的法治意识，避免“暗箱操作”，改善监狱执法环境，调动罪犯的改造积极性。截至2018年年底，全国基本建成“三纵三横”减刑假释信息化办案平台。平台办理减刑假释案件实行网上录入、网上办理、网上监督、全程留痕，实现跨部门、跨地区在同一平台上联合办案，进一步严格规范执法，避免“暗箱操作”和人为干预影响，预防司法腐败，使办理的每一个案件都经得起历史和法律的检验，促进公正司法，提升司法公信力。

监狱作为国家的刑罚执行机关，是国家机器的一个组成部门，也必须接受有关部门的检查和监督。第一，我国法律规定，人民检察院依法对监狱工作进行监督，监狱应当为人民检察院的执法检查和监督提供方便，人民检察院对监狱执行刑罚的活动是否合法实行监督；第二，党的纪律检查组织和监察委的监督；第三，人大的执法监督和政协的民主监督；第四，公众舆论监督与人民群众的监督；第五，随着我国在国际社会影响力的提升，接受国际友人与舆论的监督。对于检查中发现的问题，坚决有错必纠，及时改正。对于国家监察部门的检查以及人民代表、广大人民群众的监督、建议，监狱应该认真对待。来自各方面的检查工作，可以保证狱政管理工作沿着法治轨道运行，也有利于提高狱政管理水平。

三、严格管理的原则

（一）严格管理原则的含义

严格管理原则，是指在狱政管理工作中，监狱应依法在管理意识、管理行为、管理状态和管理环境等方面制定严格的制度和纪律，构建动态管理体系，通过严格有效的方式、方法，并采取严谨的防范措施，实现标准化、规范法、制度化管理目标的基本准则。牢固确立监管改造基础地位，在严格规训中促进罪犯良好行为习惯的养成，在公正文明的氛围中提升罪犯自愿接受改造的内心认同。

对罪犯实行严格管理，这是狱政管理必须遵循的基本原则，也是对罪犯监管工作的基本要求。随着国家法治建设的不断加强和完善，狱政管理工作也纳入了法治轨道。对罪犯的管理既要严格，又要依法，严格管理和依法管理是一个统一体，是狱政管理不可偏废的两个方面，不能把严格管理与依法管理分割开来，更不能把他们对立起来。为了实现刑罚执行的目的，体现刑罚的尊严，保障刑罚场所的安全，对罪犯实行严格管理是完全有必要的。所谓严格管理，是以依法管理为前提的，没有这个前提，严格管理就成了盲目的管理，脱离法律规定的严格管理只能是简单粗暴的管理，这与法律是不相容的。

严格管理是我国现阶段狱政管理的基调，体现着对管理意识、管理行为、管理状态、管理环境和管理功能的基本要求。首先，严格管理要求管理人员、管理队伍必须具备执法者的基本素养，树立依法办事、遵章守纪的观念，扫除主观臆断、任意而为的不良意识。其次，严格管理要求管理行为体现法律的公正，从被管理者的权利角度看，狱政管理担负着强制和保障两项似乎相互矛盾的任务，这就要求管理者在实际运作中，必须严格分清强制和保障的界限，克服顾此失彼、盲动蛮干的行为。再次，严格管理要求监狱建立并保持规范有序的管理状态，避免出现严而过苛或松懈失衡的局面。最后，严格管理要求监狱应当建立井然有序的硬环境和利于公平竞争的软环境，避免出现环境脏乱差及恶性竞争的现象。

（二）严格管理原则的内容

1. 严格落实狱政制度

在长期的实践中，狱政管理形成了较为健全、完善的制度体系，包括分押分管制度、警戒制度、互监组制度、秘密力量制度、生活卫生管理制度、考核奖惩制度等。这些制度涉及狱政管理的各个方面，是狱政管理活动的依据。严格管理，就是要严格落实各项制度，用制度规范监狱人民警察的管理行为，用制度约束和制止罪犯的行为。

2. 严密罪犯正式组织

根据分押、分管、分教的要求，将罪犯组织成为有利于改造的群体，使罪犯的生活、劳动、学习都在有组织、有纪律的集体中进行。通过建立罪犯自我管理的群体，形成罪犯之间相互监督、相互促进、相互协作、相互帮助、共同改造的局面。同时，分化瓦解狱内的各种不良的非正式群体，打击牢头狱霸，防止罪犯之间的传习教唆活动与监狱亚文化的传播。

3. 严格罪犯行为训练

对罪犯严格要求、严格训练，是实现严格管理的重要内容。具体来讲，就是严格落实罪犯改造行为规范，对罪犯实行规范化管理。特别是在日常管理活动中，按照罪犯改造行为规范的要求和标准，对罪犯进行教育和训练，引导罪犯矫治不良行为习惯，逐步养成符合规范要求的行为习惯。

4. 加强狱政安全防范措施

维护监狱的安全，是狱政管理的重要任务，也是实现惩罚和改造罪犯目标的基本保证。管理中，通过落实警戒制度，采取安全检查，控制危险分子等有效防范措施，建立人防、物防、技防相结合的安全防范体系，防止罪犯在狱内实施违法犯罪活动，预防狱外不法分子对监狱的侵袭，切实保障监所的安全。

5. 严格罪犯考核奖惩

对罪犯实施严格考核是狱政管理的日常工作，考核的结果是对罪犯进行奖惩和分级处遇的重要依据。对罪犯的考核，必须按照考核的内容、标准、程序和条件严格实施，以保证考核过程和考核结果的公平和公正。对罪犯的奖惩和处罚，也必须严格按照法律规定的程序和条件进行，做到奖惩严明。

（三）严格管理原则的基本要求

1. 严格落实管理制度，做到严而有据

对罪犯的严格管理，要在依法的前提下进行，不得违背法律的规定，要做到依法严格、严而有据。依法办事，是严格管理的前提和基础，严格管理必须按照法律规定，在法律允许的范围内实施。严格管理的内容、措施、手段、行为都必须符合法律的规定，真正体现依法严格管理的基本要求，提高管理的水平和效果。

2. 管理严而有度，做到宽严相济

作为一种良好的管理状况，严格管理意味着活动安排有松有弛、松紧适度，用弹性管理的方法，而不能一味从严，使罪犯的身体和精神时刻处于超常规的紧张之中。在严格管理中，必须做到宽严相济。严格不是僵化、刻板和一成不变的，要处理好宽与严的关系，特别是要处理好严格管理与分级管理的关系，坚持从实际出发、实事求是、区别对待。由于罪犯的具体情况不同，管理方式、方法和要求应有所区别，具体行为规范也应有所不同。分级管理、分级处遇便是针对罪犯的不同情况，制定不同的规范，规范发生了变化，但严格管理的要求没有变。也就是说，变化的是严格管理的内容，而不是严格管理原则本身的要求。

3. 严密制定管理制度，做到严格执行

首先，各省、自治区、直辖市监狱管理机关在制定制度时要有法律依据，合乎法律和国家政策才能保证制度的相对稳定性，同时要广泛调研，从实际出发，使制定出的规章制度符合当地的实际情况，具有可操作性。一个科学、周密、具体的制度是严格落实的前提和基础。当然，任何一个制度科学与否，都是相对而言的，需要在实践中不断总结，完善。其次，要严格按照制度的内容和规定严格实施管理。凡是制度明确规定的内容，必须坚决遵守和执行，克服管理中的随意性和有章不循的现象。最后，要建立严格的操作机构，具体落实制度的操作执行和监督，这样才能确保监管制度的严格落实。

监管制度落实的最终目的是顺利完成对罪犯的改造任务，因而罪犯的状况与监管的落实有密切的关系。罪犯的组织集中严肃、和谐协作，会有利于各项规章制度的顺利贯彻并收到良好的效果；反之，则会给制度的落实带来许多障碍，因而在狱政管理中必须坚持严格管理的原则。

四、科学管理的原则

（一）科学管理原则的含义

科学管理的原则，是指狱政管理应遵循管理罪犯的客观规律，顺应新时代发展要求，综合运用现代理论知识、技术方法与手段，不断作用于对罪犯的惩罚与改造，促进行刑活动经济和行刑效应的最大化。

科学管理是监狱工作科学化和法治化、社会化的基本条件，实现狱政管理科学化必须正确理解狱政管理科学化的内涵，认识狱政管理科学化的价值，理性对待狱政管理科学化的实践探索与存在的问题，并努力在新的历史条件下，切实推进狱政管理科学化。

科学管理原则的内涵，包括以下几个方面：

1. 狱政管理思想科学化

科学管理是现代狱政管理的基本特征。狱政管理思想要与人类刑罚文明的进程相一致；要从片面强调专政与管制思想向人性化的管理与服务思想转变；要符合现代科学发展的新要求；要在传承传统、扬弃经验的基础上不断创新，与时俱进。把现代管理科学、现代科学技术正确地运用到狱政管理工作中，为狱政管理活动向科学化发展奠定坚实的基础。

2. 狱政管理机制科学化

狱政管理需要不断地引进和吸收其他科学原理和技术，不断地把狱政管理自身推向科学化，也就是应当系统地研究和探索狱政管理本身的规律性，建立现代狱政管理机制的科学体系。把科学管理仅仅看作引进一些现代化的技术和设备，这是片面的。在科学管理中，把现代管理的思想融入狱政管理活动中，这样的科学管理机制才是真正的科学管理，才能使狱政管理活动表现出其应有的科学性。

3. 狱政管理程序科学化

在整个行刑过程中，狱政管理发挥着计划、组织、指挥、协调、激励和控制等作用，贯穿于行刑过程的始终。因此，设计合理的管理流程，制定科学的管理程序，也是必不可少的，只有制定科学的管理程序与合理的管理流程，才能保证狱政管理的运作效应最合理。

4. 狱政管理手段与方法科学化

狱政管理要紧跟现代科学技术的发展步伐，借鉴现代科学技术发展成果中具有普适性的手段与方法，运用于对罪犯的安全防范、三分工作、信息处置和激励管理，强化管理效能，提高管理水平。

(二) 科学管理原则的内容

1. 遵循改造罪犯的客观要求

我国监狱工作在长期的实践中，形成了“惩罚与改造相结合，以改造人为宗旨”的工作方针。“以改造人为宗旨”是以人为本思想在狱政管理当中的具体体现，是狱政管理活动的出发点和归宿。因此，狱政管理活动始终要围绕着改造罪犯进行，把是否有利于罪犯改造作为评价实际管理活动的标准，从而体现狱政管理的科学性和先进性。

2. 接受正确理论的指导

科学管理离不开正确理论的指导。狱政管理必须以马克思主义、毛泽东思想、邓小平理论、“三个代表”、科学发展观和习近平新时代中国特色社会主义思想重要思想为理论指导。同时，引进和运用系统论、控制论、信息论等理论，以及现代管理学、法学、社会学、政治学等学科的研究成果，形成科学的管理理念，建立科学的管理机制，提高狱政管理的科学化水平。

3. 采用科学的管理方式和方法

科学管理，重点在于管理方式和方法的科学化。我国的狱政管理，在长期实践中，形成了行之有效的科学的管理方式和方法，管教结合就是其中比较有特色的管理方式。管理与教育，在罪犯改造中关系密切，要实现最佳刑罚效益，就要把两者有机地结合起来。此外，对罪犯的分类管理、规范化管理、计分考核等也都是比较科学的管理方式和方法。对于实践证明是切实可行、行之有效的方式方法，应在坚持的基础上，进一步充实完善，使之形成定型的制度，提高管理效益。

4. 运用现代技术和现代装备

随着科学技术的快速发展，在狱政管理中要不断地引进监控技术、防范技术、网络技术，积极探索“智能监管”的途径和方式。目前全国各监狱充分发挥教育改造罪犯攻心治本作用，努力提高教育改造质量。在运用传统教育管理手段的同时，积极探索利用区块链、“互联网 +”、多媒体等形式创新罪犯教育的新方法新途径。注重加强罪犯正面集体教育、谈话教育、心理健康教育和入出监教育；要“对症下药”“因人施教”，深入运用现代教育矫治技术，有针对性地做好罪犯分类教育、个别化矫治工作，着力提高教育改造的针对性、有效性。结合重要时间节点，充分发挥社会帮教作用，依靠家庭、社会知名人士、回归人员典型等开展帮教，不断提高教育的实效性。同时，也要有计划地更新现有装备，积极采用现代科学装备，提高管理技术和设施装备的现代化程度。

(三) 科学管理原则的要求

1. 加强立法工作，完善监狱法制

狱政管理科学化应当依法管理且有法可依。1994 年颁布的《监狱法》，尽管在监狱法制史上具有重大的历史意义，是我国监狱史上的里程碑。经过二十多年的实施，监狱法虽然对部分内容进行修正，但在实践中暴露出诸多矛盾，导致狱政管理虽然有法，但有法难依。目前，司法部已经多次组织召开监狱法修订专家座谈会、研讨会，认真梳理法学专家、基层实务工作者的意见和建议，并在全国监狱系统内开展调研，厘清当前监狱工作中存在的主要问题和解决思路，汇总近年来监狱工作中可以上升到法律层面的好的经验做法、具体条文的修订建议和理由等相关材料。

随着司法改革的不断推进，监地行刑一体化、实体化、全面化、系统化逐步形成，形成对罪犯再社会化的教育体系，实现对罪犯社会缺陷弥补、社会自立能力培养、社会支持系统建立。

2. 科学合理地利用资源，确保监管安全

监管安全是监狱工作的重中之重，是惩罚与改造罪犯的前提与基础。只有首先确保了监管安全，才能在改造人上下功夫。因此，我们必须在思想上高度重视监管安全。但监管安全又是狱政管理工作系统的一个子系统，它是工作运行的一种动态环境。所以在资源的配置上，就存在理性对待监管安全的问题。我们固然要全力保障监管安全，要有足量的资源投入，但又必须是合理配置、适量投入且应当理性利用。否则，过多地将有限的监狱工作资源投入监管安全防范中，必然会影响监狱其他工作的开展。现实中，监狱工作在安全防范上耗费的人力资源过多已是不争的事实，确保监管安全的过程中存在非理性做法。加强罪犯的教育、引导、激励，让罪犯在安全中互助与自助，应当作为安全防范的手段。不能把罪犯整体都看成监管安全的破坏因素，真正破坏监管安全的只可能是其中的少数，可以有重点地对少数危险分子加级防范，必要时，专设监区或分监区，进行专门集中关押，专人专职看守，避免安全防范力度的平均化。“安全第一”只能是我们的需要与追求，监狱不发生任何事故，在现实的条件下是不可能的，我们所能做到的是尽可能控制、杜绝安全问题的发生。

3. 运用现代科学技术和现代化装备，转变理念更新管理环境

现代科学的发展，为狱政管理工作提供了丰富的技术手段，世界监狱管理都在向技术化方向发展，大量的现代科学技术和先进装备被引进和采用。我国的监狱管理也应该顺应潮流，积极发展狱政管理工作的科技化。中华人民共和国成立初期监狱的布建与设施，以“三个为了”理念为指引，具有特定历史条件下的适当性，但是影响制约了监狱的发展。历史在发展、社会在进步，现代条件下，从监狱存在到物态状况的理念都已经发生了很大的变化。监狱职能的单一化、传统监狱孤远偏僻的布局、简陋陈旧又缺乏系统性、协调性的建筑格局，以及滞后于现代科技发展的监狱管理设施，都与监狱的现代理念不相适应。司法部统一思

想、统一规划的监狱布局调整，得到了各省监狱系统积极响应与主动实施，要实施战略转移，加快监狱建筑设施的更新改造和新建，现代化的监狱建筑设施必须体现现代科学的行刑观、执法观，所以必须要更新理念。

4. 科学管理队伍建设，提高管理技能

民警是狱政管理的主要力量，是狱政管理的核心要素。拥有一支精干高效的民警队伍，是做好狱政管理工作的必备条件。要科学管理民警队伍建设，需要从多方面提高民警管理技能。一是教育、引导民警树立狱政管理是大管理的思想。要根据狱政管理科学化的需要，拓宽对狱政管理的内涵认识，突破狱政管理就是“跑不掉，死不了”的认识，把监狱的生产场所管理、生产过程管理、产品的工艺流程管理、三课教育的课堂管理、监区生活环境管理、监狱网络管理全部纳入狱政管理的范围，使狱政管理人才更具复合性。二是继续开展民警素质教育，提高民警的文化素养。结合监狱实际状况，坚持以人民为中心、执法为民为信念的政治理论；以现代法治理念为导向的监狱法律思想理论；以科学管理为内容的现代管理理论知识；以科学、文明为重点的以人为本理论知识；计算机基础与网络常识。三是合理配置基层一线狱政管理警力。目前，在全国绝大多数监狱，基层一线的狱政管理警力普遍不足。要尽快配齐、配强狱政管理的警力，努力使基层一线的民警与罪犯的配比达到18%。在一线民警数量足额的基础上，对这些民警根据狱政管理各个类别岗位的不同需要，进行职业化的专门分工，相对固定他们的工作岗位，经过长期的实践，使他们成为具有符合岗位职责需要的专业特长的行家里手。四是调整激励举措，调动基层一线民警做好狱政管理工作的积极性。要转变经济激励重领导轻群众的做法，用制度规定必须向最底层的普通管教民警倾斜，这样使工作的重心下移，调动民警工作的积极性。

五、文明管理的原则

（一）文明管理原则的含义

文明管理原则，是指在狱政管理过程中，必须坚持人道主义，采取适当的管理方式、方法和措施，切实保障罪犯的合法权益，建立和谐、有利于改造的人文环境，实施管理文明化的基本准则。

对罪犯实行文明管理，是我国政治文明的体现，是由我国监狱的根本性质所决定的，也是狱政管理工作中必须遵循的一项基本原则。我国几十年来改造罪犯工作的实践已经证明，只有以文明的制度和方法对罪犯进行监管和改造，才能使罪犯切身感受到，监狱确实是以教育改造他们为出发点，是为了把他们改造成为守法公民。这样，才能从心理上消除其对立情绪，增强接受教育改造和劳动改造的积极性和自觉性。

文明管理原则的基本内容包括：给罪犯以人道主义的待遇；尊重罪犯的人格；维护罪犯的自尊心；不允许打骂、虐待、体罚或者变相体罚罪犯等。总之，在狱政管理工作中坚持废止一切野蛮粗暴的管理方法。

为了搞好文明管理，监狱应当配备必要的科学管理设施，采用科学管理手段。文明管理是基础，科学管理是文明管理的必然结果，二者相辅相成，互为条件。在一定意义上，科学管理的程度是文明管理的一个重要标志。同时，文明管理对监狱人民警察也提出了更高的要求，不能只以“跑不了”为满足，“改造好”才是最终目的。因此，监狱人民警察应当更多地学习和掌握基本法学、管理学、教育学、心理学等的各种知识，使自身具备文明管理的素质和水平。只有这样，才能使狱政管理工作更符合改造罪犯的客观规律，从而把改造罪犯的工作做得更好。

（二）实施文明管理原则的必要性

1. 文明管理是现代监狱管理日趋成熟的标志之一

人类社会的发展是从低级走向高级，从简单走向复杂，从野蛮走向文明，监狱管理也随之不断迈向文明、法制。一个国家监狱文明管理的程度反映着整个国家的文明程度，人类社会日益现代、文明的发展决定了文明管理成为监狱管理的发展趋势。与文明管理相对立的是野蛮、愚昧、落后的管理，纵观历史上各阶级社会监狱的狱政管理，大都与野蛮、愚昧、落后联系在一起。社会主义中国新型监狱的狱政管理与剥削阶级专政国家的监狱管理的根本区别之一，就在于我国的狱政管理是文明管理。中华人民共和国成立之初，就明确提出坚决废除一切旧的、落后的、野蛮的管理方式，确立了“把罪犯当人看”的文明管理基调，成功改造了日本战犯、国民党战犯等。在长期的实践中，文明管理的内容不断丰富，文明管理的方式日渐成熟，文明程度也在不断提高。

2. 文明管理是建设现代化文明监狱的基本条件

随着整个社会的发展，监狱的建设也应该有更高的要求。建设现代化文明监狱既是时代的需求，更是改造罪犯、完成刑罚执行任务的需要，要建设现代化的文明监狱，除了在监舍、设施等物质条件上提出更高的要求外，更主要的是实现监狱管理的文明化。文明的狱政管理是“文明监狱”的基本，也是必要的条件。实现文明的狱政管理，要以改造罪犯，预防罪犯为指导思想，建立文明的管理制度，以文明的方式、方法实践这一指导思想，真正做到“把罪犯当人看”，争取把罪犯改造成为对社会有用的新人。同时，树立文明管理理念、建立文明的管理、改造环境都是文明管理的内容，也是建设社会主义现代化文明监狱不可缺少的组成部分。

3. 文明管理指导着狱政管理的全过程

文明管理原则不仅指导着具体的管理方式、方法、措施和手段，更重要的是作为指导性规范贯穿于整个狱政过程之中。换句话说，全部狱政管理活动都必须体现社会主义精神文明和物质文明建设的要求。文明管理包括物质文明建设的内容和精神文明建设的内容，既顺应世界发展的潮流，又是对我国历史实践经验的总结。

（三）文明管理原则的基本要求

1. 坚持文明执法，把罪犯改造成为守法、幸福公民

坚持依法治监，确保文明执法，维护法律的尊严和价值，是监狱工作的生命线，体现社会主义政治文明建设的要求。社会主义政治文明，其本质特征是社会的进步状态始终与广大人民群众政治环境的不断改善、社会地位的不断提高、各项权利的保障和个人的全面发展密切联系在一起。人的全面发展是政治文明建设的主体条件，没有人的全面发展，政治文明的目标就无法实现，实现人的全面发展也是监狱机关服务和适应于先进生产力发展要求的第一要务。罪犯是公民，实现人的全面发展理所当然包括罪犯。因此，加强对罪犯的惩罚改造，把罪犯改造成为守法公民又是监狱机关的宗旨和追求，这也符合社会主义政治文明建设的目标和要求。一方面，文明执法要求不断提高监狱人民警察的司法修养和文化修养。作为执行国家刑罚主体的监狱人民警察，其素质状况决定着管理行为的文明程度，因此，要大力提高监狱人民警察的素质和修养，使每一位监狱人民警察都能廉洁奉公、秉公执法、严格依法办事，同时，在举止、语言、行为上也要遵守有关规定，体现出人民警察应有的精神风貌，为罪犯树立行为的楷模。另一方面，文明执法要求实施文明的管理行为。监狱人民警察在狱政管理中应该坚决杜绝落后、野蛮的行为，不能采用简单粗暴的方式以言代法、随意执行，更不能刑讯逼供、体罚或变相体罚罪犯，要充分保证罪犯的合法权益，本着社会主义人道主义的精神，依法将罪犯的各种应享有的物质条件和权益落在实处。实现对罪犯的文明改造，在对罪犯进行改造时，一方面要对其进行教育，让罪犯充分认识到自己犯罪行为对社会的危害；另一方面也要尊重罪犯的人格，调动罪犯改造的积极性和自觉性，并以相应的管理机制予以保障，如教育机制、激励机制、竞争机制等。

2. 坚持依法治监，保障罪犯人权，保障罪犯处遇文明化

公平和正义是依法治国、促进社会主义政治文明建设的最基本要求。监狱机关是刑事司法的最后环节，是社会公正的最后防线。对罪犯判处刑罚执行改造，其中隐含和蕴藏的是正义的价值，是协调各方利益后体现的社会复合正义。只有实现了行刑公正，群众利益才能得到最有力的保障；只有实现了行刑公正，各种损害人民群众利益和社会利益的行为才能受到法律应有的制裁。

罪犯人权保障是狱政管理实行文明管理的基础和主要内容之一。我国监狱的狱政管理历来十分注重保障罪犯人权，对罪犯实施人道主义。

一方面，对罪犯实施人道主义原则是建设社会主义法治国家的要求。对罪犯实施人道主义，对监狱法治建设、实现依法治监、实现罪犯改造法治化都有着特别重要的意义。监狱对罪犯依法行刑，必须严格按照社会主义法治的基本要求，依法治监，保障罪犯法定权利，坚持“把罪犯当人看”，维护罪犯的合法权益不受侵害。在贯彻文明管理原则、罪犯处遇上体现对罪犯的生活待遇、人格尊严、劳动与休息、接受教育、接见亲属、人身安全、公正对待、给予重新做人的出路等方面的人权切实的保护。

另一方面，对罪犯贯彻实行人道主义原则要求，将罪犯改造成为守法公民，把罪犯当公民看待，为罪犯创造一个弃恶从善、悔过自新、有利于养成良好习惯的环境氛围。对罪犯实行社会主义、人道主义原则必须在法律规定的范围内，不能超越法律的界限。坚持罪犯处遇的文明化，保护罪犯人权。坚持罪犯处遇的文明化不仅为狱政管理的文明化所必需，也是改造罪犯的基础需要。只有把切实保障罪犯的人权与罪犯思想政治教育紧密地结合起来，逐步改善罪犯的处遇条件和处遇内容，加强罪犯处遇的文明化程度，才能促进社会主义政治文明建设。

3. 坚持监管、改造环境文明化，提升监狱工作水平

（1）社会主义政治文明为监狱工作发展提供了清晰的目标定位。政治文明是人类社会政治生活的进步状态，是人类在政治实践活动中形成的文明成果。它体现的是民主、平等、自由、人权等观念，追求的是公平、公正和公开的目标，包含的是规范完善的政治制度和程序，表现的是廉洁、高效、民主的行政活动。监狱工作是政治文明建设的重要组成部分，与政治文明建设息息相关。多年来，受监企合一的影响，特别是由于监狱经费保障严重不足，监狱工作往往忙于经济、疏于管教，在工作标准上满足于安全稳定、不出问题；在改造罪犯方法上，缺乏科学系统的改造罪犯的体系、方法和内容，直接影响了监狱职能的充分发挥。政治文明框架的确定给我们正确认识和把握监狱工作提供了新的视角和方法，而政治文明的提出也为监狱工作提供了一个更为宏观清晰的目标定位。从政治文明的高度看待监狱工作，不仅有一个惩罚改造罪犯的任务，而且同时直接关系到我们整个国家和民族的文明程度，关系到能否为顺利实现全面建设小康社会这一宏伟目标服务的问题。这就要求我们进一步突出监狱矫治人、改造人的职能，不断创新改造手段和方法，全面提高改造质量，实现社会正义，实现行刑和改造文明。

（2）创新监狱行刑理念，积极适应社会主义政治文明建设的新要求。监狱

制度是社会主义法律制度的一部分。这个制度越完善，越文明，越有利于惩罚矫治罪犯，越有利于促进政治稳定。经过多年来的实践，我国已形成了一整套较完备的监狱行刑理念和制度，为惩罚改造罪犯作出了积极的贡献。为适应社会主义政治文明建设的新要求，必须与时俱进，不断丰富和完善监狱行刑理念和制度。

一是确立中外监狱制度可以相互比较、相互借鉴的新思维。文明的相互吸收借鉴是一种自然的历史现象，没有国界区分。在监狱管理制度方面，西方发达国家创造了不少政治文明成果，罪犯分类管理、分级处遇的先进性，监狱分类的科学性，安全防范技术手段的完备性，监狱布局的合理性，监狱建筑的庄重安全性等，都值得我们学习、借鉴。在推进监狱工作进程中，应当大胆借鉴、善于借鉴，通过借鉴学习开阔视野和思路。

二是创新监狱行刑理念。政治文明的进步是一个不断创新的过程，这种不断创新也体现在表现和反映政治文明的监狱管理理念和制度上。因此在行刑过程中，就要考虑到成本和效益问题，一方面要尽可能地利用现有监狱资源，使刑罚效益最大化；另一方面要尽可能地扩大适用假释，突破减刑比例的束缚，并对确需保外就医的罪犯和年老体弱、失去犯罪能力的罪犯，只要符合法定条件，都暂予监外执行，缓解监狱关押压力。通过对公安看守所、法院等部门的刑罚执行职能进行有效整合，形成各专门机关互相配合、相互监督、相互制约的格局，有利于刑罚职能的实现。

三是建立现代监狱制度。监狱制度是司法制度的重要组成部分。为提升监狱工作层次，要坚持抵制各种对监狱执法工作的干扰，确保文明执法；要加大监狱保障力度，确保监狱有足够的精力、人力、物力、财力做好监管改造工作；要有确保监狱准确行刑的法律、法规。要完善监狱法律体系和制度，细化操作规则，硬化监狱法律效能，使监狱行刑工作有法可依，法律保障有力；要充分保障罪犯行使应有的合法权利；要努力建设一支高素质的人民警察队伍，强化人民警察崇尚公正、执着追求公正的职业道德意识，健全人民警察管理和培训等制度，提高人民警察做好监狱工作的能力和水平。

（3）实施全面质量建设战略，充分发挥监狱工作在社会主义政治文明建设中的作用。我国处在社会主义政治文明建设新的发展阶段，监狱工作应该为政治文明建设进程服务并有所发展、有所创新。按照与时俱进、加快发展的要求，监狱工作要积极实施全面质量建设，运用质量管理的理念和方法，对监狱工作实行全方位、全过程、全员和多方法的管理模式，不断提高监狱的监管安全质量、罪犯改造质量和监狱警察队伍建设质量，有效提升监狱管理水平，实现监狱机关的本质职能。

监管改造环境是指惩罚改造罪犯所需要的物质条件和精神条件的总和。它包括监舍，生产改造场所，学习、娱乐场所，监狱氛围等，是直接体现和反映文明管理程度的标志。可以说，没有一个文明的监管改造环境，就不可能有真正意义上的文明管理，因此，文明管理要求建立文明的监管改造环境，营造良好的监管改造氛围。

一方面，硬件设施文明化。狱政设施要坚固、严密，又要庄重、整洁，各种设施都要制定相应的管理制度，并定期进行检查。在不断完善狱政设施文明化时，要注重现代科学技术的吸收、利用，当然，监狱首先要符合安全标准，有利于防范。总的来说，要与改造罪犯的宗旨相符，对改造罪犯不利的设施要加以更换或改进。社会主义的监所既是对罪犯关押服刑的场所，又是对罪犯进行教育改造的特殊学校，罪犯学习、生活、劳动的场所应该明亮、整洁、保暖，符合有关的建筑要求，并有利于罪犯的生产和学习。积极推进监区文明建设，监狱中应该设有图书阅览室、娱乐室以及为罪犯教育所用的教研室、演播室等。这些设施应采光良好、空气流通，并配备座椅等相应的设施，器材配备良好，布置上要整洁有序、文明大方。

另一方面，软件制度建设文明化。它包括监管制度文明化、罪犯处遇文明化。保证罪犯的生活卫生方面的文明处遇是对监狱文明管理的起码要求，能够为改造罪犯的顺利进行提供保证。监管制度是一个由多项具体制度组合而成的体系，涉及对罪犯自由的剥夺、限制、防范、监督等方面。监管制度本身的文明化程度及其运作过程的文明化程度直接关系到文明管理的程度。因此，做到文明管理就必须提高监管制度本身的文明化。监管制度要符合我国的法律规定，要符合社会文明进步的主流，要规定保障文明管理的机制，同时要保证制度本身的稳定性和权威性。制度是管理的依据和基础。有了文明，进步的监管制度，才能实施文明管理。在实施和运作过程中，应该严格遵照执行，克服有章不循、循章不严的现象。

总之，文明管理是狱政管理的一项原则。从政治文明的高度解读狱政文明管理，就是要求我们对罪犯的狱政管理制度科学；运作罪犯改造的环境净化、设施先进；监狱人民警察执法公正、文明、科学；罪犯合法权益得到尊重与切实保障。狱政管理科学化既是狱政文明管理的前提，也是狱政文明管理的内容与载体。

六、直接管理的原则

（一）直接管理原则的含义

直接管理原则，是指在狱政管理工作中，罪犯的学习、劳动和生活上的组织、指挥和领导，必须由监狱的人民警察亲自进行，不允许罪犯管罪犯的工作准则。

《监狱法》第 5 条规定，“监狱的人民警察依法管理监狱、执行刑罚、对罪犯进行教育改造等活动，受法律保护”。第14条第1款第8项规定，“非法将监管罪犯的职权交与他人行使”。可以看出，直接管理罪犯是法律赋予监狱人民警察的职权，是作为管理者的人民警察与被管理者的罪犯之间法律关系的体现，只有监狱人民警察才能对罪犯直接实施管理。实际工作中，监狱人民警察不能放弃职权，不能把对罪犯的管理权交给他人行使，更不得依靠“拐棍”实施管理。直接管理罪犯，是惩罚和改造罪犯的客观要求。只有将罪犯置于监狱人民警察的直接管理下，才能确保对罪犯的刑罚准确有效地执行。只有监狱人民警察直接管理罪犯，才能及时了解罪犯的思想动态，考核罪犯的改造表现，掌握罪犯的行为动向，对罪犯实施面对面的教育和改造。

坚持监狱人民警察直接管理罪犯，可以有效地对罪犯进行监督和控制，防止罪犯之间的不利交往和实施各种不轨行为，同时可以及时发现和处理罪犯中出现的各种问题，可以直接观察了解罪犯，及时发现罪犯的异常行动和各种事故苗头，以便及时采取措施，堵塞漏洞，防止和打击罪犯的违法犯罪行为，以保证监狱的安全。

（二）直接管理原则的内容

1. 监狱人民警察直接对罪犯行使行刑权

直接管理是行刑权专属性的要求。行刑权是刑罚权的一个组成部分，专属于国家。监狱是国家的刑罚执行机关，依照法律规定对判处死刑缓期二年执行、无期徒刑、有期徒刑的罪犯执行刑罚。监狱代表国家对罪犯实施行刑权，而监狱人民警察是具体的执行者。因此，监狱必须直接对罪犯实施管理，以确保对罪犯的刑罚执行依法、准确、有效地进行。同时，监狱要充分利用社会各种积极力量参与对罪犯的改造，争取各方面的支持，真正实现惩罚和改造罪犯的目的。

2. 监狱人民警察直接管理罪犯

《监狱法》规定，监狱的管理人员是人民警察，只有监狱人民警察才可以根据法律的规定行使对罪犯的管理权，不得将管理权交由他人特别是罪犯行使。人民警察必须对罪犯活动的内容、行为、时空进行直接控制，罪犯生活、劳动和学习的三大现场，必须由人民警察亲自指挥、监督和控制。对重要现场、重要时段和要害部位以及具有危险性的罪犯，要加强警力，严密监督控制。在罪犯转移现场的过程中，实施严密警戒，不留任何空当，切实做到罪犯一天24小时不脱管，重要岗位双人值班。

3. 监狱人民警察直接考核罪犯

对罪犯服刑改造表现的考核是管理权的重要组成部分，计分考评是监狱人民警察考核和评价罪犯改造表现的主要方法，是民警直接管理的重要体现和主要工作职责之一。只有坚持人民警察对罪犯的直接考核，将考核权紧握在自己手中，做到“日记载、周评议、月公布”，才能充分体现计分考评公开、公正的原则，以及“奖勤罚懒”“奖优罚劣”的原则，才能保证考核的准确、公正和公平，调动罪犯改造的积极性。要加强对罪犯小组长、积极分子委员会成员、监督岗、值星员等罪犯的管理和考核，不能使其成为干扰正常监管秩序的所谓“牢头狱霸”。

（三）直接管理原则的要求

1. 增强直接管理执法意识

落实直接管理的原则，要求监狱人民警察具备良好的执法意识，严格按照法律规定对罪犯实施管理，对职责范围内的事务必须亲自处理和解决，绝不允许交由他人特别是罪犯去办理。监狱人民警察必须认真履行法律赋予的职责，将罪犯的活动严格控制在视线之内，尽职尽责，忠于职守，绝不允许擅离职守、脱离岗位、办事不认真或利用“拐棍”实施管理的现象存在。《罪犯改造行为规范》改为现在的《监狱服刑人员行为规范》，增加了警察直接管理、制定并落实处置突发事件应急预案、健全安全警戒工作机制等内容，体现出直接管理的重要性，因此，民警必须加强直接管理的执法意识。

2. 加大民警现场直接管理力度

民警对现场的直接管理是确保对罪犯进行全方位监督控制的有效措施，是确保监管秩序稳定的有力保障。监狱要求民警高度重视对罪犯劳动、学习和生活三大现场的管理，做到管理视野必须覆盖到每一名罪犯、24 小时掌握罪犯的动态情况、适时处理狱内发生的各类问题。监狱要制定《民警直接管理考核评价办法》，对民警值班、上岗等工作规范进行补充和完善，还要根据监舍、炊场、医务室等罪犯不同的活动区域，划分民警的工作责任区，并对工作指标进行量化，要求责任民警在日常管理过程中必须做到“直接到场、直接指挥、直接观察、直接记载、直接考核、直接处理”，使管理措施不断完善，管理力度不断增强。

3. 运用现代技术装备实施直接管理

随着现代化文明监狱建设的不断发展，大量的现代技术、设施装备被运用到监狱管理之中。特别是监狱的安全防范现代化水平有了较大提高，初步形成了“人防、物防、技防”的安全体系。先进的技术和装备为实施直接管理提供了物质和技术的保障，可以减轻监狱民警的工作压力，节约管理成本，提高安全系数，收到更好的管理效益。因此，监狱人民警察要自觉地学习和掌握现代技术装备的使用方法，充分发挥现代技术装备的作用，重点加强夜间民警值班、巡查力度，更好地落实对罪犯的直接管理。

安全、依法、严格、科学、文明、直接六项原则是在狱政管理工作中必须坚持的原则。这六项原则既是相对独立的，又是互为一体的，彼此之间有重合、有交叉，互相依存。安全管理、依法管理既是严格管理、科学管理、文明管理、直接管理的前提，又是严格管理、科学管理、文明管理、直接管理的体现，严格管理必然要求依法管理、科学管理、文明管理、直接管理。文明管理表现在依法管理、科学管理、文明管理、直接管理之中。只有在科学管理的条件下，依法管理、科学管理、文明管理、直接管理才能落到实处。我们必须在狱政管理的工作中贯彻这些原则，使狱政管理工作不断向前发展，取得预想的效果。

典型案例剖析

近日，宁夏回族自治区监狱管理局命名银川监狱“摆渡人”、石嘴山监狱“琢新”等12个工作室为全区监狱教育改造“创新工作室”。这12个“创新工作室”在工作实践中，不断拓展丰富教育改造手段，充分发挥狱内教育改造“特色工作室”的个别教育作用，全面提升监狱治理体系和治理能力现代化水平。

“我犯罪进了监狱，你一直在为我、为我们的家默默付出，而我却一直不理解不体谅你，对不起老婆，我错了……”这是银川监狱服刑人员刘某和远在甘肃的妻子通电话时说的话。相比往日骄横的口气，这一次他对家人嘘寒问暖。这样的变化源于银川监狱“摆渡人”工作室的“心灵改造”。

近年来，由银川监狱教育与劳动改造科科长为带头人，吸纳在矛盾调处、心理矫治、个别教育等方面具有较为丰富经验的11名警察组成的银川监狱“摆渡人”工作室，突出心理咨询和矫治，解决罪犯服刑改造思想障碍，在帮助罪犯树立改造信心中发挥了积极作用，切实维护了监狱安全稳定（见图1）。

为了发挥典型引领示范作用，丰富教育改造方式方法，通过培养专业人才队伍提升教育改造质量，宁夏监狱管理局命名了银川监狱“摆渡人”、银川监狱“新起点”、银川监狱“指南针”，石嘴山监狱“琢新”、石嘴山监狱“心语”，吴忠监狱“蓝丝带”、吴忠监狱“化润”，固原监狱“茶方”，女子监狱“花匠”、女子监狱“别样红”、女子监狱“春雨”，中卫监狱“雨润”12个工作室为全区监狱教育改造“创新工作室”，建成集顽危犯教育管控、狱内矛盾纠纷化解、心理咨询矫治、罪犯法律援助、职业技能培训和社会帮教等多方面为一体的教育改造工作链，在固本强基、深挖潜能基础上，进一步规范内部管理，分解细化各项职能，创新疫情常态化教育改造新模式，切实加强专业人才锻炼和实践训练，提升综合素质和业务能力，推动教育改造工作实现创新突破。

与此同时，宁夏监狱管理局还将12个创新工作室与“狱园名师”评比、精品课评选、“教育改造十大能手”、“全国监狱人才库”推荐等结合起来，把各方面的优秀人才集聚到教育改造创新发展的实践工作中来，持续推进青蓝结对工程，加强继续教育培训，组织开展招才引智，汇聚社会优势资源，共享互补，带动提升教育改造专业能力素质，形成以专业工作室为引领的人才发展“雁阵”格局，让人才的创造活力竞相迸发，引领宁夏监狱工作实现高质量发展。

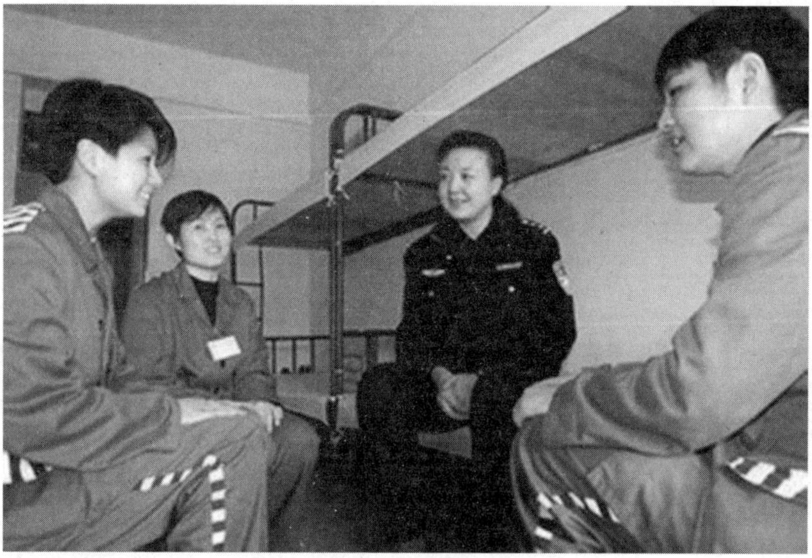

图1　监狱民警和服刑人员谈心谈话

阅读延伸

新中国监狱工作的创建与发展从来离不开开拓创新精神的支持，开拓创新精神对新中国监狱工作的发展起到了极其重要的作用。研究浙江监狱创建70年来开拓创新精神，旨在构筑精神谱系，守护红色根脉，为新时代监狱工作治理体系和治理能力现代化提供强大的精神动力。

纵观历史，从1950年1月，浙江省首个劳动改造机构——杭州市人民政府公安局劳动教育院成立，到21世纪初已建成现代化文明监狱部级10所、省级12所，到2020年全省20所监狱单位均评定为部级智慧监狱，其中有16所监狱单位评定为智慧示范单位。新中国浙江监狱的光辉历程无不彰显了开拓创新的精神印记。

创建初期的1950—1960年代，浙江监狱在恶劣的自然条件下不畏困难，靠人力开垦荒地、改造盐碱滩涂，造农田、建监房厂房，修道路、挖沟渠，开创了浙江监狱格局。第八次全国劳改工作会议至1994年《监狱法》颁布实施前后，浙江监狱以党的十一届三中全会精神为指引，解放思想，推进改革开放，大力整治监狱工作，全面恢复并促进各方面工作，创新工作亮点纷呈。1994年《监狱法》颁布实施后到新世纪初期2009监狱体制改革前后，以依法治监为统领，在安全稳定、规范执法、产业布局等方面实现创新发展，取得了新成就。监狱体制改革基本完成后，特别是党的十八大以来，浙江监狱以二次创业的勇气和担当，推动产业结构革命性发展，加快智慧监狱、法治监狱、生态监狱建设进程，实现了监狱治理体系和治理能力的提升。

70多年的创建与发展凝结成的浙江监狱开拓创新精神概括起来有几个特点：

一是思想解放，突破常规。改革开放后，“1980年8月，省政府批准省属劳改系统成立‘浙江省新兴农工商联合企业公司’。以当时10个劳改农场、工厂为基础，实行生产、加工、销售一条龙，独立核算，自负盈亏，一定五年不变。省局从五个方面扩大劳改生产企业的自主权。这对从创建起就一直按计划经济体系中的国有企业方式运作的劳改单位，无论是观念上还是管理上都是一个重大变革”。深化改革开放时期的1990年代，全省积极落实分级处遇制度，开创了罪犯特优会见、亲情共餐制度，产生积极的效应。

二是善于学习，勤于思考。2002年11月，浙江监狱杂志、金华监狱承办以“环境改造人研究”为主题的首届浙江监狱论坛，汇聚了全国部分理论研究专家，强调要改善罪犯生活环境、执法环境、教育环境、文化环境、人际环境，提高教育改造质量。借鉴地方政务公开的经验，1998年年初，浙江监狱系统率先在乔司监狱、第二监狱、第五监狱试点，形成了较完善的狱务公开制度，1999年开始在全省监狱推广，得到了《人民日报》、中央广播电台、《法制日报》等媒体的关注和综述报道。

三是勇于担责，敢闯敢试。1980年代后期，浙江是全国监狱系统早期实行监管安全目标管理、依章奖罚的地区之一。1985年以后，全国监狱全面铺开对罪犯的分押、分管、分教工作，积极探索对不同类型罪犯的科学管理、区别教育的方式方法，影响极其深远；在教育改造方面大刀阔斧，全面创办、评定特殊学校工作，开创罪犯政治、文化、技术教育的课堂化，在全国监狱系统中率先针对罪犯提出并形成“尊重知识、尊重人才”的理念、政策，召开罪犯科技人员代表大会，成立育新科技协会，实行罪犯各类专业技术人员职务和技师聘任制，营造了浓厚的教育改造氛围。1993 年，浙江省第一监狱被命名为部优秀特殊学校，并记集体一等功。

四是敢为人先，走在前列。《监狱法》颁布实施后，为适应监管安全高标准的要求，实现了农业向工业、室外向室内、由分散向集中劳动的“三个转移”，产生了显著的成效：1997 年，浙江农业监狱首次实现无经营亏损的业绩，1999 年，浙江农业监狱首次实现了全年无罪犯脱逃。1995 年，浙江省第一监狱成为全国第一家被司法部命名为现代化文明监狱单位。2016 年以来，浙江监狱在罪犯中开展“政治攻心、法治正心、道德润心、矫治朔心、情感暖心”修心教育体系，以破除罪犯“犯罪人格”和“监禁人格”，使罪犯成为适应社会的守法公民。安全稳定工作不断实现历史性突破，2011 年后该监狱没有发生罪犯脱逃。

第四章

刑务管理

第一节　收 监 管 理

一、收监的概念

收监，是指监狱将被判处有期徒刑、无期徒刑、死刑缓期二年执行且符合收押条件的罪犯，依照法律程序收押入监的刑事执行活动。

收监意味着刑罚执行的开始，是一项非常严肃、非常细致的执法活动，它是罪犯开始对自己的犯罪行为接受刑罚的惩罚，承担刑事责任，必须严格按照法定程序进行。除法定的监管场所外，其他任何机关、团体、组织和个人都无权以收监的名义对他人实施非法关押，剥夺他人的人身自由。

二、收监的对象、条件及期限

（一）收监的对象

收监是将罪犯收押入监，但并不是所有的罪犯都属于监狱收押的对象，根据《监狱法》和《刑事诉讼法》的规定，监狱收监的对象是指依法被判处有期徒刑、无期徒刑和死刑缓期二年执行且符合监狱收押条件的罪犯。需要注意的是，《刑事诉讼法》第264条第2款中规定，“对被判处有期徒刑的罪犯，在被交付执行刑罚前，剩余刑期在三个月以下的，由看守所代为执行”。

（二）收监的条件

监狱刑罚执行是一项严肃的司法活动，所以在收监时必须严格把握法定的条件，以保证准确无误地执行刑罚。不符合收监条件的，监狱有权依照法律规定拒绝收监。一般来说，监狱对罪犯进行收监必须符合三个条件：

1. 刑事判决已经生效

这是监狱对罪犯进行收监的前提条件。人民法院对刑事被告人所作出的判决，只有在发生效力后，方可交付执行。不符合这个条件的，不予收监。

2. 交付执行的法律文书应当齐全、记载准确无误

罪犯交付执行时，送押机关应当同时提交齐备的各种法律文书，将“三书一表”即人民检察院起诉书副本、人民法院判决书或裁定书、人民法院执行通知书和人民法院结案登记表送达监狱。上述文件是监狱收押罪犯的依据，必须齐全，记载准确。如果没有收到上述四种法律文件，不得收监；如有缺失或记录错误，作出生效判决的人民法院应当及时补全或更正；对其中可能导致错误收监的，监狱可以拒绝收监。

3. 罪犯的身体状况一般应适宜在监内服刑。

（三）收监的期限

《监狱法》第15条规定，公安机关应当自收到执行通知书、判决书之日起1个月内将该罪犯送交监狱执行刑罚。

三、收监的程序

（一）验证法律文书

《监狱法》第16条规定：“罪犯被交付执行刑罚时，交付执行的人民法院应当将人民检察院的起诉书副本、人民法院的判决书、执行通知书、结案登记表同时送达监狱。监狱没有收到上述文件的，不得收监；上述文件不齐全或者记载有误的，作出生效判决的人民法院应当及时补充齐全或者作出更正；对其中可能导致错误收监的，不予收监。”

刑罚执行机关在验证罪犯的法律文书时，需要特别注意以下几点：

1. 刑事判决是否已经生效，在法定期限内该罪犯是否上诉，人民检察院是否抗诉，是否已经超过上述法定期限。

2. 上述法律文件的记载是否一致、清楚，是否与该罪犯的情况相符。

3. 罪犯在交付监狱执行刑罚前羁押的时间是否已经折抵刑期，计算是否准确。

（二）健康检查

健康检查是指刑罚执行机关接收罪犯入监时，按规定应当对其健康状况进行检查并予以登记的制度和活动。

对罪犯的健康检查由监狱进行，检查的结果登记在“罪犯健康检查表”上或记录在案。根据《刑事诉讼法》和《监狱法》的规定，在健康检查时发现被

交付执行的罪犯有下列情形之一的，可以暂不予收监：（1）患有严重疾病且生活不能自理需要保外就医的；（2）怀孕或者正在哺乳的妇女。

对于那些患有疾病但不属于急性、恶性传染病的，或者虽然属于病残但没有生命危险的罪犯，监狱不得以健康状况不好为由拒绝收监。

（三）人身和物品检查

人身和物品检查，是指为了确保监管安全，监狱在接收罪犯入监时，对罪犯进行人身及所携带的物品进行安全检查的制度。

为了防止罪犯脱逃、行凶、自杀、暴动等破坏行为的发生，根据《监狱法》第18条的规定，刑罚执行机关在接收罪犯入监时，应当严格检查其人身及随身携带的物品，严禁罪犯将危险物品和违禁物品在入监时带入监内。发现下列物品应予以没收：（1）工具、刀具、棍棒、绳索和其他锐器、钝器；（2）易燃易爆物品、剧毒物、麻醉物和放射物等；（3）黄色书刊和淫秽物品等。对检查中的非生活必需品，由监狱代为保管或征得罪犯同意后退回其家属。现金或其他合法财产，由专门人员登记保管，发给收据，刑罚执行完毕时发还罪犯或其家属。

在对罪犯进行人身检查时，应详细登记罪犯的体貌特征，如身高、拍摄正面及侧面照片、虹膜、捺印十指指纹、疤痕、文身等。

对罪犯进行人身和物品检查，女犯由女性人民警察检查。

《监狱法》第19条规定，罪犯不得携带子女在监内服刑。

（四）入监登记

入监登记是指监狱在接收罪犯入监时，监狱制作“罪犯入监登记表”的程序和活动。对罪犯的姓名、家庭地址、文化程度、主要社会关系等内容，要通过谈话，予以鉴别和核实。为了防止假身份、假地址、假社会关系，监狱要通过各种方式来核实罪犯的真实情况。

（五）谈话教育

对于新入监的罪犯，监狱还要对其进行谈话教育。主要对罪犯进行服刑指导，使其明确在服刑期间可以做什么、不可以做什么、怎样遵守监规监纪、有哪些权利与义务。

（六）通知罪犯家属

根据《刑事诉讼法》第264条和《监狱法》第20条的规定，罪犯被收监后，监狱应当通知其家属，通知书应当自收监之日起5日内发出。

第二节 罪犯申诉、控告、检举管理

一、罪犯申诉、控告、检举

罪犯申诉，是指罪犯在刑罚执行期间，对已生效的刑事裁决不服而向司法机关提出撤销或变更原判刑罚的请求。对罪犯申诉的处理是监狱的一项重要的行刑活动。

罪犯控告，是指罪犯对于监狱人民警察或者其他国家人员的违法行为，向有关机关进行揭发、控诉，并要求依法处理的活动。罪犯在服刑期间，对监狱人民警察违反监管法规、体罚虐待罪犯、贪污受贿、徇私舞弊等违法犯罪行为，有向公安机关、人民检察院等部门进行揭发、控告的权利。这是罪犯的一项法定权利，监狱应当依法保护罪犯行使这一权利。

罪犯检举，是指罪犯对监狱内外的违法犯罪活动有关机关进行揭发或者举报的活动。罪犯检举是破获犯罪案件的重要线索来源，也是其认罪悔罪、积极改造的表现。监狱应依法保护罪犯的这一权利。

《宪法》第 41 条第 1 款规定："中华人民共和国公民对于任何国家机关和国家工作人员，有提出批评和建议的权利；对于任何国家机关和国家工作人员的违法失职行为，有向有关国家机关提出申诉、控告或者检举的权利，但是不得捏造或者歪曲事实进行诬告陷害。"宪法的这一规定对在狱内服刑的罪犯也是适用的。《刑事诉讼法》第 252 条规定，当事人及其法定代理人、近亲属，对已经发生法律效力的判决、裁定，可以向人民法院或者人民检察院提出申诉，但是不能停止判决、裁定的执行。《监狱法》第 21 条至第 24 条专门对罪犯申诉、控告和检举的处理作了规定，要求监狱及时传递罪犯的申诉、控告和检举材料，不得扣押，有关部门要及时处理这些材料。《监狱法》第 47 条中还进一步规定，"罪犯写给监狱的上级机关和司法机关的信件，不受检查"。这就充分地保护了罪犯申诉、控告和检举的权利。实践证明，依法保护罪犯的申诉、控告和检举权，对于更准确、有效地执行刑罚，打击罪犯，保护人民，健全社会主义法治具有重要的意义。

对于法院予以改判的案件，监狱应根据不同的情况，做好申诉人的思想工作和善后处理工作。对改判后刑期未满的罪犯，应教育其继续认真接受改造；对无罪释放的，应配合有关部门做好善后工作。

二、罪犯申诉、控告、检举的管理机构及其职能

监狱、未管所刑务管理（刑罚执行）科（未设立刑务管理科的监狱为狱政科）主管罪犯申诉、控告、检举的受理工作，刑务管理科（或狱政科）应指定专人负责，具体办理罪犯申诉、控告、检举事项，建立和畅通罪犯申诉、控告、检举渠道。罪犯可以通过信箱、刑满释放前谈话等渠道，提出申诉、控告、检举。监狱在每个监区设置罪犯申诉、控告、检举箱，方便罪犯申诉、控告、检举材料的投递，并指定专人负责开箱处理。监狱设置的罪犯控告、检举箱，由驻监狱的人民检察院工作人员或者监狱检查人员开箱处理。

受理罪犯申诉、控告、检举工作的主要职责：

1. 建立罪犯申诉、控告、检举档案，对罪犯申诉、控告、检举的材料建立专档并逐件登记。

2. 对罪犯申诉材料及时转递人民法院或人民检察院处理，并负责向罪犯反馈人民法院或人民检察院的处理结果。

3. 对罪犯控告、检举提出处理意见，属于职权范围内的应当及时查处；需要转递公安机关或人民检察院处理的，应当及时转递，并负责向罪犯反馈处理结果。

4. 对需要呈送上级主管部门处理的控告、检举材料，负责呈报上级主管部门处理，并向罪犯反馈处理结果。

5. 负责处理上级交办的罪犯申诉、控告、检举事宜。

6. 定期向监狱党委汇报罪犯申诉、控告、检举的处理情况。

罪犯控告监狱警察违法违纪行为的，由监狱纪检、监察部门受理。罪犯向刑务管理（狱政管理）部门提出控告的，刑务管理（狱政管理）部门不得拒绝受理，并应及时转交监狱纪检、监察部门。罪犯检举揭发社会上犯罪行为的，监狱应转交当地人民检察院或公安机关处理，必要时可以协助查处。罪犯对监内其他罪犯犯罪行为的检举揭发，由监狱侦查部门负责处理。罪犯控告、检举监狱其他有关问题的，根据具体内容，送监狱有关部门处理。监狱无法处理或答复的，由监狱送交上级相关部门处理。罪犯写给监狱的上级机关和司法机关的信件，监狱应当及时转递。

三、罪犯申诉的管理

罪犯正确行使申诉权，有助于及时纠正冤假错案，维护公民的合法权益；有助于罪犯知法、懂法、认罪服判，维护法律的尊严；有助于监管秩序的稳定。

监狱根据罪犯申诉，认为原判决可能有错误的，由刑务管理（狱政管理）

部门填写对罪犯刑事判决提请处理意见书，提请人民检察院或人民法院处理。罪犯的申诉，可以书面或口头的形式提出。书面申诉应写明申诉的理由、目的和要求。书面申诉可直接交给监狱人民警察，也可投放在监狱设置的申诉箱内。口头申诉应由有关接待人员按罪犯的陈述做好记录。监狱刑务管理（狱政管理）部门收到罪犯申诉材料，应当在5日内，以挂号信的形式邮寄。邮件回执交由申诉罪犯自己保管，申诉材料和邮件回执的复印件由刑务管理（狱政管理）部门保存。邮寄费用由申诉罪犯自理。

根据罪犯的申诉，监狱应当催请人民检察院或人民法院自收到提请处理意见书之日起6个月内作出处理，并将处理结果通知罪犯本人。对罪犯申诉随意扣押或者不按规定程序办理的，按相关规定追究有关人员的责任。

监狱应对申诉罪犯做好教育引导工作，促使其正确行使权利，防止有罪不认、无理缠诉。对借申诉之机威胁、谩骂、诬陷民警，提出无理要求等影响监管改造秩序的罪犯，应进行批评教育。情节严重的，给予相应处理。

四、罪犯控告、检举的管理

罪犯的控告、检举可以书面或口头形式提出。书面控告、检举可以直接交给监狱人民警察，也可以投放在监狱设置的控告、检举箱内。口头控告、检举应由有关接待人员按罪犯的陈述做好笔录，并填写罪犯控告、检举材料转递单，按规定程序将有关材料转递有关部门处理。

对罪犯的控告、检举材料，监狱应当及时处理或者转送公安机关或者人民检察院处理，对提出控告、检举的罪犯及控告、检举内容应当保密，不得以任何理由进行扣押、丢失、拖延转递、隐匿、销毁罪犯控告及检举材料，也不得以任何形式阻拦或者打击报复控告、检举人，同时应采取措施防止其他罪犯打击报复检举人。对罪犯控告、检举查证属实的，视情给予奖励。但是，监狱应当防止罪犯以行使控告权或者检举权为借口，捏造事实陷害他人。罪犯在控告、检举中故意捏造歪曲事实、诬告陷害他人，情节严重的，给予相应处理。涉嫌犯罪的，依法追究刑事责任。

处理罪犯控告、检举的民警与控告、检举内容有利害关系的，应当回避。罪犯控告、检举中涉及民警执法执纪行为或罪犯违规违法犯罪行为的，为查证和有利于罪犯改造需要，可以将检举罪犯或被检举罪犯调离所在监区或监狱。

对涉及狱内的罪犯控告、检举，应当在规定的日期内办结。罪犯控告、检举中有直接危及监狱安全稳定等重大紧迫情形的，应立即处理，并及时逐级报告。对由省局或省局批转监狱调查处理的罪犯控告、检举，应当在规定时限内完成，并向交办部门报告结果。

刑务管理（狱政管理）部门应将罪犯申诉、控告、检举的办理结果登记备案。申诉的办理结果由刑务管理（狱政管理）部门反馈，控告、检举的办理结果，由承办部门反馈。对涉及狱内的罪犯控告、检举，应向被调查单位反馈调查结果。经查证属实，民警有违规违纪、违法犯罪行为，按照规定追究相关民警责任。

第三节　罪犯转监的管理

一、罪犯转监

罪犯转监，是指因特殊情况需要，经过严格的法定审批程序，将罪犯从一监狱转至另一监狱关押的执法活动。

二、罪犯转监的原则

（一）依法规范执法原则

罪犯转监必须严格按照相关的法律和规定的条件和程序办理，由调入和调出单位双方同意后报省、自治区、直辖市监狱管理局审批。从外省调入罪犯，由省一级的监狱管理局负责协调解决。任何单位和个人不得擅自跨监狱调动罪犯，禁止让罪犯家属和关系人办理调动审批手续。凡不符合转监情形和条件的、不利于罪犯改造的，一律不得将罪犯转至其他监狱关押。

（二）从严控制和定期审批原则

呈报罪犯调动时手续要齐全，监狱狱政科和分管改造工作的领导要严格把关，从严控制。省内监狱成批调动罪犯和危险分子调监由省局视情况决定。禁止未经省局批准的调动，违者除停批当年罪犯调动外，还应对当事人按责任追究制度严肃处理。

（三）就近改造以利于亲情帮教原则

罪犯转监至就近监狱进行改造的一个重要的原因，就是充分发挥罪犯的亲属朋友对其帮教的作用。对罪犯的改造，除了监狱警察的教育外，还要依靠社会力量来对罪犯施行帮教。在这些社会力量中，罪犯的亲属和监护人的作用是最大的。如果罪犯在离家远的监狱服刑，则不利于罪犯的亲属和监护人前往监狱探视。

（四）优化监狱执法环境原则

事实上，在押罪犯中的哄监闹事、辱骂警察、殴打欺压他犯、拒不劳动、自伤自残等破坏监管秩序的事件屡有发生。一些罪犯主观恶性较深，抗拒改造，他们对行政处罚无畏惧心理，有时有必要将这些罪犯调离现在的监狱。改变监管环境可能对有些罪犯的改造来说也不失为一个办法，能够起到净化监管环境的作用。

三、罪犯转监的情形

（一）罪犯转监的一般情形

1. 根据地域管辖范围，一般分为省内调动和省外调入两种。省内调动，由省监狱管理局批准后即可调动；省外调入，必须由省监狱管理局犯罪协调，经调出省的监狱管理局同意的，即可办理调动。

2. 根据转监人数，一般分为单个转监和成批转监两种。

（二）罪犯不得转监的情形

1. 具有下列情形的罪犯，一般不予办理省内调动：（1）原判死缓、无期徒刑未改判的；（2）属于涉黑、涉恶的；（3）属于邪教类、危害国家安全的；（4）属于团伙犯罪，调入监狱有其同案犯的；（5）新犯分配至监狱服刑时间不足6个月的；（6）从外省集中调遣至我省监狱服刑时间不足6个月的；（7）调出监狱与调入监狱属同一市（地）级行政区内的；（8）在本省监狱服刑期内已调换一次监狱的；（9）原判刑期不符合调入监狱关押警戒等级的。

2. 具有下列情形的罪犯，不予办理省外调动：（1）原判死缓、无期徒刑和有期徒刑15年以上，以及余刑不足2年的；（2）非本省籍的；（3）属于老弱病残罪犯的。

四、罪犯转监的程序

1. 省内调动罪犯由省监狱管理局决定和审批，任何单位和个人不得擅自跨监狱调动罪犯。

2. 因特殊情况需要单个调动罪犯时，由调入监狱填写《省内调动罪犯审批表》，在经调出监狱双方同意并签署意见后，报省、自治区、直辖市监狱管理局审批。单个从省外调入的，由调入监狱填写《跨省调动罪犯审批表》，呈报省、自治区、直辖市监狱管理局审批并发函与调出省监狱管理局联系，回函后再办理调动事宜。

3. 成批调遣罪犯，由省、自治区、直辖市监狱管理局负责并制订调遣方案。

4. 罪犯单个调动，必须由两名以上的警察负责押送，调遣途中，必须对罪犯加戴戒具，严禁罪犯家属和其他无关人员随行。

第四节　罪犯又犯罪和余漏罪的处理

一、罪犯又犯罪的处理

罪犯又犯罪的处理，是指刑罚执行机关对罪犯服刑期间在监狱内又犯新罪，依法进行处理的行刑制度。狱内又犯罪是狭义上的又犯罪，广义的又犯罪是指所有被判处刑罚的罪犯在服刑期间又犯的新罪，它除了在监狱服刑的罪犯以外，还包括被判处拘役、管制等刑罚的罪犯。

狱内又犯罪除了必须具备犯罪构成的一般要件外，还必须具备两个特殊的条件：

1. 主体必须是正在监狱中服刑的罪犯

在绝大多数情况下，罪犯是在狱内进行又犯罪的，但是，罪犯又犯罪也有在狱外的情况。一是罪犯在脱逃后在社会上发生又犯罪；二是暂予监外执行、离监探亲以及假释的罪犯在执行期间（假释犯在假释考验期内）发生的又犯罪。

2. 罪犯又犯罪行为实施的时间条件必须是在刑罚执行期间

已判处刑罚正在执行，有一种特殊情况，即“正在交付执行之中”，是判决生效后尚未由执行机关接受执行这段时间内，或者罪犯正在交付途中，期间发生的犯罪也是又犯罪，它和漏罪不同。罪犯刑满或者赦免后实施的犯罪，以及人民法院在判决宣布以前未经判决的罪，都不属于又犯罪。

（一）罪犯又犯罪处理的原则

《监狱法》第59条规定：“罪犯在服刑期间故意犯罪的，依法从重处罚。”这是我国对重新犯罪案件处理应当坚持的原则。刑罚执行期间，在监狱内又违法犯罪，是一种坚持犯罪立场、不思悔改的表现，是对国家法律的严重违抗。因此，必须依法严惩，有力打击罪犯之中又犯罪者的嚣张气焰，以维护国家法律的尊严，确保行刑活动的正常进行，教育罪犯接受改造，提高行刑效益。

（二）罪犯又犯罪处理的程序

罪犯又犯罪案件的处理程序，取决于罪犯又犯罪行为的实施地和罪行轻重。

1. 罪犯在服刑期间实施于监狱内的又犯罪案件的处理程序

罪犯在服刑期间，在监狱内实施的又犯罪案件，由监狱负责侦查。侦查终结后，制作起诉意见书，连同案件材料一并移送人民检察院。凡属基层人民法院管辖的第一审刑事案件，由监狱所在地的县一级人民检察院提起诉讼；凡属中级人民法院管辖的第一审刑事案件，由监狱所在地的市一级人民检察院提起诉讼。

2. 罪犯在脱逃期间在监狱外又犯罪的处理程序

按照相关法律法规规定，罪犯脱逃期间又犯罪，如果所犯新罪是在捕回后发现的，即由犯罪地的公安机关、人民检察院、人民法院按照刑事诉讼法规定的管辖范围和程序处理，判决后，原则上仍送原监狱执行。

3. 被假释的罪犯在假释考验期内又犯罪的，按《刑法》的规定处理，不必另办逮捕手续

罪犯在监狱服刑期间又犯罪，在案件侦查过程中，如果罪犯原判刑期已经执行完毕，而所犯新罪的主要事实已经查清，可能判处有期徒刑以上刑罚，有逮捕必要的，所在监狱可以提请担负该监狱检察任务的人民检察院审查决定，依法逮捕。逮捕后的关押场所，应当作为未决犯从监狱移送到当地看守所另行羁押。待案件侦查结束后，监狱应将案件移送到人民检察院审查决定是否起诉。

二、余漏罪的处理

监狱在刑罚执行过程中，发现了判决当时所没有发现的罪行而应当追究刑事责任的案件，需按《刑法》第70条规定加刑的，其处理程序也按在监狱内重新犯罪处理程序办理。

第五节　罪犯死亡的处理

一、罪犯死亡处理制度的意义

罪犯死亡处理是指刑罚执行机关对在服刑期间正常死亡和非正常死亡的罪犯分别依法作出处理的行刑制度。正常死亡主要指在服刑期间因病死亡。非正常死亡主要指罪犯自杀死亡、工伤死亡、自然灾害死亡、脱逃被击毙、被其他罪犯施暴死亡、受监管人员虐待死亡以及为挽救他人生命和国家财产献身等情形。

罪犯死亡处理是我国行刑活动和行刑制度的一项重要内容，它是我国行刑人道原则和保障罪犯人权的一个重要方面，也是依法行刑、文明行刑的基本要求之一。罪犯在服刑期间死亡意味着刑罚执行的自然完结，意味着监狱行刑法律关系罪犯主体一方的消亡，是引起监狱法律关系变更和消亡的法律事实之一。

二、罪犯死亡处理的程序

《监狱法》第55条、第73条及司法部有关文件对罪犯死亡的处理作出了明

确的规定。监狱人民警察应当严格按照有关规定处理好罪犯死亡的相关事宜。罪犯死亡处理是否妥善，不仅会影响到别的罪犯及其家属，而且还会对其他正在服刑的罪犯产生重大的影响。因此，罪犯死亡的处理必须按照监狱法及其他有关规定执行，做好以下几个方面的工作：

（一）病危通知

罪犯在服刑期间病危或发生非正常伤亡情形，监狱应积极组织抢救，救治过程应当详细如实记录，以便考查。罪犯在服刑期间病危，监狱医院应当及时出具罪犯病危通知书，由监狱狱政部门寄发，必要时应将罪犯病危情况电话告知其亲属或监护人，以便他们了解罪犯的病情，根据情况可以通知罪犯的家属前往探视。

（二）死亡通知

罪犯死亡后，监狱应立即通知罪犯家属和监狱所在地的人民检察院并报告监狱上级主管机关。如果死亡罪犯的直系亲属在港、澳、台或者在国外的，原则上也可以通知，但必须经过省、自治区、直辖市公安厅、局批准。待死亡处理完成后，监狱应当书面通知原判人民法院和死亡罪犯户籍所在地公安机关。

（三）死亡原因鉴定

罪犯服刑期间死亡的，一律要求作出医疗鉴定，说明罪犯死亡原因。

1. 对因病死亡的罪犯，由监狱作出医疗鉴定并制作罪犯死因鉴定书。人民检察院对监狱作出的医疗鉴定有疑义的，可以重新对死亡原因作出鉴定。罪犯家属有疑义的，可以向人民检察院提出。根据法律规定的精神，人民检察院对罪犯家属对监狱作出的医疗鉴定提出疑义的，应当对监狱作出的医疗鉴定进行重新审查，根据情况决定是否重新对死亡原因作出鉴定，将处理结构通知罪犯家属，并说明有关情况。

2. 对非正常死亡的罪犯，人民检察院应当立即检验，对死亡原因作出鉴定，并制作罪犯死因鉴定书。监狱或者死者家属对人民检察院的鉴定意见有异议，要求再次鉴定的，可由上级机关或者死者家属委托省级人身伤害鉴定委员会作出最终司法鉴定。

3. 对正常死亡的罪犯，法院只审查医疗鉴定，签署意见，并加盖公章。

（四）尸体处理

罪犯死亡后，凡有火化条件的地方，应当进行火化，监狱应当将火化时间、地点通知死者家属。骨灰可由家属领回，其家属不愿领回的由家属签字确认后，或逾期 1 年不领取的，可掩埋处理；没有火化条件的地方，家属愿意领回尸体的，应当允许。家属不领回尸体的，应当备棺掩埋，并树立标志；少数民族罪犯死亡后，应当照顾到其本民族的风俗习惯，妥善处理，如需火化，应征得其家属同意；外国籍罪犯死亡后，应当按照外交部、最高人民法院、最高人民检察院、公安部、司法部《关于处理涉外案件若干问题的规定》办理。

（五）遗物处理

服刑期间死亡的罪犯的遗物，应当由其家属领回或由监狱代为寄回。对逾期1年仍不来领取或无处投寄的，可经信托公司或有关部门作价处理，上缴财政部门。

（六）因公死亡罪犯家属的安抚

罪犯在劳动中死亡的，由监狱参照司法部规定和国家劳动保险的有关规定处理，应对其家属予以安抚，并按照国家有关规定发给补偿费；为抢救他人生命、国家财产而献身的，监狱应当按有关规定给予适当的经济补偿；罪犯在服刑期间被其他罪犯杀害的，由监狱按照刑事案件管辖立案侦查；罪犯在服刑期间因受监管人员虐待致死的，由司法机关依法追究监管人员的刑事责任，并由监狱按照《国家赔偿法》的有关规定，给予合理的赔偿。

第六节　释　　放

一、释放的含义

释放，是指监狱对服刑的罪犯，在具备法律规定的释放条件时，依法解除监禁，恢复其人身自由及其他相关权利，使之回归社会所进行的活动。

刑满释放是刑罚执行终结，是监狱对罪犯执行刑罚的最后一个环节，罪犯身份恢复为一般守法公民的必经法律程序。《监狱法》对此作了专门的规定，罪犯服刑期满，监狱应当按期释放。释放这一刑事执法活动无论是对刑罚执行机关还是对罪犯，都具有重要的意义。因为释放表明经过监禁改造的犯罪人即将告别过去开始新生活，社会将对他们是否已经成为守法公民的改造成果进行检验和鉴定。所以刑罚执行机关必须认真细致地做好这项工作。

二、释放的类型

根据释放的法律依据，可以分为刑满释放、变更裁决释放和特赦释放。

（一）刑满释放

刑满释放是指罪犯被人民法院依照法律规定所判处的刑罚期限（包括在刑罚执行期间因减刑而缩短的刑期）已经全部执行完毕，因而获得释放。从刑罚执行的实践来看，绝大多数罪犯都是因为刑期届满而获得释放，其他两种释放占的比例很小。

（二）变更裁决释放

变更裁决释放是指原来的判决在事实认定或者法律适用上确有错误，将不该判刑的人判了刑，或者将应当判轻刑的判了重刑，经审查发现后，人民法院按照法定程序重新进行审理，撤销原来错误的判决，并且根据事实和法律作出无罪释放或者改判较轻刑罚的判决或裁定。监狱根据人民法院的重新判决和裁定，释放无罪的在押人或重审后的判决刑期已满的服刑人。需要说明的是，人民法院作无罪释放判决、裁定的在押人，虽然也称释放，但属于无罪释放，与其他形式的释放有本质的区别。

（三）特赦释放

特赦释放是指依照国家权力机关对受到罪行宣告、正在刑罚执行过程中的特定罪犯免除其刑罚剩余部分的命令，终止刑罚的执行，提前予以释放。特赦释放不同于减刑，它不是单纯的刑期的减短，而是刑罚剩余部分的免除。特赦释放也不同于假释，特赦释放是不附加任何条件的释放。

三、释放的程序

根据监狱法的相关规定，释放应该按照下列程序进行：

（一）出监教育

出监教育是对于将被释放的罪犯，监狱在释放前的一定时期内，对其所进行的教育。这可以巩固罪犯在服刑期间的改造成果，检查罪犯在服刑过程中存在的问题，并有针对性地对其进行补充教育。通过对其进行政策、前途教育，以期减轻他们回归社会后对家庭、就业、婚姻等有关问题的忧虑，更好地适应新生活，防止其重新犯罪。

（二）制作出监鉴定

监狱在罪犯出狱前，应当制作罪犯出监鉴定。在鉴定中，应对罪犯在服刑期间的改造表现，作出全面的、实事求是的评价。罪犯出监鉴定应连同判决书一起交予释放人员安置落户所在地的公安机关。

（三）办理释放手续

监狱应当事先做好罪犯刑满释放前的各项准备工作，在其刑期届满之日内24小时之内办好释放手续，交还服刑期间监狱发放的各种物品，如囚服等。

对于外籍犯和港、澳、台的罪犯，应当在其刑期届满前3个月向省、自治区、直辖市公安厅（局）进行申报，以便给他们办理出境手续。

（四）发放释放证明

监狱必须准确掌握每一个罪犯的刑期起止日期，按期释放，不得以任何理由拖延释放的时间。监狱负责保管罪犯的物品和现金，在罪犯释放时，要全部发还，并办理交接手续。

释放证明是罪犯获得合法释放的法律凭证。在释放时发给释放证明，这既是对刑罚执行结束的宣告，也是对服刑人恢复人身自由，领取居民身份证的法律凭证。

在一般情况下，当罪犯办理出监手续后，即可出监，但是患有严重疾病的罪犯，监狱应当通知其家属来接，或由监狱派人护送回家。

四、释放后的考察

罪犯出监后，监狱所负担的惩罚和改造罪犯的任务即宣告结束，但是，罪犯经过改造后是否真正改恶从善，达到国家要求的标准，还需要通过其社会实践来检验。因此，监狱对刑满释放人员经常进行改造质量的考察，以便总结经验，改进工作。除定期组织警察有重点地进行回访考察外，还应主动与当地公安机关联系，了解获释人员的情况。

目前，监狱重视精准解决刑释人员安置衔接“最后一公里”问题。有的监狱创新方法手段，提升衔接效率。一是建立评估结果再评估机制，对危险评估系统评估结果为“一般帮教对象”和“重点帮教对象”的罪犯，联合教育、评估、狱政等部门与监区对评估结果进行再评估，深度了解掌握罪犯可能潜在危险，分析罪犯刑满回归社会后再犯罪概率，为刑释衔接工作提供科学依据；二是制定“沟通联络话术模板”和“刑释衔接工作流程图”，进一步细化规范解答方法、话术、沟通技巧等，明确“四必打”要求（提前一个月必打电话沟通、临出监必打电话提醒、释放当天必打电话确认、出监后必打电话回访），进一步提高沟通协调成功率；三是建立刑释人员专人专案专档，严格落实“三必收”，对寄送材料凭证、报到函及回执、报到照片等全部归档留存，固化“联络—释放—衔接—回访”全过程的文书和电子资料，确保所有环节均有证据佐证，形成闭环管理。

典型案例剖析

罪犯，吴某，男，83周岁，因犯强奸罪、猥亵儿童罪，被人民法院判处有期徒刑11年。在服刑期间因患Ⅱ型糖尿病、身体乏力，监狱于2017年8月17日将其从后勤监区调往监狱医院进行住院治疗。同年10月3日上午9时，该犯血压突然下降，监狱立即进行升压处理但无改善，随后该犯出现呼吸、心跳停止症状，虽经监狱进行心肺复苏但无法恢复。后邀请市人民医院医生到监狱医院对该犯进行治疗，持续心肺复苏至10时5分，心跳、呼吸仍无法恢复，心电图呈直线，宣告临床死亡。吴某病亡后，监狱党委高度重视做好善后处理工作，立即向监狱管理局电话报告有关情况，并将情况告知驻监狱检察室和罪犯的家属。同时迅速成立罪犯死亡善后处理工作领导小组，按照监狱罪犯死亡处理规定的要求，积极做好罪犯病亡的组织、指挥和协调等善后处理工作，由狱政管理科牵头联合侦查科、生活卫生装备科和监狱医院做好罪犯病亡原因调查以及证据收集、保存等工作，由生活卫生装备科牵头联合狱政管理科和监狱医院做好罪犯家属安抚和罪犯尸体处置等工作，安排监狱战训队、巡查组和机关科室备勤警察组成应急小组，做好防范罪犯家属到监狱闹事或有过激行为的处突准备。在驻监检察室的积极配合下，监狱从法律、政策、医学以及监狱内部有关规章制度等多角度耐心做好罪犯吴某家属的沟通和解释工作，善后处理工作进行顺利，家属对罪犯病亡结论没有提出异议，也没有向监狱提出赔偿等无理要求，经家属签名同意，病亡罪犯尸体于同年10月3日20时火化，没有在监狱押犯中和社会上造成不良影响。

第五章

分类管理

第一节 分类管理概述

一、分类管理的产生与发展

对罪犯实行分类管理是当今世界各国监狱普遍实行的一种制度。它是矫正理论或改造罪犯理论的一种必然的结果，是监狱管理制度由落后野蛮向科学文明发展变化的标志性制度之一。

近代意义上的监狱分类制度首先产生于16世纪的西班牙和荷兰。1519年，西班牙开始把监狱里的男女犯分开关押。同时，荷兰为了避免男女罪犯杂居，于1598年将阿姆斯特丹市的维拉兹修道院改为女子纺织监狱，率先实行男女囚犯的分押，这便是近代监狱分类管理制度的萌芽。到了1703年，罗马教皇十一世为少年犯设立了专门监狱，主要按罪犯的年龄和性别分类管理。1775年，威廉十四世在比利时的一所监狱采用了按罪犯能力、性别和犯罪特征等因素进行区别关押的管理措施。这一措施奠定了现代监狱分类管理制度的基础，促进了监狱分类制度的进一步发展。1907年，比利时布鲁塞尔市福莱监狱增设了精神医学专家兼人类学专家贝尔贝克任所长的行刑人类学研究所，专门从事对罪犯的分类调查。德国从20世纪初即建立了犯罪生物学类型的人格考核制度。美国也建立综合性分类调查制度，并重视个别化待遇方式。日本在1948年制定了《受刑人分类调查制度》，1972年制定了《受刑人分类规程》，在监狱法中明确规定了分类制度。

我国监狱在西周时期就开始采用分类管理，设置了未决监，开始注意区分已决犯和未决犯，依罪行轻重分别关押不同的罪犯。唐朝时，在监狱服刑的罪犯必须关押在不同监舍。清朝对罪犯分类监管的制度更加详尽，不但有男女别监的规定，而且对已决犯和未决犯及罪行轻重不同的罪犯也进行了分类，并设置了不同监狱进行监管。1913 年颁布的《中华民国监狱法》规定了“女犯监禁于女监”“未满十八岁监禁于幼年监”，并规定了“服劳役者须斟酌其年龄、罪质、刑期、身份、技能、职业，及将来生计体力之强弱科之”。国民党时期的狱制效仿欧美国家刑罚思想和监狱制度。上述分类制度实际上是现代监狱分类管理制度的雏形，也表明了我国监狱分类管理制度的演变和发展。

我国监狱现代意义上的分类管理制度，是随着中华人民共和国成立而逐步发展起来的。1952 年，中央在《第一次全国劳动改造工作会议决议的批示》中指出，进行管教工作时，必须按罪犯类别、性质、刑期长短、悔改程度和劳动表现等，实行分别对待政策。1954 年颁布的《劳动改造条例》[①] 中规定，对已判决的罪犯应当按照犯罪性质的罪行轻重，分设监狱，劳动改造队给予不同的监管。对没有判决的罪犯应当设置看守所给以监管。对少年犯应当设置少年犯管教所进行教育改造。1982 年，公安部颁发了《监狱、劳改队管教工作细则》，其中就将分押分管单列为一节，要求对罪犯实行分管分教，区别对待。随着我国的不断发展，对罪犯的改造工作提出了更高的要求。1991 年，司法部监狱管理局修订印发了《对罪犯实施分押、分管、分教的试行意见（修改稿）》，对分押、分管、分教工作的要求和标准作了更明确的规定，形成了集行刑、监管、教育、改造为一体的分类管理模式。1994 年，《监狱法》颁布施行（2012 年修正），第 39 条规定：“监狱对成年男犯、女犯和未成年犯实行分开关押和管理，对未成年犯和女犯的改造，应当照顾其生理、心理特点。监狱根据服刑人员的犯罪类型、刑罚种类、刑期、改造表现等情况，对罪犯实行分别关押，采取不同方式管理。”这是国家以法律的形式正式确立了我国监狱的分类管理制度，推动我国根据实际情况，探索更加科学、更加具有行刑内涵的监狱分类管理制度。

二、分类管理的内容

分类管理包括对罪犯实行分别关押、分类管理和分级处遇三个方面。

（一）分别关押

首先，根据罪犯的年龄、性别、犯罪性质、刑种和刑期等情况，将罪犯关押在不同的监狱，如重刑犯监狱、普通监狱、轻刑犯监狱、女子监狱、未成年犯管

---

① 已被 1994 年 12 月 29 日全国人大常委会通过并公布的《监狱法》、1990 年 3 月 17 日国务院发布的《看守所条例》代替。

教所等。其次，在同一监狱内部，再根据罪犯的犯罪性质、犯罪手段、恶习程度、改造表现等的不同，设置不同的监区，对罪犯进行分开编队，实行分别关押。

（二）分类管理

分类管理，是指根据不同的类型罪犯的思想、心理、行为等方面的共同特征，在实施常规的监管措施的同时，采取一些特殊的监管措施，以加强监管的针对性和有效性。

（三）分级处遇

以罪犯的表现为主要根据，综合考虑罪犯的犯罪性质、刑期和恶习程度，对罪犯实行不同级别的管理，给予不同的处遇。通常分为从严、一般、从宽三个级别，也有分四级、五级、六级的。不同级别的罪犯在自由程度、通讯会见、物质文化生活、收受物品、劳动报酬以及离监探亲等方面享有不同的待遇，级别越高处遇越优。新入监的罪犯大多编入一般管理级，经过入监考核、分类后，再正式编入适当的级别。根据罪犯的表现，可以升级、降级或留级。

三、分类管理的作用

（一）有利于增强改造工作的针对性

犯罪类型不同，罪犯的犯罪动机和目的也不一样，所以应采取的矫正措施也不一样。用一个固定的模式改造所有的罪犯，不可能取得行刑的预期目的。要将罪犯改造成为一个守法的公民，就需要根据每一个罪犯的具体情况做细致的改造转化改造。不同类型的罪犯实行分类关押后，不同类型的罪犯的思想、心理、行为等特点就会集中反映出来。这样，监狱就可以根据罪犯表现，进行认真分析、研究，针对不同犯罪类型、不同犯罪经历和不同的改造特点，制定对策，采取更有针对性的管理和矫治措施，做到有的放矢、对症下药，使对罪犯的教育和管理更有针对性。

（二）有利于防止罪犯的交叉感染和深度感染

罪犯情况错综复杂，他们的犯罪类型多种多样，犯罪动机不同，恶习也不同。而混押、混管，很难防止罪犯之间交叉感染和深度感染。因为各种不同犯罪类型、不同犯罪动机、不同恶习的罪犯关押在一起，容易导致他们相互学习、交流和传授犯罪经历和经验，从而有可能导致原有的犯罪恶习没有被矫正，又学会了其他新的犯罪伎俩。而分类管理可以克服混押、混管的弊端，可以在空间上切断恶习重、传播力强的感染源，减少了罪犯交叉感染的机会。

（三）有利于调动罪犯的改造积极性

分类管理最直接的方式是分级处遇，即根据罪犯的改造表现、服刑时间、犯罪性质和恶习程度，把罪犯划分为不同的级别，分别给予不同的待遇，并根据改造表现实行升降级制度，可以紧紧抓住罪犯希望获得较好处遇以致减刑和假释的心理动机。罪犯要想获得监内较好的处遇和缩短自己的刑期，就必须付出相应的努力，认罪服法、积极改造。分类管理促使罪犯把争取较好的待遇和缩短刑期的渴求与积极改造的主观能动性紧密结合起来，这也是区别对待政策的体现。

第二节　分别关押

一、分别关押的概念

分别关押是指在分开关押的基础上，收押监狱按照罪犯的犯罪类型、刑罚种类、刑期、改造表现、危险程度等因素对罪犯实施的一种分类关押制度。分别关押是以年龄、性别分类的基础上实施的进一步的分类关押，由收押监狱根据罪犯的实际情况确定，一般是以监区或分监区为基本的关押单位。实施分别关押的目的是避免罪犯之间交叉感染和深度感染。

二、分别关押的标准

（一）以年龄和性别为标准

以年龄和性别为标准进行分类，是按照罪犯的自然属性进行的分类。它是监狱对罪犯进行的第一个层次的分类，是当今世界各国普遍采用最基本的分类标准。《监狱法》规定，以罪犯的年龄和性别为标准对罪犯进行分类，分为成年犯和未成年犯、男犯和女犯，分别关押在成年男犯监狱、女子监狱和未成年犯管教所。

（二）以犯罪性质、危险程度、行为恶习和悔改表现等因素为标准

以犯罪性质、危险程度、行为恶习和悔改表现等因素为标准进行分类，是我国监狱对罪犯进行的第二层次的分类，也是对罪犯进行分别管理的前提。根据《监狱法》第39条的规定，对不同的犯罪类型、刑罚种类、刑期和改造表现的罪犯，应在不同的监区予以分别关押。

上述两种分类标准是我国监狱采用的主要分类方式，此外，还可以根据服刑人的矫正难易程度、身体状况、精神状态、民族等情况进行分类，分别关押在不同的监狱或监区。

三、分别关押的基本类型

对罪犯实施分别关押，除了按照罪犯的犯罪类型、刑罚种类、刑期、改造表现等分类标准外，还要综合考虑罪犯的犯罪手段、行为方式和犯罪恶习程度。从监狱在押罪犯的实际情况来看，当前主要把罪犯分为四大类型进行分别关押，即财产犯罪类、暴力犯罪类、性犯罪类和其他犯罪类。

（一）财产犯罪类

对这一类型的罪犯，监狱根据实际情况和改造的需要，一般又分为两种类型分别关押：盗窃犯罪类的罪犯和其他财产犯罪类的罪犯。除盗窃罪以外的其他财产型犯罪的罪犯，主要犯罪行为有诈骗、贪污、受贿、挪用公款等经济犯罪。

（二）暴力犯罪类

暴力犯罪是指使用或威胁使用足以致伤的力量或武力，侵害他人人身、财产权利，违反国家法律规定，依法应当受到刑罚处罚的行为。暴力犯罪是当前犯罪现象的主要形式之一，主要包括故意杀人、故意伤害、抢劫、抢夺、爆炸、放火、绑架、投放危险物质、妨害公务，以及聚众斗殴、寻衅滋事等犯罪。

（三）性犯罪类

性犯罪主要是以性为目的实施犯罪的行为，也有的是以经济利益为目的但涉及性方面的犯罪行为，主要包括强奸罪，引诱、容留、强迫妇女卖淫罪，侮辱罪等犯罪行为。实施这一类犯罪行为的罪犯由于其犯罪目的的特殊性，把他们分成单独的一类进行关押改造，更容易采取针对性的矫正措施。

（四）其他犯罪类

其他犯罪类即将除上述三种犯罪类型以外的其他犯罪类型的罪犯分别关押。

四、分别关押的基本要求

对罪犯实施分别关押时，一般应遵循以下基本要求：

1. 对同一犯罪类型的罪犯，可以根据刑期、犯罪手段和恶习程度等情况分别关押。
2. 对累犯、初犯和偶犯应分别关押。
3. 对同案犯或者有其他利害关系，可能影响监管改造的罪犯，应当分别关押。
4. 对危害国家安全的罪犯、涉黑、涉毒、邪教类犯罪的罪犯应当单独编队关押。
5. 对患有恶性传染病、精神病的罪犯应当隔离关押。
6. 对外籍罪犯应分别关押。

从上述对罪犯的分类关押标准和要求来看，我国监狱采用的分类标准，既考虑了监狱自身的情况，又考虑了罪犯的犯罪情况、自身特点和改造情况，具有一定的科学性和较强的可操作性，是符合监狱“三分”工作需要的，也有利于探索新的分类方法和标准，逐步建立更为科学规范的分类标准，以适应监狱工作的需要。

第三节 分类管理

一、分类管理的概念

分类管理，就是监狱在罪犯分别关押的基础上，根据不同类型罪犯在犯罪类型上和自身上表现出来的特点，对不同类型的罪犯采取不同的管理方法和措施，从而在行为上对罪犯的不良行为习惯进行矫正的管理制度。

对罪犯实施分类管理，是现代监狱行刑的基本要求之一，也是分类关押的目的之一。不同犯罪类型的罪犯具有不同的特点，他们的个体危险程度和改造表现也会有所差别。所以，分类管理强调采用不同的管理措施和方法，针对不同类型的罪犯和其自身改造的特点，并针对某一类情况相同和相近的罪犯采取相适应的管理方式，因人施教、区别对待，促进罪犯积极改造，真正达到矫正罪犯不良行为习惯的目的。

二、分类管理的组织实施

（一）对罪犯的分类

对罪犯进行分类，是一个比较复杂的问题，分类关押只是罪犯分类的一个初级部分，技术含量还比较低。而科学的罪犯分类技术，需要综合运用法学、犯罪学、社会学、伦理学、教育学、行为科学、司法精神病学等众多学科知识，对罪犯的品行、个性、身心状况、犯罪经历进行调查和诊断。这样才能对罪犯进行一个完整的调查和评价，然后根据罪犯犯罪的特点、个性特点、生理和心理特点、改造表现进行科学的分类。根据监狱在押罪犯的构成情况和改造的需要，可以将罪犯分为暴力型、财产型、性犯罪型、职务犯罪型、毒品犯罪型、黑社会组织犯罪型等进行分类管理。

（二）对同类型罪犯的管理

在对罪犯分监狱、监区和分组进行分类关押的基础上，在坚持对罪犯采取共同管理的同时，根据相同类型罪犯在犯罪经历、犯罪手段、犯罪目的、恶习程度和服刑改造中的体现的共同特点，建立特殊的改造环境，规定特殊的改造行为规范，运用特殊的防范控制制度，有针对性地对同类型罪犯进行约束、管理和矫治。这样可以建立良好的改造秩序，有效防止罪犯之间的交叉感染和深度感染，从而在行为上和思想上对罪犯进行矫正，达到改造罪犯的目的。

第四节　分级处遇

一、分级处遇的含义

分级处遇是指监狱根据罪犯的改造表现、服刑时间和剩余刑期的长短，综合考虑罪犯的犯罪性质和主观恶性程度，将罪犯划分为不同级别，对不同级别的罪犯实行宽严不同的管理和待遇的制度。即依据罪犯的级别，给予不同的待遇。

分级处遇是分类管理的核心内容。根据罪犯的改造表现，将其划分为不同的级别，然后对处于不同级别的罪犯给予不同的管理和待遇，造成待遇上的差别，从而调动罪犯的改造积极性。具体包括以下几层含义：

1. 确认罪犯的法律地位和合法权益。
2. 在保障罪犯基本权益的基础上建立处遇差别，体现级别差异。
3. 罪犯自身的努力和改造表现是实现权利和获得更好处遇的主要方式。
4. 对不同级别的罪犯的处遇实行系统化的升降级管理。

上述四个方面紧密联系，共同构成了监狱分级处遇的核心内容。在设置罪犯处遇制度时，要应用科学的手段，保证处遇的公平、公正，并保证罪犯差别处遇有效实施。

二、等级的划分

对罪犯分级是分级处遇的重要内容。对罪犯进行分级是给罪犯不同待遇的前提，只有在对罪犯分级的基础上，才能对不同级别的罪犯实行不同待遇管理，体现级别差异。通过服刑待遇的差异，激励罪犯积极改造。

至于对罪犯如何划分级别，目前我国监狱法还没有统一的标准，在实际操作中，可参照罪犯的犯罪性质、刑罚种类、刑期、恶习程度、改造表现进行分级，在进行分级时一般要考虑以下几点：

第一，分级要涵盖刑期的全过程，要根据行刑的基本运动规律来对罪犯进行分级。明确各阶段改造工作的重点，使改造工作有规律地进行。

第二，要注意各级之间的连贯性、统一性、衔接性，通过分级，组合与标识出一种运动变化过程，需要特别注意升降级的环节，使罪犯沿着等级阶梯改造。

第三，要通过与罪犯分类结合起来，设计出不同大类的罪犯的不同的等级系统与各自的行刑改造流程，以此推进行刑工作开展。

第四，要增强各等级之间的弹性与活力，等级数和各级间的距离、条件要符合改造的需要，鼓励罪犯竞争，起到激励作用。

第五，等级的设置要从各地的实际情况出发，充分考虑监管设施、警察的执法水平、管教基础工作状况等，要有利于监管安全，有利于改造罪犯。

当前我国监狱中比较通行和切合实际的等级划分方法，一般把罪犯划分为“三等五级”。“三等”即从宽管理、普通管理、从严管理；“五级”是指在从宽管理和从严管理分别划出两个级别，即特别宽管、一般宽管、特别严管、一般严管。其中“三等”包括：

1. 从宽管理

这是一种比较宽松的管理等级，一般对过失犯、初犯、偶犯、渎职犯等罪犯实行，包括改造表现较好的且服刑时间已经超过原判刑期的1/2以上的罪犯，由普通管理升入的罪犯。

2. 普通管理

普通管理级又称一般管理级或常规管理级，是一种中等强度的管理等级。实行普通管理的罪犯包括刑期较短的一般刑事犯罪的罪犯，危险性较小的罪犯，由从严管理级升入的和由从宽管理级降入的罪犯。

3. 从严管理

从严管理是一种强度最高的管理等级。从严管理的对象包括危害国家安全的罪犯，累犯、判处死刑缓期二年执行、无期徒刑的罪犯，顽固、危险分子，涉黑、涉恶类犯罪集团的首要分子，反改造分子，由普通管理级降入的罪犯。

三、罪犯的处遇

处遇是现代监狱科学和行刑科学中一个极其重要的概念，是现代新刑罚思想和治狱思想的产物。一般来说，对狱内服刑的罪犯采取的所有措施，均称为“处遇”，其中包括罪犯的生产劳动、教育矫正、心理矫治、回归训练等。我们这里讨论处遇主要立足于狱政管理的角度，故而只能是狭义的处遇。

（一）罪犯处遇的特征

对罪犯进行分级的目的是给予罪犯不同的处遇。这种处遇差异程度要达到能够有效推动罪犯自觉改造的目的，一般有以下特征：

1. 处遇差异的根据是每个罪犯的表现

每个罪犯都可以用自己的表现换取差异。差异是建立在机会平等的基础上的。

2. 处遇差异能够引起有效选择

要想获得好的待遇，就要付出艰苦的努力。根据趋利避害心理，要选择高级处遇，要优化自己服刑改造结果，就必须改造自己的主观思想和客观行为作为代价。

3. 处遇是否有效，关键看其是否调动罪犯改造的积极性

一方面，处遇由于存在差异而产生势能，产生改造的激励源和动力源。有激励和动力，才能使服刑过程产生活力。另一方面，以服刑表现为根据的处遇差，机会是均等的，只要努力人人都能够达到要求，因而可以调动起罪犯的改造积极性。

（二）罪犯处遇的类别

监狱行刑过程中设立处遇差异，表达了监狱管理者的一种选择，那就是既不会亏待那些认真改造的罪犯，也不会姑息和放任那些不思悔改和拒绝改造的罪犯。监狱管理者的这种选择，在监狱行刑过程中形成了一种价值导向，成为管理秩序的一部分。但是，对罪犯待遇的划分要在切实保障罪犯享有基本权利的基础上，对不同级别的罪犯给予具体差别的处遇。罪犯的处遇主要包括基本处遇和级别处遇。

1. 基本处遇

基本处遇是给予所有正在服刑的罪犯普遍享有的待遇。根据《监狱法》关于罪犯权利的规定，罪犯的基本处遇包括：（1）保障罪犯享有法律规定的基本权利；（2）保障罪犯正常的生活需要；（3）保障罪犯的医疗保健和劳动保护；（4）保障罪犯的教育权；（5）保障罪犯节、假日休息的权利；（6）对罪犯参加劳动给予一定报酬；（7）保障罪犯的行政奖励和刑事奖励的实现等。

2. 级别处遇

级别处遇就是对不同级别的罪犯给予不同的服刑待遇，罪犯的待遇差别也就是在这里体现，其具体包括以下几个方面的内容：

（1）警戒程度方面。不同级别的罪犯采用不同的戒备程度。对从严管理的罪犯采取较高戒备，普通管理级别采用中度戒备，从宽管理级别采用较低的戒备。为了适应分类关押的需要，也要逐步进行监狱分类，把它分成高度戒备监狱、中度戒备监狱和轻度戒备监狱，采用不同的警戒程度对罪犯进行管理。

（2）监督控制及活动范围方面。对不同级别的罪犯采用的监督控制制度和措施也不一样。对于从严管理的罪犯，要严格落实各项监督控制制度和措施，一

般管理的罪犯执行统一的监规、纪律和制度，从宽管理的罪犯监督控制措施可以适当放宽。在活动范围方面也有差别，从严管理的罪犯活动范围被严格限定，活动范围最窄，从宽管理的活动范围相对来说更为宽松，活动区域可以适当增大。

（3）通讯、会见控制程度方面。主要在通信的次数、会见的对象和次数、会见的时间、会见的地点和监听、收受的物品方面给予的区别。特别从严管理的罪犯一般停止会见。从宽管理级的罪犯的会见对象可以适当放宽，会见时间可以适当延长，有条件的还可以与家人团聚共同进餐，可以使用"亲情电话"与家人通电话；收受的物品在种类和数量上可以放宽，符合条件的还可以给予离监探亲的奖励。

（4）生活待遇方面。在零用钱、奖金的发放方面体现级别差异，在文体活动安排、图书借阅和日用品购买方面有所区别。

（5）刑事奖励比例的幅度。宽管级的罪犯呈报减刑假释的比例及减刑的幅度要略高于或大于其他等级的罪犯，严管级的罪犯要从严掌握。

（6）劳动工种的安排有所区别，宽管级罪犯可优先安排零散劳动、事务性劳动，严管级罪犯不得安排零散劳动和事务性工种，严管级罪犯的劳动强度要相应加大。

（7）监外活动的内容方面。宽管级的罪犯符合条件的可以准许离监探亲，有条件的监狱可以组织外出参观，普通管理的罪犯的监外活动必须严格控制，从严管理的罪犯不得监外活动。

四、分级处遇的实施重点

在分级管理机制的作用下，由于各个级别处遇内容的不同，罪犯的实际改造表现就成为决定罪犯处遇级别的关键因素。因此，为了确保罪犯升级与降级的公正性和严肃性，在分级处遇的实施过程中要注意以下三个方面的问题：

（一）要认真做好对罪犯的考核和评定，搞好首次定级

对罪犯进行考核和评定是分级处遇的基础，一方面，这涉及罪犯管理级别的首次定级；另一方面，根据有关情况发展变化进行的考核结果也会影响到定级以后的升降级的问题。所以对罪犯的考核要做到客观、公正、全面和科学，监狱应组织专人负责审核，复议罪犯的改造表现。

（二）要注重及时兑现处遇

对罪犯分级后，要按照各个级别规定的处遇内容及时的兑现和落实，这是分级处遇工作取得成效的关键。及时兑现政策，可以让罪犯真正感觉到积极改造的好处，切实感觉到分级处遇的激励和压力，体会到国家法律和政策的真实性、及时性和公正性，促使罪犯由强迫改造向自觉改造转变，这才是对罪犯实行分级处

遇制度的基本精神所在。如果不注重政策的兑现，处遇规定就成了一纸空文，会打击罪犯改造的积极性，如此，分级处遇的激励作用就无法发挥。

（三）要准确掌握罪犯处遇级别的升降

对罪犯实行分级处遇的最大优点就是分级处遇是一种动态管理，它能抓住罪犯在改造中怕严管、盼宽管和尽量缩短刑期的心理，以动态级差处遇体现监狱行刑的伸缩性和罪犯奖惩机会均等的公正性。在分级管理机制的作用下，由于各个级别处遇内容的不同，罪犯的实际改造表现就成为决定罪犯处遇级别的关键因素。因此，为了确保罪犯升级与降级的公正性和严肃性，监狱应组织专人负责审核、考察、复议罪犯的改造表现，根据目前的实际，将对罪犯的考核与百分考核结合起来。可以确定一个具体的分数标准，每季度或半年调整一次，对达到晋级分数标准的罪犯予以升级，即由管理强度高的级别到管理级别低的级别；对于未到晋级分数的罪犯予以留级；对于表现差且同时累计扣分达到一定分数的罪犯予以降级，即转入管理级强度高级别。

对罪犯的级别划分要做到科学合理，确定级别后对罪犯各个不同级别和不同档次的处遇要拉开距离，覆盖面要宽广，适应性和可操作性要强，各个级别的处遇标准要明确化，并要按规定及时兑现有关的处遇。对罪犯的分级处遇工作，要坚持公正、公平的原则，各个监狱和监区之间的处遇等级设置也要统一起来，以保证罪犯的分级处遇真正做到公正、公平。如罪犯对升降级有异议，可提出申诉，或要求复议。

典型案例剖析

2017年11月8日，江苏省江宁监狱在低度戒备分监狱举办“助力更生 放飞希望”2017年第二届职业推介会。南京市江宁区司法局、区人社局、苏州市吴江区司法局、盐城市亭湖区司法局等地方职能部门，南京新雅慧、南京智联等2所职业技能培训学校有关负责人现场参加活动，16家爱心企业提供了超过100个就业岗位，并开展创业指导。

在危险性评估认定为低度危险的前提下，低度戒备分监狱主要收押原判刑期3年以下、剩余刑期3个月以下、原判刑期5年以下的过失犯3种类型罪犯。分监狱形成了多种会见方式、文化处遇为内容的分级分类处遇机制，“黄丝带”亲情关爱帮教为品牌的回归专项矫正模式，挂牌成立“红飘带”社会帮教志愿者工作站、法律援助工作站、艺术教育辅导点等，为罪犯矫正工作提供专业支持。尤其是在罪犯职业技能培训方面，江宁监狱先后引进2所职业技能培训学校，挂牌成立罪犯职业技能培训基地。面向出监监区和普通监区罪犯两类对象，将

“短、平、快”实用技能培训和职业资格证书培训紧密结合，形成“分类分层分级”的职业技能培训模式。

监狱重视罪犯职业技能培训工作，尤其是在分监狱运行以后，更加注重分类教育，由原来的大班集体教学，转化为小班定向教学，在深入分析罪犯基本情况、就业需求、兴趣爱好的基础上，探索选择罪犯容易入门、市场需求较大的电工维修、中式烹饪、西式糕点、管道维修等项目进行重点打造，较快地提升了监狱职业技能培训水平，助力服刑人员掌握一技之长，为顺利回归社会打好基础。

第六章

现场管理

第一节　现场管理概述

现场管理是狱政管理工作的重要组成部分，罪犯服刑期间绝大部分时间是在监管现场度过，因此，监狱警察的管理工作是在罪犯劳动、学习、生活现场完成。做好罪犯现场管理工作就是做好监狱管理工作，就是执行刑罚。监狱安全稳定和改造罪犯与现场管理有极大的关联性，同时现场管理对罪犯行为养成起到重要作用。罪犯现场管理包括劳动、生活和教育三大现场。司法部强调智慧监狱建设，在强化智慧教育的同时，着力打造智慧车间和智慧监舍。在智慧车间建设方面，通过视频智能分析和物联网技术，实现罪犯智能点名、智能管控和劳动工具智能化管理。通过开发业务管理系统，实现劳动产值实时计算、罪犯劳动报酬实时计提、智能生成工序布局、合理分解工序任务，对生产过程的产能、质量等情况实时监测、预警。在智能监舍建设方面，通过监舍显示屏，实现狱务公开，个人购物、诉求反映、问卷调查等进监舍。通过人脸识别，实现快速精准清点人数。

一、现场管理的概念

现场是指罪犯在监狱服刑期间劳动、学习、生活的场所。

现场管理是指监狱人民警察依法在罪犯劳动、学习、生活场所，对罪犯行为、语言、表现、态度等直接实施的组织、指挥、监督、控制、激励等具体管理活动。现场管理是监狱警察直接管理罪犯的具体体现，是监狱警察积极主动的行为。

现场管理主要包括以下几个方面的内容：

1. 现场管理的主体：在罪犯现场工作的基层一线警察，由监区全体民警组成。

2. 现场管理的内容：罪犯在劳动、学习、生活现场的行为、语言、表现、态度等。

3. 现场管理的方法：监狱警察对罪犯的组织、指挥、监督、控制、约束和激励等方法。

4. 现场管理的对象：参加劳动、学习、生活的全体罪犯和与罪犯劳动、学习、生活相关的设施设备。

二、现场管理的特点

（一）现场管理具有法治性

罪犯服刑绝大部分时间是在现场度过，现场管理其实就是执行刑罚。因此，现场管理必须依法管理，实行法治。在现场管理中应当严格执行《监狱法》、司法部制定的有关现场管理规章和各省、市、区监狱管理局制定的现场管理规定。司法部制定的现场管理规章主要有：《罪犯行为规范》；各省、市、区监狱管理局制定的现场管理制度主要有：《罪犯劳动现场管理规定》《罪犯学习现场管理规定》《罪犯生活现场管理规定》《警察值班制度》等。

（二）现场管理具有强制性

现场是监狱为执行刑罚，惩罚和改造罪犯而设置的特定场所。罪犯现场管理就是执行刑罚、惩罚和改造罪犯，因此具有强制性。罪犯现场管理主体是监狱人民警察，罪犯是被管理对象，只有运用强制手段，才能实现对罪犯现场的有效管理。

（三）现场管理具有可操作性

现场管理是一项可操作性极强的管理工作，监狱管理工作的主要任务就是管理罪犯现场，以此实现监狱行刑目的。要求监狱警察必须深入罪犯现场直接实施管理，才能有效地组织、指挥、控制和监督罪犯行为。现场管理是监狱警察与罪犯面对面实施管理，因此，现场管理工作具有较强的可操作性、实践性。如组织罪犯劳动、上课、开饭等实践性工作，都必须由监狱警察亲自实施。

（四）现场管理具有养成性

罪犯服刑期间主要活动区域是劳动、学习、生活现场，罪犯在劳动、学习、生活现场的一言一行都展示在监狱警察面前，监狱警察通过现场管理直接掌握罪犯言行。因此，监狱警察通过现场管理，能够有效控制、约束罪犯言行，对罪犯行为养成起到关键性作用，管理中的矫正作用在罪犯现场管理中得到充分体现。

三、现场管理的基本方法

（一）成立管理组织机构

为了做好现场管理，监狱应当根据各自现场管理实际情况成立现场管理组织机构。目前，我国监狱普遍采用的现场管理组织机构是：监狱→监区→分监区→罪犯小组或罪犯监舍；有的监狱采用扁平化管理模式组织机构，即监狱→监区→罪犯小组或罪犯监舍，撤销分监区。不管采用哪种管理模式的组织机构，只要有利于现场管理工作开展，效果明显，就可以采用。

（二）配置现场管理人员

1. 监区级警察配置

设监区长 1 人，教导员 1 人，纪检书记 1 人，副监区长若干人，管教干事 2 人，责任警察若干人（一般情况下，警囚比例为 1∶18）。有分监区的监狱可设分监区长。

2. 不同现场管理人员（警察）配置

（1）劳动现场管理人员（警察）配置。一般以监区为单位，从事工业（劳务加工）监区视劳动现场具体情况而定，原则上要求当日当班劳动现场管理警察不少于劳动作业罪犯总数的 3%。从事农牧业劳动现场管理警察配置要比工业（劳务加工）劳动现场配置的警察人数多（主要原因是从事农牧业生产劳动现场大多数在野外劳动，脱离武装警戒、高墙、电网的制约，容易发生脱逃、暴监等突发事件），原则上要求劳动现场管理警察不少于参加劳动罪犯总数的 4%。要求有武警配合，在劳动现场实施武装警戒。

（2）学习现场管理人员（警察）配置。监狱组织罪犯开展学习教育工作由教育改造部门负责组织实施，学习现场管理人员由监狱教育改造部门警察担任。原则上要求学习现场管理人员（警察）应当以教学班为单位（一般情况每 50 名罪犯组成一个教学班），至少配备 1 名警察担任班主任组织管理学习现场，处理罪犯学习过程中发生的具体问题。监区警察只是在上课前或下课后到学习现场与组织罪犯学习的教育改造部门警察进行人员交接和签字确认。有条件的监狱可以派罪犯所在监区警察到罪犯学习现场与教育改造部门警察共同管理学习现场。

（3）生活现场管理人员（警察）配置。当前，为了防止罪犯集中就餐发生重大突发事件，大多数监狱对罪犯就餐实行以监区为单位分餐制。监狱生活卫生管理部门只负责组织有炊事特长罪犯从事罪犯饮食制作，分发、运送到各监区，并管理罪犯食堂，不组织罪犯集体就餐。罪犯就餐现场管理由各监区自行组织管理，由当天值班警察负责组织实施。现在，罪犯生活现场管理主要是对罪犯监舍的管理，罪犯下班后大部分时间生活在监舍。管理罪犯监舍的警察原则上不少于居住在监舍罪犯总数的2%，实行24小时双人轮流值班制。

（三）合理分配罪犯，充分发挥罪犯自治组织管理作用

1. 合理编排罪犯小组

（1）监区根据分押分管分教政策规定和现场管理要求，将罪犯合理编排成小组，便于监狱警察管理。目前，主要是根据不同类型罪犯（按犯罪性质划分）、服刑表现、文化程度、劳动技能、服刑前所从事工种等因素，将罪犯分别合理编组，实施有效管理。罪犯小组人数多少根据劳动岗位需要而定，一般为3~5人。

（2）编排罪犯小组时，禁止将同案犯、有亲属关系的罪犯编在同一小组，防止出现牢头狱霸。

（3）可以将具有高等文化、专业技术特长罪犯编入文化教育、职业技术教育小组，参与罪犯文化、职业技术教育工作。

（4）危安犯、顽固犯、危险犯、惯犯、累犯要尽可能分散编排在不同罪犯小组（监区），利用包夹控制制度管理此类罪犯。

2. 选用罪犯组长

罪犯组长是指监区从罪犯中选用的，主要负责罪犯劳动分工、产品质量检验等事务性工作的罪犯。

（1）选用组长的条件：①认罪服法，接受改造，学习认真，劳动积极，能圆满完成生产任务，并有一技之长。②情绪稳定，改造表现一贯良好，能自觉遵守监规纪律，以身作则。③能积极主动向监狱警察反映罪犯劳动真实情况，敢于同违反劳动纪律和劳动操作规程的行为作斗争。④办事公正、认真负责，在罪犯中有一定威信和组织能力。⑤一般选用服刑1年以上的普通刑事犯、过失犯、偶犯或初犯。

危安犯、顽固犯、危险犯、累犯类罪犯不宜选为罪犯组长。

罪犯组长必须在监狱警察直接领导下，负责管理本组事务。基本任务是对本组的罪犯进行合理分配劳动任务、领料、验收产品、交付产品、维持劳动秩序、记录罪犯完成劳动任务情况等。

（2）罪犯组长的主要任务：①管理本组罪犯劳动、学习、生活卫生等事务。②维护监规纪律，对罪犯中违反监规纪律行为和又犯罪行为，及时进行劝阻、制止，并及时向监狱警察报告真实情况。③负责对本组罪犯考勤和改造表现进行记录。④认真传达、执行监狱警察指示，积极完成监狱警察交给的其他改造任务。

（3）选用罪犯组长的程序：选用罪犯组长由监区责任警察严格依照条件作出提名，经分监区会议集体研究决定。在使用当中，监区责任警察应当对罪犯组

长加强管理和教育，使罪犯组长积极发挥辅助作用。

（4）对罪犯组长的管理要求：①管理罪犯的职权应当由监区责任警察亲自行使，不能交给或变相交给罪犯组长及其他罪犯行使。罪犯组长必须在监区责任警察严格掌控和指挥下完成指定任务，不得单独行动，不得擅自处理问题。②监区责任警察要及时、准确掌握罪犯组长思想动态，防止他们欺压他犯、严防脱管或发生其他事故。③监区责任警察对罪犯组长应当经常考核，并定期或不定期地进行培训，发现重大问题及时撤换。对利用其身份进行违法、违规、违纪活动的应当严厉处罚。

3. 选用安全生产员

安全生产员是指监区从罪犯中选用的，主要负责罪犯劳动生产安全讲解、布置、监督、检查等工作的罪犯。

（1）选用安全生产员的条件：①认罪服法，接受改造，学习认真，工作积极，能完成任务，并掌握安全生产知识和实际操作经验。②情绪稳定，改造表现一贯好，能自觉遵守监规纪律，以身作则。③能积极主动向监狱人民警察反映罪犯劳动生产安全真实情况，敢于同违反劳动纪律和劳动操作规程行为作斗争。④办事公正，认真负责，在罪犯中有一定威信和工作能力。⑤一般选用服刑 1 年以上的普通刑事犯、过失犯、偶犯或初犯。

危安犯、顽固犯、危险犯、累犯类罪犯不宜选为安全生产员。

（2）安全生产员的主要任务：安全生产员必须在监狱警察直接领导下，负责管理本监区（分监区）安全生产事务。主要任务是本监区（分监区）安全生产知识讲解、落实安全生产要求、维持劳动纪律、严格执行安全生产操作规程等任务。

（3）选用安全生产员的程序：选用安全生产员由监区责任警察严格依照条件作出提名，经分监区会议集体研究决定。在使用过程中，监区责任警察应当对安全生产员加强管理和教育，使安全生产员积极发挥辅助作用。

（4）安全生产员的管理要求：①管理罪犯的职权应当由监区责任警察亲自行使，不能交给或变相交给安全生产员去行使，安全生产员必须在监区责任警察严格掌控和指挥下完成指定的任务，不得单独行动，不得擅自处理问题。②监区责任警察要及时准确掌握安全生产员思想动态，防止欺压他犯，严防脱管或发生其他事故。③监区责任警察对安全生产员应当经常考核，并定期或不定期进行集（培）训，发现重大问题，随时撤换，对利用其身份进行违法违规违纪活动的应当严厉打击。

4. 调动和使用罪犯积极力量

为了保证现场管理规范、有效，在监区警察数量少的情况下，监区可以调动和使用罪犯中的积极力量为监狱所用，帮助警察开展多项现场活动，抑制和消除罪犯消极力量。调动和使用罪犯积极力量，主要是指监区警察使用按照一定条件设立的罪犯互监小组、罪犯监督员、罪犯改造积极分子委员会、“盆长”等从事劳动、学习、生活记录，分发饭菜，维持罪犯现场秩序，及时制止其他罪犯在劳动、生活、学习现场违规违纪行为等事务性工作的罪犯，帮助监区警察处理一些事务性、服务性工作，发现和制止违法犯罪行为，报告罪犯相关信息，发挥其积极带头作用，带动其他罪犯积极改造，完成劳动、学习任务，进行正常服刑生活。

（1）罪犯互监小组。罪犯互监小组是指监区为了加强现场管理，控制、约束罪犯，将罪犯按改造表现得好、中、差，参考犯罪类型分类搭配，由 3～5 名同监区罪犯组成的小组。在罪犯互监小组中，通过互相监督、互相帮助、互相学习、共同生活、共同劳动，防止罪犯脱离警察监控，起到预防和减少狱内违法犯罪、违规、违纪行为的发生，确保现场管理有效实施，保证监狱现场安全稳定。

罪犯互监小组成员之间实行“五同”“五固定”制度。所谓“五同”，即同在一起学习，互相帮助，共同提高；同在一起劳动，互相督促，开展竞赛；同在一起生活，互相照顾，协助解决实际困难；同在一起活动，互相监督，遵守监规纪律；同在一起休息，互相制约，防止单独行动。所谓“五固定”，即睡觉铺位固定；学习座位固定；列队位置固定；劳动岗位固定；就餐桌位固定。罪犯互监小组成员之间通过实行“五同”“五固定”制度，规范罪犯行为，实现现场管理协调统一组织、指挥、控制。

（2）罪犯监督员。罪犯监督员是指由监区警察直接指定，帮助管理监舍的警察（值班）督促罪犯遵纪守规、按时作息、打扫室内卫生、整理内务、及时报告监舍内各类信息，并制止监舍内发生各类不良事件的罪犯。罪犯监督员的主要任务是协助管理监舍警察（值班）落实罪犯监舍监规纪律和监管制度。

选用罪犯监督员的条件：①认罪服法，积极改造，遵守监规纪律，敢于管理，敢于揭发和制止违纪违法行为。②能够向警察反映真实情况，服从管理，听从指挥。③讲究文明礼貌，经常保持个人卫生。④具有一定的办事能力，在改造中起带头作用，在罪犯中有一定威信。⑤宜选用服刑 1 年以上的普通刑事犯、职务犯、过失犯、偶犯为值星员。

危安犯、顽固犯、危险犯、累犯类罪犯不宜选为罪犯值星员。

罪犯值星员的管理要求：①服从命令，听从指挥，不搞特殊化。②认真完成警察交给的各项任务，不弄虚作假，欺骗警察。③办事公道，不准利用管理之便打击、报复其他罪犯。④纠正罪犯违纪行为时，要按章办事，不准打骂、体罚违规罪犯。⑤坚守岗位，不准脱岗或从事与责任无关的活动。⑥不准利用方便条件给他犯捎信、传送违禁品。⑦遵守监规，以身作则，不得以任何形式欺压其他罪犯。在对罪犯值星员的使用过程中，要经常进行考察、教育，一旦发生问题要及时撤换。

（3）罪犯改造积极分子委员会。罪犯改造积极分子委员会（以下简称积委会），是指在监区警察领导下，由罪犯选举产生，协助监区警察组织罪犯学习、维护监规纪律、生活卫生、完成生产任务的罪犯自治管理组织。积委会一般以监区或分监区为单位建立，由本年度监区或分监区全体罪犯以公开无记名投票形式选出。一般由5~7名罪犯组成，设主任、副主任各1人，下设纪律检查、学习教育宣传、生活卫生、文体娱乐等委员，负责相应的管理事务工作。

积委会成员的条件：①认罪服法，接受改造，积极主动完成任务。②情绪稳定，改造表现一贯好，能自觉遵守监规纪律，以身作则。③能积极主动向监狱警察反映罪犯劳动、学习、生活现场真实情况，敢于同违法违纪行为作斗争。④办事公正，认真负责，在罪犯中有一定威信和组织能力，并有一定特长。⑤一般选用服刑2年以上的普通刑事犯、过失犯、偶犯、初犯或职务犯。

危安犯、顽固犯、危险犯、累犯类罪犯不宜选为积委会成员。

积委会成员必须在监区警察直接领导下，负责管理本监区罪犯事务。积委会组成成员由本监区罪犯选举产生后，由分监区或监区区务会研究批准，报狱政科备案。每年一届，可连选连任。

积委会的任务：①在监区民警领导下，协助维护监规纪律，看护现场重点部位，及时制止违规违纪行为。②协助监区民警搞好罪犯劳动、学习、饮食、卫生和文体活动。③带动罪犯积极劳动，努力完成生产任务。④定期召开委员会会议，对学习、生产、纪律、生活卫生等情况进行总结，并部署下一步改造任务。

积委会的管理要求：①服从命令，听从指挥，不搞特殊化，办事公正。②认真完成警察交给的各项任务，不得弄虚作假，欺骗警察。③办事公道，不准利用管理之便打击、报复其他罪犯。④纠正罪犯违纪行为时，要按章办事，不准打骂、体罚违规罪犯。⑤坚守岗位，不准脱岗或从事与责任无关的活动。⑥禁止利用方便条件给他犯捎信、传送违禁品。⑦遵守监规，以身作则，禁止以任何形式欺压其他罪犯。在对积委会的使用过程中，要经常进行考察、教育，一旦发生问题要及时撤换。

（4）“盆长”。“盆长”是指监区为保证罪犯分发饭菜公正，由监区责任警察指定责任心强的罪犯在开饭时给罪犯分发饭菜的事务性罪犯。“盆长”由责任警察直接管理。就餐罪犯每桌选配1名“盆长”。“盆长”可以由罪犯轮流担任。“盆长”必须由责任心强，办事公正的罪犯担任。顽危犯不得担任“盆长”。

（四）严格执行现场管理规范

当前，规范罪犯现场管理的法规主要有《监狱法》、《监狱服刑人员行为规范》、《监管改造环境规范》和各省、市、区监狱管理局结合当地罪犯现场管理实际制定的相关规定。如《罪犯劳动现场管理制度》《罪犯学习现场管理制度》《罪犯就餐现场管理制度》等。

1. 贯彻落实《监狱法》

《监狱法》是监狱实施现场管理工作的法律依据，《监狱法》第4章第5节对罪犯生活现场作了具体规定：罪犯的生活标准按实物量计算，由国家规定；罪犯的被服由监狱统一配发；对少数民族罪犯的特殊生活习惯，应当予以照顾；罪犯居住的监舍应当坚固、通风、透光、清洁、保暖；监狱应当设立医疗机构和生活、卫生设施，建立罪犯生活、卫生制度；罪犯的医疗保健列入监狱所在地区的卫生、防疫计划。

2. 贯彻落实《监狱服刑人员行为规范》

《监狱服刑人员行为规范》对罪犯劳动、学习、生活现场行为规范作了明确规定，哪些行为可为，哪些行为禁止，都有明确规定。这是监狱警察实施现场管理的直接规定，监狱警察要严格落实。

3. 贯彻落实《监管改造环境规范》

《监管改造环境规范》是罪犯劳动、学习、生活现场的基础硬件规范，监狱警察在实施罪犯现场管理工作中，结合本单位实际，切实做好罪犯劳动、学习、生活现场的环境建设，为罪犯现场管理的有效实施奠定了基础。

4. 贯彻落实当地监狱管理局制定的现场管理规章制度

当地监狱管理局制定的现场管理规章制度是监狱警察实施罪犯现场管理的具体制度。由于全国各地监狱存在差异，因地制宜贯彻落实当地现场管理制度，更有利于罪犯现场管理工作的开展。

（五）警察巡视管理

在现场管理工作中，警察巡视管理是最直接、最适用的管理方法。警察巡视管理是指监区警察直接在罪犯劳动、学习、生活等现场，着装整齐，佩戴单警装备、报警设备和通信设备来回走动巡视巡察，发现问题及时处理的管理方法。其任务是严格落实罪犯劳动、学习、生活现场的各项规章制度及时处置罪犯劳动、学习、生活现场发生的各类事件，确保罪犯劳动、学习、生活现场的安全稳定，顺利实现刑罚。要求至少每隔30分钟巡视巡察1次。

（六）定置管理

定置管理包括警察定置管理和罪犯定置管理。警察定置管理是指将从事罪犯劳动、学习、生活等现场管理的责任警察统一固定工作岗位或位置，组织、指挥、监督、控制罪犯劳动、学习、生活的一种管理方法。罪犯定置管理是指将罪犯在劳动、学习、生活等现场的岗位、位置予以固定，便于警察管理的方法。定置管理也是罪犯现场管理的重要方法之一，作用在于稳定罪犯现场秩序，做到有序、稳定、安全、便捷管理罪犯现场。

（七）利用监控技术设施管理

利用监控技术设施管理是指监区警察充分利用罪犯现场安装的电子监视设备，对罪犯现场监视、监听、控制的管理方法。利用监控技术设施管理就是充分发挥“电子眼”的作用，对罪犯劳动现场实施监控。

第二节　劳动现场管理

一、劳动现场管理概述

《监狱法》第4条规定：“监狱对罪犯应当依法监管，根据改造罪犯的需要，组织罪犯从事生产劳动，对罪犯进行思想教育、文化教育、技术教育。”第8条第2款规定：“国家提供罪犯劳动必需的生产设施和生产经费。”第69条规定，“有劳动能力的罪犯，必须参加劳动”。

同时，根据相关法律法规规定，罪犯有下列情形之一的，可以不参加劳动：(1) 已经丧失劳动能力的，不参加劳动。(2) 身体有病，经监狱医生诊断认为需要休息和治疗，并经主管警察批准，在患病期间不参加劳动。(3) 有其他特殊情况经批准的罪犯，可以暂不参加劳动。

监狱通过组织罪犯劳动实现刑罚，罪犯通过劳动渡过刑期。劳动是改造罪犯的重要手段之一，因此，有罪犯劳动，就有劳动现场，就有劳动现场管理。劳动现场是罪犯的主要活动场所之一，劳动现场管理是狱政管理的重要组成部分，做好劳动现场管理有着极其重要的意义。

（一）劳动现场管理的意义

1. 做好劳动现场管理，实现劳动改造罪犯

罪犯犯罪的原因之一是好逸恶劳，怕苦怕累，习惯于通过非法手段不劳而获。通过劳动，让罪犯深刻认识到劳动能够获得财富，劳动能够让人身心健康。监狱警察通过对劳动现场的有效管理，实现改造罪犯，执行刑罚。

2. 做好劳动现场管理，培养罪犯劳动习惯，形成良好行为习惯

由于罪犯的懒、缓、散，通过劳动培养罪犯形成良好的行为习惯，养成劳动习惯。监狱警察通过对劳动现场的有效管理，矫正罪犯不良行为和恶习。

3. 做好劳动现场管理，让罪犯通过参加劳动，在劳动岗位上获得劳动技能，

提高就业能力，为罪犯刑满回归社会、不再犯罪奠定基础。监狱警察通过对劳动现场的有效管理，提高教育改造质量。

（二）劳动现场和劳动现场管理

劳动现场是指罪犯在服刑期间，监狱为了矫正罪犯，让罪犯通过劳动学会生产技能并为释放后就业创造条件，依法设置的劳动场地。罪犯劳动现场的作用是矫正恶习，养成劳动习惯，学会生产技能并为释放后就业创造条件。劳动现场所需要生产设施和生产经费由国家提供。劳动现场主要分为工业生产劳动现场和农牧业劳动现场。

劳动现场管理是指监区警察依法对罪犯劳动现场实施的组织、监控、指挥活动。做好劳动现场管理是实现监狱矫正罪犯、安全生产，让罪犯学会一技之长的前提和基础。

二、劳动现场管理的实施

（一）劳动现场警力配置

劳动现场警力配置是指监狱根据劳动现场实际情况和参加劳动罪犯人数，合理配置值勤警察。工业劳动现场警力配置是在现代工业厂房劳动场地内，根据参加罪犯劳动人数配置，现场管理责任警察不少于参加劳动罪犯人数的3%。劳动现场比较复杂的，根据具体情况适当增加警力。农牧业劳动现场警力配置是在视野比较开阔的田地劳动，除有武警担任警戒任务外，劳动现场管理的警察不少于参加劳动罪犯人数的4%。地形比较复杂的作业地域，根据实际情况增加警力。

（二）劳动岗位安排

劳动岗位安排，由监狱狱政管理部门根据罪犯分押、分管、分教要求和各监区不同生产项目要求，将罪犯分押在不同监区，然后各监区根据罪犯文化程度、身体健康状况、犯罪前从事职业和劳动技能等情况，结合监区生产项目需要安排合适的劳动岗位。

根据相关法规制度规定，禁止罪犯从事下列工作：(1) 禁止带领罪犯出工、收工、点名。(2) 禁止采购物资、联系生产业务、洽谈生意、签订合同及其他经营活动。(3) 禁止驾驶机动车辆（生产用叉车、挖掘装载车、生活用电瓶车等除外）。(4) 禁止看管仓库、变电室、广播室、水源。(5) 禁止看管禁闭室。(6) 禁止办理案件。(7) 禁止检查其他罪犯信件、物品以及来监探视罪犯亲属携带的物品。(8) 禁止整理、抄写、保管有关管教工作方面的材料和其他机密材料。

（三）出工、收工管理

罪犯出工、收工是罪犯进出劳动现场的必经程序。

1. 出工程序

（1）监区带工警察与值班警察共同组织出工罪犯整队集合，清点人数、清查人身，检查罪犯是否按规定着装。

（2）值班警察向带工警察进行交接登记。

（3）罪犯因病不能参加劳动、确需休息的，应当凭医院（卫生所）出具的证明向值班警察请假，得到批准后方可留在监舍休息。

（4）在罪犯出工途中，带工警察应当位于罪犯队列左后侧带队行进，保持队列整齐、口号响亮、精神饱满。

（5）途经罪犯生活区大门时带工警察应当主动配合罪犯生活区门卫值班警察清点罪犯人数，清查人身，做好登记工作。

2. 收工程序

（1）带工警察于罪犯下班前10分钟拉响收工铃，让罪犯停止工作，做收工准备。

（2）罪犯停止工作后，带工警察应当全面检查罪犯劳动生产任务完成情况，收缴劳动工具，切断电源，打扫劳动现场卫生。

（3）集合整队，清点人数，进行队前劳动生产讲评。讲评的内容是罪犯在劳动生产中遵守纪律情况、生产任务完成情况、产品质量状况、安全生产情况，并针对当天劳动生产具体情况进行表扬或批评。

（4）带工警察收工带队返回监舍程序与出工程序相同。

（四）劳动作业现场管理

劳动作业现场是指罪犯劳动生产作业的具体场地。值勤警察将罪犯带到劳动生产作业现场时，首先布置劳动生产任务，提出具体劳动要求，进行岗前安全生产教育并发放劳动工具；其次在罪犯作业现场来回巡视，指挥罪犯生产作业，检查生产情况，维持劳动现场纪律，及时处置劳动作业现场发生的各类事件，对罪犯互监小组进行监督，每半小时点名1次。属于定置管理的责任警察应当坚守岗位，管理罪犯劳动作业现场。

对于有毒、严重污染、粉尘劳动作业现场，要严格按照劳动保护要求组织罪犯进行作业。

对于进出罪犯劳动作业现场的外来工作人员和车辆，由劳动现场责任警察负责带进带出。

罪犯野外劳动作业现场管理，由监区值勤警察将罪犯带到劳动作业现场后，应当迅速布置警戒，插好警戒标志。设置劳动作业现场外围监督岗（一般由表现较好，有责任心的罪犯从事），以对角夹控为宜。外围劳动作业现场边缘地段或地形复杂区域应当增加监督岗人数。随着罪犯劳动作业现场的移动，警戒设置、监督岗也相应移动。罪犯在高杆作业区域劳动时，要按标准设置瞭望哨位（由责任警察担任）。野外劳动作业现场应当尽可能集中，以块状整体推进。流动性劳动作业必须有 3 人以上互监小组集体行动，相距不得超过 10 米，并保证有 1 名罪犯组长随行，禁止罪犯单独作业。

（五）特殊劳动作业现场管理

特殊劳动作业现场是指监狱因生产需要安排罪犯从事夜间加班作业、零星分散劳动（劳务）等特殊作业现场。

1. 夜间加班作业现场管理

由于监狱的特殊性，原则上不许夜间组织罪犯加班劳动。因监狱劳动项目特殊需要，必须组织罪犯夜间加班劳动生产，由监区夜间值勤警察具体组织实施，同时配备足够警力，原则上不少于参加劳动生产罪犯总人数的 4%。其管理方法和内容与正常劳动作业现场管理相同。禁止夜间值勤警察擅自离岗或睡觉。组织罪犯夜间加班劳动生产必须经主管监狱长批准，原则上于夜间 11 时前收工。

2. 零星分散劳动现场管理

罪犯零星分散劳动现场是指监狱因生产、生活特殊需要选派改造表现较好，认真负责，无服刑危险的罪犯从事看护、司炉、养殖、自种自养副食品等服务性工作的作业场所。罪犯零星分散劳动作业现场管理，必须由各监区责任警察亲自组织、监督、控制罪犯。对罪犯讲明监规纪律、劳动任务以及禁止实施的行为，防止罪犯发生脱逃等狱内案件。管理的内容、方法和要求与正常劳动作业现场管理相同。对于长期从事零星分散劳动作业的罪犯可以实行定期轮换制，发现有违规行为的立即撤换。

第三节　学习现场管理

一、学习现场管理概述

《监狱法》第 5 章对罪犯教育改造作了明确规定。第 62 条中规定，监狱应当对罪犯进行法制、道德、形势、政策、前途等内容的思想教育。第 63 条规定，监狱应当根据不同情况，对罪犯进行扫盲教育、初等教育和初级中等教育，经考试合格的，由教育部门发给相应的学业证书。第 64 条规定，监狱应当根据监狱生产和罪犯释放后就业的需要，对罪犯进行职业技术教育，经考核合格的，由劳动部门发给相应的技术等级证书。第 65 条规定，监狱鼓励罪犯自学，经考试合格的，由有关部门发给相应的证书。第66条规定，罪犯的文化和职业技术教育，应当列入所在地区教育规划。监狱应当设立教室、图书阅览室等必要的教育设施。第67条规定，监狱应当组织罪犯开展适当的体育活动和文化娱乐活动。第68条规定，国家机关、社会团体、部队、企业事业单位和社会各界人士以及罪犯的亲属，应当协助监狱做好对罪犯的教育改造工作。司法部监狱管理局统一组织起草修订出版了《罪犯文化教育》《心理健康教育》《公民道德教育》《入出监教育》《法律常识教育》等教材，初步构建了罪犯教育改造的教材体系，编写了教学大纲，建立了题库，统一教学内容，统一考核，进一步规范了教育的内容。

监狱通过组织罪犯学习教育，矫正罪犯不良行为，提高罪犯认知能力，实现改造罪犯目的。罪犯通过参加学习，接受教育，培养良好品德行为，出狱后不再重新犯罪。教育学习是改造罪犯的重要手段之一，因此，有罪犯教育学习，就有学习现场，就有学习现场管理。学习现场是罪犯在监狱内接受教育改造的主要场所，学习现场管理是狱政管理的重要组成部分。因此，做好学习现场管理有着极其重要的意义。

（一）学习现场管理的意义

1. 通过学习现场管理，实现教育改造罪犯

大多数罪犯犯罪原因之一是没有接受良好的家庭、学校和社会教育，自我认知能力较差，自我控制能力较差。通过学习，让罪犯深刻认识到学习的重要性，学习能够让人提高认知能力和明辨是非的能力，身心健康。监狱警察通过对学习现场有效管理，实现教育改造罪犯，执行刑罚。

2. 通过学习现场管理，培养罪犯学习习惯，矫正不良行为和恶习

由于多数罪犯在社会上接受的家庭、学校和社会教育较少，养成诸多恶习和不良行为，文化程度低、自律能力差、法律意识淡薄，通过监狱组织罪犯教育学习，培养罪犯形成良好行为习惯、养成学习习惯、提高文化程度、学习法律、增强自律能力。监狱警察通过对学习现场的有效管理，矫正罪犯不良行为和恶习。

3. 通过学习现场管理，让罪犯通过参加学习教育，特别是通过学习职业技能，提高就业能力，为罪犯刑满回归社会后不再犯罪奠定基础。监狱警察通过对学习现场的有效管理，提高教育改造质量和水平，使服刑人员达到政治过关、心理健康、具有一定职业技能守法公民的标准，顺利回归社会。

（二）学习现场和学习现场管理

学习现场是指监狱对罪犯实施思想、文化、技术教育的场所以及用于罪犯学习的其他场所。学习现场包括教室，图书阅览室，实验实习场所，电教中心，听报告、看电影的露天场所或礼堂，罪犯自学场所，进行个别教育场所等。

学习现场管理是指监区警察对罪犯学习现场进行的组织、指挥、控制、监

督、约束的活动。做好罪犯学习现场管理是做好罪犯教育改造工作，提高教育改造质量的前提和基础，也是对参加学习的罪犯进行行为矫正的有效手段之一。

二、学习现场管理的实施

（一）学习现场警力配置

学习现场警力配置根据罪犯学习现场具体情况的不同，配备相应警察。50人以内的教学现场配备1名责任警察管理；50～100人的学习教育现场配备2名责任警察管理。以此类推，根据相应学习人数配备相应警力。罪犯学习现场管理警察原则上由监狱罪犯教育管理部门警察担任，各监区责任警察配合实施。

（二）交接参加学习教育的罪犯

由各监区责任警察将参加学习教育的罪犯带到指定教学现场，与组织罪犯学习的教育管理部门值勤警察进行人员交接、登记、签字确认，并清点人数。

（三）学习课堂（实训）现场管理

学习课堂现场是指专门对罪犯进行课堂教学的场所，即教室。教室一般都设在狱内。监狱应当将教室建设的坚固、通风、采光好，照明灯具、课桌、板凳、讲台、黑板等教学设施应当配备齐全，教室布置文明、整洁，门窗、玻璃应安装防护设施。教室内要张贴一些规章制度、名言、警句、书画或有教育意义的艺术作品。同时，保持教室内卫生清洁。

管理教室的责任警察应当根据实际情况，建立健全各项规章制度，如教学管理制度、课堂学习守则、考勤制度、学籍管理制度、实验室管理制度、电教设备使用管理制度、作息制度、卫生值日制度等。

管理教室责任警察应当对参加课堂现场学习的罪犯进行考核管理，有效控制教学现场秩序。分配座位时，根据罪犯视力状况、身高和课堂表现等因素合理分配。负责授课的警察应当维护课堂现场秩序。外聘教师或罪犯担任文化课或技术教员的课堂现场秩序，由负责课堂现场管理责任警察直接管理。上课教师应当对课堂上违规、违纪的罪犯及时制止、批评、教育，做好记录，及时向责任警察反映，必要时可以停课整顿。

罪犯实训现场管理参照课堂现场管理实施，管理实训现场的责任警察应当特别注意实训现场安全，不得发生事故。参加实训的罪犯应当节约材料，不得浪费。

（四）上、下课管理

上课前，要求罪犯带上相关书籍和学习用具，迅速到指定地点集合，在监区警察带领下，列队进入教室，按顺序到指定座位就座，做好课前准备并保持安静。若与教师同时进入教室，要让教师先行。罪犯迟到，应先喊“报告”，经教师允许后方可进入教室。

上、下课时，教师要喊“起立”，全体罪犯应迅速起立，立正站好，向教师行注目礼。教师回礼后，喊“坐下”，开始上课或下课。下课后，应当让教师先走，罪犯随后依次走出教室，在指定地点列队报数，由监区警察带回监舍。

罪犯上课时应当着装整齐、坐姿端正，不准脱鞋、跷腿，不准穿背心、短裤，不准赤膊光脚，不准穿拖鞋；遵守课堂纪律，注意听讲，认真记录，有疑问时要举手示意，得到允许后再起立发问或说明。上课时不准看与课程无关的书刊、报纸，不准乱写乱画，不准交头接耳、随意说笑，不准睡觉，不准抽烟，不准乱丢垃圾、随地吐痰，不准上厕所，不得传递物品、随意走动，不得喝水、吃食物或做其他妨碍课堂教学的动作。违者将按照罪犯奖惩规定予以处罚。

教师课堂提问时，罪犯应起立，认真回答。回答完毕，经教师同意后，方可坐下。罪犯对教师工作有意见时，应在课后向教师本人或管理人员提出，不得顶撞、辱骂、殴打老师。违者将按照罪犯奖惩规定予以处罚。课后，要认真复习，按时独立完成作业。

（五）集体学习现场管理

集体学习现场是指监狱组织罪犯集体参加专题教育、专门会议、听报告讲座、看文艺演出、看电影电视等活动的场所。

集体学习现场管理是指从事罪犯教育学习管理的责任警察对罪犯集体学习现场实施组织、指挥、监督、控制的活动。做好罪犯集体学习现场的管理，能够保证监狱对罪犯集体教育工作顺利开展，对培养罪犯集体主义观念有着重要作用。

监狱组织罪犯听报告、听讲座、看文艺演出、看电影等大型集体学习教育活动时，应当根据现场环境、罪犯人数划定警戒区域、划定座位区域。以监区或分监区为单位，在值勤警察带领下，清点人数，列队进入指定地点。集体学习活动开始前，向罪犯宣布会场纪律和注意事项。集体学习活动结束后，再列队有序退出。在集体学习活动过程中，各监区、分监区及监狱教育部门组织活动的责任警察要始终在现场实施监督，密切注意罪犯动向，把住出入口，及时处理异常情况。

监狱组织罪犯进行中、小规模思想教育、专题教育等集体性学习教育活动，可在监区、分监区场所进行。具体管理方法和措施与监狱组织罪犯集体学习现场管理方法措施相同。

罪犯参加集体学习，要服从管理、听从指挥。不得说话、起哄，不得吵架打架，不得丢弃垃圾，不得随意走动。违者将按照罪犯奖惩规定予以处罚。

罪犯在集体学习现场衣冠整齐，坐姿端正，认真听讲、观看，做好笔记。学习结束后，各监区警察要组织罪犯积极参加讨论，写出总结，努力提高思想认识。

（六）图书室、阅览室管理

图书室、阅览室是罪犯查阅图书资料、自学文化知识的场所。图书室、阅览室，一般以监区为单位建立，监狱应当建立图书馆、阅览室和电子阅览室，同时与社会图书馆建立流动图书借阅点。图书室、阅览室有条件的可以配备打印、复印设备。监狱建立的图书室、阅览室应当由专职责任警察直接管理，做好书刊资料订购工作，立架分类存放，张贴、悬挂格言、警句和英雄模范人物肖像。妥善保管资料，建立借阅登记制度，按规定时间开放，并负责对罪犯监控管理。图书室、阅览室规模较大的可以安排罪犯协助进行管理。图书馆、阅览室应当配有书柜、书架、报架、桌椅等硬件设施。

监狱鼓励罪犯自学。监狱应当为参加自学考试的罪犯提供时间、场所、书籍资料以及代为办理相关报名手续、提供参加考试的便利条件。

罪犯借阅图书或在阅览室学习要遵守作息时间，借阅书籍报刊等资料时，按规定办理借阅手续，爱护书刊资料，不准折页、裁剪、圈点、涂写、勾画，阅读完毕后应放回原处或及时归还，离开时放好桌椅。不得书写与所学内容无关的东西，不得利用监狱给予的自学便利条件从事违法犯罪活动，不得以自学为借口违反监狱正常管理、教育活动和生产劳动。

罪犯还应当遵守其他相关学习规定。

第四节 生活现场管理

一、生活现场管理概述

《监狱法》第4章第5节对罪犯生活、卫生作了明确规定。第50条规定，罪犯的生活标准按实物量计算，由国家规定。第51条规定，罪犯的被服由监狱统一配发。第52条规定，对少数民族罪犯的特殊生活习惯，应当予以照顾。第53条规定，罪犯居住的监舍应当坚固、通风、透光、清洁、保暖。第54条规定，监狱应当设立医疗机构和生活、卫生设施，建立罪犯生活、卫生制度。罪犯的医疗保健列入监狱所在地区的卫生、防疫计划。第55条规定，罪犯在服刑期间死亡的，监狱应当立即通知罪犯家属和人民检察院、人民法院。罪犯因病死亡的，由监狱作出医疗鉴定。人民检察院对监狱的医疗鉴定有疑义的，可以重新对死亡原因作出鉴定。罪犯家属有疑义的，可以向人民检察院提出。罪犯非正常死亡的，人民检察院应当立即检验，对死亡原因作出鉴定。

监狱为罪犯提供必需的生活卫生保障，保障罪犯人权，实行人道主义，为执行刑罚提供有力物质保障。同时，做好罪犯生活卫生工作，有利于矫正罪犯不良生活卫生习惯。罪犯服刑的主要活动场所就是生活现场，生活现场管理也是狱政管理的重要组成部分。因此，做好生活现场管理有着极其重要的意义。

（一）生活现场管理的意义

1. 通过生活现场管理，为罪犯服刑提供有力物质保障

为保证刑罚顺利执行，监狱必须为罪犯提供必要的物质生活保障，保证罪犯身体健康，实现刑罚目的。

2. 通过生活现场管理，培养罪犯良好生活卫生习惯，矫正不良生活卫生恶习

由于多数罪犯在社会上自由散漫、无拘无束，形成诸多生活卫生恶习，监狱警察可以通过有效的生活现场管理，实现矫正罪犯恶习的目的。

3. 通过生活现场管理，让罪犯有病得到及时医治，保障罪犯身体健康

生活现场管理为劳动改造罪犯奠定基础。监狱警察通过有效的生活现场管理，为罪犯改造提供良好的监狱环境，确保罪犯身心健康，实现人道主义。

（二）生活现场

生活现场是指罪犯居住、就餐、洗漱、清洁个人卫生、疾病防治的场所。包括监舍、食堂、餐厅、卫生间、洗漱室、浴室、理发室、医院（卫生所）、防疫站。罪犯生活现场是罪犯在监狱服刑的主要生活场所。

（三）生活现场管理

生活现场管理是指负责生活现场管理责任警察对罪犯居住、就餐、洗漱、清洁个人卫生、疾病防治的场所进行有组织、指挥、监控、监督的活动。做好罪犯生活现场管理是保证刑罚顺利执行的前提和基础，是建立良好监管秩序的有效手段。通过有序的罪犯生活卫生行为养成，能够矫正罪犯不良好行为和培养罪犯良好卫生习惯，有益罪犯身心健康。

二、生活现场管理的实施

（一）居住现场管理

居住现场是指监狱为保证刑罚执行而给罪犯提供的居住寝室和相关生活场地，主要是指罪犯居住的监舍。罪犯监舍采用楼房式或平房式。罪犯居住的监舍应当坚固、通风、透光、清洁、保暖。在同一监狱内，各监区罪犯居住监舍应当隔离，防止罪犯串监。每间监舍居住人数不得超过 20 人，人均居住建筑面积不得少于 3 平方米。每个罪犯床铺固定。

居住现场包括寝室、洗漱室、厕所、储藏室等。应当设有活动区、宣传教育栏（板）、晾晒场。罪犯居住现场应当做到场院平整、道路畅通无障碍、卫生清洁、防火、防漏、防潮、防蚊蝇，保证供水、供电、供暖，环境美化。

寝室内设有床铺、桌椅、板凳、照明设施，配有卫生工具。室内应当通风、透光、清洁、保暖、无异味、整齐划一。墙壁没有污物，张贴、悬挂物品及其内容应当统一规定，不许乱贴乱画、乱摆乱挂物品，保证室内生活设施设备物品完好、整洁，不得损坏。搞好室内地面、屋顶、墙面、灯具、桌椅板凳、玻璃、门窗、马桶、盛装饭菜的工具、室外走廊、楼梯、卫生间、储藏室、会议室、厕所、水房、盥洗间、垃圾桶等物品的卫生清洁。不准乱堆乱放杂物。

居住现场的门、窗、楼房外侧走廊、楼梯等都要安装安全防护设施，确保罪犯安全。安全防护设施定期油漆，墙壁定期粉刷，相关设施设备要定期检修维护。谈话室、值班室必须用金属门、栅与罪犯监舍分开，安装报警装置、锁闭装置，安装通讯工具、监视摄像镜头，配备办公物品。所有门锁牢固可靠，统一型号，钥匙由警察统一掌管，按时开启和锁闭。有条件的可以安装由监控中心控制的电子房门。特殊重刑犯监狱可在监区院落上方设置金属网罩。

罪犯个人日常生活用品除正常使用外，统一由存放在储物间。

罪犯在服刑期间禁止携带和使用现金。

负责居住现场管理的警察定期或不定期对罪犯居住现场进行安全检查，发现违禁品及时处置，防止隐患。在生活现场值班警察每天坚持早、中、晚点名，及时清查居住现场罪犯人数和去向，按时督促罪犯起床、就寝、打扫室内卫生，并及时检查罪犯监舍内卫生，纠正罪犯在居住现场的不良行为，制止违法违规违纪行为。

（二）就餐现场管理

1. 罪犯伙食标准

根据财政部、司法部《关于印发在押罪犯伙食、被服实物量标准的通知》（财农字〔1995〕137号）的规定，罪犯每人每月粮食17～25千克；食油0.5～1千克；肉食1.5～2.5千克；蛋、鱼、豆制品1～2千克；蔬菜15～25千克。另外，根据财政部、司法部《关于调整监狱基本支出经费标准的通知》（财行〔2007〕28号）的规定，各地监狱可根据当地物价、居民生活水平等实际情况适当提高罪犯伙食标准。由当地财政给予补贴。

下列罪犯在生活上应当予以照顾：（1）从事化工、高温、有毒作业罪犯，可以高于一般罪犯伙食标准；（2）病犯伙食标准高于一般罪犯；（3）未成年犯正处于长身体发育期，伙食标准高于成年犯；（4）关押禁闭期间罪犯伙食供应按不参加劳动罪犯标准供应，并保证有开水供应。

2. 罪犯食堂设立、警力配备及职责、炊事人员配备

罪犯食堂应当以关押点为单位设立。关押少数民族罪犯监狱可以设立少数民族罪犯食堂。罪犯食堂由监狱生活卫生科直接管理。罪犯食堂按大、中、小型设置，押犯在1500人以上，设立大型食堂；押犯在500人至1500人的，设中型食堂；押犯在500人以下的，设立小型食堂。押犯500人以上的监狱或监区，应设立食堂分监区，并配备监区长，指导员等管理警察，建立岗位责任制。大型伙房配备警察5~8人；中型伙房配备警察3~5人；小型伙房配备警察2~3人，分监区管理警察配备最低不得少于4名。其主要职责：（1）积极开展创建“文明食堂”活动；（2）食堂分监区应建立健全各种明细账，购回粮油副食品及蔬菜应严格验质检斤；（3）按照库房管理制度，对实物妥善保管、严格出入、入库登记、定期清理，严防腐烂变质；（4）不断改进和提高炊事人员的烹饪技术，积极调剂、改善伙食，确保罪犯吃饱、吃熟、吃热、吃得卫生；（5）负责对从事炊事作业罪犯的管理教育；（6）管理从事“自种、自养、自加工”生产劳动的罪犯。

罪犯食堂可以选用有一定炊事专长、身体健康的罪犯从事炊事工作。大型食堂罪犯炊事员按就餐人数的1/30配备；中型食堂罪犯炊事员按就餐人数的1/25配备；小型食堂罪犯炊事员按就餐人数的1/20配备。

3. 开饭管理

食堂将饭菜制作完毕后，由食堂责任警察监督把饭菜装入器具送到各监区餐厅。由各监区责任警察组织罪犯开饭，首先集合罪犯列队，清点人数，然后进入就餐现场就座，由各桌“盆长”给每名罪犯分发饭菜。开饭后，责任警察应当在就餐现场来回巡视，监督罪犯就餐，及时处理就餐现场发生的各类事件。罪犯就餐时应当遵守就餐纪律，保证就餐秩序。就餐完毕后，责任警察组织罪犯打扫就餐现场卫生，清理垃圾，将剩饭剩菜集中处理。

4. 食堂卫生管理

罪犯食堂应当建立卫生制度，保持整洁，炊具定期消毒，消灭蚊蝇等虫害，防止传染病和食物中毒。

对从事炊事工作的罪犯定期进行健康检查（每年必须进行两次以上体检），并建立档案，发现传染病患者应立即调换。罪犯食堂和主、副食库，任何人不得带入农药以及其他有毒、有害、有污染的物品。监狱应当做好食品的收入、储存、制作、发放等各个环节的工作，建立食品采购验收、食品留样和索证制度，严把食品的质量关，防止食品中毒事件的发生。在食堂、监舍、劳动场所应有足够的开水供应。

实行罪犯伙食管理委员会制度，定期召开伙食管理委员会征求意见，在警察

的直接管理下，研究调剂监督罪犯伙食。罪犯伙食账目按月结算，向罪犯公布，并接受财务、纪检监察等部门的审核、监督。对病犯在生活上应当予以照顾。对少数民族罪犯，应当尊重他们的风俗习惯和民族习惯。建立罪犯保健制度，对从事高温、放射、有毒作业劳动的罪犯，要根据《劳动法》的规定，按月发给保健费。对加班劳动的罪犯应当供应加班餐。加班餐等费用计入生产成本。罪犯生活卫生物资采购供应实行向社会统一招标制。为了降低罪犯生活消费成本，提高和改善罪犯生活质量，有条件的监狱可以利用自身条件和优势开展自种、自养、自加工的“三自”工作。

（三）囚被服管理

罪犯服刑期间一律着统一制式囚服，佩戴胸牌。罪犯被服供应本着御寒护体、厉行节约、整齐清洁和便于识别的原则，按国家规定标准和样式统一配发。罪犯囚服式样见司法部有关规定。

监狱生活卫生科应当由专职警察负责罪犯囚被服管理。囚服被服管理依据罪犯入监年限编制囚被服发放计划，制作囚服发放卡，按照有关规定进行发放，教育罪犯及时清洗、修补囚被服。囚被服实行收旧换新制度。制式囚被服生产计划年初由监狱局统一下达。为确保囚被服生产质量和降低成本，制式囚服面料、辅料应进行统一招标采购。罪犯囚被服经费统一管理使用。罪犯囚被服经费，由各监狱在年初上报监狱管理局囚被服计划时，按罪犯囚被服费用标准预交，囚被服发放后再统一结算。为保证罪犯着装统一，促进罪犯改造，维护罪犯合法权益，监狱不得以任何理由截留、挪用罪犯囚被服专项经费，不得在囚经费中开支不属于囚被服范围的罪犯其他生活物资费用。制式囚被服实行定点制作，由监狱管理局下达计划交由定点单位制作。罪犯出监时必须将监狱配发的囚被服上交。故意损坏的，依据囚被服新旧程度和使用年限适当赔偿。

（四）医疗卫生防疫管理

1. 监狱医院设置

监狱应设置医院或卫生所，监区设卫生员或保健员。

监狱医院规模根据实际需要确定，应设立内科、外科、传染科和门诊室。医疗技术人员配备、医疗器械配备，根据国家卫生和健康委员会对相应医院规定，以及《医疗机构管理条例》规定比例，按医院《医疗机构执业许可证》核定规模和床位配备，分步实施，逐步配齐。医疗技术人员不足的，可选用具有一定学历和临床经验罪犯和从事过护理的罪犯。要求罪犯护理员必须经过短期培训，持证上岗。

监狱卫生所可设置若干简易病床，具备基本、常用的医疗检查器械，配备专职医务人员，不允许全部使用犯医。

2. 监狱医院医务人员的配备

监狱医院应当根据医院功能科室设置而配备相应警察医务工作人员。

3. 监狱医院管理

监狱医院应当由监狱医务警察负责管理，具体管理模式可以参照当地社会相同规模医院管理模式。与社会医院管理的区别在于，监狱医院具有强制性。

4. 罪犯就医管理

（1）罪犯狱内门诊就医。罪犯患病后经所在监区领导批准，由监区警察带到医院（卫生所）诊断治疗。诊断治疗时罪犯应当如实陈述病情，警察狱医应当积极诊断，妥善保管病历，开启处方适量。罪犯就诊结束后由监区警察带回。

（2）罪犯狱内医院住院治疗。罪犯因病需要住院时，由警察医生开具住院建议诊断书，填写住院审批表，由医院院长审查是否同意，然后经监区领导审查同意，方可住院治疗。罪犯住院期间，监狱医院医务人员应当严格按照罪犯病情，积极给予治疗，同时做好罪犯教育管理工作。罪犯病愈后，由警察医生通知监区警察带回。

（3）罪犯外出就医（住院）。罪犯患有狱内医院无法治疗的疾病时，可申请外出就医。经狱内医院会诊、审查同意后，由分监区填写罪犯外出就医审批表，由医院、监区、狱政科审核，经监狱分管领导批准后方可外出就医治疗。罪犯就医应当在当地三级甲等医院就治。罪犯在狱外医院住院治疗时，至少由 3 名警察轮流看护。罪犯外出就医治疗的医药费用原则上由监狱负担，有条件的罪犯可自理。

（4）其他医疗卫生制度。监狱要建立罪犯健康状况档案，定期对罪犯进行体检，对患病的罪犯予以及时治疗，对患有传染病罪犯应当隔离治疗。监狱防疫、保健工作要接受上级部门和所在地卫生行政部门的业务指导。对从事医疗、护理的罪犯，要加强管理教育和业务技术培训、考核，并建立技术档案。医护人员对病犯应当坚持救死扶伤的人道主义原则，严格按照医疗护理操作规程治疗，积极预防医疗事故。发生重大医疗责任事故，要及时报请上级有关领导机关或卫生主管部门查明原因、追究责任，按有关规定处理。医疗卫生工作应坚持“预防为主，积极治疗”原则，对罪犯经常进行卫生常识教育。罪犯生活区应当定期进行消毒，发现传染病要及时进行隔离治疗，切实做好防病治病工作，努力降低发病率。发现重大疫情，必须及时向上级主管部门报告。

（五）监舍内务、监区环境和罪犯个人卫生管理

罪犯监舍及个人卫生规范化管理总要求是监舍色调统一明快，设施配套齐全，物品摆放定置有序，挂饰简洁大方、美观，着装整齐干净，室内清洁无异味。

监舍主要包括寝室、走廊、洗漱室、厕所、储藏室、阅览室等日常生活场所。监舍内的各种设施、用品、器具实行定置管理，禁止乱摆乱放。监舍走廊、墙壁、天花板粉刷成白色，有条件的可用釉面砖铺设地面。洗漱室、厕所的墙壁及水池要贴防水瓷砖。各类管道保持畅通，定日清刷，确保无异味。所挂饰品（名言警句等）一般用铝合金或塑条镶边，墙面保持明快、色调统一，禁止乱贴乱挂。罪犯人均居住面积一般不少于3平方米，每间寝室居住罪犯一般不得超过20人。罪犯就寝使用双层金属床，外表一般涂银色、浅蓝色、浅黄色等，床上用品要统一规格，摆放整齐。储藏室统一设置储藏柜，要求单人存放、专人管理，存放物品要统一摆放、清洁干燥，严禁存放违禁品。理发室要卫生清洁，备有消毒设置，理发工具和附属用品要定期消毒。

罪犯生活区应当和生产区分开，各自实行封闭管理。生活区内所设监舍、教学楼、伙房、医院、浴室、大型活动场所等，做到布局合理、功能完善。监狱内一切空闲地带都要科学有效地利用起来，用以种草、植树、养花，搞好环境绿化工作。绿化地带边缘整齐，绿化植物修剪适当，不得影响警戒视线。生活区、生产区建立封闭式垃圾箱，并及时清运。监区要定期喷洒灭蚊、蝇药物，消除疾病传染源。生活区内要设衣被晾晒场，晾晒架牢固整齐，晾晒物挂放有序，晾晒场要逐步达到正规化。

建立罪犯生活卫生制度，培养罪犯良好卫生习惯。定期安排罪犯洗澡、理发和晾晒被褥，保持个人卫生。经常进行大扫除、消毒，消灭虱子、臭虫、跳蚤、蟑螂等害虫。做好监舍和监管区域环境卫生工作，定期进行卫生评比。监狱应根据押犯数量，建立一个或多个标准化浴室，根据监狱特点和四季变化，定期组织罪犯洗澡，保持清洁卫生。特殊工种劳动结束后立即组织罪犯洗澡；非特殊工种，夏季每周集中组织洗澡1次，冬季每10日集中洗澡1次。罪犯一般1月理发1次。男犯一律留寸发或光头，不留胡须；未成年犯留寸发；女犯留齐耳短发。罪犯按规定着囚服或工作服，佩戴标志牌。衣服、被褥保持清洁，经常拆洗、晾晒。

监狱应当成立以分管监狱领导为组长，生活卫生科及有关部门领导为副组长，各监区领导为成员的卫生领导小组，切实加强内务与环境治理工作管理。领导小组制定工作规范，完善工作制度，加强检查监督，保证工作顺利进行。内务与环境治理要实行分工负责制，由生活卫生部门按区域将任务和责任分解到监区，再由监区逐步分解。生活卫生科可下设卫生绿化队，承担环境美化、绿化和卫生治理等职责。监狱应当结合自己实际情况，制定严格的检查考核和奖罚办法。检查和考评结果要列入监狱年度综合考核的范围，并作为评优和奖罚的依据之一。

监狱管理局将根据工作进展情况，与爱卫会等有关部门协调，对卫生先进单位，进行考核检查，并分别授予“爱国卫生先进单位”“园林化监狱”等先进称号。经常保持监区、生活区、生产区的干净整洁，种植花草树木，绿化、美化环境。

实训设计

罪犯劳动现场管理

一、实训目的

学生通过情景实践训练，从感性上认识现场管理，真实体验现场管理实景。掌握现场管理原理，实际操作流程，实现理论与实践相结合，提升对理论的深刻理解。

二、实训要求

（一）学生统一着警服，由指导老师带队，到指定监狱监区实训。

（二）学生严格遵守实训单位规章制度，不得擅自行动。

（三）实行理论授课老师与实训老师联合指导制。

（四）实训结束后，每名学生必须写出实训总结。

三、实训内容

（一）带工

由实训学生担任带工警察，组织罪犯出工。具体要求：在出工前5分钟到达监区；集合队伍清点出工人数；检查罪犯着装及标志佩戴情况；与监舍值班警察进行人员交接；做好出工登记；整理队伍，按队列要求指挥带队出工；组织罪犯有序进入劳动现场，防止拥挤。

（二）发放劳动工具

学生在实训老师指导下，有序给罪犯发放劳动工具。劳动工具发放完毕后应当将工具箱上锁，工具箱钥匙由警察直接保管；劳动中防止工具被罪犯非法利用；要求工具实物与登记数目、型号相一致。

（三）组织罪犯劳动

1. 分配劳动任务。学生在实训老师指导下给罪犯分配当天劳动任务。

2. 考核罪犯劳动。学生在实训老师指导下对罪犯完成劳动任务情况进行考核。

3. 管理罪犯劳动现场物品。学生在劳动现场要求罪犯在劳动中按规定将生产物品摆放整齐。

4. 管理罪犯劳动现场。由学生担任劳动现场管理责任警察，对劳动现场进行组织、指挥、监督、检查、控制。

具体做到以下工作：

（1）检查罪犯是否开始正常劳动。

（2）检查罪犯是否在岗，互监制度是否落实。

（3）清点核对人数与出工人数是否一致。

（4）检查罪犯是否按规定操作生产设备。

（5）检查产品质量和生产进度。

（6）检查各项安全措施是否落实到位。

（7）每隔1小时巡查车间现场1次，清点劳动人数，进行登记。

（8）巡查劳动现场重点部位，控制危险物品使用和流向。

（9）对门窗和防护设施进行检查。

（10）巡视中发现的各种问题，及时报告，尽快解决。

（11）根据当天生产实际对罪犯实行定置管理，发生岗位变动的，要及时调整岗位定置牌。

（四）收工

1. 回收劳动工具。罪犯劳动结束时，实训学生立即下达停止劳动口令，并按发放工具数量、类别、型号准确回收工具，做好登记。若工具缺少，必须找回。

2. 组织收工。由学生担任带工警察，组织罪犯收工。具体程序：

（1）回收劳动工具后、组织罪犯打扫劳动现场卫生，带工警察提前到达集合地点。

（2）实训学生下达“收工”口令，组织罪犯离开车间，同时清点人数。

（3）罪犯到达预定地点集合，再次清点人数，核对与出工人数是否相符；发现与出工人数不符，要立即查明原因，情况异常要及时报告。

（4）罪犯全部离开车间后，实训应当迅速检查车间各部位，关闭电源和车间门并上锁。

（5）填写《收工登记》。

（6）学生对当天罪犯劳动情况进行点评。

（7）整理队伍，带队回监舍，并与监舍值班警察做好交接。学生在老师指导下对罪犯进行人身安全检查，重点检查罪犯的手、口腔、衣裤、口袋、鞋袜等地方，防止违禁品或劳动工具流入监舍。

四、实训作业

实训结束后，要求学生每人写出一篇不少于1000字的实训报告。

第七章

处遇管理

第一节　处遇管理概述

一、罪犯处遇管理的含义

（一）罪犯处遇的含义

“处遇”一词含有吸入、处理、对待人、治疗等意思。罪犯管理范畴内的“处遇”是伴随着刑事实证学派的产生而出现的，该学派对古典学派设计的刑罚体系控制犯罪的能力产生怀疑，提出对不同的罪犯实施不同的处遇的方式。而对于罪犯处遇的定位是在1955年在日内瓦会议通过的《囚犯待遇最低限度标准规则》中显示的，它将罪犯处遇描述为“以罪犯的改造自新以及重返社会为目标的对应对象需要的处置”，这个含义被一直沿用下来。罪犯处遇有广义和狭义的理解。

广义的罪犯处遇，是指国家对由生效判决所确定的罪犯所采取的监狱处置措施的总和。它包括刑罚执行和改造、矫正两大组成部分。[①] 其主要是指国家和社会如何对待和处理罪犯，包括将监禁刑和非监禁刑的适用罪犯隔离于社会，在监狱内进行改造的处遇形式和将罪犯置于社区环境对其进行改造的处遇形式。

狭义的罪犯处遇，是指狱政管理的具体制度——分级处遇的范围。分级处遇是指监狱根据罪犯的服刑表现、服刑时间和剩余刑期的长短、综合考虑罪犯的犯

---

① 夏宗素、耿光明：《论罪犯处遇及其价值选择》，载《刑事法学》2000年第8期。

罪性质和程度，将罪犯分为不同的级别，并按级别实行宽严有别的处置和待遇制度。① 分级处遇实际包括两个部分：一部分是对罪犯进行分级，另一部分是在对罪犯分级的基础上确立他们的待遇问题。具体包括以下几层含义：第一，确认罪犯的法律地位和合法权益；第二，在保障罪犯基本权益的基础上建立处遇差，体现级别差异；第三，不同级别的罪犯自身的努力和改造表现是实现权利和获得更好处遇的主要方式；第四，对不同级别的罪犯的处遇实行系统化的升降级管理。上述四个方面共同构成了分级处遇的核心问题。

（二）罪犯处遇管理的含义

惩罚改造罪犯是一项系统工程，管理是一个重要的问题。罪犯的处遇管理，是贯穿整个刑罚执行过程的一项日常内容。罪犯的处遇管理，是指监狱通过设计适当的处遇内容、处遇等级，形成一定的标准来实行罪犯的差别化待遇的有计划、有目的的系统性活动。通过处遇的管理活动，可以使罪犯实施处遇过程的科学化，增强可操作性。

在执行处遇管理时，国际上有很多相关的规定和原则上的约定，通行的有以下几项原则：第一，人道主义原则。这是基于对罪犯主体性和自主性的尊重而提出来的，是在处遇管理中要体现对罪犯的人道主义内容，在实施待遇中给予罪犯固有的人格尊重。第二，公平性原则。其是指在实施处遇管理中，其处遇规则必须要保持公正，不论种族、语言、宗教、政治观点、民族或社会出身、经济状况如何，都不允许产生待遇给予的歧视。第三，个别化原则。矫正罪犯，使其重返社会，必须查明犯罪人走向犯罪道路的犯罪原因、环境和背景，考虑每个罪犯的人格特征和素质，选择实施对其矫正和重返社会适合的处遇方法。这在《囚犯待遇最低限度标准规则》第69条中作了规定："在囚犯入狱并对刑期相当长的每一囚犯的人格作出研究后，应尽快参照有关他个人需要、能力、性向的资料，为他拟定一项待遇方案。"这些原则无疑为我国监狱的处遇管理指明了方向，使我们的处遇管理工作能向合法、科学、效益的目标靠近。

进入21世纪，我国的罪犯构成发生了变化，罪犯低龄化、罪行严重化、重新犯罪率高成为新的狱情态势。这一方面说明了罪犯的矫正质量需要提高，另一方面说明了监狱对罪犯的分类和处遇管理问题上需要深思。在这样的情形下，我国在罪犯的分类管理和处遇管理问题上进行了摸索和改革，随着处遇管理的发展中出现了以下几个变化：第一，在《监狱建设标准》出台后，将罪犯按照高、中、低警戒等级关押，以罪犯个体的人身危险度不同而对罪犯实行差别化待遇；第二，关注了罪犯的改造评估问题，分析罪犯个体情况，为此实施了个别矫正，

① 王晓思：《狱政管理学》，金城出版社2003年版，第109页。

实现了罪犯的个体化待遇方式；第三，保障罪犯权利，实施人性化管理，罪犯的处遇趋于多元化。这三个内容标志着我国的分类和处遇工作迈向了一个崭新的阶段。

改革是逐步实施的，但也正是由于改革，才引发了我们对既往处遇管理问题的进一步反思。

1. 处遇管理的手段依然单一

其主要表现在对有限的调控度的控制上。截至目前，仍然只停留在有限的监狱内部的处遇级差设计上，不能脱离监狱的范围考虑罪犯的待遇问题。比如，社会服刑、周末监禁等处遇，仍然没有列入我国的改革中来，即使有改革的尝试，也是步子小、效果微，从根本上造成的结果就是设计空间有限、设计内容过窄、激励效果有限。

2. 处遇形式混乱，缺少技术含量

由于没有全国统一的处遇法，各地自行其是推出各种处遇“新举措”。有的监狱将罪犯劳动直接与罪犯挂钩，干得好、积分高，可以加餐、与亲人会见、吸烟、购买日常用品等；有的监狱处遇标准定的高，处遇内容有的多、有的少，造成罪犯无所适从，影响改造态度。这种处遇形式不一致，严重违背了公平处遇和个别处遇的原则。

3. 处遇实现迟缓，激励动力不足

目前，我国普遍实行“三等五级”处遇制度，这个制度是目前较为通行的处遇方法。但是这个制度中也有欠缺的地方，比如，每一级之间在处遇形式的过渡上界限不分明，越级所使用的标准比较单一，仅仅衡量罪犯的考核分数，而没有考虑个体的处遇计划、矫正目标等内容。由此造成的直接后果是，忽视了思想矫正，刺激了少数罪犯的功利性行为，挫伤了更多罪犯的改造积极性。对整个犯群来讲，激励的效果并不是很好。因此，探索更为科学化的处遇制度和进行更加系统化处遇管理，确实是当前刑罚执行过程中必须关注的重要问题。这就再次为处遇管理确认了目标，即罪犯处遇是实施罪犯分类管理的核心，在管理处遇制度时，要应用科学的手段和客观的方法，保证处遇的公平、公正。

二、处遇体系的设计

罪犯的处遇政策是刑事政策的重要组成部分，在构建我国罪犯处遇模式时，要遵循罪犯处遇设置的原则，设计出适合我国国情和经济发展状况的罪犯处遇体系。

（一）处遇设计的原则

罪犯的处遇始终与监管等级和服刑表现相关联，正常情况下，表现好，处遇就好；表现差，处遇就相应递减。在罪犯处遇设计中我们应遵循以下原则。

1. 处遇内容丰富性原则

处遇内容设计充分考虑两大方面的内容，即基本处遇和级别处遇。基本处遇，主要是以满足罪犯的基本生理和安全需要为内容；级别处遇，主要是以罪犯的会见、通信、打电话、阅读、自由活动、娱乐，以及刑期折抵、暂时离监、开放处遇等为主要内容。

2. 处遇设计合法化原则

罪犯的处遇设计必须是在法律允许的范围内，不能侵犯罪犯的合法权益，不能简单地以罪犯的基本处遇来代替级别处遇，也不能在法律授权的范围之外随意操作罪犯处遇的标准和级别。

3. 处遇级差科学性原则

首先，处遇等级的设置要符合社会和罪犯行刑的环境，各等级之间差别适当。其次，处遇的程度设计要符合当地居民生活的平均水平，不能超过公众的接受程度。最后，处遇的目标可行，罪犯对处遇内容可以通过自身的努力实现，处遇在技术上和实践的操作上可行。

4. 处遇形态多样化原则

处遇在实践过程中多表现为封闭式、半封闭式和开放式的形态。封闭式的处遇是在罪犯在押期间对罪犯所实施的处遇方式。其中，对罪犯实施的分级管理就是封闭式的处遇。在分级管理中，就是将罪犯先分级，再按照罪犯的表现升降级，享受相应级别的待遇。半封闭式的处遇是指罪犯从封闭式到开放式过渡中，按照制度规范的内容，执行升降操作，完成处遇等级的递升。通常，表现为在罪犯的奖惩、纪律上形成自动向预定矫正目标接近的机制。开放式的处遇是指在对罪犯的防范过程，放松限制的强度，以罪犯的自律为基础实施的一种刑罚执行的状态。它包括假释制度、离监探亲和未成年人周末拘禁制度等。

（二）罪犯处遇形态设计

处遇形态设计的基本思路是以分类处遇为基础，以阶段处遇为依托，形成罪犯处遇个别化的处遇模式。

1. 分类处遇

分类处遇，就是监狱对罪犯分类，将罪犯分在某一类别中，对同一类的罪犯实行同一类的待遇，包括狱内安全、劳动、教育等处遇要点。

根据监狱警戒程度的不同，监狱给予罪犯的处遇是不同的。比如，高度警戒化监狱中，罪犯全部关押在限定范围内，一般不存在监狱外劳动；中度警戒化的监狱，罪犯进行隔离等级、限制等级和相对自由等级的分类，其中相对自由等级分类的罪犯可以参加监狱外劳动；低度警戒化监狱中，罪犯进行普通等级和相对自由等级的分类，相对自由等级的分类可以参加监狱外劳动。

在每个监狱中，由于罪犯所属的监管的级别不同，所得到的待遇也是有差异的。第一种差异表现在由于罪犯不同程度的主观恶性和改造难易情况而实施的分类处遇上。比如过失犯，其主观中没有犯罪的主观故意和行为恶习，其处遇分类的起点可以稍高一点，如果没有特殊情节，可以不经过入监队的严管阶段，只需要在入监队接受分类调查等待确定分类，对其处遇也可以从严格管理的上一级起点，提供较为宽松的改造环境，扩大自我管理的幅度，注重启发式教育等。而对于累犯和惯犯，其主观恶性较深，改造难度较大，对他们要以严格管理级为起点，对他们的奖励和处遇晋级要严格考核，从严管理。第二种差异表现在不同犯罪性质的罪犯实施的分类处遇上。比如对财产犯，根据他们追求物质享受、好逸恶劳、自私贪婪等心理特点和行为特点，在其待遇上要严格控制他们的消费、重视劳动、限制他们从事报关物品等工作。而性犯罪罪犯存在伦理道德观念淡薄、主观意志薄弱、行为自控能力较差等心理和行为特点，在处遇上要开展伦理道德教育、行为养成的训练，控制接触视听读物，不准从事义务工作等。暴力罪犯存在思维简单、性情偏激、冷酷暴虐、行为粗野等心理和行为特点，对他们的处遇要控制他们的活动范围，注重从事磨炼耐力和持久性的劳动等。

2. 阶段处遇

阶段处遇是指罪犯在服刑过程中，因矫正需要，将处遇划分为若干阶段，在每一阶段，根据对罪犯的考核结果，监狱给予其相应的待遇。这种分级处遇的方式体现了监狱行刑个别化的原则，既有利于监狱对罪犯实施有效的管理和矫正，也有助于激发罪犯改造的积极性和主动性。借鉴国外监狱实施阶段处遇的经验，结合我国改造罪犯的实际状况，在设计阶段处遇时，将处遇分为五个级别，实现处遇级别从严到宽、处遇等级由低向高。

第一阶段，特严管理级。对于具有危险性，严重违反监规纪律受到禁闭或等待加刑的罪犯，需要与普通罪犯隔离开来单独关押，不参加监狱外劳动、集中教育、娱乐等活动，每天给予 1 ~ 2 小时的放风时间。除了因罪犯被起诉、需要与律师见面外，取消通信、打电话、会见、邮寄、购买生活用品（卫生用品除外）、看电视等待遇。

第二阶段，从严管理级。入监未满 6 个月，被行政处分、解除禁闭或已被加刑但未满 6 个月的、违反监规纪律从上一级处遇降级的罪犯，其相对特严管理罪犯来讲，不需要单独关押，有一定的活动空间，但是其级别处遇并不全部恢复。

第三阶段，普通管理级。刑期较短的一般刑事犯、危险性较低的罪犯和由从严管理级和宽管级转入的罪犯，享受罪犯完整的基本处遇和级别处遇的内容。

第四阶段，从宽管理级。认罪服法、积极改造、服刑期间一贯表现好、执行原判刑期的1/2以上的罪犯，可以适当放宽处遇内容，增加会见次数、通电话的次数，视情况可以离监探亲等。

第五阶段，特宽管理级。认罪服法、积极改造，服刑期间一贯表现好，执行原判刑期的3/5以上的罪犯，依然在级别处遇上放宽，多表现在职业技能教育的程度、活动的空间、从事的工作上。

阶段处遇的实施，将罪犯的刑期分为若干阶段，每个阶段罪犯的待遇不同，逐步提高，逐渐接近社会的普通的自由程度。由于只有取得较高的处遇级别，才能享受这样的待遇，因此，处遇的阶段性设计对罪犯改造具有引导作用。

（三）罪犯处遇的内容设计

目前，我国监狱在对罪犯实施分类后，根据类别实施的处遇内容包括基本处遇和级别处遇两个部分。

1. 基本处遇内容

基本处遇是指监狱给予正在监狱服刑的罪犯的普遍的待遇，它由所有罪犯享有，不能随意处置和变化。根据《监狱法》的有关规定，具体内容是：（1）罪犯依法享有合法权利；（2）按照正常的生活标准，提供罪犯的生活供给；（3）提供医疗保障、生活和卫生设施；（4）进行文化、技术教育；（5）保障罪犯的节假日正常休息；（6）给予劳动报酬；（7）实行劳动保护，提供劳动保险；（8）符合条件的予以行政奖励或建议减刑、假释。

2. 级别处遇内容

级别处遇是实施处遇管理的核心，它是对不同级别的罪犯给予的具有弹性的不同待遇的内容。

（1）警戒程度方面。不同等级的罪犯，实施不同程度的警戒。对严管罪犯实施较高戒备，对宽管级的罪犯实施较低的戒备。

（2）监督控制方面。不同等级的罪犯，控制活动的范围和措施也不同。从严管理的罪犯要严格落实各项监督控制制度和措施，普通管理的罪犯执行统一的监规、纪律和制度，从宽管理的可以适当放宽。对于不同级别罪犯的活动范围，也根据从严到宽的级别，实施从单独关押到较大活动空间的管理。

（3）法律奖励比例的幅度。掌握一个原则，宽管级别罪犯呈报减刑、假释的比例及减刑的幅度要高于和大于其他等级的罪犯。而对于严管级的罪犯要从严掌握。

（4）通信会见的控制程度。其主要在通信的次数、会见的对象和次数、会见的时间、会见的地点和监听、收受物品方面给予区别。特别从严管理的罪犯一般停止会见。

（5）生活待遇方面。第一，在零用钱、奖金的发放方面体现级别差异，宽管级别的罪犯多于普管级的罪犯，普管级的罪犯要多于严管级的罪犯；第二，在文体活动安排、图书借阅、日用品购买等方面有所区别。

（6）监外活动方面的规定。宽管级的罪犯符合条件的准许离监探亲，有条件的可以组织外出参观；普管级的罪犯活动必须受到限制；严管级的罪犯不得监外活动等。

（四）罪犯处遇的升降级设计

实施级别处遇必须同时实行升降级制度，即动态处遇。狱政管理过程的各种构成要素都是不断变化的，动态的处遇更符合罪犯心理变化的客观规律。通过处遇的动态实施，能够激发罪犯积极配合改造的内在潜能，促进罪犯自我管理的实现。

处遇的晋级与降级，必须在科学、有效、可行的考核指标基础上进行。参照《监狱服刑人员行为规范》，考核的指标包括思想改造情况、行为表现情况和个别化矫正方案的实施情况。在实施级别考核时，每一个级别的考核标准都要具体、清晰、规范，让罪犯知道该干什么，该怎么样争取晋级和避免降级。

第二节　分级处遇管理

一、分级处遇的特点

我国的分级处遇制度是在罪犯分类的基础上产生的。早在1956年，公安部十一局发出的《关于对犯人实行分类分押制度中的几个问题的通知》中就规定，对罪犯实行从严、一般、从宽三种不同的管理制度，对犯人实行分类处遇管理的方式。以后的“91模式”及监狱法中都在罪犯的分类和处遇方面更加细化和具体。从20世纪90年代开始，司法部监狱管理局形成了对包括分级处遇在内的“分押分管分教”的整体部署，进行了分级处遇的探索和实践。其基本内容是在法律允许的范围内，根据罪犯入监服刑的时间和表现，分为从宽、普通、从严三级五等的待遇方式。

分级处遇的实施，是目前监狱在行政奖惩和刑事奖惩之外的另一种激励手段，它是一种实惠激励和荣誉激励相结合的方式，成为调动罪犯改造积极性的内驱力。当然，这种区别对待也用以区别与普通的公民的待遇。对于普通守法的社会公民而言，罪犯的一些待遇内容是实现不了的，故罪犯的处遇仍然是一定范围内的受限待遇。所以，罪犯处遇由于它既存的刑罚体系原因，具有自己的特点。

（一）法定性

罪犯处遇制度的法定性，是指法律对处遇的相关规定。《监狱法》第39条第2款规定："监狱根据罪犯的犯罪类型、刑罚种类、刑期、改造表现等情况，对罪犯实行分别关押，采取不同方式管理。"这里所指的"不同方式"，是包括分级处遇在内的各种管理方式，分级处遇是分类管理的核心，把分级处遇解决好了，罪犯的分类管理才能做好。

（二）调控性

罪犯处遇制度的调控性，是指罪犯可以享有待遇的空间，以及在空间上可能会产生弹性的处遇内容。罪犯的待遇问题，实质上就是对罪犯权益的处置问题，监狱既要按照法律规定准确无误的剥夺那些必须剥夺的权利，也必须按照法律规定保障罪犯必须享受的权利。在必须剥夺和必须保障之间，存在一个可调控的空间，这个空间便是调控分级处遇的基础。在这个空间里，罪犯入监时间越长、服刑改造表现越好，实际获得的待遇就高。

（三）动态性

罪犯处遇制度的动态性，是指罪犯在不同表现下可以变化待遇的情形。罪犯改造表现等个体表现，不但决定了最初罪犯应享有的待遇，随着其个体表现的变化，其待遇的等级也是可以调整的。分级处遇具有待遇升降级的机制，表现好的时候，可以提升待遇标准；表现差的时候，则要降低待遇标准。在实际利益面前，罪犯一般可以做出正确的行为选择，这便是处遇管理的激励作用所在。

（四）阶段性

罪犯处遇制度的阶段性，是指分级处遇级别设置的标准，必须充分考虑服刑过程的各种因素，将级别的设置贴近服刑周期的规律。如果将罪犯的服刑过程分为几个不同的阶段，从入监到释放的整个服刑过程要逐步降低监管力度，逐步改善罪犯的各种待遇。这样一个从严格到宽松的过程，是处遇设计分级标准的出发点，也是要罪犯随着刑期的延长，逐步接近社会的设计过程。在划分处遇级别标准的时候，要考虑到该级别罪犯的覆盖面和适应性，更要使大多数罪犯在服刑后期得以进入宽管级。

二、"三等五级"的处遇级别

根据我国的实践，监狱对不同处遇等级的罪犯给予相应待遇，实行的是"三等五级"的处遇模式。分别为严管、普管和宽管三等；特严、从严、普通、从宽和特宽五个级别。在三个等级中，处遇的具体内容表现在以下几个方面。

（一）严管级罪犯的处遇管理

在罪犯服刑期间不予提前提请减刑、假释；严管期间不计入首次减刑的起始时间或两次减刑的间隔时间；停止会见、通信、购物，特殊情况需要会见、通信、购物的，必须报狱政科审核、分管狱政管理工作的监狱领导审批；集训队关押，实行强化管理、强化教育、强化训练，严格限制活动范围。

（二）普管级罪犯的处遇管理

在罪犯服刑期间优于严管级呈报减刑、假释；可以按照规定办理离监探亲；可以选用为专项工种罪犯；每月准许隔离会见 2 次，每次不超过 30 分钟；按照规定可以拨打亲情电话。

（三）宽管级罪犯的处遇管理

在服刑期间优于其他级别的罪犯提请减刑假释；符合规定条件的，可以离监探亲或参加集体外出参观活动；优先选用为专项工种罪犯；当月无扣分或受行政处罚的可与亲属宽管会见 3 次，拨打亲情电话 1 次，通信次数不限。

三、分级处遇管理的注意事项

（一）处遇管理要依法进行

对罪犯实施分级处遇时，要严格按照法律的规定操作，不得超越法律规定的权限降低罪犯应享有的待遇。实行从严管理时，不能忘了犯人的“人”字；实行从宽管理时，不要忘了囚犯的“囚”字。

（二）处遇管理要公平公正

一个策略实施的效果，不但要看结果，还要看过程，过程公正公平才能保证结果公正公平，才不会引发对结果的争议和意外的摩擦。处遇管理中，唯有体现出罪犯利益分配的公平公正，无论其最终的处遇结果好坏，才会得到罪犯的信服和认同，才会起到标靶的作用，引导罪犯正确的行为指向。否则，一旦失去了公平公正，民警的处遇管理就变得主观，罪犯对处遇的结果就容易感到茫然，在不甘于盲从的情形下，很容易产生新的危机。

（三）处遇结果要及时兑现

所有的制度不经过实施，都是一纸空文，随之而来的就是制度流于形式，而失去最初实现目标的初衷。处遇管理中，对形成处遇级别后的罪犯，要按照规定的标准及时兑现，做到奖惩立现。实践证明，立即兑现的奖励和惩罚，其效果的期望最高；而那些失去时间点的滞后的奖惩，起不到激励的效果。

（四）做好处遇的考评工作

罪犯处遇级别的界定，依据的信息便是罪犯的既往犯罪内容和日常工作、学习、生活中的表现。只要提供更准确详尽的信息，其处遇的最后决定就会越合理，就会更容易被罪犯接受。因此，制定合法合理的考核标准，应用合法合理的手段鉴定罪犯的行为，认真做好罪犯考核和评定工作，是实施正确处遇的前提。

（五）注重管理的全方面、全过程性

处遇的结果由于较为直接，其从心理和感官上对罪犯都是有刺激的。如果过分强调结果，而忽视过程中可能存在的一些导致处遇变化的变数，有可能会引发罪犯的功利思想或产生投机的心理，将期望寄托在最后的环节上，而忽视过程中的自我约束。所以，民警在实施处遇管理时，要注重实施阶段性管理，关注全方面内容、全过程的时间，将工作细化，使罪犯认识到好的处遇不是投机能取得的，趁早打消投机的念头，安心改造。

第三节 会见管理

根据分押分管的要求，我国在罪犯的会见管理中引入了很多值得推广的策略和办法。把罪犯会见与分级管理结合起来，会见成为罪犯级别处遇的一项基本内容，这更好地体现了区别对待的政策，由此而形成了以分级处遇为基础的会见的方式。通过对会见次数、会见范围、会见时间在不同处遇级别中的规定，引导罪犯朝好的方向努力，激励罪犯改造。常态化防疫形势下，因封闭管理需要，监狱依然暂停服刑人员亲属会见、亲情帮教活动，导致社会化教育的渠道变窄，服刑人员情绪容易出现波动，一定程度上影响了监狱改造秩序的安全稳定。监狱适时推出“云会见”或“线上法律服务”等，通过远程视频系统解决疫情期间会见问题。

一、会见的类型

罪犯会见，是指依照法律规定，在监狱安排下，服刑罪犯与亲属、监护人及律师的会面与沟通的活动。罪犯在监狱服刑期间与亲属、监护人及律师会见，是罪犯享有的合法权利，也是监狱对罪犯权益保障的主要内容，体现了人道主义的要求，同时也体现了对罪犯亲属、监护人的合法权利的保障。会见制度的实施，对于在押罪犯、罪犯的亲属和监护人、监狱三方都具有积极的意义。

罪犯的会见由于区分的标准不一样，其分类也各异。按照会见对象划分，可分为亲属会见、监护人会见和律师会见。按照会见的地点划分，可分为狱内会见和狱外会见。狱内会见根据罪犯的处遇级别，分为从优、普通和从严会见。其中，普通会见是指会见室会见；从优会见有亲情共餐、与配偶团聚等特别形式。狱外会见主要是指特许离监。按照会见与处遇级别对应的原则，可分为从优会见、普通会见和从严会见。

二、会见管理

罪犯的会见管理，是指监狱安排符合会见罪犯要求的会见人与罪犯在监狱的会见室进行会见，并对会见过程进行监督和物品检查的一系列管理活动。监狱的会见管理是狱政管理的一项日常工作，其基本任务是依法对会见活动实施管理，保障会见过程的和谐，消除会见过程中可能出现的负面影响，充分发挥会见制度对罪犯服刑改造的积极影响。

（一）会见人身份的审核

罪犯会见的对象包括罪犯的亲属或者监护人。亲属包括配偶、直系血亲、三代以内的旁系血亲和姻亲，具体是指配偶、子女、孙子女、父母、岳父母、祖父母、外祖父母、伯父母、姨父母、自己的兄弟姐妹及其配偶。其他亲属或他人，监狱认为对罪犯改造有帮助，经监狱主管领导批准也可会见。

对符合规定的会见人员，在首次会见时，要持有村委会、居委会或派出所对其亲属关系的有效证明以及身份证或户口簿，由监狱民警审核，核对会见人的身份及其与罪犯之间的关系。核实其会见身份和资格后，办理会见人的会见证（卡），会见人持证卡进入会见室会见。会见人再次会见罪犯时，会见室只需要检查会见证（卡）、身份证，核对会见人的合法会见身份后，即可办理会见手续。

对于律师会见，要核实身份及委托证明。

（二）会见次数和人数的确认

一般规定，罪犯会见亲属每月 1 次至 2 次，每次会见的亲属不超过 3 人。在实行处遇管理进行审核时，会见登记处的警察根据罪犯的处遇级别审验罪犯的会见次数：宽管级罪犯当月会见不能超过 3 次；普管级罪犯当月会见不能超过 2 次；考察级罪犯当月会见不能超过 1 次。

罪犯会见亲属每次会见时间不超过 1 小时（特殊情况经监狱领导批准，可以适当延长）。

（三）告知会见人会见要求，进行安全检查

对探视罪犯的人员，采用口头和书面的形式，告知其必须履行的义务，告知会见的流程、规则、要求和注意事项。

另外，为了调动罪犯亲属的积极力量参与改造，监狱可以提前和会见的亲属沟通，传达有利于促进罪犯改造的信息。

会见前，要对会见人进行安全检查，严禁携带武器弹药，易燃易爆、刀具刃具、摄录器材等危险品、违禁品进入会见室。携带的手机等违禁品，应存入个人物品存放柜或暂交会见室工作人员保管。安全检查合格后，方可到会见室候见。

(四) 物品的接收

罪犯亲属会见时，可以带少量的日常生活、学习用品和现金给罪犯。会见现场执勤警察根据会见管理规定的范围，对亲属交送的物品严格进行检查、清点，同意接收的在罪犯亲属会见顾送物品登记表进行登记并予以接收，不同意接收的一律退回罪犯家属，违禁品予以没收。其中日常生活、学习用品经检查后交给罪犯本人；带给罪犯的现金，由会见室登记，存入罪犯个人账户，并开具三联单(一联交罪犯亲属，一联交罪犯，一联存查)。罪犯亲属因罪犯治病需要，也可以携带适量药品。药品经会见室登记和监狱医务人员查验后，转交监区或分监区民警代为保管，供罪犯专用。

(五) 会见时罪犯的带入

在亲属或监护人取得会见资格后，会见室立即通知罪犯所在监区，带罪犯进行会见。罪犯所在监区的民警在接到会见通知后，应尽快将罪犯带至会见室。会见时，罪犯一律着囚服。为了安全，可执行“一带一”的责任制度。

(六) 会见现场的管理

会见现场是在监狱的会见室，会见室的规模、设施设备条件应根据在押犯数量等具体情况决定，会见室的布置要严肃、整齐，室内设桌凳、供应开水。

罪犯会见时，在会见现场要有会见室 1 名警察和监区 1 名直管警察共同管理。会见时，会见双方不能使用隐语、外国语交谈。少数民族罪犯可以使用本民族语言。会见时，要做好监听工作，监听以人工监听方式为主，有条件的单位可辅之以数码录音监听等方式，采用数码录音监听的应当在当日对监听内容进行处理。

罪犯会见时，有下列情形之一的，中止会见，并可以视情节在 1 ~ 3 个月内暂停会见：(1) 使用隐语、暗语或外语（外国籍罪犯除外）交谈的；(2) 谈论有碍监管安全或罪犯改造内容的；(3) 擅自将通讯工具带入会见场所的；(4) 有照相、录像、录音行为的；(5) 私自传递手机、毒品、现金、信件等违禁物品的；(6) 有其他违反会见管理规定情形的。

(七) 会见结束事宜

会见结束后，会见室执勤警察将亲属送的物品移交给罪犯所在监区。责任警察应及时将罪犯带回并做好会见监听记录，填写值班日志。

三、分级处遇下的会见方式

把罪犯会见与分级管理结合起来，体现区别对待的政策，是目前会见管理中常见的一种管理模式。它包括常规会见、从严会见和从优会见。

（一）常规会见

一般情况下，对普通管理的罪犯采取常规会见的方式，罪犯的亲属、监护人在办理会见手续后，在监狱会见室会见罪犯。

常规会见情形下，罪犯会见亲属、监护人，每月 1～2 次，每次不超过 1 小时。如遇特殊情况，经批准可以适当增加会见次数和时间。在物品检查、现场监督上遵从一般会见的管理流程。

（二）从严会见

对于从严管理的罪犯，与亲属、监护人会见可以采取从严会见的方式。其从严的含义表现在以下几个方面：

会见场所和会见人的限制。从严会见，探视人仅限于罪犯的配偶、直系亲属及监护人。从严会见，安排在监狱的封闭式会见室。封闭式会见室，在布局上设会见台，中间用玻璃或网格墙将会见双方完全隔离。用玻璃隔离的，双方可通过传话器交谈。

会见次数和时间的限制。从严会见，每月只允许会见 1 次，每次限制在 30 分钟以内。罪犯关禁闭期间一般不准会见，如有特殊情况，必须经监狱主管领导批准。

（三）从优会见

目前，根据我国各种不同阶段的监狱管理制度要求，在从优会见的模式上以亲情共餐和特优会见为主要内容，它们在之前历史的一个阶段中，被作为处遇的一种激励方式在监狱内使用。但是，我们也应该清楚地认识到，许多实践和理论对这两种方式持有争议，期望大家能剥茧抽丝，客观地看待这两个模式的兴衰过程，去粗取精、去伪存真。

1. 亲情共餐

根据罪犯的处遇级别，安排普管级以上的罪犯（涉黑、毒，团伙犯罪的首要分子不准共餐）与亲属共同进餐的会见方式，就是亲情共餐。

（1）亲情共餐罪犯资格的规定。罪犯服刑期间凡处遇级别进入普管级以上的，可允许其与亲属共餐（涉黑、毒，团伙犯罪的首要分子不准共餐）。每月共餐人数不得超过可共餐人数的 20%，具体共餐对象可由监区组织罪犯民主推荐。共餐应当由罪犯提出申请，分监区填写罪犯亲情共餐审批表，经监区审核并报监狱狱政管理部门审批后，由会见室安排共餐。二级严管罪犯在服刑期间表现突出或因改造需要，经监狱主管领导批准可奖励其与亲属共餐。

（2）亲属共餐程序。奖励罪犯与亲属共餐，亲属的会见程序按照普通会见的规定办理。

（3）共餐现场的监督。罪犯亲属、监护人经过严格检查后，才能进入共餐现场。在共餐地点，会见双方应严格遵守共餐规定，确保安全共餐。共餐现场不得饮酒，严禁录音、录像和拍照。共餐的全部过程必须有警察现场监督。管理警察应严格监督共餐双方的言行，要求亲属在共餐时不得向罪犯传递不良信息或不利于罪犯改造的言论，严禁向罪犯传递现金等违禁物品，一经发现，要立即停止共餐。如若在共餐过程中发现情绪反常或有危及安全行为的，应立即采取措施，妥善处理。

2. 特优会见

特优会见的对象为罪犯配偶和未成年犯的监护人。特优会见是指监狱给符合特优会见条件的罪犯提供相对封闭的会见场所，准许其与配偶和监护人团聚会见的一种会见方式。

（1）罪犯特优会见的条件、程序和时间。宽管级别以上的罪犯，每季度可团聚一次，时间一般不超过24小时，特殊情况经监狱主要领导批准后可延长至48小时。有特优会见要求的罪犯本人或罪犯亲属，应先向监狱提出特优会见的书面申请，经监狱狱政管理部门审查后，报监狱分管领导批准。

（2）特优会见的亲属要履行的程序。罪犯配偶来监特优会见，应当持以下证明：结婚证（或当地民政部门出具的婚姻证明）、身份证、近期健康检查证等，履行会见手续方可会见。罪犯的监护人特优会见，持以下证明：本人与罪犯监护关系形成的法定证明、身份证、健康检查证，履行会见手续后会见。

（3）特优会见的管理规定。罪犯进出特优会见室，须接受搜身检查，并统一换穿专用囚服。罪犯亲属进出特优会见室也须接受必要的检查（女性亲属由女民警负责检查），由监狱人民警察专门领送，禁止将违禁物品带入特优会见场所，不得在监内擅自活动。会见时，不得串换房间、大声喧哗，且应保持卫生。人民警察实行24小时值班制度，发现罪犯及其会见人情绪反常或其他可能危及安全的情况，要立即将双方分离，妥善处理。

（4）特优会见的费用规定。特优会见收费标准应当实行成本价，并经当地物价部门核准，财务单独建账，不得挪作他用。罪犯家庭经济确有困难的，特优会见时可以酌情减免费用。

（5）不得特优会见的情形。罪犯配偶或未成年犯的监护人不愿意特优会见的；罪犯配偶正提出离婚或与罪犯关系紧张的；有其他不宜特优会见情形的。

第四节 通 讯 管 理

现代监狱制度中的通讯，是近现代国家狱制改良的产物。行刑社会化的发展趋势下，对罪犯采取开放式的处遇，允许罪犯通过通信等方式保持与建立良好的社会关系的做法，已经得到了国际社会普遍的认可。我国的监狱始终遵循人道主义的行刑政策，在几十年的监狱实践中，不断完善通讯制度。《监狱法》的颁布和实施，使罪犯的通讯制度走向了法治化、规范化的发展轨道。

一、通信管理

（一）罪犯通信的重要意义

通信，是罪犯与外界联系的主要途径，依法与他人通信是罪犯的一项权利。通信的规定，对于保障罪犯合法权益、维护监管秩序、促进罪犯改造有重要意义。

1. 尊重罪犯人权，保证罪犯合法权益的实现

《监狱法》不但规定了罪犯的通信权，而且对通信次数和内容不加限制，保障了罪犯在服刑期间的通信自由。同时，对来往信件的检查和限制的规定中，又保障了罪犯控告、检举、申诉、合理化建议信件的通信自由，维护了罪犯自身的利益，使罪犯在通信中拥有了足够的权利和尊重。

2. 稳定罪犯情绪，维护正常的监管秩序

罪犯的通信，将罪犯被孤立在社会之外的挫折感减弱，缓解在监狱内的情感欠缺、情绪失常和周期性抑郁等情绪，对增进感情、沟通信息、维护正常的人际关系都会有所促进。

3. 社会和谐共建，有利于矫治成效

通过罪犯的来往信件，将罪犯的心理历程置于监狱、家庭和社会的大背景下，根据通过信件获得的信息，监狱依靠监管的手段、家庭的帮教和社会的力量，共同对罪犯进行矫治，其成效会事半功倍。

（二）罪犯通信管理的内容

1. 确认准予通信的对象

罪犯在服刑期间不仅可以与亲属、监护人通信，还可以与其他人通信。但是有下列情形之一的，不予发信或扣留：（1）在服刑期间重新犯罪或发现隐瞒余罪正在审查期间的；（2）严重违反监规纪律正在禁闭或集训的；（3）信件夹带违禁物品的；（4）有关机关依法通知不准通信的；（5）泄露监狱机关工作秘密或有碍罪犯改造内容的；（6）外国籍罪犯与非直系亲属、非监护人、非本国驻华使领馆人员通信的；（7）其他不利于安全稳定情形、经监狱分管领导批准不予通信的。被扣留的信件，由审批领导签署扣留意见，并及时向相关部门报告，扣留信件归档备查。

2. 告知罪犯信件的书写和投递规则

关于信件的书写规则，要告知罪犯。罪犯书写信件，一般应该使用汉字，不

得使用隐语。少数民族可以使用本民族的文字与亲属、监护人通信，但来往的信件需经翻译人员检查后方可准予寄出或转递。罪犯在写好的信件上，按照邮递要求写清地址，通信地址可以使用信箱代号。在信封上贴足邮票后，根据“信件有限密封权”的规定，对于必须接受检查的信件，不得密封，交由监狱人民警察检查后密封，统一寄出；而对于写给监狱上级机关和司法机关的信件，由于不受检查，可直接密封，交由监狱人民警察寄出。

3. 罪犯每月发信次数的一般规定

《监狱法》规定，罪犯在服刑期间可以与他人通信，对通信的次数也没有明确硬性规定。因此，在罪犯与外界的通信管理中，一般不做通信次数的限制。只是为了不影响罪犯的改造，给罪犯心中造成压力或不良影响，有些监狱可以简单规定一个月通信1~2次；而对宽管级、老残废罪犯和未成年犯可放宽，不做次数的规定；严管的罪犯，扰乱监规纪律的，接受审查或禁闭的罪犯，其通信次数要上报给狱政管理科。

4. 信件内容的检查

信件分类检查。监区狱政干事对一般信件进行检查，发现以下信件要上交到对应的分管部门进行检查：（1）罪犯寄给境外亲属的信件，交由分管狱政管理工作的监区领导审批；（2）港澳台地区的罪犯寄出的信件，交由分管狱政管理工作的监区领导审批；（3）外国籍罪犯寄出的信件，交由分管狱政管理工作的监区领导审查，狱政管理科审批；（4）重要罪犯、专案犯等寄出的信件，按专管方案审批。

信件内容检查。《监狱法》第47条规定：“罪犯在服刑期间可以与他人通信，但是来往信件应当经过监狱检查。监狱发现有碍罪犯改造内容的信件，可以扣留。罪犯写给监狱的上级机关和司法机关的信件，不受检查。”在罪犯的来往信件中，要严格把关，关注是否有如下内容：有强烈的政治倾向，反动言论，攻击党和政府的文字；通过隐语或直接的方式串供或有其他犯罪预谋的文字；泄露监狱工作机密的；妨碍罪犯改造的；通过不合法的渠道私自传递的信件；又犯罪或发现余罪正在审查期间的罪犯不得通信；严管级处遇或严重违反监规纪律正在禁闭的罪犯不得通信；其他原因不准通信的情形。发现有与社会违法分子联系的或内容可疑的信件，交由狱侦科处理。特别应该关注信件中有无与国外敌特机关勾结的可疑信件，若有，不但要及时扣留，还应及时转交给有关部门处理。

不受检查的规定。不受检查的信件是罪犯写给省、直辖市司法厅、监狱管理局，司法部和司法部监狱管理局的信件；写给公安机关、人民检察院和人民法院的信件。当罪犯的邮寄地址为以上部门时，其信件不受检查，可以由罪犯自行密封。

5. 登记、归档、寄发信件

对准予寄出的信件，狱政管理科、狱内侦查科负责警察在2个工作日内将信件主要内容登记，录入罪犯来往信件登记表或监管改造信息系统中。不予邮寄或转达的信件登记，异常内容要在登记中注明。狱政管理科、狱内侦查科负责警察将罪犯通信审批表交监区存入罪犯副档。监区狱政干事，狱政管理科、狱内侦查科的负责警察在登记信件主要内容后，在1个工作日内交到邮政部门转递。

6. 罪犯通信管理的纪律要求

罪犯来往信件必须经责任警察检查、登记和外发，不准其他人员为罪犯传递信件，严禁罪犯私发信件，不准使用罪犯收发、检查信件。

7. 收信的流程

按国家的邮政规定，领取信件；检查信件内容；对于领取回的信件由专职管理警察建立台账，登记归档并妥善保管；由监区责任警察签字后领回，及时发放，不得积压。正在接受禁闭、集训、隔离审查的罪犯的信件，要等禁闭、集训、隔离审查结束后才能将信件转给罪犯。

（三）外籍罪犯的通信

根据司法部《外国籍罪犯会见通讯规定》的内容，外籍罪犯的通信管理有如下规定：

1. 通信主体

外国籍罪犯，是指经我国人民法院依法判处刑罚，在我国监狱内服刑的外国公民。在监狱内服刑的无国籍罪犯，比照外国籍罪犯执行。

2. 通信范围

外国籍罪犯经批准可以与亲属、监护人或本国驻华使馆、领事馆外交官员通信。与之外的其他人来往的信件，一律不得转递。

3. 通信管理内容

（1）监狱对外国籍罪犯与所属国驻华使、领馆外交、领事官员的往来信件，应当按照《维也纳领事关系公约》以及我国缔结的双边领事条约的规定，及时转交。（2）罪犯可以使用本国文字通信。（3）监狱对外国籍罪犯与亲属或者监护人的往来信件要进行检查。对正常的往来信件，应当及时邮寄转交；对有违反监狱管理规定内容的信件，可以将其退回，同时应当书面或者口头说明理由，并记录备案。（4）外国籍罪犯的申诉、控告、检举信以及写给监狱的上级机关和司法机关的信件，不受监狱检查。监狱应当及时转交。（5）外籍罪犯一般每月可以向外发信1~2次。发往境外的信件，必须由监狱人民警察填写外籍罪犯通信审批表，连同所发信件经监狱狱政管理科检查审核后，报监狱管理局狱政管理处审阅批准。

二、通电话管理

亲情电话是我国监狱设置的供罪犯使用的专用通讯工具，它于20世纪90年代初出现于我国监狱内。以往的监管规章里，原则上不允许在押罪犯与外界通电话。近年来，由于电话通信在我国城乡已经相当普及，许多监狱进行了新尝试，允许一定处遇级别的罪犯和亲属、监护人通电话。这一做法实行以来，收到了较好的效果。首先，与罪犯的亲属来监狱探视相比，电话联系方便快捷，花费较少。其次，监狱在罪犯通话中易于进行监督，如有违规内容可以马上终止谈话。最后，目前大部分单位是将允许通电话作为分级处遇的一项内容，适用于改造表现好的罪犯。

对罪犯通电话的管理，应遵循为罪犯改造服务的原则，按照罪犯分级处遇和监狱人民警察直接管理的要求进行。

（一）通电话人员的规定

普管级和宽管级的罪犯在每周星期日和元旦、清明、五一、中秋、国庆、春节等节假日期间，可与国内亲属或监护人通电话。其他级别的罪犯如需通电话，必须经过主管监狱领导的批准。

罪犯通电话的对象只限于罪犯的亲属或监护人。特殊情况（如与接受委托的律师通电话），要经过主管监狱领导批准。

（二）申请规定

有下列情形之一的，罪犯可与亲属或监护人通电话：（1）在改造中取得进步需向家人汇报的；（2）思想发生变化需要亲人帮教和情感沟通的；（3）家庭发生重大变故的；（4）家乡受重大自然灾害影响的；（5）其他需要拨打亲情电话情形的。需要通电话的罪犯，向分监区提出申请，分监区汇报给监区，监区根据罪犯申请，填写罪犯通话审批表。

宽管级的罪犯当月无扣分或未受行政处罚的，次月可拨打1次亲情电话；普管级的罪犯当月无扣分并获得嘉奖以上奖励的，次月可拨打1次亲情电话；考察级的罪犯当月无扣分并获得表扬以上奖励的，次月可拨打1次亲情电话。

（三）现场管理

收到通电话申请通知单后，经过审核符合通电话情形，则开具亲情电话通知单，告知罪犯所在监区。接到通知单后，监狱人民警察带领罪犯到电话室。

负责警察、业务科室负责警察对罪犯打亲情电话的现场进行直接管理。通话时，由监狱人民警察亲自拨号，核实受话人身份，确认无误后，方允许罪犯通电话。若发现其与登记身份不符合，应拒绝通话。

罪犯通话期间，由监狱人民警察控制电话，罪犯每次限与1名受话人通话，通话时间一般限于5分钟以内。通话过程中进行全程监听，有下列情形之一的，立即中止罪犯通话：（1）不服从警察管理、不在指定区域通话或喧哗吵闹的；（2）使用或交换其他罪犯电话卡的；（3）使用隐语、暗语和不文明语言的；（4）通话期间情绪变化较大或通话内容不利于监管改造工作的；（5）其他应当停止通话情形的。

罪犯通话后，负责警察在罪犯通话登记表和监管改造信息系统上做好通话内容的记录。

（四）通电话的其他规定

罪犯通话费用由本人承担。

监狱狱政管理部门应当定期通过网上查询或到电信部门打印话单等形式，对亲情电话的使用情况进行检查和督察，并做好核对记录。

罪犯在服刑期间，不准拥有和使用手机等通话装置。监狱工作人员不得私自将电话、手机提供给罪犯使用。

根据《外国籍罪犯会见通讯规定》第25条的规定，经监狱批准，外国籍罪犯可以与所属国驻华使、领馆外交、领事官员或者亲属、监护人拨打电话。通话时应当遵守中国籍罪犯通话的有关规定。通话费用由本人承担。

第五节　邮 汇 管 理

邮汇管理是监狱对罪犯在服刑期间的邮包和汇款的管理。在监狱工作实践中，邮包和汇款主要表现为社会寄给正在监狱服刑的人员，表现为收的状态。而监狱的罪犯寄出邮包和汇款的情形需要由狱政管理科审核批准，由所在监狱的监狱人民警察代为办理。

一、邮包的管理

对于国内外寄给罪犯的邮包，监狱应按以下规定办理。

（一）办理领取手续

由监狱依照国家的邮政法规的规定，统一办理领取手续。属于国外寄来的包裹，应由收件人在收执上签名盖章，但不得加盖监狱的公章。

（二）检查和登记

监狱应指定专门的人民警察对包裹进行认真检查和详细登记。邮包中可以是日常生活、学习用品，不得寄食品，药品要经过严格检查。对于包裹中的日常生活、学习用品，交由罪犯本人签字领取使用。包裹中的非生活必需品由监狱代为保管或通知罪犯家属领回。监狱代为保管的，罪犯有正常用途时可以领取，保管的物品在罪犯出监时全部发还本人。如果包裹中有违禁物品，特别是政治性非法出版物、淫秽物品，一律没收，并报告上级主管机关或进行追查。

（三）邮包的其他处置

包裹单收到，如果罪犯已经调出，应立即转递罪犯所在监狱。已经逃跑的，包裹暂由监狱保存。已经释放或已经死亡的，包裹一律退回寄件人。罪犯在被禁闭、严管、隔离审查期间，一律不准收发邮包。特殊情况须经监狱主管领导批准。对于罪犯寄出的包裹，一般是罪犯将监狱代其保管的非生活必需品寄往家中。罪犯要求寄邮包的，由监狱有关部门进行检查，并代其办理邮寄手续。

二、汇款管理

汇款，包括罪犯寄往监狱外的汇款和监狱外的人员寄给罪犯的汇款。

（一）罪犯向监狱外汇款的处理

罪犯向监狱外的汇款，主要来源于罪犯在监狱内参加劳动的报酬、罪犯获得的物质奖励和罪犯在监狱内的存款。罪犯在监狱服刑期间，根据规定参加监狱分配的劳动，监狱对于参加劳动的罪犯，要根据监狱法的规定支付劳动报酬，罪犯对于获得的劳动报酬有支配权，可以将自己的劳动收入寄给家中或赠与他人。罪犯在监狱内改造表现好的，可以获得物质奖励，其中包含一定数额的奖金，罪犯对于自己的奖金也有支配权。罪犯入监时，可能拥有由看守所转来的钱款或亲属寄来的钱款，罪犯对于这些钱款也有支配权。

罪犯向监狱外的汇款，主要是寄往家中，有时则是邮购物品或者赠与他人等。罪犯将自己的钱款寄往家中，数额虽然不会太大，但可以补贴家用、维系亲情，体现罪犯对家庭的责任感。罪犯通过汇款，可以邮购正常用途的物品，如学习用品。

罪犯向监狱外汇款，由罪犯提出要求，罪犯所在监区的工作人员代为办理汇款手续。

（二）监狱外的人员向罪犯汇款的处理

对于国内寄给罪犯的汇款，由监狱依照国家邮政法规的规定，代罪犯办理领取手续，领取后由监狱进行现金保管，并发给罪犯保管收据。同时，监狱要将汇款情况及时告知罪犯，使罪犯明了汇款人、汇款的数目。如果汇款单上有简短留言，监狱经检查后也要如实告知罪犯。

对于国外寄给罪犯的汇款，监狱应按以下规定办理：

(1) 监狱不得在外汇单据和侨汇收款上加盖监狱的公章。如果银行为了明确责任及日后备查，要求监狱在单据和回执的副条上加盖公章的，可以加盖。

(2) 外汇、侨汇可按罪犯的意见直接通知其家属领取，由监狱通知银行办理。如罪犯不愿意由家属领取，或国内无直系亲属的，其汇款由银行交罪犯所在监狱通知本人，并由监狱代办领取手续，罪犯应在收款回执上签名。

(3) 如果汇款附有书信，银行应一并转交监狱，监狱按照规定检查后，视具体情况交给罪犯或予以扣留。

(4) 监狱在遇到收款的罪犯调动时，应及时通知银行转汇。

(5) 对于邪教组织、恐怖组织等寄给罪犯的钱款，可以参照有关规定，予以没收，并报告上级机关。

外国人寄给罪犯的包裹，特别是寄给危害国家安全罪犯的包裹，要缜密检查，详细登记寄件人的姓名、住址。有可疑物品时，交狱侦部门处理。

第六节　生 活 管 理

一、生活管理的含义

生活管理是依法对罪犯的饮食及食堂、被服、住宿、作息、监区文化生活和财务等方面进行的管理活动，是监狱执法工作的重要内容，是搞好罪犯教育和狱内生产的前提和基础。对罪犯的衣、食、住、用等生活条件的保障，应当积极贯彻人道主义精神，这是确保人体健康所必需的物质保证。

生活管理涉及罪犯饮食、被服、住宿、作息、财物和文化生活环境等诸方面的利益，因而也是罪犯平时最为关心的问题之一。只有做好这方面的工作，保护罪犯的合法权益，体现社会主义人道主义精神，才能维护罪犯的身心健康，稳定罪犯的改造情绪，调动罪犯改造的积极性，培养罪犯良好的行为模式和生活习惯。

生活管理包括饮食管理、被服管理、监舍管理、作息管理、财物管理和监区文娱活动管理六个方面的内容。

二、饮食管理

饮食管理是指监狱对罪犯的饮食的计划、供给、调剂、保管等方面的管理活动。对罪犯饮食的生活保障，应当积极贯彻人道主义精神，确保罪犯的身体健康。

在监狱的狱政管理工作中，饮食管理是琐碎繁杂的一项工作。饮食管理工作，要实行科学文明管理，厉行节约，专款专用。稳定、良好的饮食管理，对监狱的秩序稳定、监狱生产的发展及罪犯的改造，都有极其重要的作用。

（一）合理确定罪犯的饮食标准

饮食标准是国家对罪犯饮食供给的质与量指标。饮食标准的确定，通常受国家政治、经济、地区物价差距和市场物价波动的影响。关于监狱罪犯饮食标准，世界各国监狱可选用的标准有货币标准、实物量标准、热量标准和营养标准。货币标准是规定罪犯每周或者每月的生活费数额；热量标准是规定罪犯每周或者每天所消耗的食物的热量，以此作为供应罪犯膳食标准；营养含量标准，是规定罪犯每天应的摄入的各种营养含量的具体标准。

我国监狱采用的是实物量标准。实物量是指满足罪犯基本生活所需的主食、副食及被服等生活必需品的实际数量。确定这一实物量标准，需要参考联合国《囚犯待遇最低限度标准规则》的规定，既要能够满足罪犯维持生命健康和体力的基本需要，又要考虑到与社会普通公民的平均生活水平相适应，还要考虑到市场物价以及罪犯劳动工种、时间、劳动强度的差异等因素。我国财政部、司法部印发的《在押罪犯伙食实物量标准》中，具体规定了我国在押罪犯伙食供给的一般标准。

表1 在押罪犯伙食实物量标准

单位：千克

品种	月标准	
	男犯	女犯
粮食	16～25	12～20
蔬菜	17～25	18～25
肉食	1.5～2.5	1.5～2.5
蛋、鱼、虾	1～1.5	1～1.5
豆制品（以干豆计算）	1～1.5	1～1.5
食油	0.75～1	0.75～1

其中，调味品要适量，燃料、炊事用具及杂支运输费根据实际需要具体确定。通常，为了保证罪犯生活实物量标准按时、足额到位，维护罪犯的合法利益，提高监管改造的质量和社会效益，各监狱管理局一般根据国家粮油购销政策和市场情况具体确定。

（二）合理调配罪犯伙食

监狱应在罪犯伙食定量标准范围内，根据季节及劳动强度，实行科学配餐、应时调整，保证罪犯吃饱、吃热、吃熟、吃得卫生，并获得足够的热量和营养。尽力调剂和改善罪犯的伙食，做好一日三餐。要注意食品的加工工艺，在加工烹调时讲究方法，尽量减少营养素的损失，注意主、副食品在数量、质地、色泽、味道、形状上的合理搭配。逢年过节要精心准备节日餐，还要根据季节的不同，调整饮食。在饮食管理上，应注意以下几个方面。

1. 特殊群体的规定

照顾少数民族罪犯的特殊生活习惯。在具有特殊饮食习惯的少数民族罪犯集中的监狱，要设置单独的民族食堂。少数民族罪犯少的监狱，也应开设专灶，将原料、辅料、饮食用具等物品同汉族罪犯严格分开，指派本民族罪犯负责烹饪。对患有严重疾病或住院治疗的罪犯，伙食标准应高于一般罪犯。未成年犯由于正处于生长发育时期，所以伙食标准应适当高于成年犯，以保证未成年犯身体发育所需的足够的食物营养。对女犯，在伙食标准上也应适当给予的照顾。对外籍犯，根据国际惯例和人道主义精神，伙食标准应高于一般罪犯，并应照顾其特殊生活习惯，设立专灶。

2. 特殊时期的规定

禁闭期间的罪犯由于不参加劳动，体力消耗不大，所以伙食标准应低于一般劳动罪犯。从事农业劳动的罪犯，伙食供应标准要有农忙和农闲之分。对从事矿山，井下、高温、有毒、危险作业等复杂条件劳动的罪犯，伙食标准可适当提高，并要严格按照国家有关规定保证保健食品的供应，不得降低或克扣。

（三）健全罪犯的伙食管理制度

一般而言，监狱要为罪犯建立食堂。罪犯食堂管理应落实监狱人民警察直接管理原则，选定专职监狱人民警察具体负责。每个罪犯食堂应选专职警察管理，500 人以上的罪犯伙房，要选配 3 ~ 5 名。

食堂要分别设立主食灶、副食灶、少数民族灶、病号灶、保健灶。要配置必要的食品加工机械、炊具、餐具和其他设施，并加强采购、使用、保养、维修等管理，保证其正常使用、安全运转。严禁安置不符合安全标准的锅炉、燃气燃油设备。对罪犯食堂的刀（工）具要加强管理，应固定专人负责，严格领用手续，用后上锁保管，禁止转借，谨防遗失，公布伙食账、食谱等。为了做好罪犯的伙食供应，要健全各种伙食管理制度。

1. 实行罪犯伙房事务长（员）责任制

事务长（员）必须由监狱人民警察担任，负责直接管理罪犯食堂各项具体工作的组织指挥，核算罪犯食堂账目，负责罪犯食堂物资的采购并要严把质量、数量、价格关，要确保罪犯吃够定量、吃熟、吃热、吃得卫生。负责对炊事人员的管理教育和考评。负责对罪犯食堂物资设备、器具的保管、确保安全生产，监督罪犯食堂卫生。定期制定、变更食谱，定期组织召开伙食管理委员会会议，研究改善伙食，按月公布伙食账目。

2. 实行罪犯伙食管理委员会制度

“伙委会”是罪犯伙食的自我管理组织，它是在监狱人民警察领导下，组织适当数量的罪犯代表参加，对罪犯食堂、伙食实施监督和自我管理的组织形式。一般设主任、副主任各1名，委员若干人。主任由监狱生活卫生科科长或者监区主管后勤的监区长担任，副主任由事务长（员）担任，委员会由罪犯代表担任。其主要职责是收集、反映罪犯对罪犯食堂、伙食的建议和意见；定期召集“伙委会”会议，通报相关物品的物价水平、账目情况等重要事项；研究改善伙食的具体方案；按月公布伙食账目，按日或星期公布食谱；监督罪犯食堂管理的日常工作。

3. 实行罪犯食堂物资的保管制度

监狱要建立罪犯食堂的物资保管出入明细账。要注重防潮、防霉、防污染、防鼠害，粮、油、副食、燃料等物资应分类存放，领料手续要规范，领发双方严格登记签字，保管员应定期对库房物资进行盘点。伙房还应建立健全环境卫生责任制，食品卫生责任制、炊事员责任等。

4. 实行罪犯食堂食品卫生管理制度

罪犯食堂必须严格执行《食品安全法》的规定，要制定《罪犯食堂卫生制度》，要做到以下几个方面：对腐烂、变质的食品原料，采购员不买，保管员不收，炊事员不加工、不配售；在原料的存放和加工过程中，要做到生熟分开、荤素分开、食品与药物分开、食品与杂物分开，防止食品之间和食品与其他物品之间的相互污染；在清洗过程中要做到无毒无害、无虫无草、无泥沙、无杂物；防腐防霉防变质、防蝇防鼠防蟑螂、防食物中毒、防恶意投毒；禁止食用死因不明或病死、毒死的动物；禁止食用名称及性状不明的植物及菌类；禁止食用含有致病寄生虫、微生物含量超标的食品；禁止食用因容器及包装材料不洁而发生二次污染的食品。

（四）完善炊事人员选用和管理制度

对监狱罪犯食堂炊事人员管理，应制定《炊事人员个人卫生制度》。罪犯食堂的炊事员可以从罪犯中选用，但选用时要严格把关，从改造表现好、身体健康、有一定的烹饪技术的罪犯中选任，并根据需要一定比例配足。对炊事人员要定期进行身体检查，做到持证（健康证）上岗，炊事人员若有传染病和其他不宜做炊事工作的疾病，要及时调离岗位、进行治疗并调换工种，要严禁带病上灶。此外，要加强炊事人员教育，确保炊事人员思想稳定、积极改造、责任心强、语言文明、礼貌待人、善听意见、改进工作，配菜分饭时要公平、一视同仁。对炊事人员的个人卫生要严格要求，工作时间一律着囚服，戴工作帽、口罩，要勤理发、勤洗澡、勤换洗衣服、勤洗手剪指甲。炊事人员应积极钻研，不断提高烹饪技术，要教育炊事人员保持伙房清洁卫生，做到排污管理通畅，伙房内无蝇、无鼠、无蟑螂、无灰尘、无蛛网，务必保持墙壁、地面、灶台光洁，饮具、食具及食品加工机械要在使用前后清洗、消毒，并要制定相关的《刀具管理制度》及《饮食机械管理制度》。

（五）饮用水供应制度

水是生活之源，成人体内含水量约占体重的65%，为了维持身体的正常新陈代谢，必须饮用足量的水。因此，监狱应在食堂、监舍和劳动现场提供足够的开水供罪犯饮用，严防罪犯喝生冷脏水。开水必须保证干净、卫生，符合国家规定的城乡饮用水卫生标准。基本卫生要求是：水中不能含有致病生物，各种化学物质的含量不能对人体有害；注意改善和保护好水源，保持水质；对污染的水源要进行治理并达标。另外，监狱应为高温烈日下劳动的罪犯提供防暑解渴饮料，如盐汽水、盐茶水、绿豆汤等。

三、被服管理

被服管理是指监狱对罪犯囚服、被褥等用品实行计划、供应、保管、维修和更换等方面的管理活动。是罪犯生活管理及服刑处遇管理的重要内容，是满足罪犯生活需要，保障罪犯身体健康的重要条件。

（一）确定罪犯被服配发标准

《监狱法》第51条规定：“罪犯的被服由监狱统一配发。”罪犯被服的管理和供应，应本着“御寒遮体、厉行节约、整齐清洁、便于识别”的原则进行。

罪犯入监后，一律按规定着装。入监后所需要的囚服、被褥、鞋、帽、工作服、劳保用品等，由监狱机关统一配发。罪犯被服供应应按实物量标准进行，1995年7月5日财政部、司法部关于印发《在押罪犯伙食、被服实物量标准》中规定的实物量标准如表2所示：

表2　在押罪犯被服实物量标准

类　别	标　准
单衣、单裤、单鞋、内衣、内裤	第一年两件，以后每年一件
棉衣、绒裤、棉鞋、棉帽	两至四年一件（双）

续表

类 别	标 准
棉被、棉褥、蚊帐、枕头	四至六年一床（个）
被罩、褥单、枕巾、草席	一至三年一床（条）
罩衣、袜子	每年一套（双）

（二）被服的发放与回收

罪犯的被服每年统一发放两次，发放时要执行国家统一制定的不同区域（寒区、温区、热区）环境的不同被服标准。例如，在黑龙江省每年5月上旬发夏被服，九月上旬发冬被服。新入监的罪犯，可按入监季节随到随发。详细登记和填写罪犯被服使用卡，并由罪犯本人签名捺印。罪犯自己带的内衣、内裤、鞋袜、被褥、蚊帐等用品应允许按规范化管理的要求使用。有的监狱还给每名罪犯都配了睡衣，穿睡衣更舒适更卫生，也是为了给罪犯创造一个比较温馨的改造环境。因抢险、救灾或不可抗御的原因，造成被服损失、损坏的，监狱应酌情补发。罪犯刑满释放时，所发被服原则上予以收回，少数确有困难的，经监狱批准，可以不收回被褥，没有便服可供更换的，可以补发便服一套。

（三）建立健全被服管理制度

1. 使用制度

罪犯领取囚服后，应按规定在囚服里面填写所在监区（或分监区）和罪犯姓名。囚服应当自己使用，不准转让、赠送，故意毁损、沾污、变更大小或式样。

2. 修补、保管制度

监狱或监区应组织罪犯成立被服修补组，对在使用期限内破损，又不能作特殊情况提前换发的被服要及时进行拆洗修补。

3. 收旧换新制度

监区或分监区对于按使用年限应收回的旧品，不准撕扯、调换或留作他用。

4. 被服财物管理制度

监狱应对被服经费的划拨、实物的领取、发放和保管都要逐项建立账目，并制定统一的报表、凭证和卡片。

四、监舍管理

监舍管理是监狱对罪犯住宿待遇的安排和处置的管理活动。

由监舍及周围公用空间组成的区域，被称为“监舍区”。监舍区是罪犯主要活动的区域之一，罪犯每天三分之一以上的时间在此度过。监舍管理是衡量监狱管理工作的重要标准之一，加强对监舍的管理，既有利于罪犯的监管和改造，又能充分体现监狱行刑的人道主义精神。

（一）监舍管理原则

1. 集体住宿为主，兼顾个别情况

罪犯在一般情况下，应该以罪犯的正式组织为基础单位，集体住宿。这样做既便于对罪犯的管理，也有利于增强罪犯的集体责任感，发展积极的社会行为方式，树立集体主义、相互尊重的观念，同时还能使其相互监督，减少违纪现象。在坚持罪犯集体住宿的同时，也要注意兼顾罪犯个别情况。例如，对需要隔离的知密犯和罪行特别严重的罪犯，患有传染病的罪犯，需要隔离处置的罪犯，违纪和有危险性的罪犯，都要实行单独住宿。

2. 文明、科学管理原则

住宿是罪犯在服刑期间必须听从监狱安排和处置的一项限制性处遇。这一处遇涉及监舍的建造和布局，涉及住宿的人均标准、作息时间安排、住宿生活的行为规范等。因此，对罪犯住宿管理应按照文明科学管理的要求，既要在监舍的管理上做到布局合理、有利监管和实用方便，又要遵循罪犯住宿的生理需要和生活规律，为服刑的罪犯创造安全卫生的住宿条件和环境。

3. 有利于罪犯改造原则

对罪犯的住宿管理应当有利于罪犯的服刑改造和参加生产劳动，要注意减少罪犯住宿时的互相干扰，保障罪犯的休息和睡眠。对从事零散劳动的罪犯，不准安排单独住宿和外宿，以免发生事故。对罪犯住宿过程应当加强监控，防止罪犯利用住宿过程进行违法违纪活动。

（二）保障罪犯住宿标准

罪犯住宿场所要符合国家有关规定。罪犯的居住面积每人不少于 3 平方米，居住场所要符合有关卫生、防火、防震、通风、采光和取暖的标准和要求。

（三）做好罪犯监舍管理

1. 合理安排罪犯住宿

监舍由生活卫生科统一管理，统一安排使用。监舍的分配与调整，由生活卫生科会同管理科根据各监区（分监区）的押犯数量提出方案，经监狱领导批准后，进行分配与调整；任何部门不得随意调整和挤占。监房的分配要合理，住宿的安排要有利于监管，有利于罪犯的休息，有利于卫生和使用方便，有利于生产劳动的组织，有利于监狱内的安全和秩序。

2. 监督罪犯住宿

监舍应符合卫生、防火、防震的标准及监管改造要求，做到坚固、安全、通风、清洁、保暖，夏季应有防蝇、蚊设施。监舍的一切设备由生活卫生科统一登记建账，不得随意搬迁或由个人使用。随时注意监房的变化，建立监房维修制度。每年至少对监舍的完好程度进行两次以上的检查，发现问题及时处理，并按年度提出维修建议。注意控制罪犯住宿场所的各种情况和周边环境，防止出现事故。

3. 建立各项管理制度

建立科学的作息时间表，建立值班查铺制度、物品保管制度、突发事件和紧急情况应急处置制度以及各项有关管理制度。

五、作息管理

作息管理是根据罪犯体能消耗与恢复平衡的生活规律，在一天内对罪犯的起居、劳动、学习、文体活动时间作出科学安排，并监督实施的管理活动。

（一）合理安排罪犯的作息时间

《监狱法》第71条第1款规定："监狱对罪犯的劳动时间，参照国家有关劳动工时的规定执行；在季节性生产等特殊情况下，可以调整劳动时间。"

罪犯每天的劳动时间一般为8小时，平均每周劳动时间不超过44小时。罪犯每天学习文化、技术的时间一般为2小时，睡眠时间保证8小时。罪犯每天要有1～2小时的文体活动时间，其余时间可组织集体活动。

对需加班的情形，监狱必须提前拟订加班计划，经监狱狱政、劳动管理部门审核，报监狱长批准，方可实施。延长劳动时间的，要支付一定数量的加班费；节假日安排罪犯劳动，支付高于平常加班的加班费。

（二）加强作息的统一管理

制定适合本单位具体情况的作息时间表，规定罪犯每日起床、早操、洗漱、整理内务、就餐、学习、劳动、文娱、就寝的具体时间和要求。对罪犯作息时间的统一管理，有利于培养罪犯良好的行为模式和生活习惯，有利于罪犯的身心健康。

六、财物管理

财物管理是监狱对罪犯私人物品、现金、日用品供应的管理活动。

（一）对罪犯私人物品的管理

1. 认真登记

罪犯在服刑期间，可以按规定保存、使用一定的私人财物。凡属于罪犯合法的私人财物，在罪犯入狱时，都要登记造册。监区（分监区）应对每个罪犯建立1份罪犯财物登记表，登记后，应由罪犯当场核实签字。罪犯的贵重物品、有价证券、存折、汇款，由监狱有关职能部门统一建账管理，日用品、学习用品、换洗衣物、被褥由罪犯个人使用、保管。

2. 确保保管安全

监区（分监区）应设立罪犯储藏室，统一存放不宜罪犯个人保管的物品。储藏室每周开放1次，其钥匙应由民警掌管。罪犯物品要妥善保管，不得损坏、丢失、更换、转借和挪用，如有损失，应予赔偿。罪犯有正当用途时，准予领取；罪犯释放、假释或保外就医时，应予以发还；罪犯调动时，由调入、调出单位统一办理财物移交手续。脱逃罪犯的财物，由监狱保管，被捕回后，仍属罪犯本人所有。死亡罪犯的遗物，应交家属领回，逾一年仍不来领取或无法投寄的，列出清单，经监狱主管领导批准，上缴国库。亲属在港、澳、台地区和外籍罪犯死亡时，逾二年仍不来领取或无法投寄的，列出清单，经省监狱管理局狱政批准，上缴国库。对罪犯私藏的现金、有价证券、违禁品以及无法证明来源的其他财物，应予以没收，并做好登记。没收的现金、物品一律交财务、狱政管理部门处理。

（二）对罪犯零用钱的管理

罪犯零用钱是监狱发给罪犯购买生活必需品的费用。罪犯的零用钱按月定额发放，一般按每月10～20元。零用钱不以现金的方式支付，记入罪犯现金账（或存入罪犯卡内）。罪犯有正当用途时，经监狱人民警察批准，可以正当合理地支出使用。罪犯的零用钱及亲属会见时送的现金及汇款，存入罪犯个人消费卡中，在狱内超市消费使用；罪犯有正当理由需支付存账的现金时，应经监区（分监区）主管民警批准。

在监狱里，一律禁止私自保存和使用现金。罪犯本人的大数额现金，由罪犯所在分监区代为存入银行，存折由分监区指定专人负责保管。罪犯的小额现金，一般由监区或分监区指定专人保管，记入罪犯个人现金账。罪犯的私人现金，除本人外，任何人不得侵吞、借用、挪用，监狱应切实保障罪犯的合法财产不受侵犯。

（三）对罪犯日常用品的供应

监狱应设置罪犯日常生活用品供应站，供应站是服务性机构，不是经营性部门。供应站销售的物品应有利于监管、改造和罪犯的身体健康。供应站销售的物品应价格合理、质量合格，要杜绝出售质次价高的物品。从组织机构的设置、人员配备到物品的采购、出售、保管、使用等方面着手，建立健全规章制度，保障正常供应。人员配备上必须坚持监狱人民警察直接管理原则，但严禁现金的交易形式。可以设置罪犯购物超市，微机管理，刷卡交易。

七、监区文娱活动管理

监区文娱活动管理是指监狱为促进罪犯改造，丰富罪犯的精神生活，为罪犯提供的符合当代社会价值的精神环境和改造氛围的管理活动。从广义的角度看，监区文娱活动管理包括广泛的内容，如行刑法律制度、纪律规章、三课教育、罪犯处遇、卫生管理、环境美化、文体活动等。从狭义的角度看，监区文娱活动管理侧重指监狱对开展各种健康的文化娱乐活动所进行的组织、指挥、控制、监督等活动。

监狱在组织文娱活动时，应秉承“艺术矫治人、文化熏陶人、环境改造人”的理念，立足于罪犯的精神文化需求，开展监区文化建设，提高监区文化品位，激发罪犯改造热情，形成健康向上的监区文化氛围。目前，监狱着力打造“四史”教育文化长廊。在监内监舍楼监院隔离围栏处，分区域设置政治教育宣传板，每栋楼设置18块展板，分别设计“四史”教育内容：如党史长廊设计一大召开、遵义会议、延安整风、十八大、十九大会议等内容；新中国史长廊设计开国庆典、国庆大阅兵、香港回归等内容；改革开放史长廊设计十一届三中全会、特区建设、南方谈话等内容；社会主义发展史长廊设计“两弹一星”、三峡大坝、南水北调、2008年北京奥运会、“和谐号”高铁、“辽宁号”航母、探月工程、美丽乡村建设等内容。文化长廊激励了服刑人员的爱党爱国情怀，让他们从“四史”教育中汲取精神营养，校准人生航向，追逐新生梦想。

（一）制订文娱活动计划

监狱应分别制订出监狱及监区文化活动的年度计划以及重要节目活动的实施计划，确保其内容健康、格调高雅，罪犯喜闻乐见。

（二）完善文娱活动设施

要建立礼堂、图书阅览室、电视室、娱乐活动室、播音室、报刊专栏等，开辟集体运动场地，添置各种文体娱乐器材。

要美化监内环境，突出监区文化的导向作用。要在狱内房舍墙壁的适当位置悬挂、绘制、张贴格调高雅、气韵清新并富于启发性、鼓励性的图片、标语、格言警句等作品。在监舍院子围栏粘贴名人名言和各类山水花鸟画，在习艺场所醒目位置挂放安全警示标语、生产管理制度、劳动操作规程等牌匾。

加强图书阅览室建设，丰富图书种类，完善图书阅览管理制度，为罪犯学习科学文化技术提供良好的环境。

（三）丰富监狱文化资源

监狱应组织罪犯开展内容丰富多彩、形式多样的文体娱乐活动，充分利用罪犯的业余时间，开展读书、看报、唱歌、下棋、观看电影录像、练字作画、出板报、文艺演出、演讲比赛、诗歌比赛、书面及手工艺品展等文娱活动，组织罪犯进行体育锻炼，定期开展队列、球类、田径等体育比赛。根据罪犯的爱好与特长，监狱可以成立器乐兴趣班、声乐兴趣班、书画兴趣班、表演队等，为满足罪犯不断提高的文化需求，提供更加广阔的空间。

（四）加强文娱活动的监督

加强监区文娱活动的监督管理，在监狱范围内开展监区文化净化行动，定期或不定期在狱内进行清缴行动；加强对罪犯自订报刊、外送书籍、租借或购置音像碟片的审查，严控不良文化信息的流入；加强健康知识的宣传。同时，监狱对狱内小报要实行民警编辑问责制，进一步规范稿件审批权限和审批程序。

第七节　医疗卫生管理

卫生管理是监狱对狱内生产区、生活区的环境卫生、监舍卫生和罪犯个人卫生的管理活动。医疗管理是指监狱为罪犯提供必要的医疗条件，保证罪犯身体健康的专门工作。这项工作是社会主义人道主义精神的具体体现，是防治疾病、保证罪犯身体健康、教育感化的有效手段，也是保障罪犯基本权利的必然要求。

一、卫生管理

（一）监狱环境卫生管理

监狱环境卫生管理是指对生产、生活区的场、院、道路、照明灯饰、线路，洗漱室（盥洗室）、卫生间、澡堂等卫生设施，供水、排污系统，垃圾场、坑、箱、车，户外的衣物晾晒场地，户外文体场地以及户外环境卫生区的绿化、美化等场地进行管理，使之符合卫生标准的活动。在进行这些场地的卫生管理时，要符合以下要求：

1. 监内的生产、生活区的场、院、道路要平整，路面要全面硬化，地面无积水、无杂草；灯饰布局合理齐备，各种线路安装规范，既考虑到美观大方，也做到方便安全。

2. 洗漱室（盥洗室）、卫生间等卫生设施完善，与伙房、水源保持一定距离。有条件的监狱要使用水冲马桶，条件不允许的监狱每日必须清扫冲洗厕所，定期消毒，灭蚊灭蝇、灭蛆蛹。

3. 对监内澡堂、洗漱设施，使用后要及时打扫，清理垃圾。澡堂要专人负责安全管理和卫生清扫；对洗碗洗菜设施，用后应及时清除残渣剩饭，清洁油渍、污迹。

4. 生活用水必须符合饮用水标准。供水管道无滴漏，对水塔、水池要安排专人（民警）负责，要定期清洗，除去泥沙、水垢及杂物，并消毒处理杀灭病菌。排污道要畅通，无堵塞现象，特别是从监内直接排出监外的污水管道一定要定期检查，防止安全事故的发生。

5. 狱内设置的果皮箱、垃圾箱要美观、庄重、大方，摆放在合理的位置，要及时清理，保持清洁。环境卫生区责任划分到监（管）区，指定专门的民警负责，在环境卫生区的醒目位置设立内容文明、积极、健康、向上的标志牌，牌上的名言警句要起到赏心悦目、催人奋进的作用。

6. 户外衣物晾晒需在指定的地点，不得随意悬挂。晾晒点应设于阳光充足的地方，但不允许在监内任意牵线或搭架晾晒衣服，影响生活和监管安全。

7. 户外文体活动设施应定期涂刷油漆，防止锈蚀，要经常擦洗，保持干净。

8. 对监区院内，监舍周围，要规划合理，外墙涂料、瓷砖颜色搭配要协调统一；对生产区、生活区空隙地带，应合理规划，栽花种草，绿化环境。绿化活动要注意：（1）利用空闲地，不占用集体活动场地；（2）监狱围墙内侧5米范围内不种植；（3）绿化植物不选用高大的灌木、乔木类，应多选用草本或常绿灌木；（4）力争绿化面积达到30%以上，实现绿化与美化结合。

为确保监狱环境卫生不断优化，要抓好日常卫生工作，制定缜密的环境卫生制度，使各环境卫生区域的卫生标准具体而明确。继而分片包干，专人负责，不留死角，并加强常规监督检查，确保落实。

（二）监舍卫生管理

监舍卫生管理范围主要涉及狱内的罪犯宿舍、沐浴室、理发室、盥洗室、储藏室、更衣室、阅览室、图书室、谈话室、活动室等。监舍卫生管理的主要要求是：

1. 监舍及其配套设施应符合监管改造罪犯的需要，符合《监狱法》第53条规定的坚固、通风、保暖、清洁、保暖，罪犯的居住面积每人不少于3平方米。符合国家规定的卫生、防火、防震标准。

2. 监狱要健全监舍卫生管理制度、落实卫生责任制，由监狱民警对罪犯的卫生实施考核，并把日常卫生作为对罪犯考核奖惩的一部分。

3. 分监区民警负责监舍内务管理，实行全监（所）统一。监舍卫生要求清洁美观，物品摆放要求整齐有序、规范划一。

4. 教育罪犯自觉爱护公物、遵守卫生纪律。要教育他们爱护监内的公共设施和一草一木，损坏要照价赔偿；要养成良好的公共卫生习惯、不乱丢垃圾、烟头，不随地吐痰、便溺，不乱泼洒脏水；对个人被服等物品要经常洗、晒，认真履行卫生责任制，搞好监舍卫生；要敢于同不文明、不卫生的行为作斗争，自觉维护监舍环境卫生。

（三）个人卫生管理

个人卫生管理，就是要培养罪犯良好的个人卫生习惯，矫正不良的个人卫生习惯。具体来说，要求罪犯做到：

1. 早晚刷牙、洗脸、睡前洗脚、勤剪指甲、不随地吐痰、便溺。

2. 衣服被褥勤洗、勤换、勤晒，保持衣着、床铺整洁。

3. 不乱扔脏物、废物、果皮、纸屑，不践踏、毁坏花草树木。

4. 定期洗澡、理发，男犯一律理光头，女犯一律留齐耳短发，不准烫发、染指甲、抹口红、戴首饰。

5. 吸烟要定时、定点、定量管理，提倡自觉戒烟，公共场所严禁吸烟。

6. 饭前便后要洗手，不喝生、冷、脏水，不食不洁食物和过期食品，不暴饮暴食，保证餐饮器具的卫生，养成良好的饮食习惯。

7. 不准歧视、虐待少数民族（外籍）的罪犯，对他们特殊的生活习惯，按照有关政策规定办理。

（四）洗澡、理发管理

罪犯要合理安排洗澡理发时间，每月不得少于2次。对洗澡、理发的管理，要求做到：

1. 监狱要设立罪犯浴室和更衣室，配备洗浴更衣设施。浴室采用淋浴方式，要定期消毒，搞好卫生清洁工作。

2. 浴室的服务犯必须经过体检取得健康合格证。患有性病、皮肤病及其他传染性疾病的罪犯不得进入公共浴池洗澡。

3. 洗澡时，由分监区民警带领，并检查、登记后方可进入浴室（对从事煤炭、水泥、冶铁、采石等特殊工种每天需要洗澡的除外）洗浴完毕后集体带回。

4. 在监区或分监区设立理发室，为罪犯理发。理发的工具由生活科统一提供，并实行单元式集中管理，刮脸刀片不得混用，不得借用，防止交叉感染。

二、医疗管理

（一）罪犯就医管理

罪犯享有合法的健康权，监狱人民警察应经常注意观察罪犯的健康状况，确保罪犯有病能够得到及时诊治。

1. 罪犯就医，由分监区民警带领，确保就诊秩序。病犯要听从民警医生指导，服从管理，不得无理取闹、指名要药、索要病假条和病号饭条，要遵从医嘱，配合治疗。

2. 病犯在住院期间，分监区民警要从生活和精神上给以关怀，促使病犯早日康复。

3. 病犯因病情需要手术、输血等有风险诊疗时，应视病情由本人或所在监区主要领导签字同意。因病情需要罪犯家属签字的，应通知其家属签字。

4. 对重病犯应及时下达病重通知书。有生命危险时，立即下达病危通知书。病危通知书一式四份，医疗部门、分监区、狱政科、罪犯亲属各保存一份，由狱政科通知罪犯亲属。

（二）罪犯体检管理

罪犯体检，分为新入监体检和健康普查。新入监体检在入监时完成，健康普查每年一次，在春季进行。对从事生活卫生服务的罪犯，每半年进行 1 次健康检查。体检项目包括一般物理检查、X 线检查、血常规、血型和肝功能检查。集训监狱（所）配合当地疾病控制中心对新入监罪犯全部进行 HIV 抗体筛查。罪犯体检由医疗部门负责实施，由医务所警察对罪犯进行体检，并对体检结果签字、负责。罪犯体检后，立即造册、登记，客观、准确填写体检表并存入健康档案。建立健全罪犯健康档案管理制度，健康档案应设专柜保存，由专门民警直接管理。罪犯刑满释放后，健康档案归入罪犯档案统一保管。罪犯体检结果作为罪犯健康状况、工种调换、伤残鉴定等的依据。体检中发现的传染病犯应立即隔离治疗，防止传染病蔓延和扩散。

（三）卫生防疫管理

监狱卫生防疫工作应本着“有病早治，无病早防，预防为主，防治结合”的原则，认真落实《传染病防治法》《突发公共卫生事件应急条例》，采取各种有效措施，降低发病率，提高罪犯的身体素质与健康水平。

1. 监狱（所）医院和卫生所需要建立卫生防疫部门，接受当地卫生防疫部门的业务指导，建立、完善监狱（所）三级卫生、疾病预防网络体系［三级，即省（自治区、直辖市）监狱管理局为一级网络，各监狱的医院、卫生所为二级网络，各监狱的监区（分监区）为三级网络］，制订卫生防疫工作计划。一般情况下，监狱（所）卫生防疫部门会由生活科组织建立。

2. 建立健全并严格执行卫生管理、防疫制度，做好新入监罪犯体检和年度健康检查，及时发现传染源，阻断传播途径，有效预防传染病在监内蔓延流行。

3. 开展卫生宣传教育工作，采取多种形式在罪犯中普及卫生防疫知识，养成良好的卫生习惯，不断提高罪犯的防病意识。不断改善罪犯的劳动条件，开展预防接种和预防服药工作，提高罪犯群体免疫能力。

4. 定期组织开展爱国卫生运动，做好“三管两灭”工作，消除鼠害、病媒昆虫、人畜共患传染病动物以及其他传播传染病病源。根据季节和疫情，组织定期、不定期的消毒工作。监舍、餐厅、教室、垃圾点、卫生间等重点部位，每月消毒不少于2次。

5. 要加强污水、垃圾和粪便的无害化处理。采取防暑降温措施，预防中暑事件的发生，做好食品检疫工作，杜绝发生食物中毒事件。

6. 建立和完善罪犯疾病预防控制体系和应急预案。监狱（所）发生公共卫生事件时，应立即启动《公共卫生突发事件应急预案》。

（四）传染病管理

传染病是指国家法定的甲类、乙类和丙类传染性疾病。参照国际上统一分类标准，结合我国的实际情况，我国将发病率较高、流行面较大、危害严重的38种急性和慢性传染病列为法定管理的传染病，并根据其传播方式、速度及其对人类危害程度的不同，分为甲、乙、丙3类，实行分类管理。在管理与预防中，要坚持“预防为主、防治结合”的方针，群防群治、分类管理。根据传染病的危害程度，应采取的监督、监测、管理措施主要有以下几种：

1. 医疗部门应设置独立的传染病区。规范对艾滋病等严重传染病犯的管理，关押HIV抗体阳性罪犯的监狱（所）应设置特别管理病区。

2. 发现甲、乙类传染病犯立即隔离治疗，同时对密切接触者进行医学观察。

3. 被传染病病原体污染的水、污物、粪便，必须按照卫生防疫部门提出的有关卫生要求进行消毒杀菌处理。

4. 传染病病犯、病原携带犯或疑似传染病犯，在治愈或者排除传染病嫌疑前，不得从事易使该传染病扩散的工种。

5. 加强对传染病犯相关疾病知识的宣传，稳定罪犯思想情绪，教育和鼓励病犯增强抗病信心，自觉服从管理，积极配合治疗，防止交叉感染。

6. 要建立健全传染病犯登记、统计、报告制度，发现确诊或疑似传染病犯必须在法定的时限内（甲类要在12小时内，乙类要在24小时内）报告当地卫生防疫部门和省监狱管理局。

延伸阅读

依托亲情可视电话　做好帮教工作
——可视电话，让亲情无距离[①]

镜头一：谢犯，判处死缓，在某省二监服刑。服刑期间，自暴自弃，自以为

① 资料来源：http：//cb1000. blog. bokee. net/bloggermodule/blog_ viewblog. do？id = 398966，2006－11－24，资料经过重新整理和编辑。

人生到了终点，曾托父母为他寻找坟山，准备后事。去年冬天又闻家中出了诸多琐事，更令他思绪万千，焦忧不安，恨不得见到亲人，问个究竟，看个端详，可是都没有这个机会和条件。

监狱开通可视电话后，他的父母、兄弟、侄儿、姐姐和姐夫终于在可视电话那边出现了，谢犯亲属诉说一番情由后，再三叮嘱他要好好改造，争取减刑，振作精神，重新做人。在亲人多次教诲下，谢犯表示要狠下决心，刻苦改造，脱胎换骨，绝不辜负政府和亲人的期望。

在亲情感召下，谢犯终于立功赎罪，被减刑1年零8个月。

镜头二：省女监罪犯郑某某，因故意杀人被判处死缓后，情绪一直低落，自暴自弃，破罐子破摔，长期不服管教，甚至动手殴打管教民警，造成不良影响。女监领导曾要求我们共同做好该犯的思想工作，让其安心改造。可视电话开通后，我们特意联系她非常敬佩的叔叔同她结对帮教。她叔叔有一定的政治觉悟和文化素养，每次通话总是苦口婆心，循循善诱，动之以情，晓之以理，终于使这名从不低头的顽固女犯哽咽难言，流下了后悔的泪水……

据女监反映，该犯自通了可视电话后，心理开始矫正，情绪稳定了，思想进步了，劳动也积极了，开始服从民警管教，改变了过去恶习，进步很快。亲人面对面帮教的实际效果，使亲属们深受教育和启发。

结语：亲情可视电话是在监狱设立亲情可视电话工作站，让罪犯与亲属、社会利用现代化的通讯工具，进行交流的方式。

在可视电话工作站，设有专设器材，配有电脑微机、打字机、电视机、传真机、空调器及可视电话配套设备。备有相关详细的资料："在监罪犯名册""可视电话预约登记名册""已拨可视电话人员名册""要求探监（所）帮教人员登记册""'一对一'结对帮教登记表""法律援助登记表""可视电话通话明细表""可视电话通话月报表"等系列档案台账，设立专管档案。

在工作站，直接管理民警对要求通话的具体人和事一一进行详细登记。在预约登记表中注明登记时间、主通话人姓名、身份证号码、通话理由、被通话人姓名、监（所）队、性别和与通话人关系、通话次序、传真号码、明传日期、通话时间及经办人、联系人姓名等。对已预约登记而无故终止通话者，取消其亲属通话资格，并及时了解实情，查明原因，区别情况做好疏导工作。

亲情可视电话的运作形成一套科学、完整的工作体系。在具体操作过程中逐步完善了10项工作流程：①建档造册；②传递信息；③宣传发动；④预约登记；⑤明传清册；⑥双向审查；⑦确定时间；⑧通知到位；⑨现场监督；⑩回访谈心。

实践证明，亲情帮教可视电话在社会亲情帮教活动中收到了不可估量的实际效果。

第八章

激励管理

第一节　激励管理概述

一、激励管理的概念

激励是现代管理学中常用的一个概念，也是现代管理学中的一个研究范畴。所谓激励，是指激发人的行为动机的过程。在语言学中，激励是“促使”“激发”“鼓励”的意思。

在狱政管理学中，激励管理是指监狱运用各种激励手段激发罪犯改造动机，强化罪犯改造的内驱力的管理方式。激励管理是狱政管理的重要组成部分。

二、激励管理的理论依据

所谓激励过程，简单地讲，就是需要—欲望—满足的连锁过程。现代社会中，有关激励的理论发展很快，在实际管理中，激励的因素也很多。下面简要介绍几种在狱政管理中常遇到的激励理论。

（一）需要层次理论

人本主义心理学家马斯洛所提出的需要层次理论，是被人们最广泛提及的激励理论之一。他认为人类的需要是以层次的形式出现的，由最低级的需要开始向上发展到最高级的需要。但一组需要满足了，这组需要就不再是激励因素了。

马洛斯所提出理论的需要层次，由低向高依次为：

1. 生理的需要

这是人类维持自身生存的基本需要，有食物、水、衣服、住处、睡眠等方面的需要。马洛斯认为只是这些需要能满足维持生命所必需的物质条件后，其他的需要才能起到激励的作用。

2. 安全的需要

安全或者安定是要求保障人身安全和使人们摆脱为失去工作及丧失财产、食物、衣物或者住房而担心的需要。

3. 友爱的需要

友爱见于与他人交往的过程中，旨在发展或者保持令人满意的亲密关系的行为。在组织中，非正式组织的友好行为是满足这种需要的主要源泉。友爱的需要也可以称作参加组织或者得到赞许的需要，因为任一社会的人都需要归属于其他的一些人，并为其他一些人所赞许。

4. 尊重的需要

根据马洛斯的理论，人们的归属需要一旦开始得到满足，他们就会自己尊重自己，并被别人所尊重。这种需要产生了诸如对权力、声望、地位和自信一类的满足。

5. 自我实现的需要

自我实现的需要也称自我完成。这是一种欲望，其内容是使人能最大限度地发挥自己的潜能。马洛斯在他的需要层次理论中，将其看作最高的需要。

马洛斯的理论解释了人类比较重要的需要，但这些需要的层次却存在很大的争议。实际上并不是只有低级需要得到满足后才产生高一级的需要。马洛斯最为人们接受的理论，是他关于已经满足的需要不再有激励作用的理论。

（二）激励/健康理论

在管理思想和管理活动中产生巨大影响的激励理论，是激励/健康理论。这种理论认为存在两种因素：一种因素是保健因素，又称维持因素，这些因素构成工作环境，它们的存在并不激励一个组织中的成员，但它们必须存在，否则成员将会产生不满。这些因素有单位的政策和管理、监督、与领导的关系、工作条件、工资、与同事的关系、个人生活、与下属的关系、地位、安全等。需要强调的是，这些因素是环境因素，这些因素不满足，成员就会不满，但满足了也不会产生激励作用，不会使他们产生满意感。

另一种因素是激励因素，这些因素与工作本身内容有关，它们是成就、获得承认、工作本身、责任、进步和发展。它们的存在将会使成员产生满意感，否则就会没有满意感，而不是不满意。

双因素理论，将一些因素归入健康或者维持因素，将另外一些因素归入激励因素，前者是工作环境，后者是工作本身。它提示管理对增强工作激励予以相当的重视。但是，双因素理论也受到了挑战。其中最突出的是，关注保健因素在产生满意或者不满意因素过程中的作用，而比较少关心环境因素，这是符合双因素理论的。但是也有些是“寻求维持者”，他们更为关心环境条件，环境条件对于他们来说，也是激励因素。也就是说，哪些因素能激励人们，是与个人的情况有很大关系的。

对于正在监狱服刑的罪犯来说，监狱服刑环境、监狱内的生活劳动条件对他们来说是很重要的激励因素。

（三）期望理论

解释激励的另一种方法可以称为期望理论，许多人认为它对理论和实践都有很大的作用。这一理论认为，激励力 = 需要 × 预期。第一，需要产生目标价值，也就是效价，需要越强烈，目标价值越大，效价越高，对一个人的激励力越大。第二，对于激励来讲，只有需要还是远远不够的，还有一个重要的方面，即可以称作“精神方面”的内容，心理学家称为感觉和认识过程，管理学家将其称为观察与思考的过程。对于激励来说，这些过程的重要性在于，单有愿望和需要还不能激励行为。一种或者一组没有满足的需要，可能对一个人具有吸引力，对另外一些人可能没有吸引力。即使有吸引力，也有大有小，这取决于一个人对成功机会的信心和预期。预期也就是期望值，是一个人根据过去经验判断一定行为能够取得某种结果或者满足某种需要的可能性或者概率。期望值越大，实现的可能性越大，激励力就越大。

就服刑罪犯来说，监狱首先是帮助他们设置一定的目标，这些目标要对罪犯有一定的好处，有一定的价值，值得罪犯去追求，罪犯愿意去实现这些目标，也就是要帮助它们产生强烈的需要。另外，这些目标是罪犯经过一定努力可以达到的，如果目标可望而不可即，罪犯认为怎么努力也达不到，那样的目标就是无效的。

（四）三种需要理论

所谓“三种需要”理论，把人的需要分为对权力的需要、对社交的需要和对成就的需要三种需要。

对权力的需要，内容的核心是努力影响他人，寻求有影响的地位。

对社交的需要，也就是对联系的需要。核心内容是特别努力与他人相处，喜欢与他人相聚。

对成就的需要，极需成就的人，对成功有一种强烈的要求，同样也强烈担心失败。其核心是为自己确定挑战性的目标，努力实现目标，重视工作反馈。

除了上面所讲的四种激励理论外，常用的还有行为修正激励理论等。

三、狱政管理的激励机制

所谓狱政管理的激励机制，就是寻找适当的刺激点，激发罪犯服刑改造的内在驱动力，也就是常说的调动罪犯的改造积极性。寻找适当的刺激点，就是要研究服刑罪犯的需要，然后寻求合法、合理的途径满足罪犯的需要，并且将满足罪犯需要的过程与改造目标紧密地结合起来。

一般来说，狱政管理的激励机制主要有以下几种：

（一）实惠机制

所谓实惠，是指实际的好处。对于服刑罪犯，要调动他们的积极性，最为有效的方法之一，就是以实实在在的物质利益为诱导，并将得到这些物质利益与他们的实际表现挂钩，使罪犯清楚地认识到，认真遵守监规、接受教育改造，就能得到实际的好处，若要得到实实在在的好处，只有一条路可走，那就是积极改造。这样，实惠机制就可以发挥作用了。

对罪犯来说，用以激发罪犯内在驱动力的实惠主要是指：服刑期间的优惠生活待遇、放宽限制自由的程度、相对多一些的劳动报酬或者奖金、会见亲属时的优惠待遇、获得减刑或者假释的机会等。

实际的需要是激励罪犯的先决条件，但除了需要外，还有一个期望值的问题，也就是实现优惠待遇的可能性要充分估计。目标定得过高，大多数罪犯感到可望而不可即，实现的可能性太小，就会挫伤罪犯的积极性。实施分级处遇后，有些罪犯讲“宽管难争，严管难受，普管太平”，就有这种情绪。相反，如果标准定得太低，罪犯根本不用努力就能达到，这同样会挫伤积极改造的罪犯的积极性。

（二）荣誉机制

荣誉，相对于实惠而言，是光荣的名誉。监狱不仅可以用实惠作为刺激点，同样可以用荣誉激发罪犯的改造积极性。比如，给予罪犯“改造积极分子”“三好学员”“见义勇为好公民”“拾金不昧积极分子”“抗震（抗洪）救灾积极分子”等荣誉称号。

给予有突出表现的罪犯以各种荣誉称号，不仅是激励罪犯的需要，而且是在监狱内大力弘扬正气，树立良好的服刑改造氛围的需要。监狱对积极改造的罪犯要敢于大力表彰，敢于树立正面典型。对于谩骂、围攻正面典型的罪犯当中的首要分子，要严厉打击，毫不手软。

（三）评价机制

心理学的“操作条件反射”理论认为，人类或者动物为了达到某种目标，会采用行为来作用于环境，当行为结果对本身有利时，这种行为会重复出现；当行为结果对本身不利时，这种行为就削弱或者消失。这种理论应用于管理中，就产生了“行为修正激励理论”：对人的某种行为给予肯定或者奖励，就会对人的这种行为起到正强化的作用；当对人的某种行为给予否定或者惩罚，就会对人的这种行为起到负强化的作用，正强化是激励人的行为。

在管理过程中，起正强化作用的行为激励，既有正式的奖励，如行政奖励、刑事奖励措施；也有非正式的赞许，如表现赞许的微笑和手势等。激励的产生主要在于奖励评价的及时，奖励越及时，强化效果越好；反之，就越差。

在狱政管理中，对罪犯的惩罚性的评价同样是重要的。

对罪犯的肯定和否定都要涉及评价，但是评价必须准确、客观、真实和得体，才会有预期的激励作用。

（四）竞争机制

竞争是当今社会的一个特征，监狱内罪犯之间同样存在竞争。竞争需要机会，需要恰当的机会，竞争更需要秩序，需要规则。没有良好的秩序和规则，就会产生竞争当中的投机行为，竞争就失去了公正性。多数罪犯素质较差，缺少健全的良知，不少罪犯信奉“为实现目的不择手段”的人生哲学，在监狱内的竞争中，只要有机会就违反“竞赛规则”。这些，监狱在罪犯考核、分级处遇当中，必须努力完善规定，加强执法力度，特别要强调公平原则，对改造中的投机取巧行为、欺骗行为要严加防范和制止。

第二节　考　　核

一、考核的要素

考核是监狱依照一定的标准和程序，对罪犯在一定时期内的改造表现进行综合考察与评定。对罪犯的考核是狱政管理工作的重要组成部分，对罪犯的考核结果是狱政管理的基本依据。

一般来说，狱政管理中对罪犯的考核活动的基本要素是：

（一）考核主体

狱政管理中的考核主体是监狱。《监狱法》第56条规定：“监狱应当建立罪犯的日常考核制度，考核的结果作为对罪犯奖励和处罚的依据。”由此可见，监狱是考核的主体，考核权应当归属于监狱。这是因为，考核权是行刑权的一部分，享有者只能是监狱。监狱人民警察是根据监狱的授权具体行使考核权，其行为结果只能归属于监狱。

（二）考核客体

狱政管理中的考核客体是罪犯的改造行为表现，包括罪犯思想改造与劳动改造等方面的综合表现。考核的客体不是孤立的人，而是人的行为，是罪犯的改造行为表现。

（三）考核依据

狱政管理中对罪犯实施考核工作的依据是有关的法律规范，现行的考核工作主要依据是司法部《关于计分考核罪犯的规定》。

需要指出的是，对罪犯的考核，有广义和狭义两种含义。广义的考核包括公开的考核和秘密的考核，公开的考核以计分考核为主体，秘密的考核以摸底排队为主，后者是监狱安全管理的需要。狭义的考核，专指公开的考核。此处所指的"考核"，是狭义的考核，也是狱政管理工作中常用的考核。考核与摸底排队同样是狱政管理的重要工作，两者在实际工作中互相验证，互相补充，为监狱切实了解罪犯的思想动态提供了不同角度的现实依据。

二、考核的作用

监狱对罪犯考核的作用体现在考核过程和考核结果两个方面。

（一）考核过程的作用

1. 检测作用

在狱政管理过程中，监狱人民警察需要时刻了解罪犯的服刑改造表现，以求更好地对症下药，对罪犯采取有针对性的管理教育措施。而监狱对罪犯的考核，正是监狱人民警察详细了解罪犯服刑改造表现的一种有效手段。正因如此，罪犯的考核要坚持直接原则，即要求主管和分管罪犯管理工作的人民警察要做到直接考核罪犯服刑改造表现。通过对罪犯的直接考核，监狱人民警察可以检测出每一个罪犯在一定时期内的认罪服法、遵守监规纪律、参加政治文化技术学习、生活卫生和劳动生产中的表现，达到对罪犯服刑改造的表现了如指掌，以利于更好地开展对罪犯的改造工作。另外，服刑罪犯也可以通过日常考核，了解并检测自己的服刑改造表现，对自己的表现程度心中有数，以便更好地努力改造。

2. 显示作用

监狱对罪犯的考核坚持公开的原则。例如，计分考核，坚持定期记载、评议和公布制度。而每个年度监狱对罪犯实施的综合评审，也要听取罪犯本人的意见，基本过程也是公开显现罪犯服刑改造情况的过程。公开的考核，使罪犯的真实改造表现由隐性转为显性。公开的考核，实际上就是对罪犯在一定时期内的改造表现进行"排队"，每个罪犯都可以清楚地了解自己在"队伍"中的位置。这样，罪犯之间就有了可比性，从而促进了罪犯之间的获得各种现实利益而展开的合法而有序的竞争。

3. 评价作用

监狱对罪犯的直接、公开的考核过程，既是检测和揭示罪犯服刑改造表现的过程，也是监狱对罪犯服刑改造的评价过程。由于考核工作始终坚持公正原则，因此考核能够客观真实地反映每一个罪犯的现实状态，从而发挥公正评价罪犯服刑改造表现的作用。

（二）考核结果的作用

根据《监狱法》的有关规定，监狱对罪犯考核的结果有以下几方面的作用：

1. 考核的结果作为监狱对罪犯奖励和处罚的依据

《监狱法》第56条规定，监狱应当建立罪犯的日常考核制度，考核的结果作为对罪犯奖励和处罚的依据。

2. 考核的结果可作为监狱对罪犯分级处遇的依据

《监狱法》第39条规定，监狱根据罪犯的犯罪类型、刑罚种类、刑期、改造表现等情况，对罪犯实行分别关押，采取不同方式管理。分级处遇是落实不同方式管理的重要措施，其基本的依据是罪犯的改造表现，而罪犯的改造表现要由考核的结果加以显示，因此，考核的结果是监狱对罪犯实施分级处遇的依据。

3. 考核的结果作为监狱为罪犯提请减刑、假释的法定依据

《监狱法》第29条、第32条分别规定，被判处无期徒刑、有期徒刑的罪犯，在服刑期间确有悔改或者立功表现的，根据监狱的考核结果，可以减刑。符合法律规定的假释条件的，由监狱根据考核结果向人民法院提出假释建议。由此可见，考核的结果是监狱提请减刑、假释的依据。

三、考核的内容

考核罪犯的内容，是指监狱需要检测、评价的罪犯服刑改造表现的基本部分或基本方面。对于每个部分或方面的表现事先制定并公布的规范性要求，就是考核的标准。考核内容和考核标准是考核制度的核心，科学性、规范性是对考核内容和考核标准的基本要求。

考核的科学性要求：（1）考核的内容要全面，考核标准要合法、适度；（2）考核内容和考核标准的规定要详略得当。考核内容规定太粗，不宜准确评价罪犯的表现；监狱人民警察主观因素在考核中所占比例大，易导致考核失真；考核内容太细，不但使考核过于机械，而且使考核操作烦琐，难度加大。

考核的规范性要求：第一，考核标准和操作程序要有法律依据。第二，考核的内容要有权威性。第三，考核工作要有一定的稳定性。既要根据法律规定、上

级要求和本单位实际，不断完善考核标准，又要注意相对的稳定性，不能朝令夕改。第四，考核的运作要坚持公开、公正、公平的原则。

四、考核的办法

（一）查评法

查评法，是指监狱在一定时期内，通过罪犯自我检查、小组评议和监狱人民警察评审程序，评审罪犯改造表现的考核方法。查评法一般是半年或者1年进行1次，对罪犯的服刑改造表现进行定性、定量的评审。

（二）汇报考核法

汇报考核法，是指在监狱人民警察掌握下，由罪犯定期或者不定期地向所在的罪犯小组汇报改造情况的方法。

（三）记事考核法

记事考核法，是对罪犯正反两方面的典型事例用文字材料记载下来的考核方法。记事考核法的特点是行为写实，它的好处是能为奖惩提供翔实的资料。

（四）计分考核法

计分考核法，在国外又称为“狱分制”或“点数制”，基本做法是按照预定的数学模型对罪犯实施考核，先要建立具体的考核内容指标，再将指标折合为一定的分数标准，组合成数学模型（如“双百分”），然后据此对罪犯实行计分考核，根据罪犯的总得分，评价罪犯的表现。计分考核法是20世纪80年代在我国监狱推行的一种将定量方法引入狱政管理中考核罪犯工作的考核方法，是监狱在新时期对罪犯改造工作的一项重要改革。

五、计分考核

（一）基本做法

根据司法部《监狱计分考核罪犯工作规定》计分考核内容分为监管改造、教育和文化改造、劳动改造三个部分，每月基础总分为100分，每月各部分日常加分分值不得超过其基础分的50%，且各部分得分之间不得相互替补。计分考核采取“基础分分值＋加分分值－扣分分值”的计分模式，依据考核的内容和标准，对符合标准的给予基础分，表现突出的给予加分，违反规定的给予扣分。积分总和为罪犯当月的考核得分。

（二）计分考核的组织

监狱成立计分考核领导小组，由监狱长任组长，分管狱政管理的副监狱长任副组长，有关部门负责人为成员，负责计分考核的重大事项，日常工作由狱政管理部门负责。监区成立计分考核小组，由监区长任组长，监区全体民警为成员，负责计分考核的具体实施。监狱计分考核罪犯工作实行考核工作责任制，“谁考核谁负责、谁签字谁负责、谁主管谁负责”，监狱人民警察及相关工作人员在职责范围内对计分考核罪犯工作质量终身负责。省、自治区、直辖市司法厅（局）对计分考核罪犯工作承担指导责任，监狱管理局承担监督管理责任。

（三）分数的计算

1. 监狱改造、教育和文化改造、劳动改造分别计分

（1）罪犯监管改造表现达到以下标准的，当月给予基础分35分：

①遵守法律法规、监规纪律和行为规范；

②服从监狱人民警察管理，如实汇报改造情况；

③树立正确的服刑意识和身份意识，改造态度端正；

④爱护公共财物和公共卫生，讲究个人卫生和文明礼貌；

⑤厉行节约，反对浪费，养成节约用水、节约粮食等良好习惯；

⑥其他遵守监规纪律的情形。

（2）罪犯教育和文化改造表现达到以下标准的，当月给予基础分35分：

①服从法院判决，认罪悔罪；

②接受思想政治教育和法治教育，认识犯罪危害；

③接受社会主义核心价值观和中华优秀传统文化教育；

④参加文化、职业技术学习，考核成绩合格；

⑤接受心理健康教育，配合心理测试；

⑥参加监狱组织的亲情帮教、警示教育等社会化活动；

⑦参加文体活动，树立积极改造心态；

⑧其他积极接受教育和文化改造的情形。

（3）罪犯劳动改造表现达到以下标准的，当月给予基础分30分：

①接受劳动教育，掌握劳动技能，自觉树立正确劳动观念；

②服从劳动岗位分配，按时参加劳动；

③认真履行劳动岗位职责，按时完成劳动任务，达到劳动质量要求；

④遵守劳动纪律、操作规程和安全生产规定；

⑤爱护劳动工具和产品，节约原材料；

⑥其他积极接受劳动改造的情形。

（4）罪犯有下列情形之一，经查证属实且尚不足认定为立功、重大立功的，应当给予专项加分：

①检举、揭发他人违法犯罪行为或者提供有价值破案线索的；

②及时报告或者当场制止罪犯实施违法犯罪行为的；

③检举、揭发、制止罪犯自伤自残、自杀或者预谋脱逃、行凶等行为的；

④检举、揭发罪犯私藏或者使用违禁品的；

⑤及时发现和报告重大安全隐患，避免安全事故的；

⑥在抗御自然灾害或者处置安全事故中表现积极的；

⑦进行技术革新或者传授劳动生产技术成绩突出的；

⑧省、自治区、直辖市监狱管理局认定具有其他突出改造行为的。

罪犯每年度专项加分总量原则上不得超过300分，单次加分不得超过100分，有上述第一至五项情形的不受年度加分总量限制。

（5）一个考核周期结束，计分考核工作小组应当根据计分考核结果，按照以下原则报计分考核工作组审批：

①被评为积极等级的，给予表扬，可以同时给予物质奖励；

②被评为合格且每月考核分均不低于基础分的，给予表扬；

③被评为合格等级但有任何一个月考核分低于基础分的，给予物质奖励；

④被评为不合格等级的，不予奖励并应当给予批评教育。

一个考核周期结束，从考核积分中扣除600分，剩余考核积分转入下一个考核周期。

罪犯因办案机关办理案件需要被解回侦查、起诉或者审判，办案机关认定构成犯罪的，取消其已有的考核积分和奖励；办案机关认定不构成犯罪或者因作证等原因被办案机关解回的，保留已有的考核积分和奖励，并按照解回前3个月的平均得分，计算其解回期间的考核得分。

2. 特殊情况的处理

（1）罪犯暂予监外执行期间不进行计分考核，自收监次日起继续计分考核，原有的考核积分和奖励有效。因违反暂予监外执行监督管理规定被收监执行的，取消已有的考核积分和奖励，自收监之日起重新考核；考核积分为负分的，保留负分，自收监之日起继续考核。

（2）对老年、身体残疾、患严重疾病等经鉴定丧失劳动能力的罪犯，不考核劳动改造表现，每月基础总分为100分，其中监管改造基础分50分，教育和文化改造基础分50分。

（3）罪犯受到警告、记过、禁闭处罚的，分别扣减考核分100分、200分、400分，扣减后考核积分为负分的，保留负分。受到禁闭处罚的，同时取消已有的考核积分和奖励，自禁闭结束次日起重新考核。禁闭期间的考核基础分记0分。

（4）罪犯服刑期间又犯罪的，取消已有的考核积分和奖励，自判决生效次日起重新考核。考核积分为负分的，保留负分。

（5）罪犯依法提出申诉和控告的，不影响其考核得分。

（6）罪犯通过利用个人影响力和社会关系、提供虚假证明材料、贿赂等不正当手段获得考核分的，取消该项得分，并给予扣分。

（7）罪犯跨监狱调动的，调出监狱应当将罪犯计分考核情况移交接收监狱，由接收监狱继续考核。

（四）计分考核的操作程序

计分考核实行“日记载、周评议、月汇总”。监狱人民警察每日记载罪犯的改造表现及加分、扣分情况。监区计分考核小组每周评议罪犯的改造表现，每月审定罪犯的考核得分，除检举违法违纪行为、提供有价值破案线索等不宜公示的情形外，应及时在监区内公示。

罪犯对考核得分有异议的，可以自公示之日起3个工作日内向监区计分考核小组提出书面复查申请；监区计分考核小组应当进行复查，于5个工作日内作出书面复查意见。罪犯对监区计分考核小组的复查意见有异议的，可以自收到复查意见之日起3个工作日内向监狱计分考核领导小组提出书面复核申请；监狱计分考核领导小组应当进行复核，于5个工作日内作出书面复核意见。监狱计分考核领导小组的复核意见为最终决定。

监狱根据计分考核结果，除给予罪犯表扬、物质奖励外，可以依照有关规定在活动范围、通讯会见、生活待遇、文体活动等方面给予罪犯不同的处遇。监狱根据计分考核结果给予罪犯表扬、物质奖励的，及时将审批决定抄送派驻检察机构。监狱对罪犯的计分考核结果及相应表扬，作为依法提请减刑、假释的重要依据，提交人民法院。

六、考核的实施

考核工作目标是全面、客观、准确地反映罪犯的改造表现，并如实做出公正的评价。考核结果是监狱对罪犯奖惩和实施处遇的法定依据。所以狱政管理中对罪犯的考核工作十分重要，必须审慎实施，准确运作。围绕考核工作目标，监狱在进行考核时，应当坚持下列原则：

（一）民警直接考核

对罪犯的考核必须由监狱人民警察依照各自的职权，亲自组织，直接实施。要求监狱人民警察深入实际，了解每一个罪犯的日常改造表现，亲自掌握考核，把握工作的主动权，做到“四勤”，即脑勤、嘴勤、手勤、腿勤。不得将考核权交给罪犯去行使。这是因为，考核权是监狱享有的重要的狱政管理权力，考核的结果直接与监狱奖罚罪犯相联系，与罪犯的处遇相关，是监狱准确执法的前提条件之一。只有坚持人民警察直接考核的原则，才能最大限度地保证考核的准确性、公正性。当然，在考核中，可以使用符合条件的罪犯担任记录员，记录、汇总、整理有关数据。在年终评审中，也要由罪犯小组长将该小组的评审意见，填入《罪犯评审鉴定表》，但这只是代表罪犯小组的意见，分监区、监区的评审结果，必须由负责管教工作的民警亲自填写，不得使用罪犯填写。罪犯小组的意见，在填写前也要经分管警察审查。

（二）公正考核

公正考核原则，又称客观原则，就是努力使对罪犯的考核能够真实地反映罪犯改造表现的本来面目。要实施和坚持这一原则，首先，监狱人民警察对罪犯的考核不能掺杂个人好恶，不能感情用事，一定要保持公正、公平。其次，为客观真实反映罪犯改造表现，不能只相信某一种方法，要尽可能使用多种方法，以便相互印证，作出综合判断。计分考核虽然是一种比较科学的方法，但也只能说是比较科学，其基本原理和操作过程都有一定的局限性，而且还在不断的完善过程中，不能说实行了计分考核，就万事大吉了，就不需要别的方法了。最后，考核是公开的狱政管理措施，要准确把握罪犯的思想动态，准确地反映罪犯服刑改造表现，还需要隐蔽的、不向罪犯公开的方法，如对罪犯的摸底排队等。一方面，摸底排队的主要目的是排查危险分子；另一方面，摸底排队也是为了把握罪犯的思想改造表现。

等级评定是监狱在日常计分基础上对罪犯一个考核周期内改造表现的综合评价，分为积极、合格、不合格三个等级。

等级评定结果由计分考核工作小组研究意见，报计分考核工作组审批，其中“积极”等级的比例由计分考核工作组确定，不得超过监狱本期参加等级评定罪犯总人数的15%。

所以，要做到考核工作的客观公平、公正，还要坚持公开与隐蔽相结合的方法。

（1）罪犯在一个考核周期内，有下列情形之一的，不得评为“积极”等级：

①因违规违纪行为单次被扣10分以上的；

②任何一部分单月考核得分低于其基础分的；

③上一个考核周期等级评定为不合格的；

④确有履行能力而不履行或者不全部履行生效裁判中财产性判项的；

⑤省、自治区、直辖市监狱管理局明确不得评为积极等级的情形。

（2）罪犯在一个考核周期内，有下列情形之一的，应当评为“不合格”等级：

①有违背宪法关于中国共产党领导、中国特色社会主义制度言行的；

②有危害民族团结或者国家统一言行的；

③有歪曲、抹黑中华优秀传统文化、革命文化和社会主义先进文化言行的；

④有鼓吹暴力恐怖活动或者宗教极端思想言行的；

⑤宣传、习练“法轮功”等邪教的；

⑥以辱骂、威胁、自伤自残等方式对抗监狱人民警察管理，经警告无效的；

⑦受到两次以上警告或者记过处罚的；

⑧受到禁闭处罚的；

⑨有三次以上单月考核分低于60分的；

⑩省、自治区、直辖市监狱管理局明确应当评为不合格等级的情形。

（三）公开考核

前面讲到，考核是监狱的一项公开的管理措施，监狱在维护正常监管秩序的前提下，正在努力使考核罪犯行为公开化，这也体现了监狱行刑公开的要求。公开的考核，既有利于激发罪犯对考核结果的关心程度，也有利于罪犯之间相互监督，还有利于与排除人民警察的个人因素对考核的干扰。依照公开原则，考核工作要坚持实行“日记载、周评议、月公布”的制度。

第三节　奖　　惩

一、奖惩的含义

对罪犯的奖惩，是指监狱和人民法院依照法律规定，给予罪犯的奖励或处罚。

对罪犯实施奖惩的主体是监狱和人民法院。根据法律规定，有些奖惩由监狱作出，直接适用于服刑改造中的罪犯。有些奖惩则需要在监狱考核的基础上，由人民法院作出。因此，对罪犯实施奖惩的主体是监狱和人民法院。接受奖惩的则是正在监狱服刑改造的罪犯。在罪犯符合法定的条件时，就要受到相应的奖励或处罚。显而易见，所谓奖惩，就包括对罪犯的奖励和处罚。其中，奖励是对罪犯积极的服刑改造表现的正式肯定，体现为对罪犯一些实际需要的满足。处罚则是对罪犯消极的服刑改造表现的明确否定，体现为对罪犯一些需要和利益的限制或剥夺。

二、奖惩的作用

（一）引导罪犯积极的服刑改造行为

法律所规定的对罪犯的奖励，其基本条件与监狱改造罪犯的目标和方向是一致的，只有罪犯有积极改造的表现时，才能受到奖励。也就是说，罪犯要想获得任何形式的奖励，也只有积极接受改造这样一条正确的道路。奖励起着引导罪犯积极改造的作用。

法律所规定的对罪犯的各种处罚，其基本条件是罪犯有各种法定的消极服刑的表现。通过对罪犯的处罚，使罪犯清楚知晓哪些是不能做的，从而引导罪犯转而努力积极服刑改造。

（二）强化罪犯的改造动机

强化罪犯改造动机的激励手段是多种多样的，其中奖励和处罚是最常用的。奖惩手段可直接决定罪犯实际利益的予夺，使罪犯产生最直接、最强烈的情绪体验，因此有着明显的激励作用，并且从正反两个方面强化着罪犯的改造动机。

（三）维护正常的监管秩序

维护正常的监管改造秩序，是监狱管理者的一项经常性的工作。严明的奖惩，是维护正常监管改造秩序、创造良好的监管改造环境的有效手段。监狱通过对罪犯的奖惩，旗帜鲜明地指出在监狱内提倡什么，反对什么。对严格遵守监规纪律的行为大力表彰，对违反监规纪律，特别是在监狱内犯罪的行为严厉打击。奖惩与其他手段的共同使用，使监狱正常的监管改造秩序得以维护，使罪犯的改造有一个良好的狱内环境，从而促进罪犯的积极改造。

三、奖惩的类别

对罪犯的奖惩可分为行政奖惩和刑事奖惩两大类。有关刑事奖惩的条件和程序以及需要注意的问题，请参照本书有关章节。

（一）行政奖惩

行政奖惩，是指由监狱给予罪犯的奖励或处罚。其中行政奖励有表扬、物质奖励、记功和准予离监探亲，行政处罚有警告、记过和禁闭。这里需要注意以下几个问题：

1. 记功与立功的区别

“记功”与“立功”在词义上很相近，记功从词义看就是把功记下来，立功就是立下了功。但在狱政管理当中它们是两个不同的概念。首先，记功是一种行政奖励的措施，是一种行为后果。立功则是减刑的法定的条件，指的是一种行为。其次，记功和立功的条件有所区别，记功是有一定的成绩和突出的贡献。后者比前者要求更严格，也就是说，记功的不一定被认定为立功，而立功符合记功的条件。最后，记功由监狱实施，立功则最终要由法院认定。

2. 离监探亲与特许离监的区别

离监探亲是一种特殊的行政奖励，也是一种规格比较高的行政奖励措施。离监探亲使罪犯可以在服刑期间暂时离开监狱，返家探亲。允许表现好的罪犯离监探亲是我国狱政管理当中一项改革措施，在推行中，极大地调动了罪犯的改造积极性，并取得了很好的社会效果。《监狱法》肯定了这一做法，并以法律的形式规范了离监探亲的条件。特许离监，是指根据有关规定，罪犯在家中有急难之事时，监狱可以安排罪犯回家处理。即对确有悔改表现的原判10年以下有期徒刑并已服满1/2刑期和原判5年以下有期徒刑的罪犯，遇有直系亲属病危、死亡或者其他危难情况，确需本人回家处理的，经当地人民政府或者公安机关证明，并经监狱领导批准，可以准其回家处理。这与准予罪犯离监探亲不同。离监探亲是一种行政奖励措施，而特许离监不是奖励性质的，而是一种人道主义的措施。

3. 禁闭的两种不同的用法

在监狱管理的实际工作中，禁闭有两种不同的用法：一是作为处罚措施使用，用以处罚那些严重违反监规监纪的罪犯；二是作为防范措施使用，对于确有现实危险、加戴戒具又不足以消除危险的罪犯，可以使用禁闭来加以防范。使用禁闭要严格依照法律规定，禁闭期限为7～15天。用于防范的禁闭，期限可以罪犯危险性消除为限，但也不宜超过法定的上限时间，罪犯一旦危险性消除，应当立即解除禁闭。另外，还可以采用规范的独居监舍的方法对危险性比较大的罪犯实行隔离防范监管。

（二）刑事奖惩

刑事奖惩，是指人民法院依据监狱所提供的罪犯的服刑改造表现，经过法定程序，以判决或裁定的形式对罪犯实施的奖励或处罚。刑事奖励有减刑、假释。刑事处罚是指对罪犯服刑期间又犯罪的处理。

（三）行政奖惩与刑事奖惩的区别

行政奖惩与刑事奖惩的区别主要体现在以下四个方面：

1. 决定机关不同

行政奖惩是由监狱根据罪犯的实际表现依法作出的，刑事奖惩则是最终由人民法院作出的。

2. 适用条件不同

行政奖惩与刑事奖惩有不同的适用条件。相比之下，刑事奖惩的条件要严格得多，因而，奖惩的力度和激励的强度也高于行政奖惩。

3. 适用程度不同

由监狱作出的行政奖惩，其基本程序是监狱内部的申报和审批程序。由人民法院作出的刑事奖惩，则需要由监狱（有时也包括监狱的上级机关）和人民法院依照各自的职权办理，并接受人民检察院的法律监督。

4. 法律后果不同

行政奖惩和刑事奖惩虽然都是对罪犯实际利益的予夺，但行政奖惩不会引起刑事法律关系的变更。刑事奖惩则是对罪犯刑事法律关系的变更，要影响到罪犯原判刑种或原判刑期。

四、表扬、物质奖励和记功

（一）表扬、物质奖励和记功的条件

根据《监狱法》的规定，罪犯有下列情形之一的，监狱可以给予表扬、物质奖励或者记功：

1. 遵守监规纪律、努力学习、积极劳动，有认罪服法表现的。
2. 阻止违法犯罪活动的。
3. 超额完成生产任务的。
4. 节约原材料或爱护公物，有成绩的。
5. 进行技术革新或传授生产技术，有一定成效的。
6. 在防止或者消除灾害事故中作出一定贡献的。
7. 对国家和社会有其他贡献的。

（二）表扬、物质奖励和记功的程序

对罪犯实施表扬、物质奖励和记功，由罪犯所在分监区集体研究，经监区审查后，报监狱主管领导批准。

（三）表扬、物质奖励和记功的实际运用方法

表扬、物质奖励和记功，是监狱在狱政管理过程中常用的狱内行政奖励措施。这些措施对于鼓励先进、鞭策后进、弘扬正气、形成良好的改造氛围，都有一定的促进作用。在实行计分考核以后，监狱一般是采取将罪犯的得分情况与表扬、物质奖励、记功联系起来的方法。比如，规定的多少分可以表扬1次，几个表扬记功1次，按得分决定物质奖励等。这种做法与《监狱法》规定的奖励条件并不矛盾。计分考核实际上是把法律规定的条件细化，将罪犯的表现量化，目的是落实法律的规定，使法律规定的条件更为直观，更便于操作。

以上是监狱常见的一般做法，在实际工作中还应当注意，只要罪犯有法律规定的其中情形之一时，就可以直接使用表扬、物质奖励或者记功。例如，某罪犯有效地阻止了一起罪犯之间的殴斗，为了使这一行为得到及时有效的鼓励，监狱可以直接运用记功奖励，不必拘泥于罪犯平时的得分。即使某一罪犯平时的得分很低，但是有特定的成绩或者贡献，也可以直接运用行政奖励，因为这次的奖励是针对特定的成绩或贡献的。也就是说，在实际工作中，按平时的积分决定奖励与特定成绩或者贡献直接奖励两者既要统一起来、结合起来，又要有一定的区

别，后者也正好弥补了计分考核的不足。

五、准予离监探亲

准予离监探亲是一种特殊的行政奖励，也是一种规格比较高的行政奖励措施。离监探亲是允许表现好的罪犯可以在服刑期间暂时离开监狱，返家探亲。

（一）准予离监探亲的条件

《监狱法》第57条第2款规定："被判处有期徒刑的罪犯有前款所列情形之一，执行原判刑期二分之一以上，在服刑期间一贯表现好，离开监狱不致再危害社会的，监狱可以根据情况准其离监探亲。"根据以上规定，离监探亲的条件可以概括为以下几个方面：

1. 前提性条件

罪犯应当是有期徒刑罪犯，并且已执行原判刑期二分之一以上。被适用离监探亲的罪犯在一定期限内将脱离监狱的监管控制，为最大限度地降低社会风险，要求服刑一半以上是必要的。

2. 实质性条件

罪犯应当有适用行政奖励的七种情形之一，并且一贯表现好。一贯表现好是指罪犯长期处于持续而稳定的积极状态，没有大起大落。这是重要条件。

3. 保证性条件

罪犯离开监狱不致危害社会。准予离监探亲的罪犯要暂时离开监狱，回到社会上。如果这些罪犯回到社会以后，发生扰民、违法或犯罪行为，那么准予离监探亲这项措施就会失去人民群众的理解和支持。因此，准予离监探亲应当有一个保证性条件，即罪犯离开监狱不至于再危害社会。

4. 程序性条件

对符合上述条件的罪犯，监狱可以根据情况准其离监探亲。也就是说，罪犯能否离监探亲，最终决定权在监狱，而监狱则要根据情况来定夺。这是离监探亲的程序性条件。

（二）离监探亲的程序

离监探亲由监狱决定，并由监狱为准予离监探亲的罪犯开具证明，规定离监探亲的时限，并告知离监探亲期间的要求和规定。

六、警告、记过和禁闭

（一）警告、记过和禁闭的条件

根据《监狱法》的规定，罪犯有下列破坏监管秩序情形之一的，监狱可以给予警告、记过或者禁闭：

1. 聚众哄闹监狱，扰乱正常秩序的。

2. 辱骂或者殴打人民警察的。

3. 欺压其他罪犯的。

4. 偷窃、赌博、打架斗殴、寻衅滋事的。

5. 有劳动能力拒不参加劳动或消极怠工，经教育不改的。

6. 以自伤、自残手段逃避劳动的。

7. 在生产劳动中故意违反操作规程，或者有意损坏生产工具的。

8. 有违反监规纪律的其他行为的。

当禁闭用作处罚时，期限为7天至15天。

（二）警告、记过和禁闭的程序

警告、记过和禁闭的程序与表扬、物质奖励和记功的程序相同。对实施禁闭的罪犯，由监狱主管领导批准后，由罪犯所在监区或者分监区送监狱禁闭室执行。在罪犯被禁闭期间，监狱狱政管理部门或罪犯所在单位要经常对其进行认错悔过、遵规守纪的教育。对被禁闭的罪犯，应当由从事监狱医务工作民警的监护。

七、奖惩的实施要求

奖惩的实施，要求坚持公正严明的原则，严格依法定程序履行法定职权，做到及时准确，并与教育相结合。

（一）公正严明

监狱和人民法院对罪犯的奖惩，是严肃的执法活动，而且是监狱行刑阶段执法活动的核心内容之一。监狱的人民警察和人民法院的办案人员一定要秉公执法、一视同仁、不徇私情，防止感情用事，切实做到司法公正、奖惩严明。只有如此，才能使罪犯深切感到要得到任何形式的奖励，要免受各种处罚，唯一有效的途径就是老老实实服刑，认认真真改造。唯有如此，才能使罪犯之间的竞争在有规则、有秩序的大环境中进行，防止罪犯的各种投机行为。

（二）准确及时

对罪犯的奖惩要准确。所谓准确，有两层含义：一是事实准确，即对罪犯的奖惩所依据的事实要查证属实；二是适用法律要准确，即严格掌握法律所规定的对罪案实施各种奖惩的条件。只有这样，才能保证奖惩的结果准确。

对罪犯的奖惩要及时，古人讲：“赏务速而有劝，罚务速而后有惩。”对积极改造的罪犯迟迟不奖就会挫伤其改造积极性，对违法犯罪的罪犯迟迟不罚就会助长反改造气焰。只有及时实施奖惩，才能巩固罪犯考核的成果，提高奖惩的激励力量，体现政策的威力和法律的尊严。

（三）管教结合

管理与教育相结合，是我国监狱管理的一大特色，也是狱政管理的一个特有原则。在对罪犯的奖惩工作中，负责管教工作的监狱人民警察特别要注意罪犯奖惩过程中的思想改造工作，努力做到管教结合。对受到奖励的罪犯，要及时帮助总结经验，巩固成绩，注意防止骄傲情绪，帮助其树立新的努力目标，使改造表现再上一层楼。对受到处罚的罪犯，思想工作更要跟上。在处理时，要本着“教育为主、处罚为辅”的原则。在处理后，要及时做耐心细致的思想工作，帮助其吸取教训，寻找差距，争取进步。

典型案例剖析

罪犯在其改造后期的中心问题是如何从“监狱人”过渡到“社会人”的问题，或者说是如何适应环境和顺应客观规律的问题。在我们的门诊咨询、个别教育、调查问卷和心理测试统计结果中显示，有近90%的人不同程度地存在出监焦虑、恐惧、自卑心理，如以下案例：

顾某（28岁，初中文化，广东人，抢劫罪，原判3年零6个月）还有4个月就刑满释放了，但害怕自己出监后会遇到以前的“粉友”，担心复吸和家人社会不接纳，一想到此就不愿出监，甚至主动写了一份内容关于继续留在监狱里的申请给监区。随着出监日期的临近，顾某情绪波动明显，出现了失眠、头疼等症状，还伴有紧张、心烦意乱、坐卧不安、忧心忡忡、内心恐惧等感觉，经常与小组的同改闹矛盾，后来还发展到顶撞谩骂警官、袭警，在1个月内被累计扣了16分，先后禁闭2次。

本案例中，我们首先矫正他的回归担忧思想，为其提供回归激励。一是邀请工商税务部门和地方劳动就业保障部门到监狱讲解就业常识，开展就业指导；二是邀请社会部分有创业奋斗史的帮教志愿者、出监后创业成功的人士进入狱内举办事迹报告会；三是利用电教、广播等现代宣传媒体，拍摄、录制和播放成功企业和奋斗成功人士的宣传资料；四是组织顾某所在的出监教育学习班走出监狱，到企业参观学习。通过回归激励的措施，让其亲身感受社会的发展和变化，增加他对回归社会的渴望。

其次，为帮助罪犯增强立足社会谋生就业的能力，为其提供才艺激励。古人云：“授人以鱼，不如授人以渔。”在顾某出监教育期间，分别让其参加烹调、微机操作、机电维修、插花设计等实用技术的专题培训，使其能学会掌握一些基本谋生技术。同时在出监教育期间举办模拟招聘会，使顾某切身体会到社会竞争的激烈，提前对招聘、面试、就业有一种全新的认识，恰当地评估自己的能力，提高其应对和驾驭纷繁复杂环境的能力。

最后，为帮助顾某度过“心理断乳”期，对其提供成长激励。在出监教育学习班上挑选了5名罪犯组成了一个发展性团体，进行结构性团体辅导。通过设计自我探索、生命教育、人际沟通、跨越七彩桥等单元的情景训练，消除其对监狱的依赖，促使自我功能的强大，实现自我成长。对顾某进行矫正激励后，顾某出监前的焦虑恐惧心理已得到明显好转，临出监前3个月内无违纪行为，出监2个月后应聘一家企业，得到了月底薪800元的待遇。

第九章

安全管理

第一节　安全管理概述

一、安全管理的含义

“安全”作为现代汉语的一个基本语词，在各种现代汉语辞书有着基本相同的解释。《现代汉语词典》对“安”字的第4个释义是：“平安；安全（跟‘危险’相对）”，并举出“公安”“治安”“转危为安”的例子。对“安全”的解释是：“没有危险；不受威胁；不出事故”，“今国已定，而社稷已安矣”。“全”表示的是完备、完整之意。“无危则安，无缺则全”，即意味着没有危险且尽善尽美。由此可见，安全所指的是一种状态。

安全管理是现代管理理念和实践的反映。随着社会管理复杂性的提高，人们期盼着有一种适宜的生存和发展环境。此种环境的创建与维护是个体力所不及的，为此，安全管理便成为社会管理的重要内容之一。就现代管理理论而言，安全管理是指为实现安全目标而进行的有关决策、计划、组织和控制等方面的活动。它是以保障人生命和维持社会秩序为目的的重要活动，涉及社会的各个领域。在社会管理的范围内，安全管理可根据不同的层级和内容划分出若干具体管理事项，如公共安全管理、交通安全管理、消防安全管理、网络安全管理等。安全管理的工作任务主要是运用现代安全管理原理、方法和手段，分析各种不安全因素，从技术、组织和制度等方面采取有力的措施，及时发现隐患，消除不安全因素，防止事故的发生，减少安全事故的损失。随着社会的进步与发展，为公民提供安全的生存与发展环境，将成为国家实施管理的重要方面。

本章所指的安全管理，是监狱管理的重要工作内容之一。具体是指监禁行刑机关在实施刑罚过程中，通过组织与协调，有效控制危险、威胁因素，降低事故发生的可能，及时处置监管事故的行政管理活动。

全面认识监狱安全管理，应从监狱安全的客观性、可控性、科学性三个方面入手，方能建立扎实的监狱安全管理的思想基础。

监狱安全的危险与威胁的客观性，是指监狱安全存在潜在的危险与威胁是一种客观现象。监狱作为国家的暴力机器，是罪犯聚集的场所，对监狱构成安全危险与威胁的因素主要来自四个方面。一是罪犯主观故意的违法违纪的行为与活动。如罪犯出于对刑罚的不满、抵触，采取脱逃、自杀的方式逃避刑罚，利用伤害、凶杀、暴狱等途径发泄不满。二是罪犯非主观故意的过失性行为。如无意中违反操作规程，造成人身伤亡或机器设备火灾事故。三是自然灾害的发生。由于洪水、地震等灾难的发生，造成的监狱设施的损毁，严重的可能引发次生的罪犯集体借机脱逃。四是社会敌对势力的侵袭。相当长时期以来，西方国家的政府敌对势力，利用武装劫狱、利用飞行器劫走同伙的事件频繁发生。上述四方面因素是一种客观实际，不会以人们的主观意志为转移，监狱的刑罚执行活动自然承载着危险与威胁，如同化工企业存在爆炸与环境污染的危险、煤矿存在透水、冒顶的危险，驾驶汽车存在肇事的危险等。仅从来自罪犯方面威胁看，这种危险与威胁与接收罪犯，并对其实施刑罚相伴随。当犯罪人受到刑罚制裁之后，自由受到限制与剥夺，与社会之间形成冲突和矛盾。一旦这种矛盾得不到控制或是被激化，必将酿成严重的事故。所以监狱管理必须正视此种危险，在实施刑罚活动中，必须将安全管理放在各项工作的首位，这才是唯物主义的观点。

监狱安全的可控性，是指对监狱安全的危险与威胁因素可以得到控制或转化。从因素的形态方面分类，威胁因素可以划分为自然因素和人为因素。自然因素是现实人类的力量难以抗拒，而又无法逆转的，如地震、洪水等，但是可以通过人类的努力，将损失的程度控制到最低限度。人为因素重点是来自罪犯活动。从理论上讲，在监狱的罪犯，需按规定接受刑罚、服从管理、接受教育，其活动处于严格的监控之下。这些活动为实施心理、行为、活动控制提供了条件。在我国，几十年的监禁行刑实践表明，通过监狱警察的大量工作，实行了安全危险与威胁的控制，从抓苗头和解决细小问题入手，化解了大量的矛盾，建立了稳定的监管秩序，实现了罪犯的转化，监狱安全得到了较好的维护和保障。如罪犯脱逃是威胁监狱安全的常见事件，但是，由于监狱警察工作深入、作风扎实、方法得当，十几年、二十几年未发生脱逃事件的监狱逐渐增多。由此可见，在我国监狱管理中，完全有能力对于安全危险与威胁实施控制。所以将监狱安全纳入管理的范畴，是具有可行性的。

监狱安全管理的科学性，是指监狱安全管理要讲究科学的方法。对威胁监狱安全因素的控制，本身就是监狱管理科学化的重要表现。监狱安全管理是一项系统工程，通过有效的协调和指挥，形成资源的合理配置，充分发挥出资源的能量和优势，形成稳定常态化的运行机制，对危险与威胁起到监控、抑制的作用。

监狱安全管理的基本任务是有效保障监管场所人员的人身和国家财产的安全，建立和维护监管场所安全有序的监管环境，保障监禁刑罚顺利完成。具体任务是：建立监狱安全防控体系和机制，提高监狱安全管理水平与能力；督导检查监狱安全管理制度的执行与落实，保障监狱安全管理工作常态化运行；开展监狱安全威胁信息调研，分析安全威胁动态与趋势，积极进行安全事件防范；及时有效处置各类事件，降低损失程度和社会影响。

监狱安全管理应遵循的原则是：全员管理与专业管理相结合；普遍管理与重点管理相结合；物化管理与人文管理相结合。

二、安全管理的内容

（一）安全资源管理

安全资源管理是一项资源性的投入和效能的追求。要实现管理的目标，需要采用科学的手段和方法，使相关资源得到整合。监狱安全资源主要以3种形态表现。

1. 物质资源管理

监狱安全物质资源管理，是指在科学统筹的前提下，实现安全防范务实手段科学配置与运行状态的组织协调活动。监狱的物质资源包括各类功能性设施、设备、工具等。根据现代监狱管理的特性，物质资源应达到功能完备、布局合理、运行正常的状态。常规的监狱设施，按监禁行刑活动内容对监狱设施的分类，被分为警戒设施、生活设施、生产设施、教育设施、医疗卫生设施等。从监狱安全管理的角度讲，以上设施应同时具备隔离功能、监控功能、预警功能、防范功能、救援功能。与监狱安全相关的设备包括监控设备、安验设备、通讯设备、预警设备等。工具包括为监管人员配备的防卫性、制服性、通信性工具。通过设施、设备、工具的配备，从功能上满足监狱安全管理的需要，并且使之构成合理的功能协调关系，完成监狱管理的基础性建设，形成功能完备的物防和技防系统。

2. 人力资源管理

监狱安全人力资源管理，是指对有关人员的组织、指挥、协调活动。管理的内容是队伍建设、业务培训。监狱安全管理队伍应由指挥型、控制型、机动型3种类型人员组成。指挥型的人员，主要由监狱领导以及职能处室主要领导组成监狱的安全管理指挥群体，进而组成监狱安全管理指挥机构，负责监狱安全运行的整体设计、运行保障、协调控制、检查督导等工作。此类人员应具备较强的信息搜集能力、研究分析能力、综合决策能力、协调调度能力、现场指挥能力。控制型人员，主要由监区、监狱各类警卫、要害部门管理者等组成群体。具体负责所属权限范围内的人员、活动、重点部位、设施、设备安全运行的监督与控制。此类人员应具有分布广、层次多、数量大、专业性强的特点。他们应具备专业管理能力、命令执行能力、行为约束能力、协调配合能力、疏漏自查能力、应急反应能力、自我防卫能力、现场控制能力。机动型人员，即因事故应急处置而建立的专职专业队伍，负责监狱内发生的各类事件的应急处置工作。此类人员应具备快速反应能力、行为协调能力、警务器械使用能力、擒拿制敌能力、谈判攻坚能力，紧急救护能力等。通过人力资源管理，建立监狱内部安全管理人员网络，为监狱开展常规的安全防范以及各类事件的应急处置提供人员组织保障。

3. 制度资源管理

所谓制度资源管理，是指以大量调查研究为基础，制定完善、系统、有效的安全管理制度，并督导制度执行的活动。现代管理理论证明，在现代大生产的社会环境下，用制度管事，用制度管人，已是成功的经验之一。监狱安全管理涉及的项目多、人员多，建立完善的制度是非常必要的。所以，将制度制定与运行督导作为一种资源实施管理。具体管理包括制度制定、制度执行督察、制度修订等内容。制度制定，是指为建立一项新的安全规范而进行的调研、设计、起草、讨论、审批、发布等活动。作为监狱安全管理制度，应具有科学性。制度体系内容涵盖全面，分项制度具体化、程序化，表述客观准确、可操作性强，便于督察，为规范安全管理事项提供工作标准。制度执行督察，是指对有关制度执行、落实进行的现场巡查、评价、督导等活动。重点是发现制度执行方面存在的问题和漏洞，查明原因，提出解决问题的办法。在评价中，应注意坚持实事求是，标准面前人人平等，切忌随意降低标准，因人而异，造成管理标准“弹性化”。督察目的在于防止制度流于形式，督促各部门及相关人员认真落实和执行制度，提高制度的指导性、约束力，避免因疏忽大意，随意放任而留有事故隐患。制度修订，是指对适用的安全管理制度进行完善或修改的活动。由于设施的改善、设备更新、人员调整、活动变更等原因，致使原有制度规定内容无法执行，属于正常现象。为了保证安全管理制度有效地衔接，相关活动正常开展，有必要对失效的制度进行及时修订。修订中可根据实际情况采取两种方法，遇有实际情况变动不大的，可对原有制度相关项目进行修改；如果现行制度与实际需要差距过大，已失去了可操作性，则考虑重新制定制度。总之，通过安全管理制度的修订，解决制度陈旧、制度老化的问题，防止由于制度方面的问题，影响安全管理扎实有效的开展。

安全资源管理是一项琐碎而又复杂的活动。但是通过此项管理，可以使有关资源达到科学配置，从而发挥管理的效能，实现安全防范目的。

（二）安全教育管理

安全教育管理，是指对监狱安全相关人员实施的有组织、有计划、系统地影响活动的管理。通过管理使监狱安全教育活动能切合实际，使安全教育达到常态化、高效化、科学化的程度。在具体管理中应侧重控制教育的要素。

1. 安全教育的目的

监狱安全教育的目的一般可分为基本目的与集体目的两个层次。监狱安全教育的基本目的是提高管理者以及相关人员的安全意识和事故防范、处置能力，增强监狱安全管理的效能。当基本目的明确之后，安全教育就具有较强的方向性和统驭性，为各项具体活动确定了方向，以便教育活动得以顺利开展。由于安全教育的对象、内容、方式有所不同，所以各项具体教育活动应确定具体的目的。如安全常识教育，则以普及安全知识为目的；紧急救护教育，应以提高相关人员对事故伤亡的救护能力。通过明确基本目的和具体目的，科学处理二者之间的关系，提高安全教育活动的目的性和效率，避免无意义的劳动，减少资源浪费，发挥安全教育的效能。

2. 安全教育的对象

安全教育的对象，是教育活动的直接受益者，其受教育面及程度直接关系到安全管理的效果。监狱安全教育对象的确定，应体现全员性、普及性、专业性的原则。实践中一般可将教育对象分为五个层次，即监狱领导、职能人员、监区管理人员、警卫及要害岗位工作人员、罪犯员。由于不同层次的人员在安全管理中的责任不同、任务不同，应知应会的内容及标准自然有区别。实践证明，全面开花的教育是一种理想化的低效能活动。所以，在教育管理中，通过教育对象的划分，应相应开展有针对性的活动。根据不同岗位、不同职责、不同标准，选择不同的教育方式、内容，从而提高安全教育的实效。

3. 安全教育的方式

教育方式是传输教育内容的具体渠道，是教育内容的载体。通过教育方式的选择与运用，构建安全教育的平台和顺畅的渠道，形成信息的传输与交流，受教育者可利用平台和渠道获取大量的信息，并与各自活动结合起来，转化为积极的安全意识，支配活动和规范行为。为了实现教育效果，教育方式应适应对象、内容的需要，灵活、实际、注重效果。基本教育方式有会议培训、广告宣传、授课讲解、专题讨论、现场分析、技能训练、专项演习、知识竞赛、广播视频、板报墙报等。在选择教育方式时，应充分考虑监狱管理的实际，既可运用某一种方式，又可运用综合的方式，注重视听效果，并与各时期的主要活动相结合。防止教育活动过多、过滥，过多挤占时间，增加具体工作负担，引起教育对象的反感，使安全教育流于形式。

4. 安全教育的内容

随着社会的发展，监狱安全教育的内容不断丰富，很难进行严格的界定。但是基本上可分为两大方面：

第一，适用于管理人员方面的教育内容有执法安全教育、管理安全教育、安全生产教育、生活安全教育、事故创伤救护教育、突发事件处置教育等。

第二，适用于罪犯人员方面的教育内容有服刑安全教育、生产规程教育、疾病防治教育、事故创伤救护教育、突发事件自救教育等。

安全教育内容的确定，不求千篇一律，应根据行刑活动和教育对象的实际需要灵活调整，并由不同人员运用不同的方式完成。

（三）安全信息管理

安全信息管理，是指对安全性文件、各类安全事件等资料的搜集、汇总、存档等活动的管理。安全信息管理的目的是建立完整、系统的安全信息资料，为开展安全管理工作提供信息。安全信息资料的类型有影像资料和文本资料。安全信息管理的程序包括资料搜集、资料分类、资料存档等活动。资料搜集应当及时、全面、客观。凡是反映有关监狱安全活动方面的资料，皆应纳入搜集的范围。如国家法律法规、上级下发的通知及会议纪要、监狱召开的有关会议、监狱安全管理组织及机构设置与分工、监狱安全管理规章、监狱要害部位分布说明、监狱安全设施建设说明、监狱安全设备的配备说明、监狱地下管网建设说明、重要设备安全操作规程、各类事件发生与处理经过、安全教育活动记录等。资料分类应按年代、按类别、分别编码，编制目录。资料存档应将所有资料统一入档，妥善保管。通过安全信息管理，建立完整、系统的档案，以便为开展相关研究提供历史资料，从中发现规律，为改善监狱安全管理工作提供可资借鉴的依据。

（四）安全威胁管理

安全威胁管理，是指对监狱危险、威胁因素的发现、防控措施的制定等活动的管理。通过管理活动，对潜在危险、威胁有客观的认识，并建立应对的控制性措施，力求将监狱安全危险、威胁程度控制在最低限度。安全威胁管理具体有安全威胁分析、安全情报搜集、安全威胁对策三项工作内容。

1. 安全威胁分析

安全威胁分析主要是对监狱安全威胁状况的研究和客观认识，包括设施设备运行及功能分析、人力资源状况分析、制度运行状况分析、自然环境变化分析、社会环境变化分析、罪犯生产生活状况分析、罪犯构成变化分析、重点罪犯状况分析、社会犯罪情况分析、近年事故发生情况及规律分析等。

在分析过程中，既要讲究科学的态度，又要讲究科学方法。监狱安全威胁分析应具有超前性、预见性。任何一项新的技术应用、组织活动设计，都会受当时认识、能力水平的局限，存在某种功能性缺陷。当相关问题发生后，功能性缺陷才暴露出来，被人所认知，促进了技术或组织的更新与完善。如从 20 世纪 80 年代开始，我国监狱监控设施陈旧、功能低下问题比较突出，为了提高防逃能力，人们寄希望于设施设备改造。当设施设备改造完成后，与过去相比，监狱大门监控防范能力明显提高。但是，近几年在高科技监控条件下，仍然发生了徒步和驾车通过监狱大门脱逃的事件。进行设施设备运行情况分析时，只有通过各种事件的假设，预见各种情况的可能，进行功能与可能对比，方能发现危险与威胁。据此制定的防范措施才具有实践意义。

2. 安全情报搜集

安全情报搜集，是指利用各种手段获取威胁监狱安全信息情报的活动。对于监狱罪犯管理而言，安全情报搜集是必要的形式与手段。通过情报搜集，全面掌握罪犯的活动情况，发现隐蔽的、亟须特殊防控的重点人员。典型的安全情报搜集的方法有以下四种：

（1）现场观察法。作为直接管理罪犯的监狱人民警察，在日常管理罪犯人员时，坚持深入罪犯活动的三大现场（生活、劳动、学习），采用普遍与重点相结合的观察方法，了解罪犯从事活动状况，发现罪犯的行为与活动异常，分析危险的可能性与程度。

（2）谈话了解法。即利用谈话的方式了解个别罪犯或罪犯群体的心理活动及表现。由于谈话多以个别的交流的方式进行，所以能够了解到罪犯隐蔽的活动及深层次的心理活动。在谈话法运用中，可将其分为普遍谈话与重点谈话两种形式。普遍谈话主要了解一般性的情况，在无特定问题和特定对象的情况下，了解未曾发现的问题。重点谈话是在发现特定问题时采用的谈话方法。谈话了解法主要有以下几个方面的内容。

首先，确定谈话的目的。即通过谈话要了解哪方面问题、了解什么问题。

其次，确定谈话对象，即与谁谈话。因为在了解罪犯情况时，并不是所有的罪犯都能积极配合，特别是一些表现落后的罪犯，反映尤为突出。与他们谈话，不仅难以达到谈话目的，而且会造成消极影响。所以，在确定谈话对象时，应选择能够主动积极配合或者通过相应的工作能够配合的为对象。必要时经过认真准备之后，可以安排与表现消极的罪犯谈话。

再次，选择好谈话时间与地点。为了消除罪犯的顾虑，尽量选择不被其他罪犯注意的时间，安排在比较隐蔽的环境中进行谈话。谈话现场尽量避免第三者进入，防止干扰。

最后，谈话讲究策略。在谈话时注意方法和策略，尽量避免暴露谈话的意图和目的，以免引起对方的警觉。

（3）综合分析法。亦称犯情分析，是狱政管理具有传统性的工作之一。综合分析法是指根据某单位一定时期罪犯的表现，分析威胁因素及动态的活动。一般犯情分为两级，即监区犯情分析和监狱犯情分析。

监区犯情分析每周进行1次。监区在主管领导的支持下召开专题会议，由分监区的领导重点汇报摸底排队情况，介绍罪犯群体中积极、中间（一般）、落后、危险的人数与比例，心理、行为活动的特点、存在的问题，根据犯情将采取的控制措施，危险人的情况，包括危险人数量，危险性质、表现、程度、原因，控制方法。监区主管领导进行情况汇总，对各分监区犯情分别分析客观性、真实性、及时性、准确性，并对控制性措施的可行性、有效性进行评价，及时指出工作中存在的漏洞或问题，对下一步工作提出具体要求。

监狱犯情分析至少每月进行1次。由监狱主管领导主持会议，各有关职能科室、各监区领导参加会议。会议由监区领导重点汇报的内容有近期监区罪犯的基本情况，包括罪犯总数、犯罪类别数、年龄类别数、在册人数、实有人数、监外执行或住院人数，说明罪犯群体的变动情况；汇报近期罪犯活动情况，包括活动内容的变化，罪犯活动中的表现，存在的共性和个性问题；汇报监区罪犯表现分类情况，积极、中间（一般）、落后、危险人数及比例；汇报危险人情况，包括危险类型，危险表现、危险程度、危险原因、控制措施等。汇报结束，监狱领导对监狱罪犯情况进行通报，并就各监区汇报的情况进行汇总，概括说明近期监狱罪犯的情况，分析心理、活动趋势，提出指导性防控措施。遇有监区难以解决的问题，监狱则统一进行协调，重大问题进行及时决策。

犯情综合分析方法有三个优点：第一，例会推动了情报搜集工作常态化运行。犯情分析是以例会的形式召开的，成为常规的工作内容，为基层监狱人民警察开展犯情情报搜集提供了规范。第二，及时发现犯情动态。通过不同层次的分析，可全面反映出一定时期罪犯群体或个体情况，既可发现共性、趋势性问题，又可发现个性、疑难性问题；既可反映局部情况，又可反映整体情况。第三，为安全管理决策提供依据。

（4）秘密力量运用法。其是指运用秘密侦查的手段，通过秘密力量搜集罪犯活动情况的方法。所谓秘密力量，即在罪犯中有选择地建立秘密力量，利用秘密力量；搜集公开难以获取、更为隐蔽的罪犯活动信息，从中发现构成监狱安全的危险和威胁。由于秘密力量使用是政策性、策略性、技术性非常强的活动，所以，需要不断提高秘密力量管理能力，具体工作如下：

①秘密力量的类别。根据搜集情报的性质，以及秘密力量需完成的任务不同，一般将秘密力量分为专案秘密力量与控制秘密力量两大类。专案秘密力量是以具体预谋性事件为情报搜集目标，秘密力量与相关罪犯建立或保持联系，取得对方的信任，通过密切交往，查明情况、掌握动向的秘密力量使用方法。具体任务是核实情况，明确预谋事项，查明意图和人员，掌握预谋的行动方式、时间和相关证据，为控制事件发生提供可靠证据与线索。一般在发现预谋性的事件时常使用此类秘密力量，任务完成则秘密力量解除。控制秘密力量，是以控制某类罪犯的活动而使用的秘密力量。具体任务是接近特定目标或群体，调查思想动态，了解隐蔽活动情况，监控变化、控制危险与威胁。一般是以罪犯中被列为重点的、确认顽固落后的、确定为有危险的罪犯为目标，进行长期工作，为发现问题和控制动态提供线索。

②秘密力量的选定。在确定秘密力量时应掌握相应的条件。具体是：主观意愿有立功需要，易于控制；忠诚守信，情绪稳定，行为自控；观察细致、反应敏锐，判断准确；善于伪装，处事灵活，能接近对象。至于罪犯的表现，可适当掌握。表现积极的会引起怀疑，难以接近对象，不易掌握真实情况；表现消极的可控性差，当其需要未得到完全满足时，易导致背叛行为。所以，在具备基本条件的前提下，可在新入监、不被他人了解的、曾受过处分但有悔改意向的、虽然表面落后但本质向善的、参与相关活动非骨干的罪犯中进行选择。当秘密力量选定后，应按规定履行审批手续，得到批准并在狱侦部门备案后方可使用。

③秘密力量的使用，即秘密力量管理。监狱秘密力量采取专人隐蔽使用的管理方式，在严格保密的前提下开展活动，坚持“谁使用、谁管理”的原则，有关秘密力量的选定、使用、考核、撤换等都由专人负责。秘密力量管理的内容包括：建立档案；秘密力量培训；布置任务；情报传递；秘密力量考核；秘密力量奖励；秘密力量保护；秘密力量撤销。

④秘密力量档案。秘密力量档案资料包括：秘密力量考察审批表及该考察活动过程材料、秘密力量使用呈批表及依据材料、秘密力量完成任务及表现汇报材料、秘密力量奖励审批表及证据材料等。要求是：秘密力量档案应由监狱狱侦部门管理和负责人保管，其他人不得随意查阅；具体材料内容必须准确、完整、清楚、规范；秘密力量档案与服刑档案分别管理。

⑤秘密力量培训。其是为提高秘密力量活动能力开展的活动，重点是由秘密力量使用人向秘密力量传授接近目标、观察、判断、伪装、获取证据、传递情报、自我保护的方法和技巧，使其尽快具备开展活动、完成任务的条件。

⑥布置任务。其是指秘密力量使用人向秘密力量安排具体活动事项的过程。在布置任务时，应选择好时间、地点、方式，并明确接近目标、了解情况的内

容、允许伪装的措施、完成任务的时间等，以便使秘密力量在控制的范围内开展活动。

⑦情报传递。其是指秘密力量传输已获取情报的活动。此项活动应在秘密的情况下进行，可采用邮寄家信、投递检举材料、发送申诉材料的方式传递文字情报；利用秘密力量“违纪”谈话、带领会见、患病就医等机会进行口头传递情报。除非常紧急情况外，应尽量减少与秘密力量接触，防止暴露秘密力量。

⑧秘密力量考核。其是秘密力量使用人对秘密力量任务完成情况评价的活动。一般采取单独考核的方式，由秘密力量使用人独立对一定时期，或具体任务完成后情况进行评价，可采用量化评分、内容写实等方法。考核侧重于所接受的任务、完成任务的时限、提供情报的方法与内容、提供情报的价值与作用，并作出确切的评价。

⑨秘密力量奖励。其是根据秘密力量完成任务的情况实施奖励的活动。因秘密力量所完成的任务与其他罪犯有所不同，一般只要能够完成任务，按《监狱法》的有关规定应予以奖励。由秘密力量使用人根据考核情况，提供相关证据材料，提出建议和意见，按程序审批。当申报奖励获得批准，所适用的行政、刑事奖励不宜公开，只在适当的场合向秘密力量宣布，并将相关材料装入秘密力量档案。

⑩秘密力量保护。其是指为维护秘密力量人身安全所开展的相关活动。由于秘密力量本身具有一定的危险性，必须防止情报泄露和身份暴露，保障秘密力量的人身安全。主要措施有日常伪装、严控泄密、设置复线、转监，也根据秘密力量的类型和执行任务的情况采取不同的方法。日常伪装，是指秘密力量在执行任务过程中，为了防止暴露采取的措施。例如，安排秘密力量在一定限度内实施违纪行为，或参与侦查目标的活动，进行公开处理，增加和扩大负向评价，造成秘密力量表面落后或具有一定危险的假象，从管理角度增加秘密力量的“灰色”。严控泄密，是指防止秘密力量提供的情报泄露。防止资料泄密，秘密力量使用人对秘密力量提供的情报原始资料、汇报记录注意保管，不得随意放置；在与秘密力量交谈时，注意场合外是否有人窃听；凡涉及秘密力量提供情报内容相关的问题，不可直接处理。设置复线，是指设置秘密力量“监控”秘密力量的管理方法。即布置秘密力量对秘密力量进行监控，形成复线秘密力量的状态。当安排秘密力量 A 执行任务时，在不暴露其身份的前提下，安排秘密力量 B 或者表现积极的罪犯对其进行监督，重点掌握秘密力量 A 是否有暴露身份的情形。一旦发现有暴露情形，立即采取措施。转监，是指当发现秘密力量身份暴露或专案任务结束，应立即将秘密力量转到其他监狱服刑。

⑪秘密力量撤销。其是指解除秘密力量继续执行任务的资格的活动。一般遇

有下列 3 种情形，不适合继续担任秘密力量，应予以撤销。

第一，执行任务中有违法违纪行为的。具体行为是：向使用人谎报情况，弄虚作假的；向侦查对象暴露侦查意图，泄露秘密的；捏造事实，陷害他人的；隐情不报，包庇他人的；故意策划，唆使他人犯罪的。

第二，专案任务结束秘密力量自然撤销的。当专案侦结，秘密力量应自然撤销。

第三，秘密力量因身体原因无条件承担任务的。秘密力量撤销时，应按规定程序办理相关审批手续，并向秘密力量通报，做好善后工作。对实施违法违纪行为，并造成严重后果的，应视情节追究行政或刑事责任，不适宜继续在本监狱服刑的，应及时调离。

（五）安全事件管理

安全事件管理，是指对威胁监狱安全的事件管理。通过对不同类型事件的事前、事中、事后管理，建立系统有效的监狱安全预防、预警机制，及时妥善处理各类事件，减少事件造成的损失。

1. 监狱安全事件的事前管理

监狱安全事件的事前管理，是对威胁监狱安全性事件处置预备的组织与协调活动。其意义在于，威胁监狱安全事件一旦发生，各项应对措施及时启动，提高监狱安全事件的应急反应能力。其主要包括做好应急预案的设计编制与应用执行演练两项工作。

监狱安全事件应急预案的设计编制，是为及时有效处置事件制订的方案。该方案应具有应对性、整体性、可操作性、稳定性的特点。应对性表现在预案的具体化方面。根据监狱安全事件发生类型的可能性，设计制订不同类型的预案，为具体执行方案提供条件。整体性表现在预案类型和各类预案内容系统化方面。在预案的设计过程中，应以监狱的地理环境、设施状况、生产作业特点、罪犯构成、事件发生可能性为基础，确定不同的安全事件类型的处置预案，由不同类型的处置预案构成系统化的整体方案，以便所有人员明确在不同类型事件中具体职能和任务。各类预案的系统化，强调各类型预案内容涉及处置的各环节，包括报警、接警、警报发布、组织分工、岗位任务、联动关系、通讯联络、交通运输、外围警戒、现场处置方法、警报解除等，尽量详尽，以便所有人员明确具体事件中如何履行职责、完成任务。可操作性表现在各项预案内容规定的具体化方面。具体预案内容尽量具体，减少一些原则、弹性的规定和表述，以便所有人员明确做什么、如何做。稳定性是指处置预案适用的时限方面。应急处置预案的设计与编制，是在大量调查研究之后进行的。一般应经历调查研究阶段、构思设计阶段、拟定草案阶段、论证阶段、审定阶段，预案应适应本监狱实际。所以，预案一旦发布执行，在无特定需要的情况下，尽量避免频繁调整和改动，防止相关人员无所适从，造成执行的困难。

监狱安全事件处置演练，是提高有关人员应急事件处置能力的培训活动。通过演练，相关人员可以明确各自在不同类型事件中的职责、任务，以及合法处置的方法，提高相关人员的心理素质和适应能力。同时可发现存在的问题和漏洞，进一步强化训练。具体演练可分为整体演练、专项演练、常规演练3种形式。整体演练是以某一事件发生为假设条件，对相应预案执行能力进行培训的演练方法。有关人员协调活动，重点培训整体迅速反应能力、各岗位履责能力、综合分工协调能力。专项演练是根据整体演练暴露的问题，采取针对性的演练方法，通过演练消除应急处置的薄弱环节，提高整体处置能力。常规演练是对专职人员进行的，以提高专项技能为目的的培训，如现场谈判演练、通讯报警演练、现场布控演练、追逃辨认演练、劫持解救演练、紧急救护演练等。

2. 监狱安全事件的事中管理

监狱安全事件的事中管理，是指对威胁监狱安全事件处置活动的组织与协调活动。在具体处置各类事件时，应达到及时发现、迅速报警；启动预案、快速反应；统一指挥、整体联动；各司其职、协调有序；方法适当、控制事态的程度。

监狱安全指挥机构接到事件报警，及时发出警报和启动预案指令，向上级机关及有关单位通报情况，联系协作事宜。宣布监狱进入应急处置状态，各部门及相关人员到岗就位。指挥人员，实施现场指挥与调度，保持与有关部门的联系，组织现场警卫，检查相关部门与人员的到位情况和处置状态。听取有关具体情况报告，实地考察现场情况，研究确定具体处置方案，下达处置决定，指挥处置措施的实施。其他各岗位人员，按指挥人员的指令完成任务。

3. 监狱安全事件的事后管理

监狱安全事件的事后管理，是指安全事件处置完毕的善后活动的组织与协调活动。有关活动应在监狱领导的统一指挥下进行。基本工作内容有：组建专案机构，负责处理事件的善后工作；进行事件调查，重点询问当事人、知情人，了解事件发生的时间、经过、原因、相关人员以及活动；核查事件结果，查清事件造成的人员伤亡数量与程度、设施设备损坏数量及程度、经济损失总值等；组织搜集证据，重点是事件当事人询问笔录或提供的有关书面材料，知情人提供的证人证言材料，现场的图片、影像资料以及工具的物证；认定事件的性质，根据调查结果作出事件结论，确定事件的类型及具体性质；提出事件处理意见；制作事件报告；向上级及有关部门报告事件情况；处理其他善后事宜。

第二节 安全防范

安全防范，是指监狱为控制安全危险与威胁的发展，所采取的应对性措施与活动。

一、安全警卫

（一）外围警戒

武装警戒是人民武装警察部队依法对监狱执行刑罚实施警卫性的活动。

武装警戒由人民武装警察部队根据监狱外围警卫需要配备警力，承担着监狱行刑执法活动安全保卫任务。其主要包括区域安全性警戒、活动安全性警戒和突发事件警戒三种形式。

1. 区域安全性警戒

它是指防控各类人员非法进入或脱离刑罚执行场所的警卫活动。通过设岗执勤的方式完成警戒任务，防控罪犯非法脱界逃离监管场所，防控社会犯罪嫌疑人对监狱执法活动的干扰和侵袭。监狱行刑场所采取封闭式的管理方式，通过设置围墙等设施实现与外界的隔离。按规定，监狱围墙高 4.5 ~ 5.5m，厚 0.5m，围墙内侧上端架设高压电网和防攀爬铁丝网，围墙外设隔离带，形成外围隔离区；围墙内设 5m 宽的隔离带，用铁网设定边界，形成内部隔离区。内外隔离区设有照明和远红外报警装置。未经监狱有关部门允许，任何人不得擅自进入内外隔离区。围墙间隔设置瞭望岗楼，士兵佩带武器在岗楼上 24 小时执勤，对内外隔离区以及监狱内进行瞭望，发现异常情况，及时报警或处置。

2. 活动安全性警戒

它是指对监狱安排的特定刑罚执行任务安全的警卫活动。常见的有重大会议警戒、押解警戒等。

（1）重大会议警戒。其主要是为保证监狱罪犯大型的会议顺利进行实施的警戒，一般以外围警戒的形式，监控罪犯的活动，遇有异常情况，根据监狱领导的指令采取应急措施。

（2）押解警戒。押解警戒是完成罪犯转监移送任务，防止脱逃或其他事件发生设置的采取的警戒措施。一般在实施押解警戒过程中，应根据交通方式侧重不同的防控方法。

①徒步押解。徒步押解又分为常规转监押解和紧急状态押解两种情形。

常规转监押解，是根据需要将罪犯转到其他监狱服刑的押解任务。此类押解一般被押解的罪犯员少，交通路程短，相应投入的警力少。在押解途中严防意外事件发生，如罪犯脱逃或劫持罪犯等。为了完成押解任务，要事前确定押解路线，掌握途中地理环境，被押解人员的情况，严守秘密，不得向任何人透漏押解计划内容。押解途中必要时对被押解人加戴戒具，警力与被押解人需要保持适当距离，呈前、后、左、右分布，将被押解人包围其中，注意观察被押解人和其他行人的情况，要保持一定行进速度，拒绝被押解罪犯的要求，不得逗留，禁止外界人员接近。

紧急状态押解，是监狱遇突发事件时适用的押解方式。如遇发生地震、洪水等自然灾难，监狱设施严重损毁，构成罪犯安全威胁，需实施安全转移。此类押解情况复杂，任务紧急，被押解人员多，天气恶劣，地形复杂，不可控因素多，危险性大，事前应明确分工、分配任务、提出要求、强化教育、提高警惕，确定发生意外情况的处置措施，防止被押解人员脱逃、暴狱、劫持等事件发生和继发性自然灾害造成的人身伤亡。押解途中设前置小组，按预定路线勘察行进前方的地理及道路状况，排除影响通过的障碍，及时处置异常情况。行进间与前置小组保持联系，警力合理分布，执勤士兵与被押解人保持一定距离，警戒位置之间视线与控制区域距离构成衔接。尽量选择开阔地带为行进道路，设置流动防控警戒带，禁止其他人进入警戒区域。需要休息时，应按统一命令，原地休息，设置警戒标志，限定被押解人的活动范围。

②乘交通工具押解。乘交通工具押解一般是押解路途远、时间长、规模大，一般分为乘火车、汽车、乘船等形式。

乘火车押解可分为小规模押解和大规模押解两类。小规模押解，一般较少使用，一旦使用，武警士兵应与监狱人民警察密切配合，由人民警察负责协调。一是要防止被押解人借机脱逃，二是要防止有人借机劫持被押解人。要充分估计各种事件的可能性，杜绝脱管失控确保安全。候车时，首先与车站公安执勤民警联系，求得支持与帮助，将被押解人带入单独候车区，防止被押解人员与其他人接触，并观察是否有人关注并有意接近被押解人员。登车时请车站执勤民警协助，提前进站，并与列车长联系，尽量安排安全稳妥的座位，关闭车窗，观察座位附近的旅客的情况。列车行进时，用特定的方法将被押解人员固定在座位上。在被押解人员上厕所时，至少由两人带领，首先检查列车厕所车窗是否关闭，墙壁、棚顶是否完好，之后方可允许被押解人进入厕所，并不得关闭厕所门。夜间行车时，轮流看守。当到达目的地前，与当地接收单位取得联系，提前安排车辆到站台等候。当列车到站时，不要急于下车，等其他旅客下车后再下车。

大规模乘火车押解，一般实行专列或专车厢乘坐，由监狱统一组织、协调、指挥，武警部队配备足够的警力。列车行进间，警力分布在车厢两端，重点控制车厢通道，监狱人民警察负责巡视，检查被押解人员的情况，处理各类临时情况。下车时，武警士兵分为两组：一组先行下车，等待、组织已下车被押解人员列队；另一组在车厢命令、监督被押解人员从一个车门顺序下车，然后统一乘车到达指定地点。

乘汽车押解适用于各种规模的押解形式，一般可分为同车押解和分车押解两种类型。同车押解，是负责押解的武警士兵与被押解人员同乘一车，完成押解任务。一般是被押解人员先行登车，武警士兵待防控措施完毕再行登车，面对被押解人员而坐，行驶中监视被押解人员的活动。押解途中注意观察是否有其他车辆尾随，无特殊情况，尽量不停车。必须临时停车，被押解人员须下车时，武警士兵先下车，观察地形，设置警戒区域后，再允许被押解人员下车，严格限制被押解人员的活动范围。当前方道路出现阻碍时，武警士兵不可离开岗位，遇有人袭击时立即采取措施。分车押解时，一般是车辆较多，成为大型车队。设有开道车、指挥车、被押解人员乘坐车、警戒车等。行进中，由指挥车负责与各车辆联络，由最高首长统一指挥，发布命令，武警士兵坚决执行命令。

3. 突发事件警戒

武警士兵发现监狱内部或外围警戒区发生异常事件时，应及时报警。在执勤时，禁止无关人员登入岗楼，遇有人袭击执勤武警士兵或攀越岗楼、围墙时，先鸣枪示警，在示警无效时，可采取应急措施。

当监狱内发生紧急事件时，武警士兵根据命令，迅速赶赴现场，负责现场的外围警戒，根据命令采取相应的处置措施。

（二）通道警卫

监狱通道是供人员和车辆通行的设施，分为外部通道与内部通道，具有隔离的功能。

1. 外部通道警卫

外部通道（监狱大门）由监狱人民警察与武警共同负责警卫。监狱人民警察负责对过往车辆及行人的核查和控制，武警负责外围警戒，配合监狱人民警察处置突发事件。警戒的主要任务是：禁止车辆及人员随意出入；控制违禁品流入；防止罪犯经通道脱逃；防控犯罪人袭击。

警卫人员应对过往车辆进行严格检查。外单位车辆须由监狱人民警察带领。进入监狱的车辆，到达警戒区域内，须停车呈递审批手续，警卫人员及时关闭 B 门后，开启 A 门，将车辆放行至封闭区域，（当车辆行驶时，通过录像检查车辆底部是否有异常）关闭 A 门，核对随车人员，检查载货情况，防止无关人员和违禁品进入。检查完毕，开启 B 门放行。车辆驶出监狱，检查程序与进入相反。

2. 内部通道警卫

内部通道（监狱二门）设在生活区与生产区之间，由监狱人民警察负责警戒，完成生活区警卫任务。警戒的主要任务是：控制外来人员及车辆；控制罪犯出入生活区；控制违禁品流入生活区。警卫人员遇有外来车辆进出生活区时，应进行检查，无异常情况时可放行，并做好登记。遇有异常情况时，拒绝出入并留置，向有关领导报告，按规定处理。

罪犯出入生活区，一般由本监区或分监区队长负责，集体整齐列队通过，严禁罪犯个人随意出入。出工时，由本监区队长办理出工手续，报告监区或分监区罪犯的在册人数、应出工人数、实际出工数、未出工人数，警卫人员对实际出工人数进行核对，核对无误时方可放行。收工时，本监区或分监区队长带队，向警卫人员报告应收工人数、实际收工人数、未收工人数，如有部分罪犯未收工时，应提交相关审批手续。警卫人员根据带队队长报告的情况，进行核对，确认无误时放行。必要时，警卫人员有权对进入生活区的罪犯进行人身检查，发现违禁品，一律扣押，并对相关罪犯采取强制措施。

（三）现场警卫

监狱现场警戒分为罪犯生活、学习、劳动和会见四种类型。

1. 生活现场警卫

生活现场警卫，是对罪犯在生活区域活动情况的监督控制活动。对于高戒备度的监狱而言，警卫人员采取现场巡视和电视监控的方式监督罪犯的活动。罪犯在规定的时间内不得私自脱离活动区域；罪犯不得在生活现场从事禁止性活动；罪犯不得私自调换生活房间和就寝铺位；罪犯不得将违禁品带入生活现场。

警卫人员发现异常情况时应及时采取措施。当罪犯打架斗殴时，应及时制止，并对参与人采取强制措施；当发现罪犯私自调换房间或铺位时，责令其返回原位，并查明原因；当就寝时间已到，发现罪犯未按规定就寝，去向不明时，或就寝后离开铺位长时间未返回时，应到达现场处置。

警卫人员发现非同一监舍的罪犯经常在一起聚集，或罪犯在其他人已就寝后长时间无法进入睡眠状态时，或罪犯一段时间内经常在夜间起床从事其他活动时，应进行详细记录，并向有关人员报告。

警卫人员遇有罪犯夜间突发疾病时，应及时通知医院来人诊疗，或在采取安全保卫措施后，将罪犯送往医院。

2. 学习现场警卫

学习现场警卫，是保证集体教育活动正常开展的警卫性活动。由监区和教育管理部门共同负责警卫。在遇有不同监区罪犯共同开展教育活动时，警卫人员应防止罪犯借机从事违法违纪活动。当发现罪犯在赶赴教学场所途中与其他监区罪犯私自交往时，应及时制止，并开展相关调查；当发现罪犯不遵守课堂纪律，影响正常教学活动时，应及时制止；当发现不同监区罪犯频繁交往，行迹异常时，应予以关注；当发现不同监区罪犯发生争吵或斗殴现象时，应对参与人及时采取强制措施。

3. 劳动现场警卫

劳动现场警卫，一般分为区域性警卫和活动性警卫两种类型，警卫活动由监区负责。区域性警卫，是防止罪犯私自脱离劳动现场控制区域所采取的警卫活动。罪犯在车间从事常规性的劳动时，利用防范设施控制罪犯的活动范围。经常检查防范设施的功能状态，保证完好；设置门卫，严格门卫制度，罪犯在无队长的带领情况下，一律不得私自离开车间；因故需离开车间的，应进行人员、事由、时间、批准人等项目登记；罪犯在临时场地劳动时，（无论是在狱内还是在狱外）应设立临时警戒区和警戒线，在警戒线上安排专人负责警戒；组织罪犯劳动之前，向罪犯宣告警戒区域，使罪犯明确警戒要求；当发现罪犯超越警戒线时，应及时采取强制措施。

活动性警卫，是防控罪犯在劳动现场从事违法违纪活动的警卫活动。监区应对劳动现场进行区域划分，确定罪犯的劳动岗位，消除隐蔽性的劳动岗位；队长进行现场巡视，检查、督导罪犯在岗完成劳动任务；严格控制罪犯与外来人员（生产委托方）交往，防止外来人员为罪犯传递书信、购买物品；严格控制罪犯生产活动，防止罪犯利用劳动时间从事生产项目以外的加工；严格控制罪犯打架斗殴、聚众闹事，此类事件一旦发生，必须采取紧急措施。

4. 会见现场警卫

会见现场警卫，是对罪犯会见活动实施防范的警卫活动。会见是罪犯接触外界人员的主要形式之一，由于会见形式不同，现场警卫工作的方式方法也有所不同。按程序，主要警卫工作内容包括：

第一，严格审查会见申请人的身份及与罪犯的关系，确认申请人的会见资格，不符合会见条件的，应拒绝会见。

第二，对获准会见的申请人基本情况进行登记。

第三，会见申请人进入会见室前，应对其进行安全性检查，防止其将违禁品带入会见现场。

第四，监区接到罪犯会见的通知后，须在本监区队长带领下进入会见现场，并进行登记。

第五，普管级罪犯会见时，应进行全程监听。重点控制的罪犯会见谈话应进行录音，发现有违犯会见规定的谈话内容时，应停止会见。宽管级罪犯会见亦应进行隐蔽的方法进行监督，防止会见人利用无人现场直接监督的机会，将违禁品交予罪犯。

第六，监区队长应关注罪犯会见前后的变化，遇有变化明显、反应强烈的应详细了解情况，并采取必要的教育措施。

（四）禁闭警卫

禁闭警卫，是指对禁闭设施以及受禁闭处分罪犯安全管理的防范活动。警卫人员应认真执行禁闭管理制度，实行双人值班制，保管好禁闭室房门的钥匙。在值班过程中完成以下警卫任务：

接班时认真办理交接班手续，详细了解上一班禁闭管理中发生的各类问题，遇有特殊情况及时向上级领导报告，完整填写交接班记录。认真检查禁闭室设施、设备完好情况，遇有设施、设备损坏现象，及时处理，保证设施、设备正常。核查禁闭室收押情况，掌握所有被禁闭罪犯的基本情况、禁闭原因、时间以及禁闭后的表现。接收被禁闭罪犯时，认真检查审批手续，通知医务人员对其进行健康检查，进行人身和携带物品检查，做好接收登记，选择适当的禁闭室实施禁闭。接收多名因相同事由被处以禁闭的罪犯时，安排禁闭室时应考虑隔离问题，避免相邻禁闭室关押。通过监控视频查看被禁闭罪犯的活动情况。遇有异常情况，及时到禁闭室通过监视窗进行询问，或由两名警卫人员携带警具共同到禁闭室内现场检查。

为被禁闭罪犯配餐时，警卫人员进行现场监督，防止送餐人员与被禁闭罪犯借机从事违纪活动。被禁闭罪犯需进行室外活动时，警卫人员分别依次打开通道，命令被禁闭罪犯单独按规定时间进行室外活动。前一名罪犯活动结束，方可允许下一名罪犯进入室外活动区，避免所有被禁闭罪犯同时从事室外活动。当发现被禁闭罪犯突发疾病时，应及时通知医务人员到现场处置。需住院治疗的，向主管领导请示，得到批准后，通知被禁闭罪犯所在监区领导安排处置。当发现被禁闭罪犯有绝食行为或有自杀倾向时，应及时通知其所在监区领导，安排教育活动，避免事故发生。当被禁闭罪犯提出具体要求时，在保持一定距离的情况下，通过监视窗与其对话。根据所要求的内容向有权处置的部门领导报告，由其决定处置。当被禁闭罪犯有扰乱监管秩序的行为时，及时向主管领导报告，提出建议，采取惩罚性措施。

罪犯禁闭期间，禁止无关人员探视、捎书、带信、提供物品。当有关人员提讯被禁闭罪犯时，应进行详细登记。

二、常规检查

常规检查，是监狱例行安全防范工作的重要措施和方法。通过检查能够发现隐患和危险，进而采取措施消除威胁。常规检查内容包括：

（一）执勤检查

执勤检查，是指由监狱组织人员对所有执勤人员到岗和履行职责情况实施的督导活动。通过检查督促执勤人员按时到岗，完成工作任务，杜绝脱岗失控现象。执勤检查分为日常检查、定期检查、抽查三种形式。通过检查发现的各类问题，应视不同情节予以及时处理。

（二）设施、设备检查

设施、设备检查，是指监狱组织的对安全防范性设施、设备完好程度及运行情况的检查。检查项目包括警戒设施的检查、监控系统的检查、报警系统的检查、门禁系统的检查等。检查方法有实地考察和检查记录。当发现所检查系统曾发生过故障或运行不正常时，应查明原因及性质。遇有人为故障时，应查清责任人，并进行处理；技术性故障，应进行改进或更新。

（三）违禁品检查

违禁品检查，是指按规定禁止带入监狱的各类物品的检查活动。如刀具、毒品、绳索、货币、酒、火源、通讯工具、非法读物、便服以及可能引发事故的物品。按检查时机分为：

1. 收工检查

重点是对罪犯收工时携带的工具、物品进行检查活动。其目的是防止违禁品流入生活区域，形成安全威胁。可采取搜身的方法进行检查。

2. 现场检查

重点是对罪犯劳动及生活现场进行的检查。劳动现场检查重点是检查罪犯的工具箱、生产设备及现场隐蔽处是否存有违禁品；生活现场检查重点是检查罪犯床铺、行李、储藏室是否存有劳动工具以及其他违禁品。现场检查可采取普遍检查、重点抽查、随机检查的方式进行。发现违禁品应及时收缴，并对当事人进行行政处罚。

三、危险排查

危险排查，是对罪犯群体或个体发生个事故可能性的分析活动。在监狱管理中，此项工作是常规性工作之一，通过排查，可以全面识别罪犯整体心理及行为变化动态与趋势，为采取应对措施提供依据。

（一）普遍排查

普遍排查是对罪犯群体心理及行为变化动态与趋势的认知活动。

由于罪犯群体心理与行为变化具有原发性、阶段性、季节性、从众性、波动性的特点，排查时应以罪犯群体的年龄、心理特征、犯罪性质结构为基础，以服刑活动体验变化、行刑物质环境变化、季节气候变化、重大事件发生为时机，及时进行排查。

1. 排查时机

刑事政策变化，如国家重大改革措施的实施、刑事法律的修订等，关系到罪犯的切身利益，易引起罪犯心理的波动。

服刑环境的变化，如新的监狱管理措施适用、生活设施的改变等。特别是特定原因导致的生活环境、劳动环境不如过去，易引起罪犯的恐慌。

劳动强度及压力的变化，如一定时期劳动时间长、强度提高、难度加大，可能导致畏难心理。

人际关系的变化，如罪犯对监区队长处理事务的方法反应强烈，不满、对立情绪明显，或罪犯中亚群体之间发生冲突，可能导致矛盾的激化。

自然条件的变化，如冬春转换、春夏之交、季节变化。气温突然升高或骤降，致使罪犯普遍有不适反应，可能引起抑郁、焦虑心理。

关注重点的变化，如监区发生重大事件，出现罪犯议论的焦点，可能引发不满情绪。

监区领导的变化，如主管队长的调整和变更，罪犯对新任队长缺乏了解和信任，易导致多数罪犯的观望和消极。

常规活动的变化，如传统节日的临近，罪犯过度思念亲人。

家庭生活环境的变化，如多数罪犯的家庭居住地发生的重大自然灾害。

2. 排查方法

排查过程中注重罪犯群体的实际，结合历史和近期的情况，遇有上述情况可采用特定方法，了解罪犯群体中的共性反应和心理活动。排查方法主要包括以下几种：

（1）问卷调查法。根据了解的目的，编制调查问卷，组织罪犯以无记名方式，表达各自认识及态度。在调查前做好动员，应向罪犯客观说明调查目的，以免因不理解造成信息反应失真。为了保证调查结果的真实性，实施调查中应尽量营造自然氛围，不要对罪犯施加引导和压力，需回避的应当回避。问卷完成后，安排人员进行项目汇总统计，根据各项目统计结果掌握罪犯群体的心理倾向，从而掌握罪犯群体的心理活动的趋势。此种方法的优点是信息来源的广泛性，所有的罪犯都有条件参与调查活动，避免了调查的局限性；信息表达的真实性，如果罪犯能够积极配合，在无记名和独立答卷情况下，罪犯能进行真实的心理表示；信息获取的便捷性，调查可以在同一时间内进行，进而能节约大量的时间；信息判断的客观性，罪犯的心理活动及意愿的结论，是通过对调查问卷汇总的结果，能防止判断人主观方面的自然干扰。但是，由于此种方法具有一定专业性和技术性，编制问卷有一定难度。如果有罪犯不配合，信息也会失真。由于调查采取无记名方式，调查结果职能反映的是群体情况，无法确定具体人的情况。

（2）反应汇总法。利用各种手段搜集罪犯的实际言论和活动，将相关情况分类汇总，从而得出判断，确定罪犯群体的心理活动及意向动态。此种方法以事实为依据，只要信息来源可靠，就具有一定真实性。但是由于搜集情况需大量的时间，受警力限制，难以达到普遍了解的程度，只能获取具有代表性的情况。

（3）综合推理法。以罪犯的综合表现为依据，推定群体心理的活动。具体将罪犯近期的各类表现进行综合，发现变化，从而推定罪犯群体的心理活动。如将近期罪犯群体的遵守监规纪律情况、完成劳动任务情况、内务整理情况、就餐情况、身体健康原因出勤率情况、关注焦点情况、近期发生的重大事件等进行汇总，与历史或前阶段进行比较，发现明显波动的方面，分析变化的直接和间接原因，结合群体自然特征，推定群体性心理活动与趋势。

（二）危险排查

危险排查，是指对罪犯群体中具有某种危险个体的识别与判断。根据实践经验，危险排查应分为重点人排查和危险人排查两个层次。

1. 重点人排查

监狱管理中的重点人，是指罪犯群体中具有明显潜在危险的罪犯个体。根据长期监狱管理实践经验，应将下列罪犯确定为重点人：

长期列为重点的："三涉"（涉毒、涉枪、涉黑）犯罪的；流窜犯罪的；有罪不认的；多次服刑的；有脱逃、自杀、凶杀经历的；性格孤僻、内向的；人格变态、偏执的；精神异常的；社会关系复杂的；长期人际矛盾突出的；家庭负担过大的；孤身一人无社会牵挂的。上述罪犯有着特定的人格和特殊的生活背景、经历，本身就存在潜在的危险因素，可以说这些罪犯是危害监狱安全的因素的携带者，对监狱安全的威胁程度远比其他罪犯大。如有脱逃或自杀经历的，"三涉"犯罪的，当服刑生活比较平稳，未遇大的冲突时，以往的经历只是处在潜意识状态，而服刑中一旦受到挫折或打击，潜意识就会受到调动，遇到适宜的外界环境，就会采取过激行为，破坏监狱安全，扰乱监禁行刑秩序。所以，上述罪犯应当列为长期防范的重点人。

适时列为重点的：家庭发生重大变故的；解除夫妻或恋爱关系的；受到严厉批评难以接受的；受到行政、刑事处罚抵触情绪较大的；突发严重疾病短期难以治愈的；强烈愿望未实现的；初入监对服刑生活不适应的。不列为长期防范的重点，并不等于没有发生事故的可能性。适时列为重点，主要是由于当罪犯个体主观上遇到客观某事件的压力与刺激，无法正常化解时，就会采取偏执的方法排解压力，引发监管事故。但是，如果罪犯所受压力和刺激得到有效的疏导和控制，随着压力承受能力的提高或是得到有效的释放，危险因素便得以化解，他们也就可以恢复原始的心理状态。

罪犯群体中的重点人，是易发各类监管事故的亚群体，是继发危险人的群体。重点人数量多少、群体的大小，只说明产生危险人产生的可能性。危险人产生则是在此基础上，受多种因素作用的反应和结果。在日常监管工作中，全面掌握重点人的情况，成为有效排查危险人的重要基础。

2. 危险人排查

罪犯群体中危险人，俗称“危险分子”。相关证据表明，其是具有实施危害监管秩序行为与活动的罪犯，是监管安全重点防范的对象。危险人排查，是对具有实施危害监管安全秩序行为与活动可能的罪犯的分析、鉴别工作。

在监狱安全防范中，危险人的排查，是一项非常复杂和细致的工作，对于抑制监管安全威胁具有重要的实践意义。通过危险人的排查，可及时发现近期监管安全危险、威胁的具体对象，提高防范的警惕性；掌握监管安全威胁的类型与程度以及相关因素，明确防范目标和内容；根据监管安全威胁的类型及程度，制定针对性的防范措施。

排查的过程应建立罪犯具有危险可能的因果关系链条。以罪犯个体自然状况和心理变化规律为基础，当特定的事件发生以后，了解其实际反应，建立模拟心理和行为链条，或进行心理画像，判断重点人的危险性质、危险程度。

排查工作中应掌握的主要程序与因素是：（1）罪犯具有危险的条件；（2）罪犯近期主客观危险诱因；（3）罪犯个体的心理、行为反应。

经排查可确认为危险的罪犯，应实施重点监控，并进行相关转化。

四、威胁控制

对于危险罪犯的控制，是监管安全管理中威胁防范的重要内容之一。一般可分为消极控制与积极控制两种形式。

消极控制是一种一般防范的工作形式。主要是通过监控的手段与措施，监督罪犯危险行为发生，从而杜绝监管事故发生的工作与活动。具体方法有定置监控、特情监控、包夹监控等。

积极控制是根据罪犯的具体表现及危险程度，在消极监控基础上，实施转化性工作的防控形式。对于具有危险的罪犯除采取一般监控措施外，还要采取主动的转化性措施，消除危险和威胁。在积极控制过程中，应以消极控制为基础，即在实施全方位监控的前提下，实施转化性工作。

实训设计

监狱安全管理

一、实训目的

通过实训，使学生强化对监狱安全管理知识的记忆和理解，建立安全管理意识。掌握基本方法，能发现解决安全管理问题，进行安全管理基本规划。

二、实训方法

（一）系统设计。由教师设计实训方案，设定角色岗位及工作内容、任务，提出岗位工作要求，制定考核评分标准。

（二）实地观摩。教师组织学生到监狱实地观摩，了解监狱建筑结构，日常安全管理运行方式，增加感性认识。

（三）模拟操作。学生根据方案要求，进行角色分配，参加模拟训练。

（四）考核讲评。教师根据学生在实训中的能力表现进行考核，评定成绩。在实训结束进行讲评。

（五）自我总结。本章学习结束，学生写出总结。

三、实训要求

（一）学生按规定统一着装，服从任课教师的指挥。

（二）学生认真遵守监狱和教学纪律，完成教学任务。

（三）实训前，教师负责准备实训场地、用具、资料。

（四）模拟操作在模拟监狱中进行。由学生按岗位职责，根据有关制度独立处理工作事务。

（五）教师根据学生在实训活动中的表现进行认真考核，实事求是地进行评价和总结。

四、实训内容

（一）实地参观

在相关课堂教学讲解之后，教师组织学生到监狱实地参观。参观了解的重点是：

1. 监狱设施布局。监狱设施配置及分布，各项设施功能及作用。
2. 监狱出入管理运行。
3. 警戒设施管理运行。
4. 生活现场安全管理运行。
5. 劳动现场安全管理运行。

6. 会见安全管理运行。

（二）实训组织

1. 方案介绍

由教师向学生介绍实训教学活动方案，明确活动组织、过程及要求。呈现监狱安全管理的基本环节和情景，由学生根据各岗位职责，完成工作任务。

2. 岗位分配

以监区为基本管理模式，设门卫、监控、禁闭、劳动、生活、会见等综合管理岗位。

（三）实训过程

1. 按分工各岗位警察就位。

2. 出入监狱安全管理。

人民法院工作人员在办理进入监区手续时，存在不符合规定的情形。考核警卫人员处理安全事务的能力。

3. 接收罪犯安全管理。

4. 会见安全管理。

5. 罪犯行为安全管理。

6. 安全防范管理。

第十章

应急处置

第一节　应急处置预案

一、应急处置的含义

从狭义角度解释，应急处置是指应对突发事件，以避免事件的继续或减轻事件后果需要采取超出正常工作程序的措施和活动，同时也泛指立即采取超出正常工作程序的行动。

应急处置是对突发事件的应答，即对突发事件的积极反应或应对，具有明确的指向和反映内容。依据《突发事件应对法》的界定，突发事件是指“突然发生，造成或者可能造成严重社会危害，需要采取应急处置措施予以应对的自然灾害、事故灾难、公共卫生事件和社会安全事件”。由此不难发现，突发事件的认定具有两个前提条件：一是事件的突发性与危害性。事件的发生、发展速度很快，出乎意料，具有严重的社会危害性。二是事件控制的特定性与异常性。当事件发生后，利用常规的方法和措施难以控制事件发展，形成了管理的紧急状态，必须采取非常规的方法来处理。

（一）应急处理事件

根据狱政管理的特点，一般需应急处置的事件包括以下四类：

自然灾害事件，主要包括水旱灾害、气象灾害、地震灾害、地质灾害、海洋灾害、生物灾害和森林草原火灾等。

事故灾难事件，主要包括各类安全事故、生产生活设施和设备事故、环境污染和生态破坏事件等。

公共卫生事件，主要包括传染病疫情、群体性不明原因疾病、食品安全和职业危害以及其他严重影响罪犯健康和生命安全的事件。

社会安全事件，主要包括恐怖袭击事件、涉外突发事件、监管安全事件。如脱逃、自杀、凶杀、暴狱、劫持、袭警等事件。

（二）突发事件

根据国家相关规定，突发事件由高到低划分为特别重大（Ⅰ级）、重大（Ⅱ级）、较大（Ⅲ级）、一般（Ⅳ级）四个级别。

特别重大突发公共事件（Ⅰ级）：指突然发生，事态非常复杂，对全区公共安全、政治稳定和社会经济秩序带来严重危害或威胁，已经或可能造成特别重大人员伤亡、特别重大财产损失或重大生态环境破坏，需要政府统一组织协调，调度各方面力量和资源进行应急处置的突发公共事件。

重大突发公共事件（Ⅱ级）：指突然发生，事态复杂，对一定区域内的公共安全、政治稳定和社会经济秩序造成严重危害或威胁，已经或可能造成重大人员伤亡、重大财产损失或严重生态环境破坏，需要各专业应急机构或事件主管单位调度区有关单位力量和资源进行联合处置的突发公共事件。

较大突发公共事件（Ⅲ级）：指突然发生，事态较为复杂，对一定区域内的公共安全、政治稳定和社会经济秩序造成一定危害或威胁，已经或可能造成较大人员伤亡、较大财产损失或生态环境破坏，需要调度相关单位力量和资源进行联合处置的突发公共事件。

一般突发公共事件（Ⅳ级）：指突然发生，事态比较简单，仅对较小范围内的公共安全、政治稳定和社会经济秩序造成严重危害或威胁，已经或可能造成人员伤亡和财产损失，只需调度个别部门的力量和资源就能够处置的突发公共事件。

在监狱管理中，遇有上述事件发生，应立即采取应对性措施和行动。其目的是运用非常规措施和行动，发挥应对机制的效应，控制事件的发展，稳定监管秩序，保护罪犯的生命和监狱财产，降低损失程度。

二、应急处置的原则

（一）以人为本原则

在应急处置过程中，把保障公众健康和生命安全作为首要任务。凡是可能造成人员伤亡的突发事件发生前，要及时采取人员避险措施；突发公共事件发生后，要优先开展抢救人员的紧急行动；要加强抢险救援人员的安全防护，最大限度地避免和减少突发事件造成的人员伤亡和危害。

（二）快速反应原则

突发公共事件应急处置的各环节都要坚持效率原则，建立健全快速反应机制，及时获取充分而准确的信息，跟踪研判，果断决策，迅速处置，最大限度地减少危害和影响。

（三）损益合理原则

处置突发事件所采取的措施，应该与突发事件造成的社会危害的性质、程度、范围和阶段相适应；有多种措施可供选择的，应选择对公众利益损害较小的措施；对罪犯权利与自由的限制，不应超出控制和消除突发事件造成的危害所必要的限度。

（四）联动处置原则

建立和完善联动协调机制，加强各部门之间联系、与周边单位之间的联系以及与地方政府之间的沟通和协调。形成统一指挥、反应灵敏、功能齐全、协调有序、运转高效的应急管理机制。

（五）依法规范原则

坚持依法行政，妥善处理应急措施和常规管理的关系，合理把握非常措施的运用范围和实施力度，使应对突发公共事件的工作规范化、制度化、法治化。

实行应急处置工作各级行政领导责任制，依法保障责任单位、责任人员按照有关法律法规和规章以及本预案的规定行使权力；在必须立即采取应急处置措施的紧急情况下，有关责任单位、责任人员应视情况临机决断，控制事态发展；对不作为、延误时机、组织不力等失职、渎职行为依法追究责任。

三、应急处置预案

应急处置预案又称应急处置计划，是针对可能的重大事故（件）或灾害，为保证迅速、有序、有效地开展应急与救援行动、降低事故损失而预先制定的有关的计划或方案。它是在辨识和评估潜在的重大危险、事故类型、发生的可能性、发生过程、事故后果及影响严重程度的基础上，对应急机构与职责、人员、技术、装备、设施（备）、物资、救援行动及其指挥与协调等方面预先作出的具体安排。在常规监狱管理中，应制定切实可行的应急处置预案。

（一）应急处置预案的类型

按内容的多少，应急处置预案分为综合预案、专项预案和现场预案三种类型。

1. 综合预案

综合预案是监狱处置各类突发事件的整体预案，从总体上阐述应急方针、政策、应急组织结构及其相应的职责和应急行动的总体思路等。通过综合预案可以很清晰地了解监狱的应急体系及预案的文件体系，更重要的是可以作为监狱应急救援工作的基础，即使对那些没有预料的紧急情况，也能起到一般的应急指导作用。

2. 专项预案

专项预案是针对某种具体的、特定类型的突发事件的应急需要而制定的预案。例如，自然灾害处置预案、社会安全处置预案、罪犯脱逃处置预案、罪犯自杀处置预案等。专项预案是在综合预案的基础上，充分考虑了某种特定危险的特点，对应急的形势、组织机构和应急活动等进行更具体的阐述，具有较强的针对性。

3. 现场预案

现场预案是在专项预案的基础上，根据具体情况需要而编制的预案。它是针对特定的具体场所（以现场为目标），通常是该类型事故风险较大的场所或重要警戒区域等所制定的预案。例如，罪犯脱逃事件处置预案下的劳动现场脱逃处置预案、罪犯自杀处置预案下的监舍自杀事件处置预案等。现场应急预案的特点是针对某一具体现场的特殊危险及周边环境情况，在详细分析的基础上，对应急救援中的各个方面作出具体、周密而细致的安排，因而现场预案具有更强的针对性和对现场具体救援活动的指导性。

（二）应急处置预案的基本结构

综合预案、专项预案和现场预案由于各自所处的层次和适用的范围不同，其内容在详略程度和侧重点上会有所不同，但都可以采用相似的基本结构。从广义上来说，应急预案是一个由各级文件构成的文件体系，它不仅包括应急预案本身，也包括针对某个特定的应急任务或功能所制定的工作程序等。一个完整的应急预案的文件体系包括预案、程序、指导书、记录等，即由一个基本预案加上应急功能设置、特殊风险预案、标准操作程序和支持附件等构成，以保证各种类型预案之间的协调性和一致性。

1. 基本预案

基本预案是对应急预案的总体描述。主要阐述应急预案所要解决的紧急情况，应急的组织体系、方针，应急的资源，应急的总体思路，并明确各应急组织在应急准备和应急行动中的职责，以及应急预案的演练和管理等规定。

2. 应急功能设置

应急功能设置是对在各类重大事故应急救援中通常都要采取的一系列基本的应急行动和任务而编写的计划，如指挥、控制、警报、通信、人群疏散、人群安置和医疗等。它着眼于监狱对突发事故响应时所要实施的紧急任务。由于应急功能是围绕应急行动的，因此它们的主要对象是那些任务执行机构。针对每一应急功能，应明确其针对的形势、目标、负责机构和支持机构、任务要求、应急准备和操作程序等。应急处置预案中包含的功能设置的数量和类型因地方差异会有所不同，主要取决于所针对的潜在重大事故危险类型，以及监狱的应急组织方式和运行机制等具体情况。尽管各类重大事故的起因各异，但其后果和影响却是大同小异的。如地震、洪灾等，都需要实施“罪犯的安置与救济”，而围绕这一任务或功能，可以基于监狱共同的资源在综合预案上制订共性的计划，而在专项预案中针对每种具体的不同类型事件，可根据其爆发速度、持续时间、袭击范围和强度等特点，只需对该项计划作一些小的调整。同样，对其他的应急任务也是采用相似的做法。制订共性计划的关键是要找出和明确应急救援过程中所要完成的各种应急任务或功能，并明确其有关的应急组织，确保都能完成所承担的应急任务。

3. 特殊风险预案

特殊风险预案是基于监狱存在潜在重大事故风险辨识、评价和分析的基础上，针对每一种可能存在重大事故风险的类型，明确其相应的主要负责部门、有关支持部门及其相应的职责，并为该类专项预案的制定提出特殊要求和指导。

4. 标准操作程序

由于在应急预案中没有给出每个任务的实施细节，各个应急部门必须制定相应的标准操作程序，为组织或个人提供履行应急预案中规定的职责和任务时所需的详细指导。标准操作程序应保证与应急处置预案的协调和一致性，其中，重要的标准操作程序可附在应急预案之后或以适当的方式引用。

5. 支持附件

应急预案或标准操作程序中可能列举的支持附件和附图表。如危险分析附件，通讯联络附件，法律法规附件，机构和应急资源附件，教育、培训、训练和演习附件，技术支持附件，协议附件，其他支持附件等。

第二节　应急处置的组织机构

一、指挥机构

（一）领导机构

监狱设立突发事件应急委员会，作为本监狱应对突发公共事件的议事、决策、协调机构，统一领导监狱突发事件应急处置工作。其主要职责是：

1. 定期召开会议，听取监狱有关部门有关突发公共事件预防、应急准备、应急处置和事后恢复与重建工作的汇报，分析有关突发公共事件的重要信息、发展趋势。

2. 审议、决定突发事件应对工作中的重大事项，统一领导和协调监狱各类突发公共事件应急处置机构。

3. 决定启动预警和监狱突发事件应急处置预案。

4. 组织人员处置一般严重、比较严重的突发事件，以及控制相当严重、特别严重的突发事件的态势，并立即报请省监狱管理局及有关部门处置。

5. 检查、督促各级有关部门贯彻执行国家有关维护监狱稳定、保障人身及财产安全的法律和政策，及时协调应急处置工作中出现的重大问题。

监狱突发事件应急处置委员会由监狱长、武警部队领导、副监狱长、驻狱检察室、办公室、狱政、狱侦、教育、生产、安全和医院等管理职能科（处）室领导组成；主任由监狱长担任，副主任由武警部队首长、主管狱政和安全的副监狱长担任。

（二）指挥中心

监狱突发事件应急委员会设监狱突发事件应急委员会办公室，为其日常工作机构，其职能由监狱办公室承担。其主要职责是：

1. 督促落实监狱突发事件应急委员会作出的决定和指示。

2. 拟订或者组织和实施监狱应对突发事件的工作规划和应急处置预案。

3. 督促检查监狱有关部门和监区对应急预案的执行情况，并给予指导。

4. 督促检查监狱有关部门、监区和有关专业机构的突发事件监测、预警工作情况，并给予指导。

5. 汇总有关突发事件的各种重要信息，进行综合分析，并提出建议。

6. 承担本监狱突发事件统一信息系统、应急指挥系统的日常管理工作。

7. 监督检查、协调指导监狱有关部门和监狱的突发事件预防、应急准备、应急处置和事后恢复以及重建工作。

8. 组织制订安全常识、应急知识的宣传计划和应急救援队伍的业务培训、演练计划，报监狱批准后督促落实。

9. 根据应急预案的规定，明确指挥部人员和相关部门在处置突发事件中的职责。

10. 监狱突发事件应急委员会交办的其他工作。

监狱突发事件应急委员会办公室为应急事件信息处理中心，负责应急信息收集、上传、协同和传播，对应急信息进行综合、调查、分析、评估与判定。建立应急信息共享网络。配置相应通信设备，统一接受信息，传达命令，保证指挥的权威性。

二、处置机构

（一）监区应急领导小组

监区是监狱对罪犯实施具体管理、教育的单位，作为监狱突发事件处置的执行机构，设立监区突发事件应急领导小组。一般应按监区的设置确定若干执行机构。其主要职责是：

1. 建立健全监区应急处置现场指挥和管理组织，在监狱突发事件应急委员会领导下开展工作。

2. 落实国家相关法律、法规，执行监狱突发事件应急委员会的决定和指示。

3. 制订本监区突发事件应急处置预案及年度工作实施计划。

4. 接受监狱突发事件应急委员的督导与检查，向监狱报告应急处置准备、预防、预警和处置等工作落实情况。

5. 组织突发事件应急处置的教育、培训与演练，提高应急处置的意识和控制、救护、自救能力。

6. 开展常规性的安全防范检查，督导防范制度落实，消除生产、生活、监管事故隐患，及时解决安全防范中的具体问题。

7. 及时向突发事件应急委员会报告突发事件情况，保持联系，在监狱统一部署下开展控制、救护、自救工作。

8. 在与监狱突发事件应急委员会失去联系的情况下，遵循“以人为本、合法处置”的原则，根据当时紧急状态决定采取必要的处置措施，并进行事后报告。

监区突发事件应急领导小组，由监区长任组长，教导员、副监区长任副组长，根据监区警察的情况，设定各专业组的责任人。

（二）专业应急组织

专业应急组织，是由监狱职能专业工作人员组成的应急事件处置组织。该组织既是应急事件处置参与机构，又是应急事件处置的支持机构。在应急事件处置中发挥综合性处置与保障作用。在监狱突发事件应急委员会的领导下，协助监区实施应急处置工作。其主要由下列组织构成：

1. 戒护组织

戒护组织由驻武警部队及监狱警卫、防爆人员组成，负责警戒区域的设防与警卫；负责转移途中押解与警卫；参与紧急状态的平息与控制。

2. 救护组织

救护组织由监狱所属医务人员组成，负责伤残人员的救护与救治，危重伤员的转移。保障与当地医务部门的联系和药品的供应，预防次生灾害的发生。

3. 通讯组织

通讯组织由监狱信息管理人员组成，负责监狱内部各单位、监狱与上级领导机关、监狱与当地政府部门之间的通讯联系，为及时进行信息通报和传达有关指示提供条件，保证信息渠道的畅通。

4. 运输组织

运输组织由监狱车辆管理人员组成，负责为应急处置时交通运输车辆的使用提供条件。

5. 供应组织

供应组织由监狱后勤生活保障人员组成，负责应急处置时的联系并提供临时居住条件、御寒衣物和膳食供应。

第三节　不同类型突发事件的应急处置

狱内一旦遇有突发事件，必须迅速启动应急处置预案，按预案的职责分工，各组织机构人员必须及时就位，在应急委员会的统一指挥下开展工作，完成处置任务。

一、脱逃事件的应急处置

（一）立即报警，通报情况

在第一时间向监狱职能科室（处）领导和监狱领导报告；监狱领导及时向省监狱局职能处（室）及主管局长报告。报告的主要内容包括：发现的时间、脱逃人员数量、脱逃人员的基本情况。

（二）清点人数，现场追踪

立即封锁现场，组织罪犯集合，清点人数。组织罪犯在事件发生现场进行拉网式搜查，寻找脱逃踪迹。

（三）排查线索，分析案情

1. 现场调查

迅速开展现场调查，询问知情罪犯。划定脱逃罪犯现场交往罪犯人员范围，排查最后交往时间，或最后出现实行踪时间，以此推定相对准确的脱逃时间。

2. 物品检查

检查脱逃罪犯的工具箱、行李以及个人物品，发现缺失物品，具有证据性的书信、笔记、日记等文字材料。确定脱逃罪犯脱逃时的穿着及其携带的物品。

3. 活动追忆

组织知情罪犯回忆脱逃罪犯近期活动情况，重点回忆脱逃罪犯近期接触的罪犯、重大生活事件、异常行为表现，从而了解并推定脱逃罪犯的脱逃动机、脱逃方式、脱逃路线以及脱逃目的地。

（四）事件定性，汇总信息

经过前述两项活动后，如有相关证据证明罪犯确已脱逃，应进行抓捕准备。

1. 整理资料

调取档案，汇总罪犯个人特征信息。包括姓名、化名、身高、体态相貌特征、口音、服刑前职业、服刑前活动地域、家庭住址、社会关系、犯罪经历、犯罪性质、脱逃地点、脱逃事件、脱逃方式、脱逃目的等。为发布通缉和抓捕提供信息。

2. 撰写报告

监区应根据相关信息，撰写“罪犯脱逃情况报告”，具体载明事件的发现经过、采取的措施、事件的性质、脱逃罪犯情况等。通过报告全面反映罪犯脱逃事件的经过及事实，并将报告呈报监狱狱政和狱侦部门。

（五）联防布控，设卡盘查

监狱接到罪犯脱逃报告，立即发出警报，封闭监狱外出通道。与周边联防单位、公安机关取得联系，发布联查通报，安排联查事宜。

1. 发布通缉

监狱应首先与公安机关联系，请求当地公安机关发布“追逃通缉令”，并在当地人口流动性大的场所张贴、散发通缉令。

2. 设卡盘查

监狱应向负责“盘查”活动的公安机关介绍案情，发放相关资料。由公安机关带领各小组，及时赶到监狱周边设卡地点，对过往车辆、行人进行盘查。

3. 周边调查

监狱应安排调查组人员协同公安机关携带通缉文件，深入监狱周边交通要道、居民区、车站、码头进行走访，扩大追逃线索。

（六）沿途追踪，定点守候

抓捕组成员根据罪犯的脱逃路线及目的地，在监狱的统一部署下，实施抓捕。

1. 沿途盘查

抓捕组成员首先应根据罪犯脱逃路线，对沿途的各类交通工具进行盘查，寻找可疑线索。

2. 布控守候

抓捕人员应及时赶赴罪犯脱逃后（可能）的落脚点所在地域，并与当地公安机关联系，进行布控。

3. 动员协办

抓捕人员应做好罪犯可能接触的家庭成员及其他社会关系的思想工作，动员其配合抓捕活动，及时报告脱逃罪犯的各种情报。

（七）脱逃事件应急处置中应注意的问题

1. 建立迅速报警机制

监区发现罪犯有脱戒现象时，“宁可信其有，不可信其无”，即发现后第一时间便报警，以便监狱及时启动应急预案，采取布控和追逃措施。切忌抱有侥幸心理，拖延时间，自行查找确认脱逃后才报警，容易造成贻误时机的后果。

2. 建立准确判断机制

一旦发现迹象，能够迅速判断罪犯的脱逃方式、路线及逃往的目的地。

3. 建立信息生成机制

在较短时间内，完成通缉、抓捕所需各种信息汇集，为实施及时抓捕提供真实可靠的信息。因此，在罪犯入监初期，应立即进行全面、准确的信息采集；在日常管理中，注意发现罪犯体貌特征的变化，对于服刑时间长，面貌变化大的罪犯，有必要进行信息订正，从而保证档案信息与罪犯现实特征的一致性。

4. 建立同步联动机制

在脱逃事件应急处置过程中，避免追求简单、机械的顺序化、程序化的活动方式。各项活动应同步联动、协同并行，这样才能实现预期的效果。

二、自杀事件的应急处置

根据罪犯自杀事件后果的不同，应急处置可分为既遂与未遂两种方式。

（一）自杀既遂事件的处置

1. 及时报警，赶赴现场

监区值班人员接到罪犯自杀死亡报告时，要及时通知本监区领导，并及时赶赴现场亲自处理相关事宜。同时通知监狱医务人员进行紧急施救准备并通知其及时赶赴现场，向监狱主管领导及部门报告情况。

2. 封闭现场，紧急施救

相关人员到达现场后，应立即划定现场警戒区域，禁止无关人员入内，维持现场秩序。根据现场情况初步判定自杀方式，采取应急性施救措施。当医务人员施救无效，确认生命体征消失，宣告罪犯已死亡时，应将尸体送往专门存放处。

3. 出具证明，撰写报告

由监狱医务部门出具罪犯死亡证明和死亡报告。监区撰写罪犯自杀死亡情况报告。

4. 提供材料，报告情况

监区应向监狱主管领导和狱侦部门具体报告罪犯自杀情况，并由狱侦部门立案调查，进行现场勘验，提取物证，采集证人证言，调查自杀原因。

5. 呈报情况，请求监督

监狱应向上级领导机关和当地检察机关报告罪犯自杀经过，并由检察机关组织事件监察，出具检察报告。

6. 通知家属，善后处理

监狱应向罪犯家属通报罪犯自杀死亡情况，并通知其前来处理善后。

（二）自杀未遂事件的处置

1. 及时接警，现场处置

当监区接到罪犯自杀事件的报警后，应及时赶赴现场，并通知监狱医务部门立即到达现场，采取紧急施救措施，向监狱主管领导和有关部门报告情况。

2. 保护现场，实施勘验

在对罪犯实施抢救的同时，封锁自杀现场，由监狱狱侦部门立案，进行勘验，提取物证，采集证言。

3. 抢救生命，加强戒护

（1）必要时，经监狱主管领导批准，与当地医院联系，在监狱医务和监管人员监护下，将罪犯送往当地医院抢救；（2）在转至医院途中，进行沿途警戒，遇有异常情况，采取警戒措施；（3）在抢救过程中，应加强监护，清理抢救现场，严禁非本院医务人员入内，或接近抢救现场，注意罪犯伤情变化及抢救情况，及时向监狱领导报告；（4）当罪犯经抢救暂时脱离危险，需要置留观察时，监区应安排警察进行监护。当罪犯伤情稳定后，及时转入监狱医院进行康复性治疗。

4. 整理物品，调查原因

在对罪犯实施抢救的同时，应对罪犯个人物品进行清理，调查自杀原因。

5. 报告案情，请求监督

监狱应向当地检察机关报告案情，由检察机关对罪犯自杀事件及处理经过进行检察，并出具检察报告。

（三）处置自杀事件应注意的问题

1. 必须实施现场抢救

当自杀事件发生后，必须在第一时间实施抢救，不得在医务部门未宣布罪犯死亡的情况下，任意放弃或终止抢救活动。

2. 掌握全部自杀证据

在应急处置的同时，注意保护现场，积极主动开展自杀原因调查，掌握全面的影像、书证、物证、证人证言。利用证据建立可靠的自杀证据链，排除他杀或伤害的可能性。

3. 做好处置活动记录

对于事件发生后的处置活动的具体时间、方式、内容、效果等进行翔实记录，以便事后作为处置活动合法性、有效性的证据。

4. 警戒措施必须到位

在自杀事件发生后，情况紧急，现场易出现混乱，切忌忽视警戒，防止预谋制造自杀假象或借机从事其他违法活动。

三、凶杀事件的应急处置

监区接到罪犯凶杀事件报警，并到达现场时，根据事件经历的时间长短会遇到不同情况：侵害行为终止，犯罪嫌疑人已被制服；侵害行为正在实施，犯罪嫌疑人正在加害被害人；侵害行为终止，犯罪嫌疑人已逃离现场。具体应视不同情况掌握处置重点。

（一）侵害行为终止，犯罪嫌疑人被制服情形的处置

监区警察到达现场后，犯罪嫌疑人已被其他罪犯制服。遇此情形的处置工作是：

1. 实施防范措施

为犯罪嫌疑人加戴戒具，并押往禁闭室，实施禁闭。防止犯罪嫌疑人继续行凶伤害他人。

2. 抢救被害人

将被害人紧急送往监狱医院进行抢救，或进行伤情处置。

3. 现场调查

询问现场知情人，了解事件发生的时间、经过，搜集证据，采集证人证言。

4. 报告情况

向监狱主管领导及有关部门报告事件发生的时间、地点、经过、原因和后果。

（二）侵害正在进行时的处置

1. 制止侵害行为

到达现场后，可采取命令或教育的方式，制止侵害行为。在制止无效的情况下，迅速组织人员，采取强制性措施，制服犯罪嫌疑人。同时将被害人解救出

来，控制事态发展。遇有群体性事件，难以控制局面时，应向监狱主管领导报告，请求防暴队增援，将犯罪嫌疑人分别制服。对犯罪嫌疑人加戴戒具，进行现场监控。

2. 紧急救治伤员

采取紧急救治措施，将伤者及时送往监狱医院。遇有伤情严重，需离监救治的，在请示监狱主管领导并获准后，由警察监护伤者送往当地医院。

3. 开展事件调查

保护现场，询问知情人，采集证言，搜集行凶工具。

4. 撰写事件报告

根据搜集的资料，撰写事件报告，写明事件发生的时间、地点、经过和后果，并向监狱有关部门报告情况。

（三）侵害人已逃离现场的处置

有时犯罪嫌疑人孤注一掷，明知后果严重，企图逃避制裁，行凶后迅速逃离现场。遇此情形，除安排抢救伤员事项外，还应向监狱主管领导和有关部门报告情况，通知监狱门卫封锁监狱大门，并组织人员实施抓捕，防止犯罪嫌疑人脱逃或自杀。

四、暴狱事件的应急处置

暴狱事件是指罪犯经过预谋，为达到特定的目的，聚众对抗监狱管理，破坏监狱管理秩序，影响极大的事件。暴狱事件与其他事件相比较，具有预谋性、聚集性、破坏性的特点。事件一般以罪犯中的非正式群体为主要成员，在核心人物在幕后操纵下，参与的罪犯较多。经过核心分子的策划，骨干分子带头和煽动，以某一特定事件为契机，借助人多势众，提出条件，使用暴力，以殴打伤害他人、劫持人质、毁损监管设施、破坏生产设备、纵火、制造事端的形式，向监狱施加压力。事件一旦发生，涉及人员多，持续时间长，负面影响极大。如果处置失当，不仅破坏了正常的监管秩序，而且也会给今后的监管工作造成障碍。

在处置此类事件时，应重点掌握以下几个方面：

（一）立即出警，封锁现场

1. 迅速报警

监区发现暴狱的迹象，在无法制止的情况下，迅速报警。在保证个人安全的前提下，坚守岗位，监视事态变化。

2. 启动预案

监狱接到报警，应立即启动应急处置预案，拉响警报，封闭监狱出入（大门）通道，调集警力，赶赴现场，进入高度警戒状态。向省监狱管理局简要报告案情。

3. 封锁现场

各应急处置组织到达现场后，在总指挥的部署下迅速就位。根据现场（车间、监舍、室外）不同，采取不同的封闭方式，切断逃离现场的通道，并将所有参与暴狱的罪犯控制在限定区域。

（二）观察态势，锁定证据

1. 静观其变

一般现场得到控制后，会出现僵持局面，罪犯看到监狱领导到达现场，活动范围受到限制，态度会变得更加强硬。在罪犯不能束手就擒的情况下，应注意观察所有罪犯的表现。

2. 获取资料

在观察罪犯行为动态的同时，进行拍照、摄像，将罪犯现场行为表现以影像资料的形式留存下来，作为案件处理的证据。

3. 确定主谋

通过观察，发现暴狱的骨干分子，详细记录其言行。了解参与活动罪犯的基本情况，掌握可供利用的信息。

4. 研究对策

在全面掌握罪犯情况的前提下，研究确定具体处置步骤和方法，安排任务。

（三）正面疏导，政策攻心

为了稳定局势，防止矛盾激化，首先考虑运用教育的方法，促使绝大多数罪犯回心转意，放弃对峙。

1. 道破利害

向参与暴狱的罪犯说明此活动的结果，与罪犯服刑的关系；唯一正确的选择和出路；放弃对峙。

2. 分化瓦解

根据罪犯的日常和现场表现，劝诫胁从的罪犯放弃对峙，提醒其切勿被人利用；从而孤立首恶和骨干分子；化解敌对情绪。

3. 警示骨干

在骨干分子依然坚持活动的情况下，揭露事实真相或暴狱的真实目的，使之产生恐惧心理。

4. 限时警告

公开宣布，限定参与暴狱的罪犯在一定时限内必须放弃对峙，否则将采取强制性措施。

（四）选择时机，武力制服

在教育、劝导无效的情况下，应选择好时机，组织实施武力制服。

1. 调集警力

根据暴狱罪犯的数量，调集补充警力，以数量够用为限。

2. 调整部署

将警力分为外围警戒增援队和突击队。突击队的任务是冲入罪犯人群，将暴狱罪犯制服。外围警戒增援队的任务是：在突击组实施突击时，实施外围警戒，防止暴狱罪犯趁乱逃离现场。

3. 分配任务

根据需要将突击组成员分出若干小组，明确各小组具体负责制服的对象，制服措施与方法，以便在突击行动中相互配合。

4. 突击动员

为了确保突击性行动的成功，行动前须整理好装备，进行突击动员后待命。

5. 平息暴狱

当时机成熟，指挥员下达命令，突击组成员迅速行动，将暴狱的罪犯分而治之，平息暴狱事件。

（五）事件调查

当所有暴狱的罪犯被擒获后，需进行现场调查，根据调查结果采取防治措施。

1. 分别询问

组织警力进行事件调查，分别对参与暴狱的罪犯进行询问，结合现场情况，了解事件发生的原因、经过和目的；确定主谋、骨干；参与暴狱的罪犯在事件中的行为及后果；令所有参与暴狱的罪犯写出事件经过。

2. 分别禁闭

禁闭设施条件允许的情况下，将参与暴狱的罪犯全部分别关押禁闭，等待进一步调查和处理。禁闭设施条件不足的情况下，将主谋、骨干实施禁闭，其他参与罪犯交由监区集中监控。

3. 搜集证据

责令未参与暴狱、了解事件经过、能实事求是反映情况的罪犯写出证言材料。搜集事件中暴狱罪犯使用过的器具。对事件中受到伤害的人员，进行伤情鉴定。

4. 调查评估

组织专业人员对暴狱造成的损失程度及价值进行评估，出具评估报告。

（六）事件报告

形成专项的暴狱事件处置报告，向省监狱管理局详细报告事件发生的时间、地点、原因、参与的人员、造成的损失以及处置结果等。

五、劫持事件的应急处置

近几年来，罪犯劫持人质的事件时有发生，个别罪犯出于不同的原因，以劫持人质相要挟，向监狱提出无理要求，制造混乱企图脱逃。基本类型有：按事件参与罪犯数量分为单人劫持事件与团伙劫持事件；按劫持对象分为劫持警察事件与劫持其他工作人员事件；劫持人质事件一旦发生，就会严重影响正常的监管秩序。应急处置的任务是：保护人质的生命安全；降低影响，平息事件。

一般而言，劫持事件持续的时间较长。可以说人质的解救过程是警察与犯罪嫌疑人的心理较量过程。在此过程中，犯罪嫌疑人的心理变化会经历三个时期。

第一，偏执亢奋期。犯罪嫌疑人实施劫持行为之初，由于偏执认知的作用，导致情绪亢奋，不顾一切，铤而走险。此时犯罪嫌疑人判断能力下降，失去理智和自控能力，希望以伤害人质为手段，急切引起他人的注意，表达自己的欲望，得到他人的支持。此时的犯罪嫌疑人极为固执，难以听信他人的言语，只是一味地表现自己，行为反应超常。一般在此时期，不仅不宜与其沟通交流，也不宜对其施加刺激。只能等待犯罪嫌疑人将亢奋情绪发泄殆尽。

第二，挣扎冲突期。当个人行为受到他人的关注，形成了轰动效应后，心理需要得到一定的满足，情绪发泄殆尽。理智和自控有所恢复后，他会意识到极端行为的结果，感到骑虎难下，进退维谷。此时，他的心理极为矛盾，既不想轻易放弃行为，又无力抗争现实，从而通过提出苛刻条件表现虚弱的强悍，用对峙来保留颜面和自尊。此时期为心理转化的最佳时期，如若时机把握适当，选好切入点，沟通顺利，因势利导，形成负向强化刺激，削弱对立和矛盾，将会成功引导犯罪嫌疑人放弃劫持行为。反之，则会形成正向强化刺激，导致犯罪嫌疑人情绪恶化，矛盾升级，对立加重，采取更加极端的行为。

第三，冷静决断期。犯罪嫌疑人的心理活动在经历了一段对峙后，理智基本恢复，意识趋于常态，自控能力有所提高，具备了自主思维和行为的能力。随着时间的延续，犯罪嫌疑人体力耗尽，精神崩溃，在第二时期心理变化的基础上，一般会做出决断：或是回心转意，接受劝导，放弃劫持；或是伤害人质，坚持顽抗，自我毁灭。由于此时期的犯罪嫌疑人体力不支，意识恍惚，精力涣散，反应迟钝，因此是将其制服的最佳时机。

根据劫持事件中犯罪嫌疑人的心理变化规律，在制服犯罪嫌疑人和营救人质时应适时决策，达到处置的目的。

劫持事件应急处置中应重点掌握以下内容：

（一）控制现场，迅速报警

监区发生劫持事件后，在难以制服犯罪嫌疑人，或无力及时急救人质的情况下，应迅速清理现场，组织无关人员撤离，安排人员进行警戒，尽量将犯罪嫌疑人牵制在可控的环境内。同时迅速向监狱主管领导及相关部门报告情况，请求支援，由监狱统一组织平息事件。

（二）发出警报，启动预案

1. 应急反应

监狱接到劫持事件的警报后，应迅速向各部发出警报，启动应急预案，调集人员赶赴现场；封闭监狱大门，禁止外来人员及车辆通行，加强警戒，防止发生其他意外。

2. 部署警力

各应急处置组织到达现场后，现场指挥选定有利观察和控制的地形，部署警力，加强现场控制。

（三）了解情况，确定对策

1. 听取报告

现场指挥与谈判专家一同听取监区的有关情况报告。重点了解犯罪嫌疑人的基本情况、劫持动机、提出的条件、个性特征、家庭背景、社会关系、近期重要事件以及家庭变故等。

2. 研究对策

根据现场观察嫌疑人的反应及相关情况，结合现场地形、地物和人质的情况，研究具体解救人质的方案。一般应初步制定多套方案。第一，通过谈判专家（心理咨询师）的疏导性工作来缓解犯罪嫌疑人的对抗心理；第二，可能的情况下，将犯罪嫌疑人的“重要他人”接来现场，进行劝导工作；第三，分散犯罪嫌疑人的注意力，由警察将其制服；第四，在犯罪嫌疑人极为固执，人质生命安全受到威胁的情况下，将其击毙。具体对策可根据解救情况进行调整。

为了降低劫持事件的负面影响，尽量依次选用上述前三个方案，只有到万不得已的情况下，才运用第4个方案。

（四）心理沟通，引导思考

此项工作最好由谈判专家或心理咨询师完成。谈判专家或心理咨询师在全面研究犯罪嫌疑人的情况后，找到消除心理屏障和沟通的切入点，通过心理交流和沟通，稳定犯罪嫌疑人的情绪，引导其自控，放弃劫持行为。

1. 询问原因

询问犯罪嫌疑人劫持人质的原因，并讲出意图和目的。在询问时，尽量保持安全的交流距离，以双方能准确、清晰地听清语音为宜。询问中，保持语音平缓，体现出对犯罪嫌疑人行为的惋惜和同情。从犯罪嫌疑人的言谈中发现其真实的动机和目的。

2. 触发宣泄

当了解了犯罪嫌疑人的真实意图的情况下，回避正面回答其提出的条件和要求，避免直接肯定或否定犯罪嫌疑人的要求，防止对其情绪的正强化。抓住犯罪嫌疑人感兴趣或敏感的话题，进行深入的交谈，引导其将心中积怨和不满以及长期难以表达的心愿倾诉出来，实现心理释放，缓解抑郁和怨恨，使情绪得到调节。

3. 引导思考

当犯罪嫌疑人情绪略有稳定时，能够正常思考问题时，根据其在宣泄中暴露出的问题，建立线索，进行提问，引导其思考问题，反省自己的行为，分析事件继续的结果。

4. 政策感化

根据犯罪嫌疑人的犯罪经历，讲解终止行为的出路和正确解决问题的方法，动员其终止行为。

在有条件的情况下，可以安排犯罪嫌疑人的亲属，到现场进行亲情感化。

（五）迅速出击，营救人质

经过一段时间的交流，若仍未促使其放弃行为，可选择适当时机，采取强制性措施，将其制服并解救人质。

1. 接近目标

安排警力做好准备，避开犯罪嫌疑人的视线，迂回接近目标，伺机行动。

2. 分散精力

利用交谈、传递物品或其他方式，牵制或影响犯罪嫌疑人的注意力，使其放松警惕，降低戒备。

3. 瞬间制服

时机成熟，迅速行动，制服犯罪嫌疑人并解救人质。

六、食物中毒事件的应急处置

监区遇有就餐后罪犯群体性不适反应强烈，应引起重视，及时采取措施，以免酿成严重后果。

（一）及时诊断

将所有出现不适反应的罪犯送往医院，进行检查，做出诊断。在尚未确诊为食物中毒之前，切忌妄下结论，随意定性，以免以讹传讹，防止个别罪犯借机制造事端。

（二）全面检查

当确定食物中毒后，积极行动，组织监区全体罪犯进行检查。进行情况说明，开展相关卫生及病理常识的教育，引导罪犯以客观心态面对事件，防止引起恐慌。

（三）报告病情

监区将中毒情况进行整理，形成书面材料，向监狱主管领导及有关部门报告，并详细说明中毒反应时间、具体症状、中毒人数、处置措施和经过以及处置后效果等。

（四）积极防控

为了控制中毒事件的发展，对有中毒反应的罪犯采取防控措施，根据医院条件，严重的尽量住院隔离观察治疗，反应轻微的可在监区观察治疗。对生活、劳动、学习环境和用具（特别是餐具）进行全面消毒，防止事态发展。

监狱应主动与当地疾病防疫部门联系，报告情况，以得到当地卫生医疗部门的协助和支持。

（五）查清原因

中毒事件发生后，应查清原因。询问当事人近期食品的种类、食用方法等，将剩余食品（取样）、呕吐物、餐具等进行检验。再根据检验结果，彻查食品来源。如发现有人为投毒迹象，则由狱侦部门立案侦查。

七、地震、洪水自然灾害事件的应急处置

当监狱遇到地震、洪水自然灾害时，常规的监管活动与监管秩序会受到严重的破坏，如房倒屋塌、人员伤亡、警戒设施受损、各类设备瘫痪、通讯中断、与外界失去联系以及自然条件极其恶劣等。罪犯此时会产生普遍的心理恐慌，行为失控，不知所措等现象，一旦失控，后果不堪设想。一般罪犯在逃生本能的驱使下，可能发生脱逃行为。日常具有危险性的罪犯，可能利用时机采取实质性行动。特别是在夜间发生自然灾害，发生脱逃事故的可能性更大。客观来讲，当监狱遇到自然灾害事件时，不仅是对监狱整体管理水平的检验，也是对警察素质和能力的客观评价，更是对罪犯行刑效果的考验。所以，监狱应具有“全天候”应急处置突发自然灾害事件的能力。

（一）自然警报，启动预案

1. 启动预案

当地震、洪水发生以后，灾情便是警报，应急处置预案启动。监区以灾情为令，积极组织救灾活动。

2. 组织到位

正常工作时间，各部门警察在岗，按预案分工各就各位，发挥职能。此种情形，监狱领导、各部门、各监区警察在岗工作，警力充足，参与处置人员较多，可按常规处置分工到岗。

非正常工作时间（夜晚），各部门只有值班人员坚守岗位。此时警力明显不足，所以各部门应在监狱值班领导的指挥下，对本监区的救灾工作全权负责。

3. 通报灾情

在灾害发生之初，各监区及时向监狱主管领导及有关部门报告灾情。在通讯中断的情况下，如有必要，应派人专程前往报告。为了保证现场警力，几个监区可互通情况，统一责令专人前往报告情况。

（二）各负其责，组织营救

1. 加强警戒

为了防止监管事故发生，监狱应加强外警戒和区域性警戒。外围警戒由武警部队负责，除加强原有岗楼、监狱大门加强警力外，对警戒设施损毁严重的地段，应增设临时岗哨。各监区根据灾害发生前的活动范围，安排警岗哨，限制罪犯活动区域。构成外围和内部两道警戒防线，防止罪犯借机脱逃。

2. 组织自救

值班警察及时命令打开监区设施通道，组织罪犯撤出危险房舍，在空旷或高地集结。清点人数，发现有罪犯尚未撤出的，在有条件的情况下，迅速组织人员进行现场搜救。夜间时，罪犯人数较少的情况下，责令所有罪犯手拉手聚在一起；罪犯人数较多的情况下，责令外围罪犯手拉手，将其他罪犯围在其中，防止个别罪犯借天黑混乱之机脱逃。

3. 伤情处置

清点伤亡情况，查清死亡和受伤罪犯的量数，对死亡的罪犯进行临时安置，对受伤的罪犯进行伤情处置，安排专人对受伤罪犯进行监护，并将有关情况向上级报告。

（三）严密控制，安全转移

1. 转移准备

根据灾害对监狱设施损毁情况，为了防止后续的灾害，需将罪犯转移到安全地带或场所。之前，应研究转移方案，确定转移的目的地、方式、转移路线、安全措施、防病措施、给养供应等。向上级请示，等待批复。转移方案经上级批准后，组织警察部署任务。安排人员对转移路线进行勘察，并与沿途的单位和公安机关联系，求得配合与支持。组织全体罪犯进行转移动员，提出明确要求，告知注意事项。

2. 沿途警卫

在转移过程中，沿途加强警卫。徒步转移时，设置前导队，负责开道，实施戒严，禁止围观；设侧翼警卫，负责罪犯转移队伍不受干扰；设置收容队，负责对行动迟缓罪犯的收容，防止掉队。在转移途中，遇有罪犯有意离队或借机脱逃或有意制造事端的，应采取紧急处置措施，以儆效尤。

3. 中途休息

如转移所需时间较长，罪犯体力消耗较大时，选择开阔地点，设置岗哨，统一休息。休息时间不宜过长，利用休息时间对受伤的罪犯进行伤情检查，遇有意外情况，及时处理，防止发生意外。

4. 补充给养

发生地震、洪水灾害时，饮食、饮水、药品供应比较困难，极易发生断粮断水现象。有条件的，安排专人负责，在经过村镇时，向当地群众求援购买，集中管理，以备统一供应。

（四）临时休整，等待救援

1. 建立管区

到达指定的转移目的地后，设置外围警戒，按监区划分区域，建立临时管区，各监区清点人数，限定各监区罪犯的活动范围，安置受伤人员，等待上级统一部署的救援活动。

2. 疾病防治

为了便于治疗，将受伤严重的罪犯集中管理，或建立临时病房。对有既往病史的罪犯进行检查，采取预防性措施，防止疾病复发。

3. 配发给养

由于长时间的劳累，罪犯的体力、精力消耗极大，在灾害的应急反应过后，要根据条件解决罪犯的饮水、伙食以及御寒问题，防止因此而引起的罪犯群体性思想波动。如有需要，可向上级机关报告，请求支援。

4. 开展活动

在等待救援期间，各监区警察应开展教育性和心理调适性的活动。开展宣传教育活动，向罪犯说明临时休整的目的，正确对待现实困难，明确提出纪律方面的要求；开展一些文体方面的活动，愉悦身心，缓解紧张情绪，分散注意力，控制罪犯的思想波动。

5. 重点教育

发现个别罪犯出现思想波动，及时进行耐心的教育工作，解决实际困难，防止消极思想和情绪蔓延。对于在灾害自救过程中表现极端或有严重违反纪律行为的罪犯采取制裁性、警示性措施。

实训设计

模拟突发事件应急处置

一、实训目的

通过实训，强化学生对突发事件应急处置程序与方法的记忆，掌握处置典型突发事件的处置方法，提高应对突发事件的心理素质，提高实战能力。

二、实训要求

（一）实训方案设计应科学，符合实际。

（二）学生在实训中认真投入，按合理的方法处理事务。

（三）学生在实训中注意安全，谨防发生过激行为，避免意外伤害事故。

三、实训准备

（一）实训在模拟监狱进行，设计具体实训方案。

（二）安排工作岗位，明确工作内容和任务。

1. 大门警卫2人、监控值班2人、心理咨询师2人、狱政科值班2人，医务人员2人。

2. 监区长1人、副监区长2人，分监区警察5人。

3. 防暴队员5人。

4. 罪犯25人（着囚服）。

（三）清理实训场地，备齐实训用具和装备。

（四）活动过程由“监区长”负责，按实际工作情景开展“工作”，具体各岗位活动自行设计。

四、实训过程

（一）布置任务

任课教师通知学生集合列队，告知实训纪律及注意事项。

（二）人员就位

各岗位警察配备装备到岗，“罪犯”着囚服列队待命。

以监区监管环境为模型，在监区值班警察带领罪犯从事现场劳动。

（三）发生群殴

事件发生在一重刑犯监区。在劳动现场，两伙不同地域的罪犯，素有隔阂，在一团伙贩毒犯罪头目的精心策划下，发生械斗，30多名罪犯参与，已造成人员受伤，场面极其混乱。2名值班警察现场制止无效。

（四）发生劫持

在值班警察上前制止时，5名罪犯趁机将2名警察劫持。以人质生命为条件，要求监区提供车辆、钱款，将其放出监狱。

（五）现场对峙

事件发生后，所有警察赶赴现场，将罪犯围在广场一角，形成了对峙局面。

（六）现场谈判

心理咨询师了解了犯罪嫌疑人的情况后，与其谈判，无效果。

（七）提供车辆

为了保证人质的安全，经研究决定提供车辆，伺机制服。

（八）制服疑犯

当疑犯接近汽车时，狙击手射击，击伤一名疑犯，分散了疑犯注意力，警察迅速出击，将其制服。

（九）善后处理

五、讲评

六、总结讨论

典型案例

黑龙江讷河监狱服刑人员王某通过微信与女性认识，取得对方信任后，以恋爱及投资为由骗取受害者的金钱，至少造成3名女性受害，其中1名受害者被骗8万元。经齐嫩地区人民检察院调查和讷河监狱狱内侦查科侦查认定，王某先后利用手机聊天骗取共计3名女性信任，后又以裸聊视频相要挟，迫使受害人到监狱会见室或共餐室探视。会见室和共餐室均为大厅，只在工作日开放，室内配有监控设备和值班民警，并由参加会见的服刑人员所在监区民警负责近距离监听监视。王某还以合伙做生意为由，骗取其中两人共计11万多元。调查表明，案件中确实存在个别民警违反有关管理规定、管理不到位等问题。2014年11月11日，齐嫩地区人民检察院就已派出调查组对王某涉嫌敲诈勒索进行立案调查。11月28日调查终结后，调查组对监狱下达了《齐齐哈尔市齐嫩地区人民检察院纠正监管违法检察建议书》，讷河监狱已据此对该案终结侦查，移送检察机关提起公诉，依法加刑惩处，并对相关民警和责任人进行了责任追究。按照齐嫩地区人民检察院对此案相关人员责任的认定，讷河监狱于2014年12月对涉案民警和相关责任人分别给予了撤职、降职、免职、调离工作岗位的处理。

黑龙江省监狱管理局承认，此案确实暴露出监狱管理中存在的一些问题。该局表示要引以为戒，举一反三，深刻反思，吸取教训，深入整改，进一步完善和落实制度，加大对违禁品的清缴和狱内案件的侦办力度，强化和优化监狱内部管理；同时加强民警队伍的教育管理，提高民警队伍的责任意识和执行力，严肃查处民警违法违纪行为，促进严格公平公正执法。

对于黑龙江讷河监狱事件，有关部门处置及时得当，有效避免事态的恶化，弥补了狱政管理的漏洞，提升了监狱管理的制度化水平。

第十一章

设施管理

第一节　设施管理概述

狱政管理不仅管理罪犯，还要管理设施。做好狱政设施管理，有助于监狱安全防范，将狱政设施作用最大化，充分发挥“物防”作用；有助于执行刑罚，通过狱政设施，强制限制罪犯人身自由，惩罚和改造罪犯；有助于矫正罪犯不良行为，通过狱政设施，震慑罪犯；有助于预防罪犯狱内重新犯罪，确保监狱安全。

一、狱政设施

狱政设施，是指监狱为了保证刑罚依法、准确、有效地执行，惩罚和改造罪犯，顺利开展狱政管理工作而依法设置、建设、配备的物质设施和装备。狱政设施包括：监管设施、警戒设施和狱政技术装备。

狱政设施包含以下几方面内容：

(一) 狱政设施是执行刑罚，惩罚和改造罪犯的物质保证

监狱是国家的刑罚执行机关，其主要任务是执行刑罚、惩罚和改造罪犯。狱政设施设置正是为了满足监狱执行刑罚，惩罚和改造罪犯需要，为监狱顺利实现刑事执法职能提供物质保证。监狱通过设置狱政设施，实现罪犯与社会隔离的目的；强制限制罪犯的人身自由，实现惩罚和教育改造罪犯的目的；监狱通过设置狱政设施，使法院判决生效的死刑缓期二年执行、无期徒刑、有期徒刑（余刑在 1 年以上的）的刑事判决得以实现，实现刑罚的价值。监狱通过设置狱政设施，保证监狱的安全稳定。

（二）狱政设施由监管设施、警戒设施、技术装备构成

监管设施，是指监狱为限制罪犯人身自由，实现刑罚，保障监狱安全而建设的建筑物和设备等。如监墙、监舍、岗楼、禁闭室、供电设施、狱警办公场所等。

警戒设施，是指用于警示、告诫、限制罪犯在狱内活动范围和禁止行为的设施设备。如警戒区域、警戒标识、隔离带、监控装置、报警装置等。

技术装备，是指为保证狱政管理工作的顺利开展，专门给监狱配备的各种机械、电子等技术装备。如电网、照明、通讯、车辆、武器、防暴器具、警械具、单警装备等。

（三）狱政设施依法由政府提供

根据《监狱法》规定：监狱的狱政设施经费，由国家保障。因此，监狱的狱政设施由政府提供。对于狱政设施的标准、技术参数由司法部编制的《监狱建设标准》和司法部颁布的《监管改造环境规范》，以及《人民警察使用警械和武器条例》予以规定，同时各地监狱行政管理部门结合当地实际情况对狱政设施设置和配备作更为详细的规定，并给予支持。

二、狱政设施管理

狱政设施管理是指监狱和狱政管理部门、监区对狱政设施的合理设置、建设和配备，有效控制、及时维护和依法使用的一系列管理活动。

狱政设施管理包括以下几个方面：

1. 狱政设施管理的主体：狱政管理部门、监区负责狱政设施管理的责任警察。

2. 狱政设施管理的内容：狱政设施的规划、设置、建设、配备、购买和使用等。

3. 狱政设施管理的方法：巡察、检查、检验、维修、保养、更换和报废等。

4. 狱政设施管理的对象：具体的监管设施、警戒设施和狱政技术装备。

三、狱政设施管理的意义

（一）有利于体现国家惩罚罪犯，改造罪犯，预防犯罪的刑罚目的

狱政设施通过物质形态，展示监狱的存在，展示国家机器的暴力属性。通过狱政设施向社会公民宣告，实施犯罪后被法院认定为罪犯，受到刑罚制裁，必然受到严厉的人身自由限制，接受严厉的惩罚，权益受到限制。监狱通过设置围墙、大门、电网、岗楼、隔离带等设施，让罪犯的人身与社会隔离，剥夺罪犯的人身自由，防止罪犯对社会继续实施侵害，实现监狱管理社会，保护社会和公民的职能。

（二）有利于构建良好的监管改造环境

《监狱法》中明确规定：监狱的任务是“正确执行刑罚，惩罚和改造罪犯，预防和减少犯罪。监狱对罪犯实行惩罚和改造相结合、教育和劳动相结合的原则，将罪犯改造成为守法公民”。监狱只有通过建设相应的监管改造罪犯的客观物质场所和环境，才能形成关押罪犯、惩罚罪犯的硬件场所和环境，形成惩罚和改造罪犯的软件氛围。为此，司法部于1990年颁发了《监管改造环境规范》，2003年颁布《监狱建设标准》，2018年住房城乡建设部对《监狱建设标准》（2018年第187号）作了重新修订，其中都对监管改造环境作明确规定，即由狱政设施、罪犯生活区、生产区和学习场所组成。狱政设施是构成监管改造环境的主要硬件。监狱依法设置围墙、电网等隔离设施，使监狱成为一个与社会既有联系又有区别的特殊场所，使监狱具有庄重、特殊的氛围，烘托出一个严肃且不可侵犯的刑事执法环境。同时，在监狱围墙之内，国家为罪犯提供完善、齐备的生活设施、卫生设施、教学设施和劳动设施，把监狱构建成一个文明、清洁、积极向上的监管改造环境。合理、有效、庄重、美洁、积极向上的狱政设施是罪犯接受刑罚处罚、安心服刑、积极改造的必要要件。

（三）为惩罚和改造罪犯提供物质保障

狱政设施的设置为监狱监管改造罪犯提供硬件环境，为惩罚罪犯提供物质保障。做好狱政设施管理，是建立和维护监管改造秩序的重要物质基础。通过狱政设施管理，充分发挥震慑罪犯的作用。狱政设施在防范和处置狱内骚乱、暴乱、脱逃越狱等安全事件中，发挥着不可或缺的保障作用；同时，也是让罪犯安心服刑和积极改造的必要保障。通过狱政设施消除监狱内不安定因素，让罪犯在监狱内服刑期间获得人身安全。

四、狱政设施的发展

狱政设施是监狱的伴生品，随着监狱的产生而产生，不具有独立性。但是，狱政设施决定监狱的存在，是监狱主要的物质标识。狱政设施的发展与变化同监狱的属性、任务、功能相关联。从其历史发展来看，有其独特的特点。

（一）狱政设施由监禁型向适宜生存型转变

我国监狱建立之初的狱政设施，重点作用是对被关押罪犯实施严厉监禁。狱政设施设计建设的目的是保障监狱安全，通过狱政设施，制造出森严、恐惧的监狱环境，体现监狱的惩罚性和强制性。对罪犯人身自由实施强烈限制，让罪犯看到森严、恐惧的狱政设施，产生震慑感。因此，最初的狱政设施是围绕着体现监狱的惩罚性而建造的，狱政设施以能够惩罚罪犯为重任。对于罪犯人性化的要求不被重视，特别对于罪犯的日常生活要求不予关注，而是一味体现监禁、惩罚。

通过狱政设施产生压抑感，让罪犯从精神世界和人身自由上产生痛苦。关注罪犯生存较少，狱政设施的采光、通风、保暖条件较差，注重建设监禁型的狱政设施。而现代监狱要求必须关注罪犯的生存环境。现代行刑制度要求狱政设施适度降低对罪犯的惩罚和威慑。因此，在狱政设施布局上首先考罪犯的生存需求，狱政设施从通风、采光、保暖等方面给予人性保障。狱政设施由监禁型向适宜生存型转变。当然，狱政设施的监控性在现代监狱建设中也格外受到关注，只是具体做法较以前有诸多不同，较多地采用先进电子监控设施，如门禁系统、报警装置、监视监听系统、监控中心系统等。

（二）狱政设施由封闭型向开放型转变

狱政设施的作用在于监禁罪犯，剥夺罪犯人身自由，让罪犯与社会隔离，同时向社会昭示对犯罪行为实施惩罚。狱政设施具有强烈的封闭性，始终处于严厉的封闭状态。而现代社会发展要求监狱逐步向社会公众开放，狱政设施也要改变，由封闭型逐步向开放型转变。让社会充分了解监狱，了解监狱的设施。把监狱现代行刑理念通过狱政设施向社会展示，监狱除了限制罪犯人身自由外，更重要的作用在于矫正罪犯。狱政设施建设尽可能减少封闭的惩罚性，加大开放的矫正性，为罪犯回归社会奠定良好基础。

（三）狱政设施由惩罚型向矫正型转变

建设狱政设施的初衷是强制限制罪犯的人身自由，以示惩罚罪犯。随着监狱职能、任务的发展变化，狱政设施的内容也发生了重大变化，用于教育改造和劳动改造的设施应运而生。监狱狱政设施显示出在惩罚的前提下，对罪犯起到教育矫正作用。狱政设施由惩罚型转向矫正型，充分体现监狱利用物质设施对罪犯实施教育改造的作用。丰富了狱政设施的内容，成为新型狱政设施。

（四）狱政技术装备由简单型向高新技术型转变

早期的狱政设施技术装备，属于简单型，功能简单，所起到的作用也是非常有限。而现代化文明监狱建设，要求狱政技术设施装备必须具备强大的功能，能够作用明显，并降低人力消耗。因此，诸多现代化高新技术装备广泛应用于狱政管理领域。这些高新技术装备的使用，使监狱的管理、教育、矫正达到新水平，对于提高监狱执法、监管、改造质量与效益，起到很好的辅助作用。

五、狱政设施的种类

狱政设施的种类，按照狱政设施在狱政管理中所起作用不同划分为监管设施、警戒设施和技术装备。通过狱政设施的科学划分，能够充分发挥狱政设施的功能和作用，有利于狱政设施科学、合理的设置以及有效的使用。具体种类如下：

（一）监管设施

监管设施，是监狱为限制罪犯人身自由，实现刑罚，保障监狱安全，维护正常监管秩序而建设的建筑物和设备等。如监墙、电网、监舍、岗楼、禁闭室、警察值班室、审讯室、谈话室、供电设施、监狱大门、门卫值班室、各种监控设备和装置和狱警办公场所等。

（二）警戒设施

警戒设施，是指用于警示、告诫、限制罪犯在狱内活动范围和禁止行为的设施、设备。如警戒区域、警戒标识、隔离带、监控、报警装置等。

（三）技术装备

技术装备，是指为保证狱政管理工作顺利开展，而专门给监狱配备的各种防暴器械具、束缚器械、武器、电子装备等。如照明装置、通信设备、照相器材、摄像器材、车辆、武器、防暴器具、警戒具、单警装备、监狱计算机局域网络等。

六、狱政设施建设的原则

狱政设施建设，是监狱为保证刑罚执行，惩罚和改造罪犯依法建设、设置、配置、配备的物质设施和装备，是狱政管理的重要组成部分。狱政设施建设必须遵守国家相关法律、法规、规章，必须符合监管安全和改造罪犯以及应对突发事件的需要，应当从监狱当地的实际情况出发，与经济、社会发展相适应，达到安全、坚固、适用、经济、庄重的要求。具体来说，我国监狱狱政设施的建设，应当遵循以下几个原则：

（一）体现特色、标准化建设

狱政设施是一个特殊的公共物质设施，建设狱政设施，一方面要体现监狱特殊性，形成自己的建设标准体系；另一方面也要遵循公共设施建设通用标准。

狱政设施的特殊性，取决于狱政设施建设的特殊目的和特殊用途。狱政设施建设的目的是保证监狱准确执行刑罚，惩罚和改造罪犯；狱政设施建设的用途是营造监管改造硬件环境。监管设施、警戒设施、狱政技术装备具有特殊性，与社会公共设施有本质区别，有特定用途和特别建设标准，《监狱建设标准》就是从监狱发展的实际情况出发，充分考虑监狱狱政设施建设的特殊性，制定一系列特殊标准。

狱政设施建设，同时要遵循公共设施建设通用标准。公共设施建设标准化是我国建设领域的标准规范。监狱狱政设施建设除了执行一些特殊标准外，还要符合国家现行相关规范和标准。在《监狱建设标准》中，也多次提到国家相关规范和标准，如监狱内医疗用房、教学用房、伙房、餐厅等应当根据建设规范标准和监狱管理体制，参照《综合医院建筑设计规范》《中小学建筑设计规范》《饮食建筑设计标准》等有关规范、标准，按实际需求建设。又如，监狱建设的耐火等级、抗震设防，监狱的垃圾处理、污水处理和烟尘排放，必须符合国家相关法规、规范和标准的规定。再如，监狱内各建筑之间的距离应符合国家现行的安全、消防、日照、通风、防噪音和卫生防护等有关标准和规定。监狱建筑还应当结合当地建筑的传统、风格，体现出监狱建筑的特殊性与统一性。

（二）统一规划、合理布局

狱政设施建设应当统一规划、合理布局，并纳入当地城市和地区的总体规划。

1. 监狱的选址

新建监狱建设应选择邻近经济相对发达、交通便利的城市或地区；应根据工程地质、水文地质和地震活动性质，结合劳动改造需要，选择地质条件较好、地势较高的地段；应选择在给排水、供电、通讯、电视接收等条件较好的地区。未成年犯管教所和女子监狱应选择经济相对发达、交通便利的大中城市建设。新建监狱严禁选在可能发生自然灾害且足以危及监狱安全的地区。

2. 监狱的总体布局

监狱的总平面布局应分为罪犯生活区、罪犯劳动改造区、警察行政办公区、警察生活区、武警营房区等分区；各分区之间应有相应的隔离设施；罪犯的学习、劳动、生活等区域应当有明确的功能划分，主要建筑之间应当以防攀爬隔离网进行隔离并应当有通道相连。

（三）功能完善，设备齐全

狱政设施建设，要根据监管改造罪犯的需要，力求做到功能完备。在监狱总平面布置上，应按功能要求合理确定各种用房位置和间距；用房布置应符合联系方便、互不干扰和保障安全的原则。其他狱政设施也要力求齐备，满足执行刑罚和监管改造罪犯的需要。

第二节　设施设备管理

一、监管设施管理

（一）监管设施管理概述

1. 监管设施

监管设施，是指监狱为限制罪犯人身自由，实现刑罚，保障监狱安全，维护正常监管秩序而建设的建筑物和设备等。如监墙、电网、监舍、岗楼、禁闭室、警察值班室、谈话室、供电设施、监狱大门、门卫值班室、各种监控设备和装置、狱警办公场所等。

2. 监管设施管理

监管设施管理是指监狱狱政部门为保证狱政监管设施正常运行，发挥作用而对狱政监管设施进行建设、设置、配备、检查、维修、更换、保养的组织管理活动。做好狱政监管设施管理有利于监狱依法、准确、有效地执行刑罚；有利于建立良好的监管改造秩序；有利于保障监狱的安全稳定。

（二）监管设施管理的内容

1. 监墙

监墙，全称为监狱围墙，是监狱的外观表现形式之一。监墙的重要作用是将罪犯与社会隔离，强制限制罪犯的人身自由，实现人民法院生效的刑事判决（依法由监狱执行的刑罚种类）。监狱通过围墙，形成与社会隔离、封闭的环境，用于惩罚和矫正罪犯。根据《监狱法》的规定，罪犯的生活、学习和劳动必须在监狱围墙之内。从事农牧业生产监狱，罪犯的劳动现场是在农田、林地、畜牧生产地，因此不宜用围墙封闭，但是，罪犯的生活和学习场所则必须在监狱围墙之内。

（1）监狱围墙规格。根据《监狱建设标准》的规定，中度戒备监狱围墙一般应高出地面5.5m，墙体应达到0.49m厚实心砖墙的安全防护要求，围墙上部宜设置武警巡逻道。围墙地基必须坚固，围墙下部必须设挡板，且深度不应小于2m，当围墙基础埋深超过2m时，可用围墙基础代替挡板。围墙转角应呈圆弧形，表面应光滑，无任何可攀登处。

高度警戒监狱围墙应高出地面7.0m，墙体应达到0.3m厚钢筋混凝土的安全防护要求，围墙上部应设置武警巡逻道。围墙地基必须坚固，围墙下部必须设钢筋混凝土挡板，且深度不应小于2m，当围墙基础埋深超过2m时，可用围墙基础代替挡板，如遇软土等特殊地基时，围墙基础埋深应适当加深。

（2）监狱围墙管理。监狱围墙的管理由监狱狱政部门派专人负责。管理要求：每天由工作人员围绕围墙内外侧警戒地带进行巡察1次，发现问题及时处置，如有损坏及时维修。

2. 电网

监狱电网是设置在监狱围墙上部的，用于保障监狱安全，防止罪犯脱逃的带电网状设施。电网的形状一般以“Y”字形为主，高度不低于1m，电压控制在5000V～10，000V之间。电网材料应当使用低电阻材料，以降低能耗。其高度、电压等应按照有关标准执行。电网管理应当由狱政部门派专业人员管理。管理要求：专业管理人员应当定期对监狱电网进行实地巡察、检查，发现问题及时处置，确保电网正常运行。如有损坏，要及时维修、排除和更换。有条件的监狱可以利用电脑软件对电网进行控制。

3. 岗楼

岗楼是监狱设置在监狱围墙折转处、大门上部、有效视界（视限：两个岗楼之间不大于150m）内的，用于武警值勤、巡逻的狱政设施。岗楼宜为封闭建筑物，四周应设平台，平台应高出围墙1.5m以上，并设1.2m高的栏杆。岗楼一般应设于围墙转折点处，视界、射界良好，无观察死角，岗楼之间视界、射界应重叠，并且岗楼间距不应大于150m。岗楼应用金属门防护并设置通讯报警装置。岗楼的管理主要由武警负责，监狱部门应当保障岗楼的正常供电、供暖、照明和日常修缮。

4. 监狱大门和值班室管理

（1）监狱大门设置标准。监狱大门应分设车辆通道、警察专用通道和家属会见专用通道，均应设两道门，且电动AB开闭，应当设带封顶护栏。其中，警察专用通道和家属会见专用通道应设门禁、安检系统；车辆通道门宜宽6m、高5m，车辆通道进深（AB门之间的距离）不宜小于15m，通道两端应设防冲撞装置，通道顶部和地面应设监控、探测等安检装置。监狱大门处应设门卫值班室、武警哨位并设置防护装置，外门应为金属门。室内应设通讯、监控和报警装置，并设有可在室内控制大门开闭的装置。

（2）监狱大门管理。监狱大门设置AB门，由车辆通道和人行通道构成；监狱大门由驻狱武警和监狱警察共同守卫。监狱A门及A门管理区域由值勤武警管理，监狱B门及B门管理区域由监狱值班警察管理；监狱大门管理坚持“联合执勤、分工负责、相互制约、相互配合”的工作机制，对进出人员、车辆及携带物品等实行分别检查；监狱和武警部队应当配备足够警力和装备，保证值班、执勤和应对突发事件的需要。监狱大门人行通道应设置隔离网、三辊闸、物探X光机、电子门禁、身份识别仪、安检门等检测系统。车辆通道设置电子栏杆、防冲撞柱（墙）、破胎器、摄像检测仪等安防装置。监狱大门值班警察和执勤武警有权对进出监狱大门的人员（含罪犯）、车辆、物品进行检查；有权对进出监狱大门的外来人员进行盘问和验证检查；有权对本单位警察和职工违反管理制度的行为进行监督和纠正；监狱大门值班警察和执勤武警应当履行职责，发现异常情况、突发事件等重要情况，要及时处置，并同时向各自主管部门及当日值班领导汇报；监狱警察、公、检、法工作人员进出监狱大门应当着制式服装。

出入监狱大门的人员根据情况分人行通道和车辆通道出入。经人行通道出入监狱大门的人员要求是：女性警察进出监狱应当由男性警察陪同；零星进出监狱大门的警察走人行通道，凭辊闸卡（IC 卡）和人脸识别卡进出大门；进门时由执勤武警核准身份信息后，进入武警执勤区（A 区），安检后，进入警察值班区（B 区），将人脸识别卡换为狱内通行证（ID 卡）后，方可进入监狱；出门时经十字辊闸刷卡进入警察值班区（B 区）经人脸识别验证，由值班警察核准身份信息后，将狱内通行证换为人脸识别卡后，进入武警执勤区（A 区），由执勤武警核准信息身份后，方可外出；监狱工人进出大门，实行证件管理制。狱政管理科核查批准后，由信息化办公室办理辊闸卡、人脸识别卡和监狱出入证，一人一卡一号（严禁涂改、转借）。进门时出示监狱出入证，经执勤武警核验，本人资料与监狱出入证相符者通过武警执勤区，进入警察值班区后，将监狱出入证存放警察值班室，出门时发还本人。劳动协作单位员工进出大门，实行证件管理制。由劳动协作单位负责人携带员工相关证件填写监狱外协员工长期出入监门审批表，经狱政管理科审核、主管领导批准后，办理监狱长期出入证和辊闸卡，一人一卡一号（严禁涂改、转借）。由相关责任警察负责，经执勤武警核验，责任警察登记，本人资料与监狱长期出入证相符者通过武警执勤区，进入警察值班区后将监狱长期出入证存放警察值班室，出门时发还本人。外来临时办理业务人员进入监狱大门，应当携带身份证和介绍信，由监狱相关业务科室填写外来人员临时进入监狱审批单，经狱政管理科审核后，办理外来人员临时出入证（一式三联，一份存根，一份交值班警察留验，一份交执勤武警留验），由责任警察负责，进入时由执勤武警核对相关证件，由责任警察进行登记，本人资料与外来人员临时出入证相符者通过武警执勤区，进入警察值班区经辨明身份后，将外来人员临时出入证和身份证存放值班室，出监狱大门时将身份证发还本人。驻狱检察官凭证件办理门禁卡和辊闸卡进出监狱大门。驻狱武警官兵进出大门，由狱政管理科审批。公、检、法机关来监狱办理案件、律师会见当事人时，监狱在会见中心设置装有防护和隔离装置的专门场所办理相关事宜，需要进入狱内办理的，由狱内侦查科（狱政管理科）按规定办理。上级领导、来宾进出监狱大门时，由监狱领导陪同并登记签字，佩戴监狱贵宾证，统一进出。经车辆通道出入监狱大门的人员是：监区警察上下班或应对突发事件时实行整进整出制。进出监狱大门时，分别由带队负责人办理相关登记签字手续后，经执勤武警和值班警察分别核实后整进整出。社会团体和参加警示教育等活动人员进出监狱大门时，由监狱业务部门到狱政管理科办理监狱外来人员临时通行证，宣布注意事项，核准人数，由业务部门警察负责，登记后统一组织进出。罪犯因病外出就医、离监探亲、特许离监探亲、调整服刑场所、因案件需要公检法机关解回或其他特殊情况出入监狱大门的，应当按规定先办理以上情形的审批表，然后由责任警察、执勤武警和值班警察分别核对狱政管理科审批的罪犯外出提单（一式三联，一份存根，一份交值班警察留验，一份交执勤武警留验），并登记无误后放行。罪犯刑满释放、假释、保外就医出监的，由所在监区责任警察、执勤武警和值班警察分别核对罪犯释放（暂予监外执行）通知书和相关手续，并登记无误后放行。

车辆进出监狱大门，应当使用车辆通道进入，随车人员应从人行通道进入。外来车辆进出监狱大门时，由监狱相关业务部门或监区警察填写外来车辆临时进出监狱大门审批单，到狱政管理科办理外来车辆临时进出监狱出入证（一式三联，一份存根，一份交值班警察留验，一份交执勤武警留验）。进入时，经执勤武警核对驾驶员的身份证件、出入通行证无误后，准予驶入A门管理区，对车辆进行详细检查。由责任警察登记后进入B门管理区，经值班警察使用相同方法检查后进入监狱。车辆进出监狱大门应当将驾驶员证件存放在警察值班室，出门时发还本人。外来车辆在监狱内由责任警察全程负责。监狱内部车辆进出监狱大门时，驾驶员应携带监狱车辆出入通行证和辊闸卡，输入信息检查后，方可出入。进入时应当将监狱车辆出入通行证存放在警察值班室，出门时发还本人。遇有紧急情况或节假日期间车辆需要进出监狱大门时，由责任警察登记后，当日值班监狱领导签字确认，经执勤武警和监狱值班警察检查后方可通行。

凡进出监狱大门的人员、车辆及携带（装载）的物品必须接受安全检查。安检方式包括物探X光机检查、金属探测仪检查、地埋式摄像仪检查及开箱（包）检查等。进入监狱大门后，应当将手机、随身携带物品暂存储存柜内，钥匙由本人保管，禁止将手机等违禁物品携带入内，离开监狱时及时取走。车辆进出监狱大门时，应当在A门管理区和B门管理区停车熄火，分别接受执勤武警和监狱值班警察的检查后，方可进入。外来车辆出门时，责任警察应当将车辆带至警戒线外指定位置暂停，值班警察开启B门，待车辆驶入B门管理区内熄火后，关闭大门进行检查。将存放物品退还驾驶员，责任警察签字确认后，开启B门予以放行。经执勤武警检查后开启A门、降下路障放行。责任警察应当对装载物品严格检查，不负责任造成后果的由责任警察承担相应责任。车辆出入监狱AB门时，应当低速缓慢行驶。处置突发事件时，人员、车辆出入监狱大门可以不受上述规定限制。应当由监狱领导根据情况现场决定并签字，值班警察做好记录。监狱大门警戒区域，禁止停放任何车辆，禁止闲散人员逗留。监狱大门各类设施应当保持良好运行状态，如若发生故障，应及时维修。相关业务部门和工作人员应当做好各类审批登记台账等资料信息管理工作，以备核查。

5. 监舍

监舍是罪犯在监狱服刑期间居住的场所。根据《监狱法》的规定，罪犯居住的监舍应当坚固、通风、透光、清洁、保暖。

（1）罪犯监舍建设标准。每间寝室关押男罪犯时不应超过20人，关押女罪犯和未成年犯时不应超过 12 人。关押老病残罪犯时不应超过 8 人。高度戒备监狱每间寝室关押罪犯不应超过 8 人。寝室宜按 5% 的单人间、30% 的 4 人间、65% 的 6 人间设置，其中单人间应设独立放风间。寝室内床位宽不应小于 0.8m；床位为双层时，室内净高不应低于 3.4m，床位为单层时，室内净高不应低于 2.8m。监舍内走廊若双面布置房间，其净宽不应低于 2.4m；若单面布置房间，其净宽不应低于 2m。寝室窗地比不应小于 1/7。采暖地区监舍建设，应加设机械通风系统，换气次数应按有关规范计算确定；风口应采用扁长型，以防罪犯爬入。采暖负荷计算时应考虑通风所损失的热量。盥洗室排水立管及地漏应在设计确定的基础上加大 1 号管径。监舍楼内应根据实际需要设置夜间照明灯具，各房间及走廊的照明均应在警察值班室的控制之下，监舍楼内配电箱应设在每层的警察值班室内。监舍管道、电线均应暗装，出口及插座均应设带锁的铁箱；监舍内灯控开关应设在警察值班室内。

（2）监舍管理。罪犯监舍管理由各监区按照监狱监舍管理制度自行管理，实行“谁使用、谁管理”制度。各监区应当派专职警察管理罪犯监舍，定期检查监舍是否有破损。监舍内床铺、生活用具要求必须固定。专职警察应组织罪犯每天打扫室内卫生，保持监舍清洁并制定监舍管理制度。监舍内可张贴有益于罪犯改造的名言警句、字画，可适当装饰、美化监舍。每间监舍应当选出一名“室长”，负责监舍日常管理、罪犯作息、维持监舍秩序、督促罪犯打扫监舍卫生等“职责”。监舍日常维修由监狱生活卫生科负责。狱政部门需对监舍的安全进行监控并定期对监舍进行安全检查，若发现问题则应当及时处理。

6. 禁闭室

禁闭是狱政管理制度中一项对罪犯实施行政处罚的方法。禁闭室，是监狱为了实现禁闭行政处罚，强制限制罪犯人身自由，禁闭罪犯的专用建筑设施。禁闭室有以下三种用途：一是用作行政处罚，用于处罚严重违反监规纪律的罪犯；二是用作防范措施，用于控制有严重现实危险的罪犯或关押等待执行死刑的罪犯；三是用作强制措施，用于隔离审查罪犯中的犯罪嫌疑人或被告人。禁闭室应集中设置在监狱围墙内并自成一区；其与监舍的距离宜大于 20m，并应设值班室、预审室、监控室、警察巡视专用通道及罪犯放风场地；禁闭室室内净高不应低于 3m，单间使用面积不应小于 $6m^2$。禁闭室内禁止设置电器开关及插座，应当采用安全电压照明（宜采用 24V 电压），并设置安全防护罩。照明控制应当由警察值班室统一管理。禁闭室外应设放风场地；禁闭室内应当防潮保暖，清洁卫生，通风采光。禁闭室由监狱严管监区管理，由专职警察对禁闭室进行巡查、维修。确保禁闭室正常使用。实行 24 小时轮流值班制度。狱政（狱内侦查）部门进行业务指导。狱政部门应当定期对禁闭室进行安全检查、巡察，如若发现问题应及时处理。

7. 警察值班室、谈话室

警察值班室、谈话室是监狱为管理罪犯在罪犯劳动、学习、生活等场所设置的工作室，在监狱内多指罪犯居住区域设置的值班室、谈话室。监舍内应当设立警察值班室、谈话室，且应位于监区的出入口附近，并应设置牢固的防护隔离设施，内设警察专用通道及专用卫生间。警察值班室内应设通讯和报警装置。罪犯劳动改造用房、技能培训用房应当设警察值班室、警察专用卫生间，警察值班室门窗应有牢固的防护隔离设施，并应设通讯和报警装置。警察值班室、谈话室由各监区负责管理，各监区应当定期对警察值班室、谈话室进行检查、维护和修缮。

8. 供电、照明设施管理

供电设施是监狱电源动力供应专用设备，承担着全监狱电力的供给，并且也是罪犯容易袭击的场所，因此必须严加管理。监狱狱政部门应当对监狱的供电设施严加防范，并应派专人负责管理；实行 24 小时值班制度；定期对供电设施进行检查、巡察、维修和更换，如果发现问题应及时处理。照明设施是保证监狱夜间视线正常，确保监狱安全的重要设备。监狱围墙应设置照明装置；照明灯具的位置、距离应适当；照明灯具应配防护罩。监狱围墙内、外侧警戒地带内照明效果应当保持良好。同时，罪犯劳动、学习、生活现场和监狱内道路两则等场所应当安装照明设施，并确保监狱夜间视线良好，以保证监狱的安全。照明设施由狱政部门定期进行巡查、保养、维护、维修和更换，如果发现问题应及时处理。

9. 总监控设施

总监控设施是狱政部门通过电子多媒体设备对全监狱罪犯、场所、设备等进行全方位监视、监听，全面控制罪犯行为和场所的电子设备。通过监控，狱政部门可以获得大量警察无法直接掌控的罪犯信息、行为，作出科学、准确的管理决策。总监控设施设置：监狱应当设置总监控室作为多媒体监控系统的主控中心，以 IP 地址为通道，对安装在罪犯生活、学习、劳动场所的电子监控设备进行整体控制。多媒体监控系统的服务器放置在主控中心，可以实现联运报警触发录像，满屏显示并触发闪灯等，代替人工观察屏幕带来的不便。操作人员可随意控制高速球转速、转向和镜头的焦距、光圈，并可设置预置位。紧急情况可启动紧急按钮，触发报警。监狱领导如需调用资料，连通服务器可远程监视监听。有异常情况的资料可以备份到其他硬盘、光盘上。支持现代化网络办公管理，如在监控的同时直接调出罪犯名单、简单档案对照、完成打印文件等功能。总监控设施由狱政部门派专业技术人负责管理，实行 24 小时值班监控制度，并定期对监控硬件设备进行巡检，发现问题及时处置。专业技术人员应对监控软件系统定期维护、定期杀毒，确保全监狱监控设备的正常运行以及监控系统的正常运行。为防止总监控系统数据被损坏，应当设置高强度防盗墙与高密级防护。

二、警戒设施管理

（一）警戒设施

警戒设施，是指用于警示、告诫、限制、约束罪犯在狱内活动范围和禁止行为的设施、设备。如警戒区域、警戒标识、隔离带、防护网、安全防护设施、监视监听器、报警装置等。监狱设置警戒设施的目的是约束和限制罪犯的行为活动，防止发生安全事故。

（二）警戒设施管理

警戒设施管理，是指监狱狱政部门为保证狱政警戒设施正常使用，发挥功能而对监狱警戒设施进行设置、配备、检查、维修、保养和更换的组织管理活动。做好狱政警戒设施管理有利于监狱依法、准确、有效执行刑罚；有利于建立良好的监管改造秩序；有利于限制和约束罪犯的行为活动，告诫罪犯哪些行为受到禁止，以确保监狱安全。警戒设施管理由监狱狱政部门负责管理。

（三）警戒设施管理的内容

1. 警戒隔离带、隔离网

警戒隔离带、隔离网，是指监狱设在监狱围墙内外两侧一定区域内、确保无障碍的空间隔离通道和防攀爬网。《监狱法》第 43 条规定，监狱周围设警戒隔离带，未经允许，任何人不得进入。警戒隔离带、隔离网的作用是：防止罪犯和社会人员接近监狱围墙，有效防止罪犯从围墙下方挖洞或攀越围墙脱逃；防止社会不法人员接近监狱围墙实施冲击、袭击监狱行为或协助罪犯越狱；保证武装警察部队执勤哨兵的视线，控制围墙两侧区域；充当日常的巡逻通道和警戒通道。

警戒隔离带的标准如下：

中度戒备监狱围墙内侧 5m、外侧 10m 为警戒隔离带，隔离带内应当无障碍。围墙内侧 5m、外侧 10m 处应当设不低于 4m 高的防攀爬金属隔离网，网上均应设监控、报警装置。

高度戒备监狱围墙内则 10m、外侧 12m 为警戒隔离带。隔离带内应当无障碍。围墙内侧 5m 及 10m 处、围墙外侧 5m 及 12m 处均应各设一道不低于 4m 高的防攀爬金属隔离网，网上均应设监控、报警装置。围墙外侧的两道隔离网之间应设置防冲撞设施。

警戒隔离带、隔离网由狱政部门派专职警察负责管理。责任警察应当每天对警戒隔离带、隔离网进行巡查，发现问题及时处理。出现故障、损坏部位，应当及时排除、维修和更换，确保警戒隔离带、隔离网正常发挥作用。

2. 警戒区域管理

警戒区域，是指监狱因管理罪犯的需要，由狱政部门专门划定的特定区域，不许罪犯出入的场所。如配电室、档案室、重要会议场地和重要领导视察道路场所等。警戒区域具有特定性和临时性。因此，警戒区域是出于监狱的实际需要而进行设定的。警戒区域管理一般由狱政部门派专人负责警戒管理，特殊情况下由驻狱武警负责警戒管理，有时也由狱警与武警联合警戒管理。

3. 警戒标识管理

警戒标识，是指监狱为了标明警戒区域、罪犯活动场所、行走路线、禁止罪犯通行场所道路等，采用特殊物质、颜色、工具、设施等予以区别、标明、识别的设施。警戒标识的设置、管理由狱政部门专门负责。狱政部门应当定期派人对警戒标识予以巡查，发现问题及时处理。如有损坏，应当及时维修或更换。警戒标识的重要作用是告诫罪犯哪些场所不能到达或接近。做好警戒标识管理，有利于保障监狱安全。

4. 安全防护设施管理

安全防护设施，是指为了确保监狱安全，对狱政设施安装的防护装置。安全防护设施应当进行以下设置：

监狱大门门卫值班室、武警哨位应当设置防护装置。室外疏散楼梯周围应设置金属防护栅栏；通向屋顶的消防爬梯离地面高度不应小于3m，且3m水平距离不应开设门窗洞口。罪犯用房楼梯的临空部位应用金属栅栏封闭。监狱围墙内所有建筑物外窗应当设置金属防护栅栏，内窗同时宜设置防护设施。围墙内所有建筑物的门应当安全、坚固。监狱围墙内所有的水、电、暖气检查口、检查井及穿越围墙的各种管道口、检查井口等处应设置高牢固的防护装置。禁闭室的照明设施应当设置安全防护罩。监狱围墙的照明装置应当配有防护罩。

中度戒备监狱主要建筑物之间应当设置不低于3m高的防攀爬金属隔离网进行隔离。中度戒备监狱内的高度戒备区域应当设置不低于4m高的防攀爬金属隔离网进行封闭隔离。高度戒备监狱罪犯室外活动区域宜设置必要的防航空器劫持的设施。高度戒备监狱围墙内建筑物使用的玻璃，应当根据监管安全的实际需要，具备相应的安全性能。高度戒备监狱各监区功能用房之间应当设置必要的隔离防护设施；高度戒备监狱内各监区、家属会见室、罪犯伙房、罪犯医院和禁闭室等区域之间均应设置不低于4m高的防攀爬金属隔离网进行隔离，并用封闭通道相连；封闭通道与各区域的连通处应设置牢固的金属防护门；封闭通道内应根据监管安全的实际需要分段设置牢固的金属防护门。

警察值班室、谈话室应当设置牢固的防护隔离设施。罪犯生活区、罪犯劳动区、警察办公区等应当设置防攀爬隔离网进行隔离。

安全防护设施应当由狱政部门派专人负责管理，定期巡察、检查，发现损坏应当及时维修或更换。保证安全防护设施发挥正常功能，确保监狱、警察、罪犯的人身财产安全。

5. 报警装置设施管理

报警装置设施，是指监狱为了确保安全，及时发现狱内突发情况，监狱警察及时发出危险信号而安装在狱内各要害部位的鸣警设施。报警装置设施的作用在于及时发现狱内突发情况和危险信号，监狱及时采取有效处置措施，确保整个监狱的安全。监狱使用的报警设施主要有：无线对讲机、办公场所电话、“三大现场”触发式报警装置、红外线报警装置、雷达报警、漏电报警装置等。报警设施由狱政部门负责管理。管理要求：狱政部门派人定期对狱内报警设施进行检查、维修、保养和更换，发现问题及时处理。

6. 监视、监听和监控设施管理

监视、监听和监控设施，是指安装在监狱所有部位、场地用于监视、监听和监控罪犯，从而发现问题的电子控制系统设备。监视、监听和监控设施已经发展到多媒体控制系统，以数码监控服务器为中心控制设备，在画面质量、远程图像监控、自动报警、检索回放等各方面性能都远远高于传统的模拟式监控录像系统，能够降低监管费用，提高狱政工作信息化，提高监管安全防范力度和工作效率。

多媒体电子监控系统是集监视、监听和报警设备为一体的综合安全防范系统，由以下几个部分组成：一是各种摄像头、传声器和探测器（传感器）；二是信号发送和传输系统；三是监控中心（以 IP 地址为通道）；四是报警器。有的监控系统安装验证系统，即声、像验证系统。

监狱多媒体电子监控系统实际应用于监狱的围墙、大门、岗楼、监舍、禁闭室、家属会见室和劳动生产场所等重要部位的监视与控制。现代化文明监狱要求监狱的所有部位安装监视设施。

（1）围墙、大门和岗楼的监控。监狱围墙周界除架设高压电网以外，为防止罪犯翻墙逃跑，应再设置双光束对射器和移动侦测识别报警装置，同时对射器应联动摄像机工作。一旦罪犯攀越围墙，对射器便会触发报警，使总监控的警铃响、警灯闪烁；同时摄像机自动转到报警区域，将报警现场的声音、图像传送到总监控室。大门和岗楼也要安装摄像机和报警装置。

（2）监舍、禁闭室、亲属会见室的监控。在监舍（特别是一些需要重点监控的监舍）、禁闭室和亲属会见室，必须安装摄像机与监听器，对这些场所进行全天候实时视频、音频录像，通过远程控制中心对监舍、禁闭室、亲属会见室进行监控。禁闭室关押的是具有高度危险性的罪犯，因此需要对其进行 24 小时实时和全方位监控，以防发生意外，同时也保障罪犯的人身安全。在亲属会见室，应采用对角线方式安装摄像、监听器，并在每个窗口安装数字拾音器，进行数字化录音。

（3）劳动、学习、生活现场和其他活动场所的监控。在罪犯劳动、学习、生活现场和其他活动场所安装监视、监听、监控电子多媒体控制系统，能够及时、清晰、准确地记录这些场合罪犯的行为，有效监视、监听和监控罪犯。如果发现有突发事件发生，监狱警察可以及时掌握现场信息，作出科学判断，并予以准确、果断的处置。另外，在监狱警察不经常到达的场所安装监视、监听、监控设施，有利于监狱警察及时掌握罪犯活动盲区的场所信息情况，采取有效措施管理罪犯。有利于监狱警察进行调查取证。

监视、监听、监控设施由监狱狱政部门负责管理。监狱应当设置专门的监视、监听、监控总控制中心，即监狱总监控中心。狱政部门应当派专人负责管理监控中心，实行24小时轮流值班的制度。发现问题及时报告。狱政部门管理人员应当定期对监视、监听、监控设施进行巡察、巡查和检修。发现故障或损坏，及时排除、维修或更换，确保监视、监听、监控设施的正常运行，并发挥监视、监听、监控设施的功能和作用；确保监狱警察信息畅通，情报准确；及时、准确地监控监狱和罪犯，确保监狱安全，为监狱领导科学决策提供准确依据。

三、技术装备管理

（一）技术装备

技术装备，是指监狱为保证刑罚的有效执行，惩罚和改造罪犯，掌控罪犯，确保监狱安全、警察安全、罪犯安全而设置、安装、配备在狱内场所，配备给警察个人防卫的技术性机械装备、武器、电子装备。狱政技术装备统一由监狱设置、安装、配备。其主要包括照明装置、通信设备、照相器材、摄像器材、车辆、武器、警戒具、个人防卫器具、防暴器具、单警装备、报警装置和监狱计算机信息局域网络等。

（二）技术装备管理

技术装备管理，是指监狱狱政部门对监狱设置、安装、配备的狱政技术设施定期检查、维修、巡查、更换，保证狱政技术设施的正常运行，发挥作用的组织管控活动。做好技术设施管理工作，有利于维护监狱正常监管改造秩序；有利于充分发挥技术装备管理、控制罪犯的功能；有利于维护监狱安全，保证刑罚顺利执行。

（三）技术装备管理的种类

1. 武器管理

武器，是指监狱人民警察依法装备的枪支、弹药。目前，监狱人民警察装备的武器主要是：五四式手枪、六四式手枪、警用左轮手枪、九七式手枪、微型冲锋枪、狙击步枪等。

（1）武器配发与管理。监狱人民警察配发武器有两种情况：一是配发个人专用手枪；二是配发公用枪支。个人专用手枪要建立详细领发登记制度，由个人负责妥善保管，确保安全。任何人不准私自出借、转让、变卖、调换枪支和弹药。公用和集中保管的枪支、弹药，必须分库存放，枪弹分离。公用枪支使用后立即交回。

（2）武器使用的法律依据。监狱人民警察使用武器的法律依据是：《监狱法》、《枪支管理法》和《人民警察使用警械和武器条例》。另外，司法部《监狱人民警察警用装备配备标准（试行）》也是监狱人民警察使用武器的法规依据。

（3）武器使用原则。武器应当按照国家有关规定使用。监狱人民警察使用武器，必须遵守《人民警察使用警械和武器条例》的规定。监狱人民警察依法使用武器的行为，受法律保护。监狱人民警察使用武器，应当以制止犯罪行为，尽量减少人员伤亡、财产损失为原则。监狱人民警察在使用武器前，应当命令在场无关人员躲避；在场无关人员应当服从监狱人民警察的命令，避免受到伤害或者遭受其他损失。

（4）武器使用条件。根据《监狱法》第46条的规定，人民警察和人民武装警察部队的执勤人员遇有下列情形之一，非使用武器不能制止的，按照国家有关规定，可以使用武器：①罪犯聚众骚乱、暴乱的；②罪犯脱逃或者拒捕的；③罪犯持有凶器或者其他危险物，正在行凶或者破坏，危及他人生命、财产安全的；④劫夺罪犯的；⑤罪犯抢夺武器的。

使用武器的人员，应当按照国家有关规定报告情况。

（5）使用武器程序及有关规定。

①警告。监狱人民警察使用武器，应当经过警告，经警告无效的，可以按照条件使用武器。

②抢救受伤人员、保护现场。

③报告。监狱人民警察使用武器后，要立即向人民警察所属机关报告，事后将使用武器的情况如实向所属机关书面报告。

④法律责任。监狱人民警察违法使用武器，造成不应有的人员伤亡、财产损失，构成犯罪的，依法追究刑事责任；尚不构成犯罪的，依法给予行政处分；对受到伤亡或者财产损失的人员，由该监狱人民警察所属机关依照《国家赔偿法》的有关规定给予赔偿。

2. 警戒具管理

（1）警戒具及其种类。警戒具，是指监狱人民警察依法装备的警棍、催泪弹、高压水枪、特种防暴枪、手铐、脚镣、警绳、警笛等警用器械具。监狱警察制止罪犯违法犯罪行为，防范罪犯危险行为，可以依法使用警戒具。监狱警察依法使用警戒具，受法律保护，以尽量减少人员伤亡、财产损失为原则，并接受驻狱检察室的监督。警戒具是防范性的警用器具，不能作为刑具使用，不得用于处罚罪犯，只能用于危险发生之时（现实危险存在之时），不能用于危险发生以后(用于事后就是处罚)。警戒具分为驱逐性、制服性警戒具和约束性警戒具。驱逐性、制服性警戒具有警棍、催泪弹、高压水枪、特种防暴枪等；约束性警戒具有手铐、脚镣、警绳等。警戒具的使用原则、法律责任与武器的使用原则、法律责任相同。

（2）监狱警察遇有下列情形之一，经警告无效的，可使用警棍、催泪弹、高压水枪、特种防暴枪等驱逐和制服性警戒具：

①聚众哄闹监狱、暴动骚乱、寻衅滋事的；

②强行冲越监狱警察为履行职责设置的警戒线、警戒设施的；

③袭击监狱警察或其他监狱工作人员的；

④罪犯持有凶器或者其他危险物，正在行凶、破坏，危及监狱安全、监狱正常改造秩序和人员人身安全，需要当场制止的；

⑤罪犯打架斗殴、需要及时制止的；

⑥抓捕和押解罪犯时，遇到罪犯拒捕反抗或罪犯逃跑的；

⑦法律、法规规定其他可以使用警戒具的情形的。

监狱警察在上述情形下使用警戒具，应当以制止罪犯违法犯罪或者危险行为消失为限度，当上述行为得到制止时，应当立即停止使用警戒具。

（3）监狱警察遇到下列情形之一的，可以使用手铐、脚镣、警绳等约束性警戒具：①罪犯有脱逃行为的；②罪犯有使用暴力行为的；③罪犯正在押解途中的；④罪犯有自杀、自伤自残行为，或者有其他危险行为需要采取防范措施的。

上述情形消失后，应当停止使用戒具，监狱警察使用约束性警械（戒具），不得故意造成人身伤害。

（4）警戒具管理。监狱的警戒具按照规定全部配发到各监区，并随监区警察的单警装备配发到每个责任警察，由持有警戒具的责任警察个人负责保管、使用、维护、保养。禁止警察个人将警戒具私自转借、转让、变卖。

3. 通讯装备管理

通讯装备，是监狱机关为保证信息畅通，警察即时联络工作的通信设施。装配通讯工具是为了保证监狱工作人员之间的通讯联络畅通。具体包括固定电话、传真机、对讲机、移动通信车等。监狱应当给每个办公场所安装固定电话，给每名警察配备对讲机。监狱应当配备移动车载通讯工具，形成有效通信网络，保证正常的通信联系，以提高控制监狱罪犯的能力。监狱通讯装备由狱政部门统一配发，定期检查、维修，确保通信设备正常使用。警察个人自行妥善保管、使用配发通信工具。

4. 交通装备管理

交通装备，是指监狱依据工作需要和执行公务需要而配置的各种车辆、船只、飞机等交通工具。具体包括警车、大小型囚车、现场勘查车、通信车、罪犯生活车、卫生防疫车、救护车、大中小型客车等。各种车辆配备的数量应根据押犯的人数确定。沿江、沿河、沿海、沿湖的监狱，应配备一定数量的船只，包括巡逻艇、快艇、摩托艇、运输船等。偏远地区交通不便的监狱可在上述标准以上配备小型直升机，以适应救护、防范或追捕的需要。监狱配备的各种车辆由各相关部门负责管理、使用。监狱狱政部门只对警用车辆、罪犯专用车辆进行管理、使用。狱政部门应当定期对所管辖的车辆进行检查、维修、保养，确保狱政交通工具始终处于正常备用状态，以便随时使用。

5. 监听装备管理

监听装备，是指监狱为了获取罪犯在狱内形成的各种隐蔽信息而安装在特定部位、特定场所的能秘密听取罪犯声音的工具。监听装备的作用是秘密获取罪犯隐蔽信息，以便监狱警察耳聪目明，作出准确的分析判断，及时处置狱内问题和事件。

监听装备由狱政部门和狱内侦查部门共同安装、管理、使用、检查、维修，确保监听设施正常运行，保证狱政信息畅通。

6. 监视装备管理

监视装备，是指监狱为了全面掌控监狱“三大现场”、罪犯行为及狱警工作状况而安装、设置在监狱所有部位的电子监视摄像设备。监视设施的作用在于使监狱全面掌控监狱工作现场、罪犯及狱警的工作信息和行为；有利于及时发现狱内罪犯的各种行为表现；有利于对狱警的工作状况做清晰的了解。

监视装备统一由狱政部门安装、管理、使用。并且狱政部门要派专业人员管理、使用，派专人 24 小时值班守护，发现情况及时汇报。定期派人巡察、维护、保养，确保监视设备正常运行。

7. 门禁装备管理

门禁装备，是指监狱安装在罪犯进监舍、监区、学习区、劳动作业区等通道的用于检查罪犯人身、违禁物品的电子检测设备。一般由门禁控制器、读卡器、电子门锁、门禁考勤软件和通讯转换器等几部分组成。配合监狱整体监控系统使用，可以由监狱监控中心接收、管控门禁装备的数据和信息。监控中心可以直接控制安装门禁设备的通道和门的开启和关闭。同时监狱会见室等地方，可以按照上述方式，在会见室出入口安装门禁设备进行管理和控制，同时通过ID卡识别并记录前来会见人员的基本情况。有条件的单位还可以在各个监房安装电动门锁，由各个监区（分监区）值班室和总控制中心管理、控制，并与监控和报警系统连接，实现联动报警。

8. 其他专用装备管理

狱政技术装备，除了以上介绍的内容以外，还包括监狱计算机信息局域网络技术装备、计算机信息管理系统和监狱为开展狱内侦查活动而采用的各种专用装备。这些技术装备的管理分别由监狱各职能部门进行管理，维护和使用。

实训设计

狱政设施管理

一、实训目的

通过实训实践，让学生从感性上认识狱政设施的外观特征，通过实际操作，掌握狱政设施的原理、性能、操作规程，管理要求等，为做好狱政安全防范、执行刑罚、惩罚改造罪犯奠定实践基础。

二、实训要求

（一）学生统一着警服，由指导老师带队，到指定实习训练监狱监区实训。

（二）学生严格遵守实习单位规章制度，不得擅自行动。

（三）实行理论授课老师与实习实训老师联合指导制。

（四）实习实训结束后，每名学生必须写出实习实训总结。

三、实训内容

（一）巡查监狱围墙、电网、警戒地带、隔离网

由参加实训学生担任警察，在实训老师的带领下对监狱围墙、电网、警戒地带、隔离网进行巡查。具体任务：查看围墙、电网、警戒地带、隔离网是否稳固；检查监狱围墙面是否光滑，有无可供攀爬之处；警戒地带是否通畅、有无阻碍物；查看墙体砖石有无松动，墙基有无被挖痕迹；检查通往监狱外的下水管道、暖气管道的安全防护设施是否完好；检查围墙内外两侧有无堆放杂物、棍棒、石块、绳索等可用于攀越或行凶的物件；检查电网供电是否正常，检查电网、隔离网有无损坏；填写检查监狱围墙、电网、警戒地带、隔离网的记录。

（二）巡查监狱报警设施

由参加实训学生担任警察，在实训老师的带领下对监狱报警设施进行巡查。

具体任务：查看报警设施功能是否正常；检查线路是否存在老化、断路和漏电等故障；检查各报警设施安装的位置是否有变化，有无人为破坏现象；检查是否有蒙蔽摄像镜头的情况；填写检查记录。如果发现问题，应当及时处置。

（三）检查监舍、卫生间、储物间

由参加实训学生担任警察，在实训老师带领下，对罪犯监舍、卫生间、储物间进行检查。检查监舍、卫生间、储物间是否有危险品，包括易燃易爆物品、剧毒物品、毒品、麻醉药品、武器弹药和刀具等；检查监舍、卫生间、储物间是否藏有违禁品，包括生产工具和产品、棍棒、绳索、梯子、黄色书刊、邪教类物品及有碍改造的非法出版物和文字材料；检查监舍、卫生间、储物间是否藏有非生活必需品和非日常用品等；检查监舍、卫生间、储物间的建筑、门窗和隔离设施是否牢固；检查监舍、卫生间、储物间的照明、通讯和报警设施是否完好、灵敏；填写检查记录。发现问题及时处置。

四、实训作业

实训结束后，要求学生每人写出一篇不少于1000字的实训报告。

第十二章

狱政信息管理

第一节　狱政信息管理概述

一、狱政信息的概念

（一）信息的含义

“信息”一词，已成为人们日常生活中使用频率较高的词语之一。信息不同于消息，消息只是信息的外壳，信息则是消息的内核；信息不同于信号，信号是信息的载体，信息则是信号所载荷的内容；信息不同于数据，数据是记录信息的一种形式，同样的信息也可以用文字或图像来表述。信息具有以下几个特点：一是具有客观性，无论人们能否感知到，它总是客观存在的；二是具有普遍性，信息的普遍性决定了信息无时不在，无处不在；三是具有动态性，信息的动态性决定了它总是处在不断地变化之中；四是具有传递性，信息总是通过人与人之间、人与物之间、物与物之间传递的；五是具有共享性，信息的共享性体现在同一内容的信息，在同一时间或在不同时间内，可以被多个接收方使用、加工和处理。随着社会的发展和科技的进步，信息已成为人类社会赖以生存和发展的条件之一，更成为人类社会管理活动赖以发展的前提，一切管理活动都离不开信息，一切有效的管理都离不开信息的管理。信息对于人类社会的生存与发展具有非常重要的意义。

（二）狱政信息的含义

监狱是一个复杂的管理系统，其本身也就是一个信息系统。狱政管理工作是监狱这一管理系统的重要组成部分，是监狱信息系统的子系统。狱政管理的过程实质上是监狱人民警察通过监控和管制对罪犯执行刑罚、实行改造的过程，这个过程也是监狱人民警察不断进行决策的过程。其中，狱政信息则是监狱决策系统构成的必备条件，它是联系决策者与决策对象的纽带，是沟通决策系统与外部环境的桥梁。是监狱人民警察和罪犯组成的“人流”与监狱的资源、资产、财力等组成的“物流”的前提条件和中间环节。反映着“人流”和“物流”的整体运行情况，起到指挥和协调作用。信息的任何阻塞都会使“人流”和“物流”造成混乱，直接影响到整个监狱执行刑罚和改造罪犯的效果。由此可见，狱政信息是狱政管理的基础，对狱政信息的管理则是贯穿于狱政管理全过程的一项重要工作。

狱政信息，是指监狱在狱政管理活动中所产生和需要处理的各种资料、消息、情报、数据等，是在监狱管理过程中所遇到的各种资讯的总和。

二、狱政信息的特点

狱政信息除具有一般信息的共性外，还具有以下几个特性：

（一）狱政信息性质的权力性

监狱作为国家的刑罚执行机关，决定了狱政信息是基于行刑权这一国家权力的运行而产生的。监狱行刑权的运行依据、运行方式、运行原则、运行目标、运行内容等都决定着狱政信息的内容、运行方式、运行目标和运行规模。

（二）狱政信息目标的特殊性

监狱的职责是惩罚和改造罪犯，将罪犯改造成为守法公民是监狱的工作目标，因此，狱政管理工作对各种信息进行收集、储存、加工和处理都必须围绕这一目标出发和开展。

（三）狱政信息传递的综合性

狱政信息具有各种不同的传递方式，既有正式传递（如传达文件、会议精神、宣布减刑等），也有非正式的传递（如监狱人民警察与监狱人民警察之间、罪犯与罪犯之间的交谈）；既有单向传递（如监狱人民警察对罪犯的教育、训诫等），也有双向传递（如监狱领导与监狱人民警察的谈心、监狱人民警察与罪犯之间的谈心等）；既有纵向传递（如省局与监狱之间、监狱对科室、监区、分监区之间等），也有横向传递（如监狱与监狱之间，科室与科室之间、监区与监区之间等）；既有书面传递（如文件、简报等书面材料），也有口头传递（如电视电话会议、口头汇报等）。这些信息传递的方式不同，产生的作用也就不同，在实际工作中根据具体的情况采用不同的传递方式。在狱政管理工作中，不应只用一种方式去传递信息，而应用多种综合的方式来完成狱政信息的传递。

(四) 狱政信息处理的规范性

狱政信息是监狱在对罪犯的执行刑罚过程中所产生的，它的流转必须在法律允许的范围内去进行。第一，不论是监狱传递给罪犯的信息，还是监狱人民警察传递给监狱的信息都必须有它的合理性、合法性。第二，狱政信息在传递、利用、储存时须严格依照法律规定和法律程序进行。例如，罪犯在会见、通信、考核、奖惩、保外就医时，必须严格遵守相关的法规和程序。第三，载体必须符合法律的规定，不得随心所欲地选择信息载体。第四，监狱必须按相关的法律规定及时处理各种狱政信息。

三、狱政信息的分类

监狱在监管改造罪犯的过程中所面对的大量信息。从不同的角度可以作不同的分类。分类的目的在于帮助监狱人民警察加深对狱政信息的认识，以便监狱人民警察能更好地控制、利用、处理各种狱政信息。

(一) 依信息来源渠道不同分为狱内信息、狱外信息

狱内信息，是指从监狱内搜集、整理而获取的罪犯改造信息，主要包括罪犯的日常考核、行政奖惩和刑事奖惩等各种数据信息，这些信息来源于狱政管理工作，是狱政管理工作决策的依据。狱外信息是指对狱政管理活动及对罪犯有影响的外部环境等各种因素的信息，主要包括会见、通信、亲情电话、邮件等途径获得的信息。这些信息同样是狱政管理工作的重要参考资料，通过合理使用，有时甚至可以成为有效改造罪犯的关键因素。

(二) 依信息的真伪程度不同分为真实信息和虚假信息

在实际监管改造工作中，罪犯向我们传送过来的信息有真实的、有虚假的。真实信息是指符合实际的真实内容，如押犯构成情况、现场的犯情动态等。虚假信息是指脱离实际的虚假内容。如罪犯传送的虚假信息，通常有以下几种原因：一是为了干扰监狱人民警察视线，准备实施危险行为或违法犯罪行为；二是利用巧言令色欺骗监狱人民警察，以获取其好感，从而达到获得行政奖励、减刑、假释之目的。另外，监狱在向罪犯发送信息时，也应对信息的真实程度予以核实，防止和杜绝向罪犯发送虚假信息，以免造成不良影响。因此，在实践中，必须注意甄别狱政信息的真伪。对狱政信息的真实程度的识别，不仅需要监狱人民警察具有较高的甄别信息真伪的能力，而且需要具备很强的责任心。

(三) 依信息的用途不同分为决策信息、控制信息和业务信息

决策信息，是指狱政管理的最高管理层用以决定狱政管理活动目标、计划、策略的各种动态、静态的信息。控制信息，是指狱政管理的中间管理层为实现狱政管理活动的目标而对各项活动环节进行业务协调、监督、管理所需要的信息。

业务信息，是指狱政管理的操作管理层为实现狱政管理活动的具体目标而对具体业务活动进行组织、实施所需要的信息。

（四）依信息的性质不同分为动态信息和静态信息

动态信息，是指经常变化的信息，是在改造罪犯过程中形成的不断变化和更新的信息，如罪犯的脱逃信息、罪犯的死亡信息、罪犯的奖惩信息以及罪犯的计分考核信息、等级处遇信息等。将这些信息与制订的方案标准、计划指标进行比较分析，是管理、控制、评价狱政管理活动的重要手段。静态信息，是指具有相对稳定性的信息，是犯罪学研究的重要内容，是狱政管理部门在管理活动中可以反复使用的信息，如罪犯的档案信息等。通过对固定信息的研究可以探究罪犯的犯罪原因，把握罪犯犯罪的规律。

四、狱政信息的内容

狱政信息是狱政管理活动中的基础和管理依据，狱政信息的种类繁多，但是来自罪犯的信息是狱政管理工作的重中之重，它为狱政管理部门、监狱人民警察提供了罪犯的基础信息、思想信息、言行信息、改造态度信息等情况，特别是为监狱的监管安全提供了直接的依据。其内容主要包括：

（一）罪犯的基础信息

罪犯的基础信息是罪犯改造工作顺利进行的重要前提和依据。从个体层面上看，通过对某一罪犯基础信息的掌握，可以迅速了解罪犯的自然信息、刑罚信息和改造信息，为监狱的各项执法工作提供基本依据。从群体层面上看，罪犯基础信息则能实时反映出一个监区、监狱、全省、全国的押犯构成、改造动态和总体走势，有利于监区、监狱及全省监狱管理局在整体上对各项执法工作进行全局把握，以确保各项监管改造工作的顺利进行。因此，罪犯的基础信息，是作为监狱人民警察特别是一线的管教警察必须掌握的信息。它主要包括罪犯的收押前信息（如姓名、性别、年龄、籍贯、政治面貌、文化程度、被捕前简历、特长、犯罪类型、作案经过、是否累犯、是否惯犯、刑期起始日期）；罪犯的“四涉”（涉毒、涉枪、涉黑、涉恶）信息；罪犯的“四史”（吸毒史、脱逃史、自杀史、袭警史）信息；罪犯的社会关系信息、家庭主要成员信息、体貌特征信息；罪犯的刑罚执行与改造信息等。罪犯的收监前信息是狱政管理部门在罪犯入监以后必须了解和掌握的基本情况和最原始的信息。

掌握罪犯的原始信息是出于减少和预防犯罪的需要，也是实现对罪犯实施有效管理的前提和辅助决策的基础。由于罪犯改造是一个动态的、流动的过程，因此它的基本信息也就随之而变化，如罪犯的群体结构中性别、年龄、文化程度的变化；罪犯个体的年龄、文化程度、家庭情况、刑期、刑种等信息的变化。所以，这就要求狱政管理部门根据罪犯信息的变化及时对这一原始信息进行加工、处理、利用，准确地为狱政管理工作提供科学的依据。

能提供罪犯原始信息最常见、最广泛的是罪犯档案，它是集原始信息与处理、利用于一身的信息载体。

（二）罪犯的思想波动信息

罪犯的思想波动，是指在服刑期间受到监狱内外多重因素的影响，其思想在某时间内、某一阶段所产生的变化。由于思想是看不见摸不着的，所以罪犯的思想波动很难把握。要想掌握罪犯的思想波动只有通过观察罪犯的服刑改造态度和他们的言行表现，从他们的言论和行为表现中去捕捉。

在狱政管理工作实践中，引起罪犯思想波动的因素主要有以下几个方面：一是国内外形势发生重大变化时；二是监管改造制度的变革触及罪犯的切身利益时；三是监狱管理机关对奖惩政策的落实与兑现，导致他们对服刑态度的变化时；四是罪犯的正当需要不能得到满足、生活中困难得不到他人帮助时；五是罪犯在狱内受到同犯的虐待、欺负时；六是罪犯家庭发生变故时；七是监狱人民警察在处理问题时缺乏公正或失误、失职时。在服刑期间罪犯的思想波动就其性质上说，有良性和恶性之分，符合监狱改造罪犯目标的思想波动属于良性思想波动，它有助于促进罪犯更加积极改造；背离法律和监狱改造罪犯目标的思想波动属于恶性思想波动，这需要狱政管理部门及时调整应对方案，阻止罪犯情绪恶化乃至违法犯罪的发生。

（三）罪犯的改造态度信息

罪犯的改造态度就是罪犯个体心理对自身受处罚的感受和对狱内环境感知的一种特殊反应，是接受监狱执行刑罚和改造过程中的主观心理状态。狱政管理部门和监狱人民警察只有及时准确地掌握不同个体罪犯的改造态度，才能有针对性地开展不同形式的教育、心理矫治，以确保狱政管理工作和监狱安全工作的顺利开展，帮助罪犯顺利地完成改造任务。

罪犯的改造态度可以简单地归纳为四种类型：一是主动改造型。这种类型的罪犯能认识到自己所犯罪行对社会的危害，能“认罪”也能“服法”，在监狱人民警察的指导下能深挖其犯罪根源，能遵守监规纪律认真改造，并希望通过自己的行动来早日回归社会成为守法公民。这种类型的罪犯多为初犯、偶犯、过失犯，是监狱执行刑罚中的主流。二是投机取巧型。这种类型的罪犯对自己所犯的罪刑认识不深刻，入监后把改造的希望寄托与民警拉关系、走后门上，企图通过各种不正当手段获得好的处遇、获得减刑，以达到逃避刑罚惩罚的目的。这种类型的罪犯多为累犯、惯犯。三是熬刑混日型。这种类型的罪犯在入监之后对现实的处境、未来的生活及改造前途失去信心，深感孤独无助，悲观失望，轻者凡事得过且过，无所用心，重者甚至自残、自杀。这种类型的罪犯多见于被判重型的罪犯。四是抗拒改造型。这种类型的罪犯对自己所犯罪行的性质及对社会的危害后果没有根本的认识或认识不清楚，有的甚至认为自己是被“冤枉”的。他们对司法机关、对监狱、对监狱人民警察充满仇恨，他们藐视法律，公开对抗管教，甚至不惜铤而走险重新犯罪。这种类型的罪犯，多为危害国家安全的罪犯、重大的刑事犯罪罪犯或邪教组织的罪犯等。

在实际的监管工作中，罪犯的改造态度并不是一成不变的，而是随着服刑阶段（入监、改造初期、中期、后期、出监）的变化、情境的转移及教育改造手段的变化而发生变化。因此，罪犯的改造态度作为狱政信息的一项重要内容，要及时、准确、全面获取，狱政管理部门要与教育管理部门、监区的监狱人民警察及时进行互通、沟通反馈，从而处理利用罪犯的改造态度，为监管改造工作服务，确保监管的安全与稳定。

（四）罪犯的言行表现信息

态度决定言行，与罪犯的改造态度相对应的就是罪犯的言行表现。罪犯的言行表现是罪犯思想活动的外在反映和改造态度的客观表现。因此，狱政管理部门及监狱人民警察要及时观察、了解、分析、掌握和评价在不同时期罪犯群体和个体的言行表现，并从中获取重要的狱政信息。

罪犯的言行表现，受罪犯的改造态度影响，因而也有以下四种类型：一是积极型。这类罪犯对自己的所犯罪行能够认罪服法、服从管教，积极参加劳动和学习，努力进行自我改造，争取通过积极改造早日回归社会，成为守法公民。二是投机型。这类罪犯不思悔改，总想走“捷径”“拉关系”，巧言令色欺骗监狱人民警察，企图用不正当的手段达到自己的目的。这类罪犯的隐蔽性较强，在监狱人民警察面前表现积极，言行反复无常，带有很大的欺骗性。三是被动型。这类罪犯对改造前途、未来生活不抱希望，对现实处境苦闷绝望，被动去适应监内生活，甚至失去了重新做人和生活的勇气。这类罪犯在监内能认罪服法、服从管教，但不能认识或认识不清犯罪的根源，因而缺乏矫正犯罪恶习的主动性和积极性。熬刑混日，当一天和尚撞一天钟，言语及行为表现消极，大错不犯小错不断，时常有违规行为发生。四是破坏型。这类罪犯不认罪服法，公开或隐蔽地抗拒改造。他们言行放荡不羁，带头违反监规纪律，拒不履行罪犯的义务，扰乱监管秩序，破坏监管设施、劳动工具。这类罪犯是狱政管理工作的重点，也是监狱管理机关防范和打击的重点对象。

（五）狱内犯罪的动态信息

打击与预防罪犯在狱内违法犯罪是狱政管理工作的重点。狱内违法犯罪一旦发生，将会给监管秩序、社会安全、国家财产、他人的生命安全带来极大的危害。因此，对狱内犯罪动态的获取是狱政管理部门收集、分析、掌握狱政信息时必须重点关注的内容。在实际的监管工作中，狱政管理部门应重点关注以下动态的获取：一是敌视中国共产党的领导和社会主义制度，对共产党和人民政府进行攻击、造谣和诽谤的；二是重大危害国家安全罪的罪犯与境外机构、组织、个人或其他犯罪分子有可疑联系的；三是有预谋暴狱、闹监、骚乱等重大破坏活动的；四是有组织逃跑、放火、凶杀、投放危险物质等重大刑事犯罪危险的；五是聚众闹事、打架斗殴等破坏监管秩序的，以及组织集体抗议、绝食怠工、向监狱管理机关和监狱人民警察发难、在生产中屡出事故、有破坏嫌疑的；六是通过各种非法途径和社会上的不法分子进行勾结的。

五、狱政信息的管理

狱政信息的管理是指狱政管理部门对狱政信息进行采集、加工、传递、储存的过程。狱政信息的管理则包括信息采集、信息加工、信息传递和信息储存方面的管理。

（一）狱政信息的采集

狱政信息的采集，是指狱政管理部门对狱政管理活动中的一些原始信息的采集。所采集的主要是罪犯的原始信息。罪犯原始信息的采集是狱政信息系统开发应用的起点，没有罪犯原始信息的采集，狱政信息应用系统就成了“无米之炊”，没有准确、及时、可靠的信息采集，狱政信息应用系统的质量就得不到必要的保证。因此，采集信息是狱政信息管理的首要任务。

1. 信息采集的基本要求

狱政信息采集涉及监狱的执法以及监管安全、关系到罪犯权益的保护，因此必须达到以下要求：

（1）及时性。所谓及时，就是迅速、敏捷地反映事物各方面的最新动态。信息的采集应能及时反映罪犯改造发展和监管安全的最新信息，使信息的效用发挥到最大。要做到及时，一方面要及时地发现、捕捉、获取信息。另一方面要及时传递信息，须注重信息的时效性，要以迅速、有效的手段将有用信息提供给监狱管理部门，使其成为决策、指挥和管理的依据。

（2）准确性。狱政信息准确性越高，监狱决策的失误就越少，监狱管理的效能就相应提高。因此，监狱管理者在处理狱政信息时应当注意信息的准确性。在信息采集的过程中须坚持实事求是的科学态度、严肃认真的工作作风和科学严谨的采集方法，对采集到的信息，特别是通过间接方式得到的信息，要进行多方验证、分析。对那些表述模糊和没有把握的信息要进一步考核，对难以鉴别的信息，宁可弃之不用，以免造成失误和损失。对已采集的信息要定期核实、检查，以确保信息的高度准确性。

（3）完整性。狱政信息采集的完整性就是要做到时间、空间和内容上的完整。时间上的完整性是指在对信息资料的采集要全面系统，既有历史统计资料，也要采集有关现在及将来的发展趋势。空间上的完整性是指对狱政管理所涉及的地区、部门、单位、个人的有关信息的采集。内容上的完整性是指与狱政管理有关的各类信息，如政治、经济、科技、文化、法律、社会自然、宗教信仰等方面的信息，除此之外，监狱内部各部门、各层次等方面的信息都应系统、全面、持续地收集。信息采集如果不完整就会给狱政信息捕捉带来很大困难，造成经济损失，监狱安全失去了保障。

（4）计划性。对狱政信息的采集要持之以恒，日积月累，要把信息采集当作一件长期的、连续不断的工作，切忌盲目变更、随意调整采集方案、任务和方法。在可预见的基础上做到灵活性与计划性的统一。

2. 采集信息的基本方法

狱政信息的收集，应从狱政管理工作的实际出发，运用现代的科学理论，借助科学原理、方法、技术、手段等获取信息。在狱政工作中收集信息常用的方法主要有以下几种：

（1）观察法。观察法是狱政管理部门和监狱人民警察为获取犯情经常使用的最直接的方法。监狱人民警察通过深入罪犯劳动、学习、生活“三大现场”，直接观察罪犯在服刑改造中的言行表现，通过现代化监控设备对三大现场中的主要部位的犯情动态进行有效监视、监听，以便发现问题、消除隐患。

（2）调查法。调查法是狱政管理部门通过各种会议与参会人员及有关方面的人员进行座谈交流，收集他们对狱政管理工作的意见、反映和要求等。

（3）汇报法。汇报法是监狱人民警察在对罪犯直接管理的前提下经常广泛地听取罪犯的思想汇报，从而掌握罪犯的思想动态的一种方法。例如，监内罪犯的口头汇报，“耳目”信息员的汇报等。

（4）测试法。测试法是狱政管理部门根据罪犯在服刑期间所关心的问题而专门设计的问卷，并对罪犯进行测试一种方法。测试问卷类型可以是罪犯对监管改造制度的看法，对监狱人民警察执法情况的反映；对考核、减刑、假释情况的评价，对教育改造、劳动生产、生活情况的评价等。通过问卷测试结果进行分析、判断，从而了解、掌握罪犯的改造态度和心理倾向。

（二）狱政信息的加工

狱政管理部门从四面八方所采集到的信息是分散零乱的，有的还是过时的，甚至是错误或虚假的，因此，狱政管理部门需要对采集到的各种信息进行加工，去粗取精，去伪存真，从大量的、粗糙的原始信息中提炼出有效信息，在数量上加以浓缩，在质量上加以提高。只有经过加工，才能使纷繁的资料成为系统化的、有序的、相互联系的管理信息，并编制成正式资料提供给管理者使用或进一步传递。

（三）狱政信息的传递

任何信息都是可传递的，狱政管理中的信息传递是受到管理者在时间上或空间上控制的一种运动过程。在狱政管理活动中，信息的存在形式复杂，传递的方式各不相同，按照信息的流向来分，狱政信息传递方式大致有三类：一是传递对象明确，把信息直接传递给接收者，如监狱发出的各种简报或报表等。二是接收者与传递者都向对方发出信息，两者交互传递，如经验交流、讨论会、座谈会等。三是信息传递者根据接收者提出的要求，将信息传递给接收者，这种传递的特征是针对性强、适用度大。

狱政信息传递手段通常有口头的、书面的、有线电话、无线通讯、计算机网络等。

（四）狱政信息的储存

狱政管理部门对采集到的各类信息经过加工，传递到使用者手中后，有的立刻就被使用，但有的还要留作日后参考。因此，必须把所有这些有用信息“储存”起来，把有用的信息建档保存，通过信息的储存和积累，从中发现有规律性的信息，以便日后工作的反复使用。信息储存的基本方式有两种：一种是纸质储存，另一种是电子储存。

第二节 狱政管理信息化

狱政管理信息化是监狱信息化的重要组成部分。在监狱信息化中起步较早，应用技术较为成熟。功能日趋完善的狱政管理系统的广泛应用，实现了狱政管理资源的优化配置，极大地提高了狱政管理工作的效率，有力地促进了监狱管理整体水平和刑罚执行效能的提升。

一、狱政管理信息化概述

1991 年司法部监狱管理局、中央司法警官学院和河北省冀东监狱联合开发了基于 DOS 的“基层监狱狱政信息管理系统”，经过不断完善修改，最终以 2.0 版 FoxPro 正式投入运行。该系统在一段时间内实际应用效果较好，特别是在罪犯档案管理方面应用广泛，给狱政管理工作带来了极大的便捷。随着计算机、网络、数据库等技术的不断发展，该系统的不足之处日益凸显，数据共享受到了很大限制。此后又出现 Windows 系统的各种狱政管理信息系统，但由于没有统一的数据标准，实际应用并不广泛。2006 年江苏监狱系统为了将信息化地成果应用到狱政管理工作中，依照司法部监狱管理局发布的《全国罪犯基础信息及分类代码规范》开发了基于网络应用的 B/S 架构模式的管教信息系统，形成了应用范围广、结构全面、功能完备的狱政管理系统。将狱政管理工作中的罪犯基本档案、日常考核、分级处遇、奖惩等执法工作实现了流程化管理，最大限度地减少了人为因素的影响，提高了执法的规范程度和工作效率，实现了依靠信息技术，以数据为载体的狱政管理的信息化。

2007 年 5 月，司法部在江苏省南京市召开了全国监狱信息化建设工作会议。时任司法部副部长陈训秋在讲话时强调，各级司法行政机关要坚持以科学发展观为指导，充分认识大力推进信息化是覆盖我国现代化建设全局的战略举措，也是监狱工作改革发展的战略举措，自觉地从战略和全局的高度，加快推进监狱信息化建设，有效提高监狱履行刑罚执行职责的能力，更好地为构建社会主义和谐社会服务。这次会议对全国监狱信息化建设进行了统一部署，明确了全国监狱信息化的目标、原则和内容，使各省、自治区监狱系统的信息化工作，纳入国家司法行政信息化统一规划和组织发展中，使我国监狱信息化进入一个新的发展阶段。

智慧监狱是国家智慧化建设背景下开展的现代科技的创新实践应用，是随着物联网、新一代移动宽带网络和互联网、云计算、大数据等新的信息技术发展和深入应用而产生的，是当前监狱建设与规划的前沿，其运用的现代新技术，包括网联网、大数据、云计算、空间地理信息集成等。

随着新一代信息技术在监狱领域的广泛应用，智慧监狱以智能化的业务系统、精细化的管理模式和科学化的决策机制推动监狱管理体系由经验型向智慧型转变，成为监狱在信息社会的新质态，为监狱管理制度现代化提供了新的技术载体。”

（一）狱政管理信息化的概念

狱政管理信息化是指利用计算机、网络和数据库等技术，结合先进的管理理念对罪犯在监狱改造过程中所发生的各种信息，如罪犯的基本信息、考核奖惩信息、处遇信息、生活卫生信息及医疗卫生信息等进行采集、处理和管理，实现罪犯改造状况管理的计算机化，从而提高狱政管理效率的过程。

狱政管理信息化实现罪犯信息数字化，将罪犯基础信息和改造信息数据按一定的格式录入计算机，随时可以查询和传递信息；狱政管理信息化实现了工作流程程序化，减少了人为控制的负面影响，使工作更加规范高效；狱政管理信息化实现了决策支持的智能化，通过对各类信息进行科学的加工处理，运用一定的程序模式科学分析狱情，为管理罪犯提供了决策支持的作用。

（二）狱政管理信息化的特点

1. 以狱政业务为基础，以信息技术应用为手段

狱政管理信息化并非为信息化而信息化，它是根据狱政管理工作的各项任务，运用现代化信息技术，将狱政管理信息流、工作流等进行整合，实现资源的优化配置。因此，狱政管理信息化必须以自身的工作业务为基础，把各项工作业务与信息技术的应用结合起来，稳步推进监狱信息化建设的发展。如果信息化建设与狱政管理工作的各项业务开展相脱离，那么信息化建设将成为一具“空壳”，从而导致失败。

2. 以提高工作效率为出发点，以规范管理为着眼点

狱政管理信息化必须以提高工作效率为出发点，以规范管理为着眼点，没有工作效率的提高和管理的规范，狱政管理信息化将成为“花架子”，成为摆设。因此，狱政管理信息化要求监狱基层狱政管理部门在对罪犯进行考核、奖惩、处遇、生活卫生管理与医疗卫生管理等相关工作时，利用计算机、数据库、网络等现代信息技术，广泛利用监狱内外信息资源，进行充分开发，以提高效率、规范管理。

3. 以提高管理效能为动力，以提升改造质量为根本目标

狱政管理信息化必须以提高管理效能为动力，没有效能的信息化是没有生命力的，不是真正的信息化，在衡量狱政管理信息化效能的标准时，既要看到效能产生的工作效率的提高，又要看到规范管理水平的提升，更要看到通过信息化建设对监狱形象的改善和对罪犯监管改造工作的促进。

（三）狱政管理信息化的作用

狱政管理信息化在监狱管理部门及在基层狱政管理部门的运用，不但适应国家的建设的发展和科技日益进步的趋势，而且有利于树立监狱机关的良好形象。狱政管理信息化在监狱的普及及运用给狱政管理工作带来了巨大变化，有着十分重要的作用，具体表现在：

1. 有利于提高工作效率

狱政管理信息化不仅是技术层面的变革，而且是工作模式的创新。传统的工作模式费时费力，工作效率很低。狱政管理信息化的实现后，罪犯在服刑过程中的所有信息被及时地记录到计算机系统中，在需要的时候可以随时调出来打印。并可以通过网络直接报送和汇总，大大节省了人力、物力和财力。狱政管理信息化的实现使各管理部门之间的信息沟通更方便、更紧密，且能充分利用监狱各部门管理、决策所需的信息资源，做到“一源多用”，从而提高了狱政管理工作效率。

2. 有利于保障监管安全

监管安全是监狱工作的前提和保障，因此需要加大对安全防范设施建设的投入，提高监狱的物防、技防能力，建立监管安全防范的长效管理机制，才能保证

监管安全秩序的持续稳定。监管安全防范信息化通过向科技要警力减轻了监狱人民警察的工作强度和负担，提高了工作效率。监管安全防范信息化的建立初步实现了对监狱监禁设施（如报警系统、视频监控系统、门禁系统、安检系统等）的数字化。这些技术的应用对维护监内改造秩序和确保监管安全等方面发挥了巨大作用。

3. 有利于促进执法公正

狱政管理信息化实现了狱政管理工作的规范化与制度化。在狱政管理信息系统中，每一个信息源都有严格的格式要求，每一个业务流程（如罪犯信息库、罪犯考核、奖惩、分级管理及处遇、生活卫生、医疗卫生管理等）都设定了严格的程序和权限，流程中每一个主体都必须按照流程的要求，填写符合规范要求的处理意见，从而统一了执法尺度，有力地促进了基层狱政管理部门执法的公正性。

4. 有利于监狱人民警察业务技能的提高

监狱人民警察要适应信息化后的工作岗位，必须在认真学习法律、法规和管教业务等知识的基础上，积极学习计算机和网络技术等现代科技知识，从而提高自身的工作能力，规范自身的行为，积极主动地去适应狱政管理信息化的要求，不断提高自身的综合素质。这有利于监狱人民警察适应新时期监狱工作的需要，迎接数字化监狱时代的到来，并为监狱信息化建设打下坚实的物质基础。

5. 有利于接受社会监督，塑造监狱的文明形象

封闭是传统监狱形态的一个重要标志。由于封闭，导致了社会对监狱的不少误解。因此，向社会宣传监狱，让社会了解监狱，勇于接受社会监督，有助于提升监狱形象。特别是新形势下，政府透明、行政公开，已成为民主法治建设的一个重要内容，是一个国家政治文明的重要标志。监狱作为国家机器的组成部分，作为社会的一扇窗口，通过建设监狱门户网站、实行狱务公开，就是通过网络平台，发布监狱信息，使罪犯亲属及其他社会各界人士，实时了解罪犯在监狱中服刑的各方面情况，从而促使公众广泛支持监狱工作，积极参与罪犯的改造，进一步促进监狱执法和改造罪犯质量的提高。

二、狱政管理信息化的实施

狱政管理信息化是监狱信息化最重要的组成部分，也是监狱信息化的主体。狱政管理信息化主要是围绕狱政管理各项业务，其内容主要包括：罪犯的基本信息；罪犯的考核；罪犯的奖惩；罪犯的分级管理及处遇；罪犯的生活卫生管理系统；罪犯的医疗卫生等。可见，这些都是围绕狱政管理信息系统展开的，要充分发挥其作用，则必须学会和掌握狱政管理信息化的基本使用方法，如信息收集、数据录入、信息校对、信息查询、数据统计、系统维护和软件开发等。

（一）狱政管理信息化的实施

1. 信息采集

在实际的管教工作中运用观察法、调查法、汇报法、问卷法和心理测试法等提供罪犯的信息，做好第一手资料的获取，为监狱做好罪犯的改造工作，提高教育改造质量打下坚实的基础。

2. 数据录入

掌握罪犯的信息之后，下一步是做好数据录入工作，按照监狱数据库要求的格式，建立监狱自己的数据完善、信息全面翔实的情报库，为日后的工作提供方便。

3. 信息校对

建立了情报库以后，由于很多罪犯的信息是动态的，因此必须在一定时间内做好信息的校对、更新等工作，从而保证信息的真实有效。

4. 信息查询

在狱政工作中要想快捷、方便地了解监狱信息、罪犯信息，可以通过输入所需的条件查询到相关的信息，这样不仅节省了时间、人力、物力和财力，而且提高了工作效率。从某种意义上讲，信息查询的次数和利用的情况，也反映出监狱的民警素质和罪犯的改造质量。

5. 数据统计

数据统计就是将收集到大量的信息资料按照统计工作和调查研究目的的要求，进行科学的分类处理，得出反映狱政管理工作、研究工作需要的综合数据，并归纳出特征、总结出规律，为监狱工作服务，为社会服务。

6. 系统维护

根据实际需要，管理人员可以更改删除那些错误的、失效的信息。在使用过程中可能会因系统坏损或数据库的数据丢失等原因，影响系统的正常使用，所以在平时应做好系统的维修与防护工作。

7. 软件开发

在监狱信息软件使用上，我国的各个监狱几乎都是将软件设计交给专业公司开发，然后再高价买回，这样的操作方式会给监狱造成巨大的经济损失，同时，也会给监狱带来泄密的危险。随着政法民警招录体制的改革，一些专业化的人才来到监狱，客观上给监狱软件的开发提供了可靠保障。

（二）监狱信息化的发展趋势

按照司法部有关监狱信息化建设的总体部署和要求，加快新时期监狱信息化工作的建设步伐，不断完善监狱信息化建设的基础工作，进一步发挥系统功能的应用效果，实现信息化建设的可持续发展。

监狱信息化地根本目的是提高监狱行刑效率，有利于实现罪犯成为守法公民的行刑目的。监狱信息化必须随着监狱工作的内容和工作重心的变化而变化，这样才能发挥和体现监狱信息化的作用。随着社会对监狱工作要求的不断提高以及监狱自身发展的需要，监狱信息化将不断发展，相关的应用将不断深入。根据信息技术的发展规律，并结合监狱的实际工作，监狱信息化在当前及今后一段时间内，将重点解决、完成和实现以下几个方面的任务和目标：

1. 实现监狱信息化的标准化发展

由于我国地区发展的不平衡，一些地区的监狱信息化还处于起步发展阶段，而另一些发达地区的监狱信息化建设却发展速度飞快，并积累了许多宝贵的经验，但就全国而言，全国性监狱信息化标准体系尚未完成。制定监狱信息化标准是一个比较庞大的系统工程。按照国家信息化标准体系，监狱信息化的标准体系可以分为通用信息技术标准、业务应用标准和信息管理标准3大类。其中通用信息技术类标准应参照国际、国内已有的标准。当前需要统一的标准主要是业务应用类标准和信息管理类标准。

2. 信息整合、信息重建是发展阶段需要重点解决的问题

信息化在发展阶段须重点解决信息系统的应用问题。目前，我国监狱信息化水平不高，所运行的各信息系统所注重的是功能实现，各系统之间还不能尽快实现无缝连接，信息不能充分共享。要想改变这一现象，则需要进行信息整合与信息重建。信息整合即及时对监狱业务进行细致分析，改造或升级现有的信息系统，实现信息编码统一、底层数据库统一和数据接口标准化。信息重建就是对难以整合或整合成本太高的信息系统进行重新规划、设计，建造一个全新的信息系统。随着全国性监狱信息化的发展，未来几年内，信息整合与信息重建将成为监狱信息化的一个重要任务。

3. 信息技术将全面提升监狱科研改造水平

实现监管防范、教育改造、劳动改造等方面的科学化监狱改造，是监狱部门不断追求的目标。信息技术作为一个工具能将多种科学研究有机结合起来，充分利用这一工具，作为架设学科之间的桥梁，极大地拓宽监狱科研工作的视野和空间，为监狱的“三化”作出更多的贡献。

第三节　罪犯档案的管理

一、罪犯档案概述

（一）罪犯档案的概念

罪犯档案，是指监狱按照一定程序和方法收集、整理、保管的有关对罪犯执

行刑罚的法定文件和罪犯在服刑改造期间形成的具有存查价值的材料所组成的系统材料。

罪犯档案是国家档案的重要组成部分，做好罪犯档案管理工作是监狱的重要任务之一，罪犯档案也是狱政管理的一个主要方面。罪犯档案中详细记载着罪犯生活履历、犯罪过程、入监认罪情况、改造思想变化、减刑假释等信息，是监狱管理罪犯的重要依据。罪犯档案管理工作是一项系统的信息工程。

（二）罪犯档案的内容

罪犯档案中既包括法律依据文件，又包括罪犯改造的各种具有查考利用价值的表现材料。它主要包括各种登记表、照片、指纹档案等调查材料、总结材料、检举揭发材料以及监狱机关进行的各种审批材料等。值得注意的是，罪犯释放或死亡之后，对其档案应及时进行整理，进行正档、副档的合并，每个人的档案应组成一卷或数卷。其档案材料：

1. 按正卷档案目录

其包括人民检察院的起诉书副本、原判人民法院的判决（1～2份）、对罪犯刑期执行通知书、结案登记表、指纹捺印表、罪犯入监登记表、健康检查表、加减刑及立功受奖材料等。

2. 按副档档案目录

其包括原判决复印件；每月评比的材料；受奖惩时整理上报的原件；年终鉴定总结；历年的改造总结、思想汇报班级小组评议材料；罪犯的坦白检举材料；罪犯严重违纪、抗改立卷材料；耳目、情报员专档；顽危犯、重点犯的包夹、控制、教育、转化专档；离监探亲材料；“法轮功”材料；其他个人书面材料等。所有入档的材料都应由分监区长及指导员签署意见和签名才有效。

（三）罪犯档案的保管期限

根据规定，罪犯档案保管期限分永久、长期和短期三种：

1. 永久保存的档案

其包括危害国家安全的罪犯、原职务相当于县（团）级以上干部的罪犯、重要知名人士（原省、自治区、直辖市以上人大代表，政协委员，劳动模范及各行各业知名人士）罪犯的档案材料；大案、要案的主犯和判处死缓、无期、有期徒刑15年以上（含15年）刑事犯的档案材料；判决书，出监（所）鉴定表，释放证明书存根，罪犯卡片，档案销毁报告，审批意见书，销毁清册（单）；其他应永久保存的罪犯档案材料。

2. 长期保存的档案

判处有期徒刑5年以上（含5年）14年以下（含14年）的其他刑事犯的档案材料；其他应长期保存的档案材料。

3. 短期保存的档案

一般刑事犯判处有期徒刑不满 5 年的犯罪档案材料；过失犯罪的罪犯档案材料；其他应短期保存的档案材料。

二、罪犯档案的管理

（一）罪犯档案的收集

罪犯档案的收集就是将数量繁多的、分散于各个部门的罪犯的有查考、利用价值的材料统统集中起来的工作。它是罪犯档案管理工作的开始，是其他各项工作的前提和基础。罪犯在入狱后，监狱的狱政部门应立即建立罪犯的个人档案，其须收集的内容有：

1. 收监时法院交付执行的法定文件

人民检察院的起诉书副本；人民法院的刑事判决书、执行通知书、结案登记表等。

2. 监狱在对罪犯执行刑罚和改造过程中形成的有利用、使用价值的文书

如罪犯入监登记表、罪犯健康检查表、罪犯指纹捺印表、耳目、情报员专档、顽危犯、重点犯的包夹、控制、教育、转化专档、加刑、减刑、假释、年终评审、改造表现、申诉、检举、揭发、思想汇报、离监探亲材料；“法轮功”材料等。

在收集资料的过程中，要检查上述文件的记载与实际情况是否相符合、是否完备。凡不符合规定和要求的，应及时改正补救，对正在执行刑罚和改造过程中形成的一系列材料，要反复核查，确保准确无误。

（二）罪犯档案的整理

罪犯档案的整理就是将数量繁多的、内容复杂的、零星分散的不便于管理和使用的罪犯档案加以分门别类的系统化、条理化的排列工作。罪犯档案的整理工作是罪犯档案管理的关键环节，它为今后的鉴定、保管、统计、检索和利用工作提供了系统的工作对象，同时为科学地管理和查找罪犯档案，提供了有利的条件。

罪犯档案的整理工作应按照一定的原则和要求，采取比较科学的方法，对档案进行分门别类的整理，具体做法是：

1. 分别把有关材料存入正档和副档

正档，按照正档目录的先后顺序排列、整理，半年整理 1 次，在年底与在押罪犯花名册进行人档核对 1 次，加减刑刑事判决书或裁定书等材料在送达后 10 个工作日内归档装订。副档，按照副档目录的先后顺序排列、整理，副档目录中的 10 ~ 13 项按年度顺序排列，其他材料按时间顺序排列；加减刑刑事判决书或

裁定书须在送达后5个工作日存入副档，副档在每年3月前合并装订1次。

2. 对死档的整理

（1）罪犯正常释放的，监区管教内勤应在每月10日前将下月刑满释放的罪犯副档移交狱政管理科（减刑释放、假释的应在裁定送达当日移交）；释放证存根、出监评审表在罪犯释放后次月10日前归档。

（2）罪犯死亡的，在死亡鉴定书下达后2个工作日归档。

（3）在罪犯释放或死亡后的次月按以下顺序整理装订档案：①刑事判决书、裁定书；②执行通知书、起诉书副本；③结案登记表、逮捕证（副页）；④加刑减刑判决书、假释裁定书；⑤入监登记表、体貌特征登记表、入监健康检查表；⑥释放证明书存根、出监鉴定表或罪犯死亡鉴定、材料；⑦年度健康检查表、心理测试卡；⑧学籍卡、文化程度和技术等级证明材料；⑨罪犯考核材料、奖惩材料；⑩年终评审材料；⑪加、减刑呈批材料；⑫其他有保存价值的材料。

3. 把案卷内所有材料统一编号

编号时，卷面内的签条、信封、照片要逐一编号。编后要检查，以防止漏编和重编。编号一律用阿拉伯数字，并要求书写清楚工整。编号后的材料予以装订，在档案材料的左侧用“三孔一线”的方法进行装订，装订要求美观、牢固。

4. 制作档案材料目录

在制作完成案卷材料后，应进一步完善档案材料的目录页，便于日后查找。

（三）罪犯档案的鉴定

罪犯档案的鉴定是对收集、整理的罪犯档案及经过一定期限的罪犯档案进行的审查和鉴别。目的在于去伪存真，去粗取精，保证罪犯档案的准确性。

根据1994年司法部、国家档案局发布的《关于罪犯、劳教人员档案管理暂行规定》与2015年国家档案局发布的中华人民共和国行业标准DA/T 22－2015《归档文件整理规则》的规定，监狱的档案管理部门应由办公室、狱政科、档案管理人员组成鉴定小组，定期对保管期限已满的档案进行鉴定。具体做法是：

1. 对已过保存时效，已失去保存价值的材料予以剔除。

2. 对需要销毁的档案应将其中的判决书、出监鉴定表、释放证明书存根和罪犯卡片留下，并按年立卷永久保存。

3. 其余材料逐卷登记造册，经领导书面审批后，在符合保密的条件下，由两人监督销毁，并报上级主管部门档案部门备案。

4. 对冤假错案人员在服刑改造期间形成的材料，应根据中央的有关规定处理。其刑事判决书、执行通知书、平反裁定书等法律文件应立卷归档，送交省、自治区、直辖市司法厅（局）监狱管理局保存，其他材料清理登记，经单位领导批准后，一律销毁，销毁清册应存入本人档案。

5. 履行严格的审批程序，慎重进行。

（四）罪犯档案的保管

罪犯的档案总是因自然的和人为的因素而处在一种渐变性的损毁状态之中，有时还会丢失，这就需要我们对罪犯的档案采取安全保护措施，确保罪犯档案不丢失、不毁坏，并能够有效地进行利用，其具体做法是：

1. 设专职档案管理员，并定期参加监狱或上级组织的档案管理业务培训和保密培训。档案管理人员变动时，应办理档案清点、登记等手续。

2. 建立档案室，按照《档案法》和《保守国家秘密法》的有关规定，设置单独档案室，档案室内的存放区、办公区、阅卷区应分开设置，并配备消防器材、温度湿度控制和电子监控等设备。

3. 做好档案入柜及维护，对接收的档案，应在当天按微机编号或四角号码等顺序放入存放档案的专用金属柜；定期检查和清点罪犯档案，确保人档一致，档案完好，使查找快捷、准确；档案柜一律上锁，钥匙由专人保管；做好日常维护措施，定期检查档案室，确保档案室坚固耐用、防火、防盗、防潮、防高温、防光、无尘、无虫蛀，保证罪犯档案的安全。

根据档案管理制度的规定，罪犯档案材料一经归档，原则上不准外借。借阅档案只能在办公区域进行，罪犯档案原则上不予摘抄、复印；如有特殊情况需要摘抄、复印的，报分管狱政管理工作的监狱领导批准。在特殊情况下，因工作需要或某种原因不便于在档案室借阅的，或者需要罪犯档案中的某些材料作为证据必须外借时，应经单位主管领导批准后方可借出。外来人员借阅罪犯档案的，凭介绍信及本人工作证办理查阅手续；外借档案或查阅 A 类重点罪犯档案的，报狱政管理科领导审核、分管狱政管理工作的监狱领导审批。归还时，工作人员应对档案是否有遗失、涂改、拆散、剪裁、勾画、批注或作标记等情况进行检查。

（五）罪犯档案的统计、检索

罪犯档案统计工作就是要求以表册，数字等形式，揭示罪犯档案的有关情况，是对罪犯情况进行定量观察和分析研究的主要依据，也是了解和掌握罪犯档案的形成、管理、利用情况的重要手段。

罪犯档案的检索工作就是通过运用合理的科学方法，迅速查找到所需的材料。监狱保管的罪犯档案数量繁多，类型复杂，文种多样，材料的内容也十分丰富，面对那么多的档案材料，要想找到所需的材料，并非易事。为了解决这一问题，我们需要去探索查找罪犯档案管理的方法——检索。做好该项工作的具体做法是：

1. 统计掌握在押犯的数量和增减情况。

2. 准确掌握、检索在押犯的实际情况，如犯罪类型、刑种、刑期、性别、年龄等情况。

3. 及时准确地填写有关罪犯的统计报表，并根据需要制作相关的统计图。

（六）罪犯档案的利用

罪犯档案的利用工作就是对经过收集、整理、鉴定、保管及统计、检索工作所形成的罪犯档案，通过各种方式介绍和实际提供档案材料的过程。档案利用工作是档案管理人员为了满足利用的需要向利用者提供档案材料，也就是为利用者服务的工作。其具体做法是：

1. 根据实际需要及时提供有关罪犯档案。如呈报罪犯保外就医的，狱政管理科、监区应分别将正、副档移交给刑罚执行科。批准保外就医的，正、副档由刑罚执行科保管（外省籍罪犯保外就医的，正、副档移交给罪犯户籍所在的省监狱管理局）。不批准保外就医的，刑罚执行科应分别将正、副档退还原单位。死缓、无期徒刑罪犯报请省高级人民法院减刑的，狱政管理科、监区应分别将正、副档移交给刑罚执行科。减刑后，刑罚执行科将正、副档分别退还原单位。罪犯加刑的，狱政管理科、监区应分别将正、副档移交给狱内侦查科。结案后，狱内侦查科应将正、副档分别退还原单位。省内外调动、提解的，狱政管理科应将正、副档移交给调入、提解单位。

2. 指导监狱民警有效地利用档案。

3. 具体解答监狱民警查阅档案中的有关问题。

4. 为社会其他行业服务，打击罪犯减少犯罪。

罪犯档案的收集、整理、鉴定、保管、统计和检索工作都是罪犯档案管理工作的基础，罪犯档案的利用工作才是罪犯档案管理的最终目的。

三、罪犯卡片的管理

（一）罪犯卡片的概念

罪犯卡片，是代替表册的一种简便易查的罪犯简明个案材料。有助于监狱人民警察迅速查找档案，统计各种数据，及时掌握罪犯的基本情况和变动情况，是罪犯档案中的一部分。

（二）罪犯卡片的种类及内容

1. 档案索引和刑期卡片

其内容包括罪犯姓名、别名、曾用名、性别、出生年月日、籍贯、家庭住址、民族、文化程度、捕前职业、案由、主要罪行、原判机关、送押单位、刑期起止日期、刑种、刑期变动情况、服刑改造期间执行单位的变动情况、改造主要表现、加减刑及其他奖惩情况、档案编号等。

2. 累犯卡片

其内容包括罪犯基本情况、历次犯罪案由、原判机关、原判刑期、服刑改造场所的变动、服刑改造表现、危险程度以及包夹措施等。

3. 技术罪犯卡片

其主要是指获得国家考核颁发的中级职称以上的罪犯，其主要内容包括罪犯姓名、性别、出生年月日、文化程度、学历、专业特长、捕前职业、历任职务及批准单位、有何著作或发明创造等。

为了方便管理，节约成本，每个罪犯的卡片需有两种：一种是电子卡片，另一种是纸质卡片。

（三）罪犯卡片的管理

1. 罪犯卡片的制作

罪犯卡片的规格尺寸、式样，由各省、自治区、直辖区监狱管理局统一设计或印刷。打印罪犯纸质卡片1份，留在监狱狱政档案室，将电子卡片报送省、自治区、直辖市监狱管理局狱政处档案室备案。档案室统一打印罪犯纸质卡片，下发监区、分监区，便于工作。

2. 罪犯卡片的填写

卡片格式应由各省、自治区、直辖市监狱管理局统一规定。用计算机填写打印时，内容要求简单扼要，项目齐全。用人工填写时，要求字迹工整、清晰，内容要求同上。在卡片上张贴罪犯的1张免冠照片。

3. 罪犯卡片的编排

按照罪犯姓氏的汉语拼音顺序排列（为了方便管理，要与档案的管理排列顺序相同）先排姓、后排名。填写的卡片编号与档案号相同。

4. 罪犯卡片的增减

罪犯卡片是经常变动的，通常有以下三种情况：

因刑满释放、假释、法院裁定提前释放、监外执行、脱逃2个月未捕回、死亡、加减刑等情况变动时，要及时更改罪犯卡片的有关内容，并按月向省、自治区、直辖市监狱管理局报告情况。

本省、自治区、直辖市内调动罪犯，调出单位除在档案索引和刑期卡片上注明调入单位和调出日期外，还应在10日内报监狱管理局，接收单位要及时填写一份档案索引和刑期卡片存入档案室。

省、自治区、直辖市之间调动罪犯，除办理上述手续外，接收单位还应在10日内填写档案索引和刑期卡片一式二份，一份留作自用，另一份报送本监狱管理局备案。

5. 罪犯卡片的核对

确保罪犯卡片与罪犯档案相符，具体做法如下：

档案管理部门除经常核对外，还应每月与基层监区、分监区进行分项核对。每月底列出当月后的第四个月内刑满释放罪犯名单，提供给主管领导、出监队和有关的监区和分监区。对罪犯有变动的个人信息及时变更。

6. 罪犯卡片的存放

具体做法如下：

对罪犯的纸质卡片要分类管理，按类放在卡片箱、卡片柜内。对罪犯的电子卡片，要使用微机管理将卡片资料输入数据库，这样方便保存、查找和检索。

延伸阅读

广东监狱以提档“智慧监狱”建设为重要突破口，借助信息技术力量，创新智慧运用，积极推动监狱管理向治理转变，全面推进广东监狱治理现代化进程。

1. 创新智慧运用的阳春实践

广东省阳春监狱充分运用大数据、物联网、人工智能等现代科技手段，将现代信息技术与监狱各项业务融合，最大限度地融汇整合，运用大数据综合分析监管改造数据和社会信息，从而对监狱工作各项需求做出智慧判断和响应，着力推进智慧运用的创新实践。

（1）一“云”计算。阳春监狱深耕监狱中心机房建设，不断完善机房基础建设，并积极运用先进的网络、服务器虚拟化技术打造一个稳定高效中心机房，为智慧运用创新打下坚实的基础。

（2）一“网”管理。推进“智慧监狱”建设的精髓在于智慧运用，因此，阳春监狱技术骨干主动发挥主观能动性，选择“智慧车间”项目中监区日常管理迫切需要的模块，进行自主研发。

（3）一“平台”运维。传统运维模式下警察带领运维人员每天要在各个设备区来回奔波巡检，耗时耗力，因此阳春监狱积极探索一“平台”运维的创新运用。平台上线使用至今，已累计检测出有效软硬件故障和告警1075次，并自动派单通知运维人员及时处理。平台使技术人员故障排查、处理能力得到明显提升，运维效率提高50%以上，有效地保障了监狱各项业务的正常开展和监管安全。

2. 创新智慧运用的建议

“智慧监狱”是“数字法治、智慧司法”信息化体系建设中不可或缺的重要组成部分，也是新时代中国特色社会主义监狱的应有之义。着力创新智慧运用是智慧监狱要顺应新时代飞速发展和科技创新日新月异，实现智慧化跨越发展的重要路径。

创新智慧运用的建议。①一体化设计。紧紧围绕“智慧司法、数字法治”的核心内涵，由省局统一牵头，进一步完善硬件建设标准、软件开发标准，对各监狱单位的智慧化建设进行统一设计规划、统一建设运行，落实资金保障，实现硬件设备的相对集中采购，软件应用的一次性开发、低成本推广。②一平台统管。聚焦监狱重点场所重点环节，围绕“高效处置”，通过技术与管理上的深度融合。③一网式通办。对标司法部提出的“大平台共享、大系统共治、大数据慧治”要求，以“一网通办”、大数据、物联网、人工智能等数字新基建赋予监狱治理智能化，实现监狱各项业务办理“一次提交、信息共享、同步办理、限时办结”，极大提升监狱运行效率。④一键式指挥。构建智能化信息化指挥中心，与执勤点、分控室实现互通互联，通过人机联动，完善“接警、响应、处置、反馈”一体化闭环管理，打造全方位、立体化数字安防体系。⑤一揽子人才培养。“智慧监狱”建设是一项复杂的系统工程，需要建、管、用、保等多个层面的人才支撑。要充分发挥岗位成才的“主阵地”作用，如广东省阳春监狱配齐配强监狱信息技术和指挥中心人员队伍共51人。辅以引进社会培训资源，把学习运用信息化知识和技术纳入日常工作管理和各类培训当中，通过交任务、压担子、岗位练兵等形式，使警察职工在实践中增长才干、积累知识。

第十三章

狱政台账管理

第一节　狱政台账概述

狱政管理台账，归类于档案管理的范畴，由于行为的特殊性，相对档案管理来说，它的作用又是微乎其微的，但其在狱政管理中却占有很重要的地位，它是对关押罪犯执行刑罚和改造教育中不可缺少的环节，也是检验狱政管理工作好坏的一个基本标准。“历史是由人创造的”，而狱政台账的生成和变异原本就是历史演化中最具说服力的见证。它见证了每位关押罪犯的改造表现和过程，也见证了刑罚执行的过程。

一、狱政台账的含义、特点、性质

狱政台账是监狱机关所使用的专门的一种记录形式，它是在监狱机关代表国家行使执法权时，对关押罪犯改造实践中直接形成的，有一定保存价值的，各种形式的历史记录。由此可见，狱政台账是指为国家执行刑罚，有组织地对在押罪犯一日生活制管理活动直接形成狱内的各种关系、图表、声像等不同形式的历史记录。

狱政台账管理工作，是指狱政管理在惩罚和改造罪犯过程中从事业务等方面、用科学的原则和方法管理狱政台账，为监狱的各项工作提供信息服务。狱政工作台账现代化是我国狱政管理面临的一场重大变革，是一个具有重大战略意义的、体现我国狱政管理台账发展方向和趋势的重大课题。

（一）狱政台账的基本含义

1. 狱政台账产生于监狱和罪犯管理活动

具体来说，狱政台账是以监狱机关为工作中心，对监区、分监区关押罪犯的相对独立的活动中产生的。狱政台账产生于监狱机关中的管理机构，是监狱管理活动的记录，反映监狱活动的丰富多彩、内容广泛、包罗万象等。它还直接记录了监狱在狱政管理方面的实践活动。

2. 狱政台账是管理工作的转化

狱政管理台账是通过文字、图像、影像，为了便于上传下达，相互交流的狱内活动记录，是监狱工作持续进行和狱政事业发展的客观需要，对上级检查和罪犯管理都起着重要作用，有助于了解狱政管理情况，有助于积累罪犯管理的经验。

3. 狱政台账记录方式的多样性

不同的组织和个人，出于不同的需要，在不同的时期，形成了各种形式的文件，而狱政台账更是多样性的。目前采用比较多的是手工制作的台账，部分地区采用电子版制作的台账。

4. 狱政台账是监狱的原始记录

狱政台账是以具体内容反映其形成的组织或人物特定活动的历史记录。具有很强的记录性。就监狱而言，具有很高的参考价值，更具有其原始的特点。

（二）狱政台账的特点

1. 信息的广泛性

狱政管理活动是一个长期性的复杂工作。对监狱中的每一个罪犯，每一次活动，每一个细节的管理，都属于狱政台账管理的范畴。但这都是分散的，不系统的，所以这就要求狱政台账进行系统的整理。

2. 形成的条件性

在监狱执法活动中，受地域、条件的限制，管理的对象都是服刑改造的罪犯，就必须在这段实践的改造中有一个较为完整的罪犯个人改造台账，根据不同的时期要求，实施改进台账的要求，让它成为有查考价值的狱政台账。

3. 形式的多样性

随着现代化文明监狱的发展，狱政台账也有了很大的变化。现在的狱政台账最起码可以采用电子版，为了完成上级检查的目的，当然也可采用文字形式的方式整理成册，经得起时间的考证，也成为历史的记录。

4. 原始性记录

狱政台账是反映罪犯在服刑中的原始性情况记录，罪犯的一日生活制的管理都用台账的形式固定下来，作为永远备查的信息资料库。

（三）狱政台账的性质

狱政台账是监狱一项非常重要的专门工作，是建设具有中国特色社会主义监狱现代化、法治化、规范化的必备条件。做好狱政台账工作，不仅具有局部价值，而且对整个中国监狱都具有整体意义，是当前工作的需要，也是今后长期发展的需要。狱内台账就监狱而言，是一项服务性、政治性、管理性的工作。

1. 狱政台账是一项服务性工作

狱政管理的实施是对罪犯的惩罚和改造，是为了监狱管理上达到预防和减少犯罪的发生，为上级提供作决策的依据，无条件地提供服务性参考依据，以达到监狱的和谐发展。狱政台账作为一种属于后勤性质的工作，为中国监狱，为各省监狱，为个别监狱储备资料，为科学研究提供监狱资料。这是狱政台账赖以存在和发展的基本因素。监狱的狱政台账工作都是为一定的政治、经济、文化等事业服务的，离开这一点，狱政台账工作就不会存在，更不会发展。实践证明，不论在什么地区或单位，狱政台账工作如果能与其他监狱各项工作联系在一起，不断为各项监狱工作提供服务，那么监狱的狱政台账工作就能迅速发展，狱政台账工作的地位和影响也会相应地提高和扩大。相反狱政台账工作就会停滞不前。负责狱政台账的管教们应充分认识到这一点，树立明确的服务观念，自觉为监狱事业提供服务，这是监狱管教的光荣职责。

2. 狱政台账是一项政治性工作

监狱代表国家执行刑罚，就必须为国家服务，狱政台账工作是政治性的集中表现。监狱本身就是为一定阶级所掌握，为一定的社会制度和一定的路线、方针、政策服务。狱政台账工作不是一般的服务性行业。我国的狱政台账工作是为了维护狱内的安全，为了广大人民的利益，巩固人民民主专政，更是为了维护社会的稳定与和谐的发展而存在的。狱政台账的机密性、保密性，都关系到国家和监狱的安全。狱政台账是历史的见证，具有改造罪犯的真实性，反映中国监狱改造罪犯所坚持的实事求是的原则。

3. 狱政台账是一项管理性工作

狱政台账是监狱狱政科专人专门负责的一种独立的工作，属于国家监狱科学文化事业的组成部分。狱政台账看似简单，但实质上必须采取一套科学的理论原则和技术方法的管理，对负责的个案台账进行研究考证和系统整理。一切都是有利于监狱安全的发展。由于狱政台账工作是专门对罪犯管理的一项科学性工作，要求从事狱政台账的人民警察具备相应的知识和技能。要学习狱政台账管理的专业知识，掌握狱政台账的理论与技能，提高业务水平，掌握狱政台账相关的基础性科学文化知识，让狱政台账逐步实现现代化，掌握具有科技含量的狱政台账的知识、方法和手段。

二、狱政台账的作用和管理

（一）狱政台账的一般作用

1. 狱政台账是监狱机关工作的有效工具

在监狱机关中，为了更好地领导监狱工作的有效实施，开展狱内的各种活动，狱政台账必不可少。

2. 狱政台账是维护监区安全的重要依据

为了保证狱内的各项工作正常有序地开展，为了收集改造罪犯所需的各类安全参数，为了便于分析、研究各监区的安全状态，狱政台账管理是不可缺少的一个环节。

3. 狱政台账是查考监区的依据

为了有效地反映各监区的工作情况和罪犯的改造情况；为了有利于上级领导的督促检查，查找监区管理中存在的问题；为了更好地使监区能够确保安全，狱政台账管理必不可少。

4. 狱政台账是科学研究的必要条件

无论是自然科学、社会科学还是思维科学的研究，都必须详尽地占有材料，狱政台账可以为理论研究提供罪犯改造的丰富资料。通过实践中的经验积累，狱政台账形成的原始记录，为研究监狱工作提供了大量的实验素材。

5. 狱政台账是宣传教育的生动素材

当上级领导来检查监狱工作时，狱政台账能反映监狱民警的工作态度和实际工作情况。在必要的时候通过监区与监区之间开展互动有效的学习，举办狱政台账的评比活动，对逐步完善监区狱政台账的合理性具有重要的推进作用。

（二）狱政台账的基本作用

狱政台账是经过监狱民警按类别整理形成的，它记录了监狱改造罪犯的真实情况，具有可靠性，属于第一手材料。它有利于广泛地研究改造罪犯，在惩罚和改造罪犯中也能发挥巨大的作用。狱政台账从物体形态上看，它保留了监狱对改造罪犯过程中的管理性的历史事迹，它是管理罪犯原始材料的历史见证，它可以成为查找、研究、辨识和处理问题的依据。

狱政台账真实地记录和反映了监狱民警在管理罪犯实践活动的深度，也反映了惩罚和改造罪犯的广度，为监狱民警改造罪犯提供了正反两方面的经验。狱政台账具有真实性、可靠性和广泛性。它反映了改造罪犯的全过程，所记录的资料既是每天的作业记录，更是在长期改造罪犯过程中所形成的活动性规范的检查文件。

（三）狱政台账的制作

狱政台账的检查内容项目较多。根据实践经验总结便于使狱政台账在检查工作时能一目了然地让上级领导给予更多的指导，从而确定狱政台账的内容。一般根据不同的内容大致归纳为：

1. 狱政台账的收集

由于所关押的罪犯类别复杂多样，因此狱政台账的内容应分门别类地进行收集。同时，应采用大量信息化的收集方式，进行广范围地收集。

2. 狱政台账的整理

根据狱政管理的特点，以监区为独立单位的管理台账应做一定的分门别类，罗列出符合实际操作的狱政台账。此项工作是狱政台账整理的一个重要必备环节，也是检查狱政工作是否符合规范的必要手段。

3. 狱政台账的统计

其主要是针对监狱内当天关押罪犯的各种活动情况进行统计。把监狱管辖区内的情况进行全面掌握，做到心中有数；对狱政台账的类型和工种记录进行统计、分析和研究。

4. 狱政台账的利用

狱政台账的目的在于发挥更大的作用，通过台账能看到每天罪犯管理的全部内容；通过台账建立起合理的管理系统；由于监狱的管理，可能存在很多繁杂的事务，通过这些表面的制作，更有利于监狱的管理。

（四）狱政台账的管理原则

狱政管理台账是近几年才发展起来的，是监狱行业中必不可少的一种管理方式，具有一定的局限性，也反映出行业的特殊性，是做好狱政台账应把握的原则。根据《档案法》中的规定：档案工作实行统一领导、分级管理的原则，维护档案的完整与安全，便于社会各方面的利用。狱政台账在局部范围内也适用其原则，因为特殊的工种有其特殊性，面对关押的罪犯行政管理的独立性，确立了狱政台账工作的组织原则和管理体制，提出了狱政台账的基本要求，体现了狱政台账工作的基本目的和工作标准。

1. 统一领导，分级管理原则

根据《监狱法》第四章狱政管理的内容，它从第39条至第60条全面规定了狱政管理工作范围。同时也规定了狱政管理体制。狱政台账也是从三级管理模式开始，最为有作用的一级是监狱和监区的台账管理。监狱机关主抓各监区的狱政台账，对监区的台账工作实行统筹规划、组织协调、统一制度、监督指导。实行分级管理，结合本监狱的实际情况，制定狱政台账的工作规划、制度和方法；实行分专业管理，便于监督和指导。狱政台账必须设专人管理，专人负责，认真记好每天的工作情况。

2. 维护狱政台账的完整与安全

狱政台账的完整与安全是监狱工作最基本的要求，也是狱政工作必须做好的事情。保持狱政台账的完整性有两个基本要求：第一，在确定狱政台账的数量后，按月或按天把所有有保存价值的台账收集整理，不损坏、不残缺；第二，在狱政台账的数量和质量上，要求具备系统性、有机性，不能人为地乱写乱画乱扔。把这两方面的工作做好是保证狱政台账完整的必备条件。狱政台账的安全，也有两个基本要求：第一，狱政台账基本都在监区使用，力求狱政台账自身不损坏、延长台账的使用寿命，保证台账的实体安全；第二，要采用使用过程中的责任制，妥善保管。狱政台账的好坏是狱政工作者的一项艰巨任务，也是一项最基本的要求。

3. 便于上级机关的利用

监区是狱政台账的原始地，为上级机关提供管理真实情况的依据，体现狱政台账的根本目的。监区的狱政台账贯穿于狱政管理工作的各个方面和各个管理环节。从监区的台账管理能看出狱政工作的绩效状态。这是监狱工作的一项长远性的工作，并可以此来检验狱政管理工作的效果。

第二节　狱政台账的种类及内容

狱政台账是监狱管理的一项重要工作，是目前监狱工作法治化的一项内容，也是规范化管理中的一种有效手段，是现代监狱管理中不可或缺的一个重要环节。

目前我国各地监狱对狱政台账的管理材料较少，尤其是直接能服务的资源太少，此外，能使用的狱政台账资源还过于分散，没有能够做到集中统一管理，无法充分发挥狱政台账的管理作用。资源的匮乏制约了狱政台账在监狱管理中的应用，从而产生了负面的影响。为此，为了简化狱政台账的管理，我们从两个方面做模拟的狱政管理台账：一是就监狱而言的狱政台账管理；二是从监区角度设定的辅助狱政台账的制定。

在管理罪犯与实践的结合点上，罪犯管理模式起了桥梁作用，可以一针见血地反映出狱政管理的操作框架及理论核心，尤其是狱政台账能为上级领导检查工作起到一定的作用。据实践表明，罪犯管理的模式存在两种倾向：一是罪犯管理模式运用与操作的统一化，以牺牲监狱民警的管理艺术，管理个性为代价，寻求标准化和固定化的管理模式。二是罪犯管理模式运用的表层化，企图将不同的教育内容放入固定标准化的狱政管理程序或框架中。前一种倾向忽视了监狱民警的个性和管理内容的多样化，带来的收益往往是眼前的，未必有利于罪犯和监狱的长远发展；后一种倾向则对所运用的罪犯管理模式研究不够，停留在对罪犯管理模式的表层理解，忽视了对监狱管理的深度挖掘。

一、狱政台账的种类和内容

（一）监区的台账

1. 当日押犯数

（1）上午出监人数、留监管理人数、监狱劳动人数。

（2）下午出监人数、留监管理人数、监狱劳动人数。

（3）当日罪犯增加情况：姓名、事由、时间、送押人。

（4）当日罪犯减少情况：姓名、事由、时间、送押人。

（5）罪犯增加、减少情况备注。

2. 每日改造情况

（1）单位：一分监区、二分监区……N分监区、后勤分监区。

（2）早点名：时间、改造内容、罪犯人数、负责民警。

（3）上午改造活动的内容：改造地点、改造内容、责任民警、出监舍人数、留监舍人数、入监舍人数、卫生评比、清监、搜身、巡监查哨时间登记、巡监责任人。

（4）公共区域监督岗定置情况：部位、姓名；各分监区罪犯临时出入监舍情况登记：单位、事由、地点、人数、时间、负责人、备注。

（5）中午点名：改造内容、罪犯人数、登记民警、巡监责任人、部位、姓名。

（6）下午改造活动内容：改造地点、改造内容、责任民警、出监舍人数、留监舍人数、入监舍人数、卫生评比、清监、搜身、巡监查哨时间登记、巡监责任人。

（7）各分监区罪犯临时出入监舍情况登记：单位、事由、地点、人数、时间、负责人、签批人、巡监责任人、备注。

（8）晚点名：改造活动、地点、改造活动内容、分监区人数、讲评点名民警、封监时间、巡监时间登记。

（9）公共区域监督岗定置情况：部位、姓名、巡监责任人。

（10）外来人员入监情况登记：姓名、批准人、陪同人、事由、活动范围、入监时间。

（11）携带工具入监情况登记：种类、数量、责任民警、使用地点、出入监时间、批准人。

（12）内看守交接班情况登记：值班人签名、时间段、监区值周领导。

（二）门卫台账

1. 当日在押罪犯人数：上午出监人数、监内人数、下午出监人数、监区人数。

2. 当日罪犯增加情况登记：姓名、事由、时间、送押人、备注。

3. 当日罪犯减少情况登记：姓名、事由、时间、提押人、备注。

4. 上午监门动态登记内容：单位、出监时间、人数、事由及地点、提押民警、看押类别、提票号、签批人、入监时间、人数、门卫搜身及检查情况。

5. 下午监门动态登记内容：单位、出监时间、人数、事由及地点、提押民警、看押类别、提票号、签批人、入监时间、人数、门卫搜身及检查情况。

6. 携带工具物品出入监情况登记表：种类、数量、入监时间、出监时间、签批人、负责民警、登记稽查人、携带人。

7. 外来人员车辆入监情况登记：姓名、单位及证件、车型及车号、入监事由、入监时间、陪同民警、签批人、检查情况。

8. 接见情况登记：接见人、被接见人、监管民警、时间段、携带物品、备注。

9. 监门动态上报情况登记：时间、上报人、备注。

10. 当班押犯交接情况登记：交接门卫、交接看守、人数、交接情况、门卫交接班签名、门卫中队带班领导、时间段。

11. 内看守日志：交接人、时间、参加人。

（三）分监区狱政台账

1. 罪犯分类情况名单：内容、A类、B类、C类。

2. 单位：一组、二组、三组……N组。

3. 分监区互监组名单：互监组变动情况。

4. 分监区押犯人数（上午动态）：出监人数、留监人数、休息人数、负责民警、留监人员名单、备勤民警。

5. 分监区押犯人数（下午动态）：出监人数、留监人数、休息人数、负责民警、留监人员名单、备勤民警。

6. 罪犯变动情况：内务卫生评比、改造活动评比、当日罪犯改造重点动态、班组评比及奖扣分、讲评要点、分监区会议记录。

7. 劳动工具使用情况登记本：时间、名称、数量、领队人签名、归还时间、数量、归还人签名、责任民警签名。

8. 车间工具使用、清查登记本：时间、工具名称、数量、领取时间、领取人签名、归还时间、数量、归还人签名、责任民警清查记录。

9. 留监罪犯学习登记本：时间、值班人、值班领导。

10. 留监罪犯人数：罪犯食堂、环境管理员、文艺队、监督岗、司炉工、缝纫工、教员、加工厂、留监病号、其他、合计。

11. 安全长：出工人数、带班民警、劳动项目、劳作地点、生产定额、点名时间、点名方式、人数、点名人、监区巡查、监狱巡查。

12. 分监区交接班登记本：时间、交班人签名、需交代的问题、待处理的问题、接班人签名、备注。

13. 监区劳作巡查登记本：时间、巡查民警、巡查地点、出工人数、人数清查情况、巡查情况及存在的问题、带班民警签名。

二、狱政台账管理的注意事项

（一）规范监狱狱政台账的运行程序

全国监狱工作已步入规范化的行列，这就需要科学的资源整合，实行统一的运行机制，从规范监狱台账的长效机制来讲，就应做好各监狱的狱政台账管理的基础工作，统一标准，规范运行程序。

（二）理顺统一标准和规范狱政台账的关系

狱政台账主要是指监区每天的工作记录情况，也是上级领导检查时能反映问题和检查工作的依据，通过规范的管理，使狱政台账起到更好的作用。

（三）提高狱政台账人员的专业素质

监狱工作的好坏，某种程度上取决于专业民警所从事专业知识的运作，记录、汇总需具有一定的专业知识，熟悉信息化管理手段的高新人才，此外，记录、汇总员还需具有较强的责任心、事业心，应按章办事、讲原则、懂得基本的法律常识。

（四）落实狱政台账的制度

狱政台账不是走形式，而是反映监狱监区每天的工作情况，是非常严谨认真的工作。在原则上台账应主动接受上级主管部门的检查，同时这也是对基层监区工作的验收，为更好地工作提出指导性的意见。

（五）实现狱政台账的科学化、信息化

监狱工作都在突飞猛进的运作，狱政台账的现代化、数字化势在必行，因此，现代监狱更应努力提高工作的效率，为监狱安全提供有力保证。

延伸阅读

小台账大作用

记好工作台账是一项十分重要的基础性工作，而从现实情况看，基层单位对记台账的认识不够到位，或者说是模糊不清的。有的人认为记台账属于形式主义，基层工作凭经验、重实际，事情做了就行，记不记录无关紧要；有的人认为记台账既费时又费力，基层干部擅长做、不善写，记台账的要求对基层来说有点高；有的人认为记台账就是为了应付检查考核，突击一下就可以编造出来（甚至有专门的中介在赚这方面的钱），用过以后就是一堆废纸。当然，各条线上都要求下面有专门的工作台账，检查之泛、台账之多也是基层产生抵触情绪的一个原因。有些部门常使用假台账蒙混过关，而考核之浮、台账之虚又是基层萌发应付思想的一个诱因。由于认识不到位，平时不积累，临近检查考核就临时抱佛脚，东拼西凑补材料、造台账，结果真的成为形式主义，真的成了费时费力。

台账原是指摆放在台上供人翻阅的账簿，也称流水账。我们现在讲的工作台账不单是一些统计数字，而包括有关文件、工作计划方案、工作汇报总结以及重要工作活动纪实、有关资料等，有纸质的，也有电子文档的，有文字图表的，也有图片影像的，分门别类，整理成册成本，如上级检查或查找资料，可随时查阅。要使基层单位真正重视立足平时记好台账，就必须切实提高对台账重要性的认识。

台账是工作的记录，是成效的展台。重不重视台账、需不需要台账，使我想到小贩做买卖与公司搞经营之间的区别。小农经济确实不讲究记录，卖个包子、补个鞋子也不需要什么记载，但现代化生产、规范化管理一定离不开完整的台账。现实也是这样，无论是一个单位还是一个组织，对台账记录重视还是轻视甚至漠视，自然也反映了工作的差距、前景的差异。业绩出色的往往注重规范化，做每件事情都事前有计划、事中有跟踪、事后有总结；相反，工作落后的往往停留在粗放型，脚踏西瓜皮，滑到哪里算哪里，缺乏条理性、计划性和预见性。我们强调做好工作台账，就是要求你在平时的工作中不仅要做好，同时还要记好。台账是记出来的，靠平时点点滴滴，形成习惯，日积月累，而不是临时做出来的。当然，不是事无巨细，芝麻绿豆都记录在案。台账可以成为备忘录，比如会议记录就是如此，时过境迁，人事更替，有关会议的内容和情况可能无法记起，甚至当时作出的重要决定也可能记不清楚，这时就不妨查查会议记录。台账可以用作督查表，工作千头万绪，计划做的事情进展怎么样，有没有碰到难题，看一下台账就能知晓过程，发现问题，把握细节，以便查漏补缺、集中攻坚、督促落实。台账可以当作成绩单，工作成效必须适时总结，既是以点带面推动工作之举，也是统一思想、鼓舞士气之需；既要向内部员工展示，又要向外部群众宣传，而最基础、最直接、最具说服力的素材就是扎实的工作台账。

台账是实践的梳理，是创新的驿站。学理工科的做实验最强调原始记录，不论结果怎样，过程的记录必须原原本本。因为原始记录反映事物发展过程的原本，可以探寻发展之规律，找出问题之症结。一部全面的工作台账，涵盖了工作计划、实施方案、落实举措、重要事件、阶段性评估、工作总结等重点内容，记录着工作中每一个节点的状况，梳理出整个实践的脉络和要点。实践是创新之源，创新靠步步递进，而且没有止境。前人的实践经验和教训是创新工作的基础，世上大部分创新都是在前人成就基础上的更进一步，承载着实践记录的台账犹如在创新中的一个个驿站，担负着对创新实践的基础服务。台账不仅能够体现出落实工作的基础功能，还能够通过灵活运用，发挥指导实际工作、解决具体问题、创新工作举措的作用。对工作进展顺利的情况进行小结梳理，可以帮助我们寻找其中的规律，提升创新实践效果。对工作不到位的环节进行收集整理，可以帮助我们制订有针对性的纠偏方案，创新工作方法，或者形成典型案例予以提示，避免重走弯路。在服务群众方面，台账也可以发挥重要作用。对基层群众日常生活中遇到的困难，需要帮助解决的问题，所思、所需、所盼等各类诉求，在我们平时的联系走访中及时做好记录，既能够避免被疏忽耽搁，又便于分门别类地给予落实，还可以从中发现带有普遍性的问题，拟订“一揽子”方案予以解决，提升我们的服务水平。

台账是制度的积累，是规范的源头。文字是人类进入文明社会的重要标志之一，是人类文明腾飞的翅膀。可以说，文明的演进传承，制度的积累完善，都离不开记录。很难想象，如果没有文字记录，只依赖口口相传，文明可以走多快、走多远？良渚先民在玉器、陶器上留下的刻符，至今仍然吸引着研究人员探寻文明起源的历程。古代先知对某事物有所感悟的时候，便叫人记录下来，其思想就影响后世源远流长。世上最长史诗藏族的《格萨尔》靠说唱艺人传唱下来是个奇迹，如果不是当今及时录音整理加以保护，也可能会渐行湮没。文明传承和发展需要不断积累，制度建设也有一个积累的过程。任何工作领域的规范都体现于一系列的文件记录，同时又都建立在对实践记录进行创造性的加工之上，是不断总结提炼、丰富完善的结果。当前，发展、创新、民生、和谐、组织建设等各项事务各类项目任务繁重，现代管理要求每一个单位都要重视建好台账、用好台账。如果深谙台账功效、注重台账记录，该单位制度建设一定比较健全，管理也就井井有条，制度管人，规则管事，所有事情都顺畅，样样工作都领先。如果不识台账用途、不重台账记录，制度建设肯定是短腿，也就谈不上现代管理，各项工作自然难有起色。

第十四章

狱政管理监督

第一节　狱政管理监督机制概述

狱政管理监督是促进监狱人民警察文明公正执法，实现三项重点工作任务、进一步加强队伍建设的重要手段。尤其是促进文明公正执法，接受社会监督，能够使监狱管理罪犯的活动置于社会的监督之下，增加公开化及透明度。监狱机关应该主动地接受来自社会、有关机关、人民群众的监督。监狱狱政管理执法监督包括狱政管理内部监督与外部监督两种形式，狱政管理内部监督能够有效地保证自身工作的顺利开展，而狱政管理外部监督能够为监狱狱政管理工作提供督促及保障，两者相辅相成，共同促进了监狱狱政管理活动的规范化、法治化、科学化。

一、狱政管理监督的含义

狱政管理监督，是指由法律授权的机关以及公民和社会组织对监狱人民警察执行狱政管理活动是否合法，以及监狱人民警察所在机关内部对执法活动和遵规守纪情况所进行的监察、督促、检查和纠正的行为。权力一旦失去监督就可能会形成特权，因此，狱政管理的整个活动属于执法活动，应该受到法律的监督。作为履行法律职责的监狱人民警察，在管理罪犯中更应该以事实为依据，以法律为准绳。对监狱人民警察的狱政管理活动进行监督，是为了有效地对罪犯实行惩罚与改造，维护和制约监狱人民警察依法行使职权，正确履行职责，保证监狱人民警察依法管理罪犯，提高监狱人民警察综合素质，达到端正监狱人民警察纪律与作风的目的。

对监狱人民警察的狱政管理监督有广义与狭义之分。广义的狱政管理监督包括外部监督，如执政党、权力机关、检察机关、审判机关、社会团体、人民群众对监狱人民警察的狱政管理活动进行的监督，也包括监狱上级机关和本级机关的监督、监察机关的监督、审计监督和其他形式的监督。狭义的狱政管理监督是指警察机关内部上下级之间和警察机关内部专设的机构对所属警务人员依法履行狱政管理职责，行使职权和遵守纪律的情况进行视察和督导并进行有效的监督。

二、狱政管理监督的法律依据

对监狱人民警察狱政管理监督机制进行监督的法律依据包括《宪法》《监狱法》《人民警察法》《刑事诉讼法》等，这些法律中的相关条款共同构成了狱政管理监督的有效内容。

（一）《宪法》

《宪法》明确规定，“中华人民共和国的一切权力属于人民”“一切国家机关和国家工作人员必须依靠人民的支持，经常保持同人民的密切联系，倾听人民的意见和建议，接受人民的监督，努力为人民服务”。坚持群众原则，走群众路线，一切为了群众，一切依靠群众，从群众中来，到群众中去。这是形成严密和强有力监督体系的客观需要。监督的目的是维护人民群众的根本利益，“全心全意为人民服务”是监狱人民警察进行狱政管理活动的根本宗旨，这是由国家的社会主义性质所决定的。监狱人民警察依法代表国家行使职权，其行为是代表广大人民群众的根本利益，应当自觉接受人民群众的监督。

（二）《监狱法》

《监狱法》第 6 条规定：“人民检察院对监狱执行刑罚的活动是否合法，依法实行监督。”

第 13 条规定：“监狱的人民警察应当严格遵守宪法和法律，忠于职守，秉公执法，严守纪律，清正廉洁。”因此，监狱人民警察行使狱政管理的整个活动应自觉的接受监督。

（三）《人民警察法》

《人民警察法》第 3 条规定：“人民警察必须依靠人民的支持，保持同人民的密切联系，倾听人民的意见和建议，接受人民的监督，维护人民的利益，全心全意为人民服务。”

第 42 条规定：“人民警察执行职务，依法接受人民检察院和行政监察机关的监督。”

第 43 条规定：“人民警察的上级机关对下级机关的执法活动进行监督，发现其作出的处理或者决定有错误的，应当予以撤销或者变更。”

第 44 条规定：“人民警察执行职务，必须自觉地接受社会和公民的监督。人民警察机关作出的与公众利益直接有关的规定，应当向公众公布。”

第 46 条规定：“公民或者组织对人民警察的违法、违纪行为，有权向人民警察机关或者人民检察院、行政监察机关检举、控告。受理检举、控告的机关应当及时查处，并将查处结果告知检举人、控告人。对依法检举、控告的公民或者组织，任何人不得压制和打击报复。”

从以上条款的规定可以看出，《人民警察法》规定的上述内容要求监狱人民警察在对罪犯进行狱政管理执法活动时必须转变观念，增进同人民群众的情感，提高服务意识，坚决维护人民群众的合法权益，自觉接受人民群众的监督。

（四）《刑事诉讼法》

《刑事诉讼法》第 276 条规定：“人民检察院对执行机关执行刑罚的活动是否合法实行监督。如果发现有违法的情况，应当通知执行机关纠正。”

三、狱政管理监督的基本原则

（一）维护人民利益原则

维护人民利益原则，是指所有监督活动都必须以维护人民群众的根本利益为出发点，最大限度地保护人民群众的利益不受侵犯。坚持维护人民利益的原则，不仅要强调监督主体要本着对人民负责的精神，认真开展监督活动，而且在实际工作中还必须以人民利益为最高的行动标准来处理监督过程中发现的一切问题，把维护人民的利益作为监督活动的行为准则和评价标准。这要求监狱人民警察在狱政管理执法过程中要时刻保持清醒的头脑，正确区分不同类型的罪犯，区分敌我矛盾与人民内部矛盾，运用合理的方法解决问题，维护人民的根本利益。

（二）广泛性与经常性原则

在狱政管理活动过程中，涉及实体法的适用与程序法的应用问题，监狱人民警察及其所属机关应经常与罪犯保持联系，将罪犯的考核分数及时、全面地予以公布，在涉及罪犯实体权利方面要做到公开、透明，要按照狱务公开的要求认真落实各项工作，将狱政管理活动全方位纳入整个监督体系中，并自觉地征求意见及建议，克服特权思想和功利本位，切实为保障罪犯的合法权益而努力。

（三）公开原则

监督公开是指监督主体在行使监督权时，除涉及国家秘密、个人隐私及商业秘密外，必须依据一定的法律及程序，使与监督活动有关的事项向监督对象和社会公开。监督主体应将作为行使监督权的依据在没有实施监督前，及时向社会以及被监督人公开展示，实现事前公开。监督主体在公开的过程中应将监督的全过程、监督的有关事项向被监督人及社会公开。在监督主体通过实施监督行为并最终作出监督决定之后，监督主体应当将监督决定的内容依法定形式向被监督人以及社会公开。

（四）社会主义法治原则

社会主义法治原则是指对监狱人民警察的执法监督必须依照法律赋予的职权和法律规定的程序实施。工作中要认真贯彻有法可依、有法必依、执法必严、违法必究的原则，监督主体在监督时必须依照宪法、法律法规赋予的监督权力，依法开展监督工作。监督主体在行使监督权力时，必须依照法定程序进行，保证监督程序和方式、步骤合法。只有坚持监督的社会主义法治原则，才能够克服监督的随意性和盲目性，确保监督活动的有效实施。

（五）效率性原则

监督的关键在于及时、有效，因此，对监狱人民警察狱政管理活动的有效监督应该体现出监督的效率性原则。监狱工作变化性较大，对罪犯的管理活动尤其明显，管理活动若缺少了监督，狱政管理活动就容易出现问题，出现不可避免的监管安全隐患。狱政管理监督机制的监督主体广泛而全面，应充分发挥主体间的作用，并有效地开展主动监督，提高监督的针对性与时效性。

四、狱政管理监督的作用

（一）有利于深入推进三项重点工作，保证狱政管理活动的正常进行

要认真贯彻落实党中央、国务院关于监狱工作的决策部署和重要指示精神，紧紧围绕深入推进社会矛盾化解、社会管理创新、公正廉洁执法三项重点工作，进一步加强监狱内部正规管理，切实提高教育改造质量，确保监狱持续安全稳定，为维护社会和谐稳定、促进经济平稳较快发展作出新贡献。三项重点工作都是在贯彻狱政管理活动中完成的，为了保证狱政管理活动的顺利开展，应该进一步加强内部与外部监督机制，做到监督全面，措施得力，促进三项重点工作的有效进行和工作任务的落实。

（二）有利于提高狱政管理的规范化

管理是做好监狱各项工作的基础，要切实加强监狱内部正规管理，以科学有效的管理促进安全稳定和教育改造工作。监狱机关和监狱人民警察要树立牢固的管理意识，进一步强化管理措施，大力加强监狱内部正规管理，不断提高监狱管理科学化、规范化、法治化水平。做好管理的关键是监督措施到位，监督措施也为狱政管理的规范化提供了重要保障。监狱人民警察在狱政管理活动中应注重每一个执法细节，充分考虑罪犯的各项因素，综合进行分析，保证工作任务的顺利进行。

（三）有利于保障罪犯的合法权益

在监督机制中，既有对内监督机制，也有对外监督机制；既有对社会监督的内容，也有对单位监督的内容。监督形式的多样化，监督部门的有效性都在一定程度上为保障罪犯的合法权益提供了可能。罪犯最关心的、涉及罪犯切身利益的内容都应该纳入狱政管理执法监督体系，从法律层面、社会层面及其他方面形成立体化监督网络，使罪犯知晓监督的内容，了解监督的方式，监督的机关能够如实反映情况，这些都可以促进执法的规范化，提高罪犯的改造积极性。

（四）有利于提高对罪犯的管理质量

罪犯管理质量的提高有赖于罪犯改造积极性的充分发挥。在狱政管理执法活动监督过程中，罪犯可以全程参与监督的各个环节，对罪犯正确执行刑罚，主动接受教育改造，实现惩罚犯罪，实现特殊预防都具有一定的现实意义。执法活动规范了，罪犯的管理也将实现规范化，罪犯主动接受改造的可能性也会增加，在优化监狱劳动技能的基础上，罪犯劳动、技能的培养都会为整个管理提供帮助，为罪犯适应社会打下基础。监督的力度、效果如何，直接关系到罪犯的改造质量。

（五）有利于提高监狱人民警察的法律意识与执法水平

监狱人民警察是为实现将罪犯改造成为合格的守法公民而努力奋斗的特殊工程师，但是在整个监狱人民警察队伍的狱政管理执法执纪过程中，会出现这样或者那样的执法不严、管理不规范等问题，个别监狱人民警察自我要求不严，有章不循、有令不止，不能够自觉的接受监督，这些问题严重影响了监狱人民警察队伍的整体形象。因此，要加大监督的力度和范围，用法律法规来进一步约束个别监狱人民警察的散漫行为，使其接受监督成为一种必然，变被动监督为主动监督，努力提高自身素质，不断提升自身的法律意识与执法水平。

第二节　狱政管理的内部监督

一、内部监督的特点

狱政管理内部监督是监狱执法监督体系的重要组成部分，在实践中发挥着重要作用，与外部监督一同构成了狱政管理执法监督的完整体系，在监督中也形成了自身独有的特点。

（一）及时性

监狱人民警察是在具体的工作岗位上管理、教育、改造罪犯，工作中出现违法失职现象时，内部监督就会发挥出独到的作用。内部监督的相关部门及人员对监狱人民警察比较熟悉，对监狱人民警察工作岗位实际情况比较了解，通晓监狱管理罪犯的相关法律法规，熟知监管改造罪犯的程序性规定，因此，内部监督人员及部门可以及时发现工作中出现的问题并有效纠偏，有利于避免工作中的大错误发生，避免监狱遭受重大损失。同时，在监狱内部可以进行多部门联动，加大监督、管理、督查、问效的力度，促进狱政管理工作规范化。

（二）直接性

正是因为内部监督具有及时性的特点，所以其可以在事发初期进行监督，避免出现损失，效果更为直接。而外部监督则可能因为需要审批等相关程序性要求，效率不高，内部监督的部门与监狱人民警察之间较为熟悉，应避免走关系，拉人情，严格按照法律法规赋予的职责办事。

（三）具体性

内部监督的内容较为具体，不管是预防，还是初期处置，都会在问题扩大之前先行解决，监督内容具体、直观，结论明确，同样可以起到警示作用。尤其是对监狱人民警察管理罪犯过程中的不正之风，打法律擦边球，钻法律的空子等方面打击较为容易，也更容易对出问题的监狱人民警察进行规劝、正面教育，加强预防工作，避免再犯类似的错误。

（四）易改性

内部监督关系多是上下级机关之间以及领导与下属之间的领导关系，一旦上级发现下级对某个问题有错误处理或决定，有权立即撤销或变更，或者督促下级纠正，这种监督有利于及时改正错误。长期以来，为了加强监狱人民警察队伍建设，提高执法水平，充分发挥自身的职能作用，我国监狱机关十分重视狱政管理执法活动的内部监督。实践证明，内部监督能够有效地减少恶性案件的发生，提高监狱人民警察的整体素质。

二、内部监督的内容

（一）纪律检查监督

纪律检查监督主要是由各级纪律检查委员会来完成。党的各级纪律检查委员会的主要任务是维护党的章程和其他党内法规，检查党的路线、方针、政策和决议的执行情况，协助党的委员会加强党风建设和组织协调反腐败工作。

各级纪律检查委员会要经常对党员进行遵守纪律的教育，作出关于维护党纪的决定；对党员领导干部行使权力进行监督；检查和处理党的组织和党员违反党的章程和其他党内法规的比较重要或复杂的案件，决定或取消对这些案件中的党员的处分；受理党员的控告和申诉；保障党员的权利。

各级纪律检查委员会要把处理的特别重要或复杂的案件中存在的问题和处理的结果，向同级党的委员会报告。党的地方各级纪律检查委员会和基层纪律检查委员会要同时向上级纪律检查委员会报告。

各级纪律检查委员会发现同级党的委员会委员有违犯党的纪律的行为，可以先进行初步核实，需要立案检查的，应当报同级党的委员会批准，涉及常务委员的，经报告同级党的委员会后报上一级纪律检查委员会批准。

中央纪委在中央委员会领导下，党的地方各级纪委和基层纪委在同级党委和上级纪委领导下，在党内监督方面履行下列职责：

1. 协助同级党的委员会组织协调党内监督工作，组织开展对党内监督工作的督促检查。

2. 对党员领导干部履行职责和行使权力的情况进行监督。

3. 检查和处理党的组织和党员违反党的章程和其他党内法规的比较重要或复杂的案件。

4. 向同级党委和上一级纪委报告党内监督工作情况，提出建议，依照权限组织起草、制定有关规定和制度，作出关于维护党纪的决定。

5. 受理对党组织和党员违犯党纪行为的检举和党员的控告、申诉，保障党员的权利。

（二）上级对下级的监督

上级对下级的监督是指监狱的上级机关对下级机关，本单位、本部门领导对下属的人民警察的监督。《人民警察法》第43条明确规定：“人民警察的上级机关对下级机关的执法活动进行监督，发现其作出的处理或者决定有错误的，应当予以撤销或者变更。”因此，监狱人民警察应当自觉接受监狱管理局、司法厅等上级机关的有效监督，当然狱政管理活动也不例外。

监狱人民警察接受自上而下的监督形式主要有：

1. 通过请示报告制度实现上级机关对下级机关的有效监督，上级机关从下级机关的请示报告中了解情况，发现问题，实现监督。

2. 通过部署重大任务实现监督。下级机关在执行重大任务时，上级机关在完成过程中实施指导和监督。

3. 上级机关通过统计实行监督。通过对下级机关的统计报表制度和重点调查、典型调查、抽样调查等发现问题，实行有效的监督。

4. 通过中国共产党的纪律检查委员会对监狱人民警察中的中国共产党党员执行法律、法规和纪律的情况进行检查监督。

5. 通过监狱的行政监察机构实行有效的监督。

（三）下级对上级的监督

下级对上级的监督是指监狱机关的下级机关对上级机关，监狱人民警察对本单位、本部门领导的监督。监狱的下级机关或者监狱人民警察对监狱的上级机关或领导的指示、批评、决议、决定、决策等认为有不当或者有错误时，可以提出批评或者建议；对领导的官僚主义和不正之风，监狱人民警察有权抵制并进行批评；对于领导的严重违法违纪问题，监狱人民警察还可以采取控告、检举的形式向上级机关或者部门揭发。

（四）自我监督

自我监督是指监狱人民警察对自身从事的管教岗位或者工作岗位上的执法执纪行为进行的自我剖析、自我警醒、自我检查、自我批评的监督形式。在工作中，作为监狱人民警察，要时刻依据《监狱法》《人民警察法》《公务员法》进行执法活动，尤其是在对不同类型的罪犯进行有效的管理中更应该自觉地、经常性地开展批评与自我批评，并要以周围的模范人物为典型来促进自身的工作，自我监督不是一种法律监督的有效形式，而是自我素质提高的磨炼过程，是监狱人民警察队伍建设有效的监督模式之一。

第三节　狱政管理的外部监督

一、国家权力机关的监督

（一）国家权力机关监督的概念

国家权力机关的监督，是指各级人民代表大会及其常务委员会为全面保障国家法律的有效实施，通过法定程序，对由它产生的国家机关实施的法律监督。监狱作为国家的刑罚执行机关，国家权力机关对狱政管理活动的监督主要指以各级人民代表大会及其常务委员会为主体的国家权力机关对监狱管理罪犯活动进行的监督。国家权力机关的监督包括立法监督和对宪法及法律实施的监督。

国家权力机关的监督是我国最高国家机关的监督，是我国国体、政体和国情的必然要求，是发展社会主义民主，健全社会主义法制，保障人民管理国家、具体行使国家权力的重要途径。其监督的方式方法灵活多样，作用突出。

（二）国家权力机关监督的主体与客体

1. 国家权力机关监督的主体

国家权力机关监督的主体是各级人民代表大会及其常务委员会，其中，全国人民代表大会及其常务委员会在整个法律监督体系中居于主导地位。

2. 国家权力机关监督的客体

国家权力机关监督的客体可以分为三类：第一类是那些由国家权力机关及其常设机关产生并向其负责的国家机关及其组成人员。第二类是有关国家权力机关及其组成人员。根据我国《宪法》的规定，全国人大常委会是全国人大的监督客体；省、自治区、直辖市国家权力机关以及其他下级人民代表大会都是其上一级国家权力机关的监督客体；全国人民代表大会的代表和省、自治区、直辖市、自治州、设区的市的人民代表大会的代表是选举他们的代表大会的监督客体。第三类是国家武装力量、各政党、各社会团体、各企事业组织和公民个人。因为根据宪法，他们必须遵守宪法和法律，而监督宪法和法律的实施分别是最高国家权力机关及其常设机关和地方各级国家权力机关及其常设机关的重要职责。

（三）国家权力机关监督的内容

全国人民代表大会及其常委会对被认为与宪法、法律相抵触的国务院的行政法规、决定和命令，国务院各部委的命令和规章，以及下级人民代表大会及其常务委员会的决议进行监督；对被认为与宪法、法律相抵触的审判机关和人民检察院的司法批复、解释以及对有关案件的判决、裁定和决定进行监督。

国家权力机关监督的内容包括：

1. 在人民代表大会开会期间，人民代表有权向本级人民政府及有关工作部门就监狱问题提出质询和询问，经法定程序，有关部门必须在会议上答复或说明。

2. 各级人大常委会改变或撤销本级和下级人民政府制定、颁布的与宪法、法律相抵触的有关监狱工作的行政法规和不适当的决定、命令、指示。

3. 各级人大及其代表有权视察和检察监狱工作。

4. 各级人大及其代表有权检查监狱机关所制定和颁布的有关法律。

5. 各级人大常委会均设有信访机构及其专职人员，负责受理公民对于国家工作人员包括监狱人民警察违法、失职、侵权行为的申诉、控告和检举。

6. 组织特定问题的调查委员会，处理某些特殊性或专门性问题。

（四）国家权力机关监督的方式

1. 听取和审议工作报告并作出相应的决议。

2. 审查文件，即对人民政府、人民法院和人民检察院依法呈送的规范性法律文件和非规范性法律文件进行审查，并作出相应决议。

3. 质询。

4. 组织特定问题的调查委员会。

5. 受理申诉、控告和检举，并进行处理。

6. 开展执法检查，这是当前全国人大和地方人大开展法律监督所经常使用的一种监督方式，具有针对性和时效性，可以及时发现法律实施中存在的问题，提出改进实施的对策。

7. 视察，是指由人民代表有组织地对法律、法规、有关决议和决定的贯彻执行情况、国民经济和社会发展计划、财政预算的执行情况以及人民群众反映强烈或普遍关心的问题进行视察。

8. 督促办理人民代表和委员提出的建议、批评和意见。

9. 审议撤销职务案。

10. 专题监督，即就某一方面的工作，某一热点问题，某一重大事件，听取和审议人民政府、人民法院和人民检察院的工作报告，以增强监督工作的针对性和实效性。

二、国家行政机关的监督

国家行政机关的监督主要是依法对行政机关行政行为的合法性和合理性进行监督。对行政机关行政行为的监督分为两种：一种是一般行政监督，即基于行政管理权限和行政隶属关系由上级行政机关对下级行政机关进行的监督，这是一种行政机关内部的监督形式；另一种是专门行政监督，是行政系统内部的专门监督机关对国家行政机关及其工作人员执行法律、政策和命令等情况以及违法违纪行为所进行的监督，具体包括监察监督、行政复议监督和审计监督等。这里我们主要介绍监察机关的监督。

2018 年 3 月 20 日第十三届全国人民代表大会第一次会议通过《中华人民共和国监察法》，各级监察委员会是行使国家监察职能的专责机关，依照本法对所有行使公权力的公职人员进行监察，调查职务违法和职务犯罪，开展廉政建设和反腐败工作，维护宪法和法律的尊严。监察委员会依照法律规定独立行使监察权，不受行政机关、社会团体和个人的干涉。各级监察委员会可以向本级中国共产党机关、国家机关、法律法规授权或者委托管理公共事务的组织和单位以及所管辖的行政区域、国有企业等派驻或者派出监察机构、监察专员。派驻或者派出的监察机构、监察专员根据授权，按照管理权限依法对公职人员进行监督，提出监察建议，依法对公职人员进行调查、处置。

监察委员会依法履行监督、调查、处置职责：

（1）对公职人员开展廉政教育，对其依法履职、秉公用权、廉洁从政从业以及道德操守情况进行监督检查。

（2）对涉嫌贪污贿赂、滥用职权、玩忽职守、权力寻租、利益输送、徇私舞弊以及浪费国家资财等职务违法和职务犯罪进行调查。

（3）对违法的公职人员依法作出政务处分决定；对履行职责不力、失职失责的领导人员进行问责；对涉嫌职务犯罪的，将调查结果移送人民检察院依法审查、提起公诉；向监察对象所在单位提出监察建议。

三、国家司法机关的监督

（一）人民检察院的监督

1. 人民检察院检察监督的概念

人民检察院的监督是指通过行使法律赋予的监督权，对国家机关及其工作人员和全体公民遵守宪法和法律的情况实施的专门性监督。

《宪法》第134条规定："中华人民共和国人民检察院是国家的法律监督机关。"检察机关的监督是一种专门监督，即对有关国家机关执法、司法活动的合法性以及国家工作人员的职务犯罪和其他犯罪行为所进行的监督。

2. 人民检察院检察监督的特征

（1）法定性。人民检察院的法律监督权是由国家宪法和法律明确赋予的，只有使监督主体、监督形式、监督手段、监督后果法定化，才能有效地达到监督的目的。人民检察院在行使法律监督权时，也必须依照法律法规规定的行使、方法、手段进行监督。

（2）专门性。人民检察院作为国家的法律监督机关，依法履行专门法律监督职责。人民检察院通过专门性的法律监督，达到维护国家法制统一的目的。可以这样讲，在监狱，人民检察院的检察监督是最有效、最直接的监督形式，也是最持之以恒的监督方式。从发展趋势上看，我国的检察监督必将随着社会主义法治化进程的不断加快而得到不断的加强及充实。当然这需要进一步提高人民检察院检察人员的综合素质。

（3）有效性。监督最重要的是看直接效果如何，有效的监督形式是淡化监督，自律为主，他律作为辅助。从目前我国监管改造罪犯的实际出发，确实需要人民检察院不间断的监督、检察，这是法治建设的实际需要，也可以通过监督做到防患于未然。因此，发现问题应及时处理，做到公开、公平、公正、合理、合法、合情、适度。从建设现代化文明监狱及监狱体制改革的实际来看，人民检察院的有效监督为监狱人民警察预防腐败行为的发生、时刻保持清醒头脑、提高群体的战斗力及凝聚力作出了突出贡献。

3. 人民检察院检察监督的内容

人民检察院是国家专门的法律监督机关，也是狱政管理活动中的专门监督机关。对狱政管理活动的全程监督是人民检察院的职能，《宪法》、《人民检察院组织法》、《刑事诉讼法》和《监狱法》等法律对人民检察院的法律监督地位有明确规定。人民检察院对监狱狱政管理的法律监督工作主要依靠两种方式：一是派驻监狱检察人员在日常检察工作中及时发现违法问题，及时提出纠正意见；二是查办职务犯罪案件。

检察机关对监狱狱政管理活动的监督是我国监狱行刑法律监督中最重要、最核心、最规范的一种，也是检察机关诉讼监督的主要内容。刑罚执行监督工作尤其是对狱政管理工作的监督是检察机关对刑事诉讼进行法律监督的重要组成部分，是保障刑罚正确执行、维护司法公正、维护社会稳定的重要措施。检察机关通过在监狱设立驻监（所）检察室（组）、在监狱内设置举报箱、参加监狱有关会议等形式，对监狱工作进行全面的监督。

2008 年 2 月 22 日最高人民检察院第十届检察委员会第九十四次会议通过了《人民检察院监狱检察办法》，规定：

（1）人民检察院监狱检察的任务是：保证国家法律法规在刑罚执行活动中的正确实施，维护罪犯合法权益，维护监狱监管秩序稳定，保障惩罚与改造罪犯工作的顺利进行。

（2）人民检察院监狱检察的职责是：

①对监狱执行刑罚活动是否合法实行监督；

②对人民法院裁定减刑、假释活动是否合法实行监督；

③对监狱管理机关批准暂予监外执行活动是否合法实行监督；

④对刑罚执行和监管活动中发生的职务犯罪案件进行侦查，开展职务犯罪预防工作；

⑤对监狱侦查的罪犯又犯罪案件审查逮捕、审查起诉和出庭支持公诉，对监狱的立案、侦查活动和人民法院的审判活动是否合法实行监督；

⑥受理罪犯及其法定代理人、近亲属的控告、举报和申诉；

⑦其他依法应当行使的监督职责。

（3）人民检察院在监狱检察工作中，应当依法独立行使检察权，应当以事实为根据、以法律为准绳。监狱检察人员履行法律监督职责，应当严格遵守法律，恪守检察职业道德，忠于职守，清正廉洁；应当坚持原则，讲究方法，注重实效。

4. 人民检察院检察监督的方式

对于不同的监督内容，检察机关有不同的监督方式。具体表现为：

（1）提出建议和意见。在减刑、假释、暂予监外执行等刑罚变更执行活动中发现监狱违反法定程序或处理不当的，检察机关可采取口头建议或书面建议的方式督促纠正。纠正违法的程序是：派驻检察人员发现轻微违法情况，可以当场提出口头纠正意见，并及时向派驻检察机构负责人报告，填写检察纠正违法情况登记表；派驻检察机构发现严重违法情况，或者在提出口头纠正意见后被监督单位7日内未予纠正且不说明理由的，应当报经本院检察长批准，及时发出纠正违法通知书；人民检察院发出纠正违法通知书后15日内，被监督单位仍未纠正或者回复意见的，应当及时向上一级人民检察院报告。

对严重违法情况，派驻检察机构应当填写严重违法情况登记表，向上一级人民检察院监所检察部门报送并续报检察纠正情况。

被监督单位对人民检察院的纠正违法意见书面提出异议的，人民检察院应当复议。被监督单位对于复议结论仍然提出异议的，由上一级人民检察院复核。

发现刑罚执行活动中存在执法不规范等可能导致执法不公和重大事故等苗头性、倾向性问题的，应当报经本院检察长批准，向有关单位提出检察建议。

（2）查证申诉、控告、检举材料。对罪犯及其家属提出的申诉进行查证，经查证确属有错误的判决、裁定，转请审判机关处理；对控告、检举材料，组织专人审查，如属实，予以纠正和处理，如属诬告，追究诬告者的责任。

（3）侦查、批捕、起诉。对于监狱人民警察执行刑罚中利用职务便利，损害刑罚执行的公正性和严肃性的职务犯罪行为进行侦查、批捕，并依普通程序向人民法院起诉。尚未构成犯罪的，转请主管部门处理。

刑罚执行机关拒不接受监督的，检察机关可以采取以下措施：

①构成滥用职权、玩忽职守或徇私舞弊等渎职犯罪或构成受贿犯罪或属于利用职权实施的重大犯罪案件的，可以初查或进行立案侦查；

②向上一级机关通报其下属机关在刑罚执行中的违法情况和不接受刑罚执行监督的情况；

③刑罚执行主体存在一般违法行为的，向当地纪检监察部门提出检察建议，建议给予执行主体及其直接责任人员党纪、政纪处分；

④对于屡不接受刑罚执行监督的，向同级人民代表大会或其常务委员会通报执行主体在刑罚执行中的违法情况和不接受刑罚执行监督的情况。

（二）人民法院的监督

《宪法》第128条规定："中华人民共和国人民法院是国家的审判机关。"人民法院的监督又被称为审判监督，一方面审判机关有系统内部的自我监督，另一方面审判机关有依诉讼程序对本系统外的其他国家机关行为的合法性所进行的监督，如通过行政诉讼对行政机关的具体行政行为的监督。人民法院对行政机关的监督是通过依法审理与行政机关及其工作人员有关的刑事案件、行政案件、经济案件等，以判决、裁定的形式处理行政机关及其工作人员的违法行为和犯罪行为来实现的。人民法院依法对具体行政行为的合法性进行审查的司法活动是司法审查。因此，人民法院可以依职权对监狱人民警察的履职行为进行监督，也可以对其在狱政管理过程中的具体行政行为的合法性进行司法审查，如针对某某罪犯的会见、通信行为，监狱人民警察的处置是否得当，是否符合法律规定进行司法审查。

四、社会监督

（一）社会监督的概念

社会监督，即非国家机关的监督，是指各政党、各社会团体和个人对监狱管理罪犯等刑罚执行活动的合法性所进行的一种监督。

在我国，社会各界人士及人民群众是我国监督主体资源中最大的资源，社会监督是我国最广泛的一种法律监督方式，它的监督主体非常广泛，包括中国共产党、人民政协、各民主党派、共青团、妇联、居委会、村委会、新闻舆论以及包括服刑罪犯及其家属在内的个人等。

（二）社会监督的特点

1. 监督主体的非国家权力性

社会及普通公民监督主要是通过各民主党派在政协会议上的提案、人民团体和组织的批评、建议，新闻媒体对不正之风的揭露和谴责以及人民群众通过信访、检举、控告等方式，实现对监狱狱政管理活动及监狱人民警察执法行为进行监督。因此，该监督权力的行使不是出于国家公权力，而带有明显的非权力性。

2. 监督主体的广泛性

社会监督包括各民主党派、各人民团体、组织、新闻媒体、人民群众对监狱机关及其监狱人民警察的狱政管理活动的监督，其主体相当广泛，是所有监督体系中最广泛的一种形式。

3. 监督形式的多样性

作为普通公民，可以口头形式进行监督，也可以书面形式进行监督；可以进行控告，也可以进行检举，甚至揭发；可以提出提案，也可以直接进行批评；不同的部门、团体、个人可以不同的形式对监狱狱政管理全过程进行监督，体现出了监督的高效性与多样性。

（三）社会监督的意义

1. 社会监督人民群众直接参加到监督监狱法律实施尤其是狱政管理的具体刑罚执行活动中，通过对刑罚执行活动的监督，促进监狱人民警察正确执行刑罚，提高监狱人民警察政治业务素质和执法水平，有效地维护监狱和社会的稳定，调动罪犯的改造积极性，进一步沟通监狱人民警察与罪犯亲属和社会各界的联系。

2. 社会监督增强了罪犯的自主意识，有利于稳定改造秩序，提高改造质量，也增强了监狱人民警察的忧患意识，有利于其加强工作责任心、法纪观念，还可以抑制腐败现象的滋生，促进监狱人民警察的“自重、自警、自省、自励”，进一步增强监狱人民警察严格、公正执法的自觉性。

（四）社会监督的内容

1. 其他国家法人的监督

（1）中国共产党的监督。中国共产党是执政党，在国家生活中处于领导地位，在监督宪法和法律的实施，维护国家法制统一，监督党和国家方针政策的贯彻，保证政令畅通，监督行使狱政管理权的监狱人民警察尤其是监区长以上的监狱领导，防止其滥用权力等方面，具有极为重要的作用。中国共产党的监督的重要作用可从以下两个方面实现：首先，中国共产党作为全国各族人民的领导核心，领导人民制定宪法和法律，并领导人民共同遵守、执行宪法和法律，保障宪法和法律的实施。党通过对人民群众的领导机制，领导与动员人民群众和各种社会组织依法对所有监督客体，特别是执政的党组织和党员干部，进行广泛的监督；其次，按照“党要管党”的原则，通过党内民主监督与制约机制，加强对从政的党员特别是领导干部的严格监督。通过扩大党内民主，保障党员权利，充分发挥全体党员与党组织在党的监督中的作用。同时，建立、健全有关党内监督的规章制度，充分发挥党内监督机制的功能。认真遵守中共中央颁布的《中国共产党廉洁自律准则》的相关规定。

（2）人民政协的监督。中国人民政治协商会议（以下简称人民政协）是中国人民爱国统一战线的组织，是中国共产党领导的多党合作和政治协商的重要机构，是在中国政治生活中发扬社会主义民主的一种重要形式。中共中央《关于坚持和完善中国共产党领导的多党合作和政治协商制度的意见》指出：“人民政协要对国家大政方针、地方重要事务、政策法令的贯彻、群众生活和统一战线中的重大问题，加强政治协商和民主监督。”长期以来，人民政协在政治协商和民主监督方面发挥着重要作用。全国政协会议与全国人大会议同时召开，共商国是，已经成为习惯。政协委员以视察、调查研究等方式进行的法律监督，在实践中发挥了积极、有效的作用。在监狱这种特殊的国家刑罚执行机关，人民政协主要的监督方式是通过提建议案、列席或参加各级人大或人大常委会、政协各专门委员会同政府对口部门召开的联席会议以及进行专题调研与视察等方式，对监狱及其监狱人民警察的狱政管理活动进行监督。

（3）民主党派的监督。我国的各民主党派是各自所联系的一部分社会主义的劳动者和一部分拥护社会主义的爱国者的政治联盟。我国目前共有 8 个民主党派，分别是中国国民党革命委员会、中国民主同盟、中国民主建国会、中国民主促进会、中国农工民主党、中国致公党、九三学社、台湾民主自治同盟。他们作为参政党，可以通过多种形式、多种途径积极地开展法律监督的工作，是法律监督的一支重要的社会力量。

（4）社会团体的监督。社会团体的法律监督，主要是指由工会、青年团、妇女联合会以及城市居民委员会、农村村民委员会、消费者保护协会等社会组织所实施的法律监督。工会、青年团、妇女联合会是中国共产党联系广大人民群众的桥梁和纽带，在管理国家和社会事务中发挥着民主参与和民主监督的重要作用。城市居民委员会、农村村民委员会是群众性自治组织。消费者协会等社团是在市场经济条件下发展起来的人民群众参与社会监督、进行自我保护的利益集团。这类监督作为一种集体监督，在某些特定的领域发挥着重要的监督作用。随着监狱狱务公开活动的顺利进行，监狱接受来自社会团体的监督越来越重要。社会团体尤其是工会、青年团、妇女联合会、未成年人保护协会等社会团体在保护未成年犯、女犯等弱势群体方面起了积极作用，为提高罪犯改造质量、发挥监督职能作出了贡献。

2. 社会舆论的监督

社会舆论的监督主要指借助传媒手段进行的新闻舆论的监督，是最能体现社会监督的广泛性、公开性和民主性的监督，此种监督形式能够十分有效地影响国家机关及其工作人员的行为，起到其他监督形式无法替代的作用。监狱作为国家的刑罚执行机关应当主动接受社会舆论的广泛监督。

新闻舆论的法律监督，是由新闻媒介进行的法律监督。它既是宪法规定的公民享有言论、出版自由在法律监督领域的具体应用，也是人民群众的监督在新闻、出版领域中的体现。在现代社会，新闻工作者是通过自己对社会事件的报道和评价，参与社会生活与政治生活的。新闻工作者以自己的职业敏感，运用报纸、广播、电视、互联网等大众传播媒介，对社会生活进行广泛的、深入的报道，因此在社会生活中扮演着重要的角色。有些国家甚至称新闻舆论为“第四政府”。新闻舆论监督因其反应速度快、传播范围广，而具有相当大的道义影响和震撼力。同时，新闻舆论监督，可以在法律监督方面起到防微杜渐、防患于未然的作用。所有严重、恶劣的腐败事件和腐败分子，都有一个从小到大、由轻至重的发展过程。如果存在一个有效的舆论监督机制，将尚不严重的、见不得人的权钱交易等腐败丑闻及时公之于众，使其成为众矢之的，那就可以在很大程度上遏制腐败的滋长和蔓延。

3. 人民群众的监督

人民群众直接进行的法律监督是当代中国法律监督体系的基础和力量源泉。公民有权通过各种方式和途径监督国家机关运用公权力的行为。人民群众的监督主体是公民个人，客体是所有国家机关及其工作人员、政党、社会团体、社会组织、大众传媒，监督内容包括国家立法机关行使国家立法权和其他职权的行为，国家司法机关行使司法权的行为，国家行政机关行使行政权的行为，各政党依法参与国家政治生活和社会生活的行为，各社会团体、社会组织参与国家政治生活和社会生活的行为，以及普通公民的法律活动。当然也包括监狱对罪犯执行刑罚，进行狱政管理的全过程。

《宪法》规定，中华人民共和国的一切权力属于人民。人民依照法律规定，通过各种途径和形式，管理国家事务，管理经济和文化事业，管理社会事务。公民对于任何国家机关和工作人员，有提出批评和建议的权利。对于任何国家机关和工作人员的违法失职行为，有向有关国家机关提出申诉、控告或者检举的权利，但是不得捏造或者歪曲事实进行诬告陷害。对于公民的申诉、控告或者检举，有关国家机关必须查清事实，负责处理。任何人不得压制和打击报复。人民群众法律监督的权利是我国人民所拥有的国家权力的必不可少的表现形式和组成部分，人民群众的监督行为是一种法律行为。它或者直接促使监督客体纠正错误、改进工作，或者可以启动诉讼程序或国家权力机关的监督，任何破坏或阻止人民群众行使监督权的行为，都是违法行为，应当受到法律的追究。由此可见，监狱作为国家的刑罚执行机关，属于人民群众监督的范围。监狱人民警察对罪犯执行刑罚、进行管理的整个活动均应在人民群众的监督之下。监狱应主动接受来自人民群众的监督，发现问题及时改进，以此促进监狱执法活动的规范化。

延伸阅读

司法部关于《监狱系统在执行刑罚过程中实行“两公开、一监督”的规定（试行）》

为了保证监狱正确执行刑罚，维护国家法律的严肃性，加强执法监狱制约机制，全国监狱系统在执行刑罚过程中实行“两公开、一监督”制度，即在严格遵守各项法律法规、规章制度的同时，公开执法依据、程序，公开结果；主动接受有关部门及社会各界的广泛监督。为此，特作如下规定：

一、“两公开、一监督”的内容

（一）对罪犯实行计分考核、分级处遇的条件、程序和结果。

（二）对罪犯予以减刑、假释或加刑的法定条件，提出建议的程序，法院裁定或审判结果。

（三）对罪犯实行暂予监外执行、准假探亲的法定条件、审批程序、审批结果以及实际执行情况。

（四）对罪犯提出的申诉、控告、检举的处理程序及结果。

（五）罪犯伙食费、医疗费、被服费的标准及开支情况。

（六）对罪犯实行表扬、物质奖励、记功和警告、记过、禁闭等行政奖惩的法定条件、审批程序和审批结果。

（七）监狱法第十四条规定的具体内容以及执行结果。

二、“两公开、一监督”的形式

（一）公告、明示。对前条规定的公开内容，要分别张贴在罪犯生活区、会见室等处，便于罪犯及其亲属、监护人和社会各界了解有关内容，参与监督。

（二）公布举报电话。各地监狱管理机关要在当地的报纸、广播、电视等新闻媒体上公布监狱举报电话号码，并设专人值班接听、登记，及时处理。

（三）设置举报箱。各监狱管理机关要设置举报箱，由专人负责开启，交有关领导或部门处理。

（四）公布领导接待日。各监狱管理机关领导的接待日，要向社会公布，按时接待群众来访，及时处理群众投诉或反映的问题。

（五）进行不记名问卷调查。各级监狱管理机关要定期或不定期地向罪犯及其亲属、监护人进行不记名问卷抽样调查，了解监狱执法情况，搜集意见和建议，及时发现和解决问题。

（六）聘请执法监督员。各监狱管理机关要在社会有关部门及社会团体、知名人士、离（退）休人员中聘请执法监督员，定期或不定期地请他们检查和监督监狱的执法情况，听取他们的意见建议，不断改进工作。

（七）主动接受人大、政协以及人民检察院的监督，经常征求意见，不断改进工作。要及时向人民检察院通报有关执行刑罚的情况，接受人民检察院的监督。

三、对“两公开、一监督”的组织领导

（一）各监狱管理机关要把“两公开、一监督”工作列入重要议程，确定一名领导专门负责此项工作。

（二）监狱管理机关应制定相应的规章制度和具体实施办法，并及时向上级主管部门报告有关执行情况。

（三）各级领导和主管部门要把监狱实行“两公开、一监督”工作纳入工作检查、考核范围，加强督促，总结推广经验，发现和纠正存在的问题，完善制度措施，不断提高执法水平，保证监狱正确执行刑罚，确保执法活动公平、公正、合法进行。

司法部关于在监狱系统推行狱务公开的实施意见（节选）

二、狱务公开的主要内容和公开方式

全国各级监狱机关应根据狱务公开的原则，结合本地实际，采取有效形式，向罪犯和社会各界公开统一规定的内容。

（一）狱务公开的主要内容

监狱的性质、任务和宗旨；罪犯法定的权利和义务；罪犯收监的规定；罪犯考核、分级处遇的条件和程序；罪犯通信、会见的规定；罪犯行政奖励的条件、程序和结果；罪犯行政处罚的条件、程序和结果；罪犯减刑、假释或又犯罪处理的条件、程序和结果；罪犯暂予监外执行的条件和程序；罪犯离监探亲的条件和程序；罪犯申诉、控告、检举的处理；罪犯生活卫生的管理；罪犯的教育改造；监狱人民警察的法定权利、义务和纪律。

（二）狱务公开的主要方式

1. 借助新闻媒体。监狱管理机关可以通过报刊、广播、电视等媒体公布狱务公开的要求和内容，宣传狱务公开的做法及其成效。对狱务公开过程中的重要活动，可以通过召开新闻发布会、组织新闻单位来监狱采访等形式进行重点宣传。

2. 运用狱内宣传手段。监狱可以通过设立狱务公开专栏，运用监狱报、狱内广播、闭路电视等媒体公布狱务公开的内容，在罪犯生活区、会见室等场所设置举报箱。

3. 开展狱务咨询。各级监狱机关要开设狱务公开咨询电话，建立健全监狱机关领导的接待日制度，及时接待有关咨询来访；完善信访制度，做到件件有记录，事事有回复。各地还可以根据狱务公开工作需要，主动开展街头咨询活动。

4. 印发《狱务公开手册》。各级监狱机关要把《狱务公开手册》，作为社会了解监狱的重要的书面宣传材料。《狱务公开手册》应作为罪犯入监教育教材，纳入罪犯入监教育内容。要使每名罪犯、来监探视的家属、来监考察的社会各界人士能够得到《狱务公开手册》。

三、监督途径和组织领导

（一）监督途径

建立健全严格的监督和评审机制，是狱务公开工作持续健康发展的重要保证。各级监狱机关要自觉依法接受人大、政协和人民检察院的监督，接受舆论和公众的监督，并搞好监狱机关的自我监督。要进一步畅通监督渠道，切实做好建议、投诉、举报的处理反馈工作。

1. 设立举报电话。各省、自治区、直辖市监狱管理局及各监狱均要设立并公布监督举报电话，设专人值班接听登记，并按规定及时处理。

2. 设置监狱长信箱。监狱要在监区和会见室设置监狱长信箱，接受罪犯及其亲属的投诉、举报，由专人负责开启处理。

3. 建立监狱长接待日。各监狱要建立监狱长接待日制度，定期接待来访者，及时处理投诉或反映的问题。

4. 聘请执法监督员。监狱管理机关和监狱可以在党政机关、社会团体、知名人士和监狱机关离退休人员中聘请执法监督员，请他们检查和监督监狱机关的执法情况，听取他们的意见和建议。

问题分析：通过学习以上两个文件，请思考司法行政系统应如何更好地发挥自身优势，以狱务公开促狱政管理执法监督？作为监狱人民警察应如何深入推进此项工作？

第十五章

不同犯罪类型罪犯的管理

第一节 概　　述

对不同类型罪犯的管理，就是监狱在对罪犯分类关押的基础上，根据不同类型罪犯的自身特点和惩罚改造罪犯的需要，对不同类型的罪犯采取不同的管理方法和措施的管理制度。对不同类型罪犯区别类型进行管理，是为了适应监狱发展的实际需要，是监狱人民警察对改造罪犯实践经验的总结。对不同类型罪犯进行类型管理适用于同一类型不同罪犯的改造需要，符合因人施教、因人施管、区别对待的要求，能够进一步提高罪犯改造的积极性，真正达到矫正罪犯不良行为习惯和思想的目的。

对罪犯进行不同犯罪类型方面的分类，需要综合运用法学、犯罪学、教育学、行为科学等众多学科的知识，对罪犯的品行、个性、身心状况、犯罪经历进行调查和诊断，对罪犯进行一个完整的调查和评价，然后根据罪犯犯罪特点、个性特点、生理和心理特点、改造表现进行科学的分类。根据监狱在押罪犯的构成情况和改造的需要，可以将罪犯分为暴力类、财产类、性犯罪类、职务类、涉毒类、涉黑类、邪教类、过失类等几种犯罪类型的罪犯进行分类管理。

一、不同犯罪类型罪犯管理的法律界定

《监狱法》第 39 条规定：“监狱对成年男犯、女犯和未成年犯实行分开关押和管理，对未成年犯和女犯的改造，应当照顾其生理、心理特点。监狱根据罪犯的犯罪类型、刑罚种类、刑期、改造表现等情况，对罪犯实行分别关押，采取不

同方式管理。”因此，对不同类型罪犯的管理应综合考虑其他因素，尤其是法律法规的具体规定，这有利于对罪犯管理的科学化。

（一）区分不同犯罪类型罪犯进行管理是监狱推进依法治监的需要

区分不同犯罪类型罪犯进行管理必须依照法律规定来执行。社会主义的法制要求是有法可依，有法必依，执法必严，违法必究。区分不同犯罪类型罪犯进行管理是经过我国改造罪犯的经验积累，实践证明，这是适应我国监狱改造罪犯的需要的。依法治监的本质要求是各项工作必须按照法律规定执行，特别是按照刑事法律的规定来开展各项刑罚执行的具体工作。区分不同犯罪类型罪犯进行管理有效地推动了依法治监工作的开展，更是依法治监的重要体现。在狱政管理制度中，分押分管与罪犯教育的分教合称为“三分”工作。作为具体执行者的监狱人民警察必须按照法律的规定来开展具体的管理工作，区分不同犯罪类型罪犯进行细化管理，注重个性差异。

（二）区分不同犯罪类型罪犯进行管理的基础是对监狱类型的科学划分

对监狱类型的划分，《监狱法》并没有作出非常细致的规定。目前，我国监狱主要被划分为未成年犯管教所与其他类型的监狱两种。在监狱中，根据关押对象性别的不同，又划分为男犯监狱与女犯监狱，根据刑期情况又划分为重刑犯监狱、中刑犯监狱、轻刑犯监狱。正是监狱类型的正确划分，为监狱内区分不同犯罪类型罪犯进行管理提供了坚实的基础。我国目前对监狱类型划分除了以上几种外，又结合实际需要划分出更科学的类型，如病犯监狱等。这些监狱类型的出现，为区分不同犯罪类型罪犯进行管理工作奠定了基础。

（三）区分不同犯罪类型罪犯进行管理的目的是促进罪犯的依法改造，真正实现刑罚执行的目的

刑罚执行的目的是惩罚和改造罪犯，预防及减少犯罪。如何提高罪犯的刑罚执行质量是狱政管理工作亟须解决的问题。区分不同犯罪类型罪犯进行管理，在最大限度内把罪犯按照不同标准进行划分，科学合理地界定罪犯改造的方式、方法，正所谓“对症下药”才能够“药到病除”。区分不同犯罪类型罪犯进行管理，区分罪犯的不同情况，做到因人而异。罪犯按照监狱分押分管的实际安排投入监管改造中，结合管理的不同方式充分调动罪犯的改造积极性。对于那些抗拒改造的罪犯来说，区分不同犯罪类型罪犯进行管理减少了罪犯交叉感染的机会，不同的处遇标准使罪犯之间有一定的差距，分押分管的法律硬性规定又减少了罪犯相互间影响的机会，促进罪犯的改造向良性方向发展。

（四）区分不同犯罪类型罪犯进行管理的结果是罪犯的分级处遇，实现惩戒威慑与激励功能

从调动罪犯改造积极性的目的和区别对待政策出发，对罪犯分类管理的基本

内容是分级处遇。通过对罪犯进行分级，在服刑过程中对不同级别的罪犯给予不同的待遇，在警戒程度、监督控制、行为约束、活动范围、会见通信、接受物品等方面体现一定的差别，从而调动罪犯的改造积极性，使其争取更好的改造待遇，达到改造罪犯的目的。惩戒威慑与激励功能是一对矛盾，但是在不同类型罪犯的改造中是不冲突的，因为人的改造是会有波动的。在分级处遇中，为了使罪犯改造正常进行，根据分押分管的实际工作适当运用两种功能的结合，会使改造工作顺利进行。

二、不同犯罪类型罪犯管理的现实意义

（一）有利于防止罪犯之间的交叉感染

罪犯间的接触与交流是不可避免的，这种接触与交流是人类适应社会的需要，但是罪犯间的不良接触与交流应该在改造中采取措施尽量控制。区分不同犯罪类型罪犯进行管理，可以避免罪犯间的不良交流。《刑法》中主刑的绝大部分都是在监狱中执行，罪犯的犯罪类型多种多样，犯罪动机不同，行为恶习也不同。如果不对他们进行分类管理，各种不同犯罪类型、不同犯罪动机、不同恶习的罪犯关押在一起，容易导致他们互相学习、交流和传授犯罪经历和经验，从而可能导致原有的犯罪恶习没有被矫正，又学会了新的犯罪伎俩。而采取分押分管，尤其是对罪犯分类基础上的分层次管理，可以在监狱内尽量避免罪犯间相互深度感染。

（二）有利于对罪犯实施针对性的矫治措施

罪犯的改造情况是不同的，因为人与人之间有心理、行为、性格等方面的差距，这些差距使罪犯之间的改造不可能以一种方式进行，监狱也不可能对同一类罪犯采用“一刀切”的方法进行统一的、规范的改造。区分不同犯罪类型罪犯进行管理正是认识到了这种区别与不同，才使不同类型的罪犯能够适用不同的改造措施。财产类犯罪的罪犯与暴力类犯罪的罪犯在改造方法、管理措施、教育方法方面都应有所区别，才能提高教育改造罪犯的效率。例如，同属于暴力类罪犯，我们可以采用对暴力类罪犯单独适用的管理方法，但是刑期长、难改造的罪犯与刑期短、易改造的罪犯，改造方法应该有所区别，应该具体问题具体分析。区分不同犯罪类型罪犯进行管理区别了不同类型、同一类型的不同管理层次的罪犯、不同标准划分的不同类型的罪犯管理上的差异，这正是区分不同犯罪类型罪犯进行管理的实际体现与应用。

（三）有利于调动罪犯的改造积极性

分押分管避免了罪犯改造的“大锅饭”，符合辩证唯物主义关于矛盾的普遍性与特殊性的关系，不同质的矛盾应该用不同的方式来解决。在分押分管中，区

分不同情况基本上适应了罪犯的不同需要。实行区分不同犯罪类型罪犯进行管理，根据罪犯的犯罪类型、刑种、刑期和改造表现等情况的不同，将其划分为不同的管理级别，给予不同的服刑待遇，并根据改造表现实行升降级制度。罪犯要想获得更好的服刑待遇，就必须通过自己的努力来争取。通过这种级别待遇的划分，结合罪犯想尽快缩短刑期的迫切心理，来激励罪犯积极改造，使罪犯从被动改造变为自觉改造，从而调动罪犯的改造积极性。

（四）有利于提高监狱人民警察的综合素质

区分不同犯罪类型罪犯进行管理作为狱政管理的重要内容，具有很强的法律性、政策性和专业性。这就要求必须提高监狱人民警察的综合素质，加强监狱人民警察队伍建设。警察要努力学习和掌握改造罪犯的专业知识，在政治、法律、业务知识和技能上进行更新和完善，全面提高自身的素质和修养，从而能更好地担任监狱管理者和特殊园丁的角色，适应监狱工作中的变化。目前，我们要求监狱人民警察实现管理型、服务型、创新型、发展型的转变与提高，这就要认真研究分押分管这样技术性较强的工作，实现法律所赋予的历史使命，提高改造罪犯的质量。

（五）适应了建设现代化文明监狱的要求

现代化文明监狱要求监狱必须管理规范，采取积极措施科学合理地管理罪犯。区分不同犯罪类型罪犯进行管理，作为一项既有特色又有内涵的管理制度，适应了建设现代化文明监狱的要求，符合监狱发展的历史趋势。现代化文明监狱的建设也在实际工作中对罪犯区分不同类型进行管理提出了更高的要求。因此，加强对区分不同犯罪类型罪犯进行管理的研究能够推进建设现代化文明监狱的进程。

第二节　财产型犯罪罪犯的管理

财产型犯罪罪犯是指以非法占有为目的，公然获取数额较大的公、私财物，依法受到刑罚处罚，在监狱关押改造的罪犯。我国在监狱服刑的财产型犯罪罪犯，是在押犯中人数最多的罪犯群体。财产型犯罪罪犯重新犯罪率较高，是监狱监管改造工作的难点之一。随着我国监狱类型科学化进程的不断加快，财产型犯罪罪犯的改造已经被作为最重要的犯罪类型进行调查研究，实际工作中也积累了一些成功经验。这些经验将成为改造财产型罪犯理论研究的基石。

一、财产型犯罪罪犯的主要特点

（一）罪责感淡漠，改造意识不强

绝大多数财产型犯罪罪犯没有犯罪的羞耻感和悔罪感，不承认或不愿承认所犯罪行的社会危害性。“人为财死，鸟为食亡”，他们认为自身的犯罪行为应该是得到社会理解的，悔恨的不是犯罪，而是自己的“失手”。个别罪犯对监狱的严格管束和改造非常反感，表现为消极抵抗、大错不犯、小错不断，违规违纪现象十分突出。而在作案中大多数罪犯是以团伙形式存在，团伙成员之间罪责扩散心理的影响使罪犯的责任意识、悔罪意识淡化，对社会责任感大大降低，在监管改造中也难以真正投入改造，他们总是在留恋过去的辉煌，对于监狱的刑罚执行不甘心、不安心，不改造、不劳动，消极怠工，生活散漫，不思进取，混刑度日。缺乏改造的信心与决心。

（二）自私自利，贪图享受

财产型犯罪罪犯本身养成了不劳而获的思想，贪吃贪喝，追求享受，惰性心理膨胀，寄生依赖性强，而违法犯罪行为又强化了其好逸恶劳的思想，使他们逐渐形成了不劳而获的恶习。他们在改造中投机心理严重，积极改造的诚心不足，厌恶劳动，甚至不择手段逃避劳动，阴险狡诈，善于伪装和欺骗。他们对于物质的追求超过在监狱内改造的价值追求，物欲的高度膨胀使个别罪犯以个人主义为中心，贪图享受，对改造生涯没有统一的规划，对改造缺乏信心。这种扭曲的价值观念往往是从小养成业已成型的顽疾，如何改掉他们的顽疾，是管理罪犯的难点之一。

（三）好逸恶劳，消极怠工

好逸恶劳、好吃懒做、不劳而获是财产型犯罪罪犯的通病。大多数财产型犯罪罪犯恶习较深，其犯罪心理定式较为稳固，难以动摇。他们追求物质享受，讨厌艰苦劳动和清淡的生活，对吃喝玩乐特别关注，对物质金钱具有强烈的占有欲望。这类罪犯意志薄弱，自控能力较差，比较容易受到物质和金钱的诱惑，不惜违反监规纪律，采用不法手段来满足自己的需要。由于恶习较深难以改造，部分罪犯出现了“多进宫”的恶性犯罪问题。从监管改造实际看，个别罪犯的监内小偷小摸行为时有发生，占别人小便宜的现象也客观存在，在劳动中态度不端正、劳动不积极的现象也存在，这使财产型犯罪罪犯之间容易形成恶性的深度交叉感染。

（四）意志薄弱，恶习难改

由于长期侵财犯罪活动的影响，财产型犯罪罪犯关注的对象具有明显的倾向性。他们对财物十分敏感，形成比较牢固的心理定式和行为动作，在监内仍表现出偷窃成癖的习性，视偷为一种精神满足。他们无时无刻不在设法攫取不义之财，长期不劳而获的生活经历，使相当一部分财产型犯罪罪犯缺乏吃苦耐劳的意志，自控能力和自我约束能力差，忍受不了严格的监规监纪的约束，常常表现出改造行为的盲目性和改造过程的反复性。财产型犯罪罪犯由于受到错误心理支配，在改造过程中颠倒黑白、荣辱不分，对自己的犯罪历史大肆炫耀，还对其他罪犯进行教唆，介绍其犯罪历史和作案经验，拉帮结派，形成团伙，破坏监管秩序，对监狱正常的监管改造产生极为不利的影响。

二、财产型犯罪罪犯的管理对策

（一）类中分层，避免感染

财产型犯罪罪犯的特点，决定此类罪犯之间相互交流、传习教唆、相互感染的概率更大。因此，在按犯罪类型实施分类关押后，还要进一步按罪犯的犯罪情况、恶习程度、改造难易程度等情况进行分类，以分监区或小组为单位进行分别关押。特殊类型的罪犯可以单独成立监区进行管理，然后根据不同种类的罪犯的特点采取针对性的管理措施，真正做到因人施管、因人施教，从根本上解决罪犯之间深度感染的问题。

（二）加强监管，强化训练

加强监督管理，要加强对财产型犯罪罪犯的财物管理，不能让财产型犯罪罪犯接触财物或管理财物，对其行为严密监控，避免罪犯之间形成不正当的非正式群体。同时，认真贯彻直接管理原则，加强三大现场管理，严格控制财产型犯罪罪犯的消费，限制其购买物品的档次及数量，降低消费标准，抑制其贪婪心理的形成。还要强化对罪犯的行为养成训练，破除其犯罪恶习。同时，对他们要严密防范，严加控制，严格考核，对违反监规纪律和违法犯罪行为应当及时从重处罚，严厉打击。

（三）严格控制，严格管理

针对财产型犯罪罪犯的特点，在行动上要严格管理，坚持规范化要求。要形成程序性的制度规定，对其提出明确具体的行为要求并在严格监管下一丝不苟地执行，保证对财产型犯罪罪犯恶习的改造。在管理中，应采取多种行之有效的管理方式及方法，避免罪犯之间形成新的非正式群体，同时加大对小偷小摸行为的打击力度以及对这种犯罪类型罪犯的处罚力度，做到奖罚有度、公开透明、管理严格、管理规范，同时提升罪犯自我行为约束的力度，形成罪犯之间互相监督、管理严明的群体，以狱政管理活动中严格管理的原则为依据，加大对罪犯的管理及处罚力度。

（四）强化劳动力度，培养劳动习惯

通过劳动强化和劳动教育，帮助他们树立正确的劳动观念，认识劳动的意义，养成劳动的习惯，消除他们厌恶劳动、损人利己、不劳而获的思想和恶习。针对财产型犯罪罪犯的贪婪本性，加大劳动现场的管理力度，对财产型犯罪罪犯在劳动工种、劳动岗位上要全面考虑。以行为习惯养成为主，教育此类罪犯劳动应持之以恒，实现强制劳动向自觉劳动的转化，以劳动成果来感染罪犯的改造，激发罪犯的改造热情，努力营造积极向上的监管改造氛围。

三、财产型犯罪罪犯的管理要求

（一）监区物品细化管理与个别预防相结合

财产型犯罪罪犯的犯罪大多数是因为贪财，犯罪人为了满足自己的物质生活追求，而非法占有或使用他人的财产，形成了畸形的物质欲望甚至享乐主义。对有价值的财物，尤其是监狱内的违禁品，财产型犯罪罪犯比较敏感。财产型罪犯在没被改造好之前，仍然存在贪念，一有机会仍然有可能实施占有、使用他人或监狱财物的行为。所以，监狱要以预防为主，要切实做好公私财物的管理，制定相关物品管理制度，严格其消费限度，切断诱源，加强控制，消除其对财物的贪念。监狱人民警察在对该类型罪犯管理中要时刻保持警惕，要加强定期不定期清监制度，同时加强对监狱内违禁品的直接管理。

（二）行为管束强化养成与严格管理相结合

财产型犯罪罪犯法制观念比较淡薄，自控能力比较差，思想比较狡猾，行为比较自由散漫，很多罪犯甚至存在投机取巧的思想，消极改造仍然存在。正是因为如此，要通过加强对罪犯的行为管束来控制罪犯的贪欲，强化对罪犯行为的正规化要求，避免监狱内的不良行为的发生。要严格执行规范要求，严格管理，加强行为养成训练，打教结合，促使罪犯积极改造。严格管理中要做到严而有据、严而有理、严而有度，充分体现对该类罪犯的重点不良行为的打击力度。

（三）具体问题具体分析与个别教育相结合

虽然财产型犯罪罪犯的犯罪目的都是财物，但由于犯罪动机、犯罪类型上的不同，他们又体现出一定的个性特点，在监狱管理过程中表现出不同的特点与特殊性。对他们的管理改造，也要结合具体的犯罪原因和特点，采取针对性的改造手段，才能达到事半功倍的效果。在管理中，不要孤立地看待对该类型罪犯的教育问题，不要有管理与教育分离的思想，作为管理者，要随时对罪犯在管理中出现的问题进行个别化教育，提高工作的针对性与时效性。

（四）劳动技能分类扩展与科学管理相结合

财产型犯罪罪犯大多数都不热爱劳动，好逸恶劳，贪图享乐，在监狱内的劳动很难刺激罪犯的积极改造欲望，在对该类罪犯管理中，应考虑到针对罪犯的特点多进行劳动技能项目分类扩展，真正从培养罪犯劳动技能方面入手，为罪犯将来步入社会有一技之长打下坚实的基础。实践证明，财产型犯罪罪犯的再犯罪可能性较高，这与罪犯出监后无业可就有着直接关系。可以从对罪犯进行科学的劳动技能调研入手，正确区分不同类型罪犯的劳动兴趣及出狱就业去向，科学安排罪犯进入相关劳动岗位，培养罪犯的特殊劳动技能，消除罪犯出狱后的再犯罪可能性。

第三节　暴力型犯罪罪犯的管理

暴力型犯罪罪犯，一般是指以暴力手段或者主要以暴力手段实施犯罪行为，依法被判处有期徒刑以上的刑罚，正在监狱关押改造的罪犯。暴力犯罪是犯罪现象的主要表现形式之一，也是《刑法》重点打击的对象。近年来，我国暴力犯罪的数量不断增多，给社会稳定和人民群众生命财产安全造成了极大的威胁。而从监狱近几年羁押罪犯的犯罪构成上看，暴力型犯罪罪犯有增多的趋势，这给监狱监管改造此类罪犯提出了新的要求，尤其是随着《刑法修正案（八）》的出台，自由刑监禁刑期的变化必然使监狱改造罪犯面临新的挑战。为了进一步贯彻执行监管改造工作首要原则，进一步降低刑满释放人员的再犯罪率，必然要求监狱人民警察加大对暴力型犯罪罪犯的研究力度，明确暴力型犯罪罪犯的主要特点，对症下药，注重具体问题具体分析，提出针对性的管理对策，努力提高对暴力性犯罪罪犯的管理质量。

一、暴力型犯罪罪犯的主要特点

（一）反社会心理强烈，认知水平低下

暴力型犯罪罪犯大多数在文化、科学、法律方面知识相对贫乏，许多罪犯文化水平不高，法律知识欠缺，导致其认知水平低下，辨别是非能力较差，认识事物往往片面、偏激，容易受到其他犯罪人的利用和挑拨。大多数暴力型犯罪罪犯在其错误、偏激思想的支配下，对消极的社会现象持认同和肯定的态度，不能正确地认识自己的罪行，认为社会对自己不公，具有极大的愤懑心理，思想消极。对人生的挫折、个人需要和人际关系处理容易运用逆向思维，往往从反面想问题，同正常人唱反调，容易走上极端，并做出一些偏激的行为。个别罪犯喜欢四处活动，拉老乡关系，拉帮结派，组成非正式群体，恃强凌弱。极个别狂妄者常会藐视监规纪律，顶撞监狱警察，大肆宣扬英雄主义。实践证明，大多数暴力型犯罪罪犯心中都有一种高傲心理作祟，认为自己的犯罪行为是英雄的行为，在监狱内应该受到尊重，于是个别罪犯容易走极端，出现新的又犯罪行为，这给监狱的监管安全带来了极大的隐患。而个别罪犯带有明显的两面性，表面上服从管理，实则伪装性极强，一有机会则可能实施新的犯罪，露出其本来面目。因此，监狱人民警察应洞察罪犯的心理及行为，做到工作无纰漏。

（二）情感层次低下，冷酷自私

暴力型犯罪罪犯中青年犯罪人较多，他们社会阅历不够丰富，大多情感层次低下，缺乏高尚的仁爱心理，情感冷漠，冷酷自私。在他们看来，人与人之间的情感较淡，这往往与暴力性犯罪罪犯的家庭成长环境关系较大。人与人之间的交往也不是感情交往，只不过是互相利用而已。这些人往往是以自己阴暗的心理去推测他人，戴着有色眼镜去观察认识社会，得出的结论就是“人人都是自私的”“人不为己，天诛地灭”，缺乏对社会、集体、他人的责任感、义务感和同情心。他们不畏法律和监规纪律，改造意识淡薄，不能正确对待改造中的挫折，改造中一旦受到挫折，就会产生挫折感，把挫折的原因归咎于监狱或其他罪犯，易以破坏、逃跑、行凶、对抗等方式来抗拒改造。功利主义极强，为所欲为，争强逞能，拉帮结伙，这些都是暴力型犯罪罪犯的典型情感特点，由此，暴力型犯罪罪犯往往排斥、攻击其他罪犯，许多牢头狱霸就是在他们中发展起来的。因此，在监狱内我们应注意对暴力型犯罪罪犯的引导，避免在监狱内形成非正式群体，使罪犯认识到自己行为的错误。

（三）心理需求层次低下，个人需求欲望畸形

在暴力型犯罪罪犯中，有相当一部分属于财产型罪犯。这些罪犯的心理被恶性膨胀的物欲所扭曲而严重畸形，心中只有物质享乐，当个人的欲望通过正常手段无法满足时，就会铤而走险，不计后果。这些不仅是其实施图财害命、杀人越货、泄愤报复、寻衅滋事、聚众斗殴等犯罪行为的原因，也是影响他们接受管理改造的重要因素。按照马斯洛的需要层次理论来分析，暴力型犯罪罪犯主要的生存目的是满足自身的物质需要，他们不会产生更高层次的精神追求。为了达到满足物质欲望的直接目的，暴力型犯罪罪犯在改造期间，有的以拳脚相加或以武力相威胁，逼迫其他罪犯向他们“进贡”，敛取财物以满足个人的欲望，有的通过恃强凌弱、争强逞能，以树立在罪犯中的领袖地位，满足权欲。有的罪犯则通过拉帮结伙，相互勾结，形成一定的势力范围，他们或以老乡关系为纽带，或以共同的物质追求为核心来建立稳定的合作关系，以满足或者追求高档消费为直接目标。

（四）法律意识淡漠，侥幸心理严重

有相当一部分暴力型犯罪罪犯法律意识淡漠甚至缺失。这些罪犯在实施犯罪行为时，缺乏或根本没有法律或道德的压力。他们在侥幸心理的驱动下，往往认为自己的手段高明，司法机关不会发现，也有的自认为受害人不敢去告发，法律追究不到自己，甚至也有的错误认为自己有靠山、有路子，可以躲过法律的制裁。暴力型犯罪罪犯改造意识淡薄，在改造中往往是只求过得去，大错不犯、小错不断的倾向明显。在改造过程中，功利意识突出，只想享受权利，不愿履行义务。有的罪犯甚至和监狱人民警察讨价还价，如果没有好处和实惠，则消极改造。这些罪犯完全忘记了自己的罪犯身份和作为罪犯应履行的义务。正因如此，许多罪犯不服从管理，监狱内的恶性案件才容易出现在暴力型犯罪罪犯中。

（五）情绪不稳定，易冲动，危险性大

在暴力型犯罪罪犯中，青壮年居多。从气质类型上看，胆汁质、多血质的居多。他们脾气暴躁，情绪易怒，易冲动，自我控制力差，遇事很少周密考虑，且不计后果，突发性强，危险性大。对他们来讲，微不足道的事情就可能成为导火索，引起情绪的急剧变化，使他们短时间内陷入激动状态，丧失理智。由于暴力型犯罪罪犯接触其他类型罪犯的特定性，很多在犯罪过程中都参与过团伙犯罪。这些人因分押分管的需要，有的被分在同一监区改造，客观上给他们提供了重新纠合在一起的机会，再加上一些经历相同、兴趣相投的罪犯关押在一起，也容易形成新的团伙和非正式群体。他们在改造过程中纠合在一起，在改造中觉得不公平的时候，就用自己的方式去解决，蓄意制造矛盾寻衅滋事，制造事端进行报复，影响监管改造秩序的稳定。狱内的打架斗殴、行凶、伤害，大多数是由这些暴力型犯罪罪犯所为，他们是监管工作中必须严加管理与防范的重点对象。

二、暴力型犯罪罪犯的管理对策

（一）科学分类，讲究策略

暴力型犯罪罪犯在性格上和行为上易纠合、情绪不稳、性情暴躁、容易走向极端的特点，决定了此类群体容易形成团伙。所以应充分发挥分押分管的作用，在管理中要切实注意把同案犯、同伙犯、集团犯分押管理，尽量减少这类罪犯拉帮结伙、相互影响。在按案情性质为层次进行分押的基础上，可以将不同类型、不同地区、不同气质类型的罪犯有机地进行分类搭配和组合，打破原来的监区或分押地点的限制，从而构筑新的罪犯结合体。

暴力型犯罪罪犯在管理上要坚持惩罚与改造相结合，充分发挥狱政管理的惩戒功能，真正震慑犯罪分子。惩罚毕竟只是一种手段，但是手段运用不当，容易使暴力型犯罪罪犯抓住管理弱点，在监狱管理中形成新的管理盲区，因此应对暴力型犯罪罪犯加强依法管理、严格管理、科学管理、文明管理。当暴力型犯罪罪犯发生打架斗殴等行为时，监狱人民警察应该冷静应对，避免矛盾的进一步激化，可以先稳住部分罪犯，使罪犯之间不易达成共识，再进一步做思想教育工作，多进行个别教育，避免对立。对管理中出现的问题，要及时、冷静分析原因，找出对策。

（二）严格管理，严明奖惩

对暴力型犯罪罪犯的管理应该在行为防范的基础上，加强行为监控，预防发生新的违法犯罪行为，并与狱内犯罪预防的手段紧密结合，防管并举。在管理中，对于暴力类罪犯必须严格制定规章制度，严格管理罪犯的生产工具及生产车间的物品、机动车辆。对于违反监规纪律的罪犯，严格按照法律法规的规定执行，对于应该奖励的，必须予以奖励，激励罪犯的改造；但是应该惩罚的，绝不迁就，绝不放纵。

暴力型犯罪罪犯的管理不同于其他类型的罪犯，有效管理好暴力型犯罪的罪犯，对于管理其他类型的罪犯会起到间接的影响作用。这需要监狱人民警察在管理上严格按照《监狱法》《监狱服刑人员行为规范》等法律法规认真落实管理要求，同时落实好监狱各项规章制度，做到遵章守纪。同时，充分运用好监狱对罪犯的奖惩功能，进一步研究及探索有效的奖励措施及管理方法，在百分考核的基础上多运用较好的奖励手段，符合惩罚条件的，按照法律法规严格执行，注意要一碗水端平，坚持公开、公平、公正。

（三）优化劳动工种，实施重点监控

对暴力型犯罪的罪犯，在安排劳动时，应当充分发挥劳动改造的作用。根据暴力型犯罪的罪犯的特点，可以给罪犯安排劳动强度大、体力消耗大的工种或者一些繁杂、琐碎、细微的劳动项目。劳动强度大、体力消耗大的工种可以耗费暴力型犯罪罪犯的体力和精力，可以避免罪犯在业余时间体力精力过旺过剩。而繁杂、琐碎、细微的劳动可以磨炼其性格，使其养成细心、忍耐、不易暴躁的性格。

暴力型犯罪罪犯的管理难度大，尤其是反改造分子及危险分子的存在往往对其他罪犯的改造带来负面影响，因此应加强调查研究，正确区分监区罪犯的不同类型，尤其是危险的程度，对重点分子加强监督控制，避免出现管理中的盲区。同时，针对重点对象配以多种形式的罪犯教育内容，从心理上、知识上等方面多管齐下，使暴力型犯罪罪犯的改造有明确的方向，增强罪犯的改造动力。

（四）搞好环境建设，发挥环境矫治的间接作用

针对暴力型犯罪罪犯的特点，对其生活环境布置要科学，讲求控制效果。监区环境总体以整洁、清新、文明、柔和为宜，创造相对美好的生活、学习环境和

良好的改造环境，并适当组织开展一些文体活动，加强集体主义教育，使他们树立积极改造的信念，培养文明的人际交往关系，矫治他们的心理缺陷和行为偏差，发挥环境在改造罪犯中的作用。环境的整洁清新可以进一步提高罪犯的审美情趣，使罪犯自觉地在监狱内接受改造。实践证明，监管改造环境对罪犯放松身心和提高罪犯的改造积极性具有间接地帮助作用，从建设现代化文明监狱的角度看，也符合监管改造的实际需要。

三、暴力型犯罪罪犯的管理要求

（一）依法管理与以理服人相结合

暴力型犯罪罪犯大都道德法治意识差，缺乏情绪的自我调节和控制能力，忍耐力较差，在发生冲突的情况特别容易对外部产生攻击性行为。为了做好暴力类罪犯的服刑改造工作，既要对他们进行依法管理，同时在管理过程中也要做到以理服人、以情感人、管教结合、摆事实、讲道理，不能只教不管，也不能只管不教。将二者有机地结合在一起，则更能够发挥暴力型犯罪罪犯的劳动特长，将道理明确后，暴力型犯罪罪犯的思想问题解决后，他们会积极接受改造、服从管理，这有利于促进对其他类型罪犯的思想转化。

（二）政策感化与实事求是相结合

政策感化要求要以改造罪犯为目标，根据罪犯的改造情况，在遵循法律法规规定的前提下，充分发挥政策原则的灵活性、开放性和综合性的特点，实行区别对待，以体现罪犯改造的灵活性，调动罪犯的改造积极性。暴力型犯罪罪犯在服刑过程中提出的要求，有合理的、有不合理的，甚至还有无理的；有可以办到的，有暂时办不到的；等等。对他们的各种要求，要进行认真的分析研究，对合理的、可以办到的，要及时解决；对虽然合理但暂时办不到的，要及时向他们说明情况，避免其产生无端的猜疑；而对无理的要求，要进行必要的说理、斗争，不得无原则的迁就。因此，要实事求是地分析暴力型犯罪罪犯的各种实际需求，综合考虑罪犯的需求目的，适时地开展调查研究分析，促进罪犯的良性转化。

（三）启发疏导与严格管理相结合

对暴力型犯罪罪犯应多洞察罪犯的思想行为特征，分析问题可能存在的直接原因，多与罪犯进行谈话交流，充分了解及掌握罪犯情况，做到“四知道”，心中有数。尤其是应全面了解罪犯的家庭情况，遇到问题及时疏导，但是也不能够放松对该类罪犯的严格管理，因为该类罪犯的危险性较大，稍有不慎可能会造成不可弥补的损害，在管理中还要结合其他方面的规范化管理制度，真正落实各项规章制度，做到有章可循、令行禁止。

（四）情感交流与规范管理相结合

对暴力型犯罪罪犯要注意进行情感交流，找准感化点，做到既有教化也有感化，使罪犯提高思想认识，理解监狱人民警察对他们改造的苦心，从而使其有被动接受改造转为积极主动改造，促进思想转化。暴力型犯罪罪犯的情感基础较为牢固，讲真情，爱面子，在对该类罪犯规范化管理的基础上，多进行交流，真正落实教育改造“十必谈”制度，以教育促管理，以制度促规范，暴力型犯罪罪犯的管理质量自然会有所提高。

第四节　性犯罪罪犯的管理

性犯罪罪犯是指在性方面侵犯他人人身权利，破坏两性关系，妨害社会秩序，依法受到刑罚处罚，在监狱关押改造的罪犯。性犯罪包括强奸罪，强制猥亵、侮辱罪，猥亵儿童罪，引诱、容留、强迫妇女卖淫罪，聚众淫乱罪等。性犯罪罪犯的社会危害性较大，主观恶性较强，其行为为社会及其他类型罪犯所不齿，监狱应该采取有效的针对性管理措施加以控制及改造。

一、性犯罪罪犯的主要特点

（一）性观念扭曲，性道德腐朽

性犯罪罪犯在思想上具有腐朽的性意识和扭曲的性心理，他们对性行为的是非、美丑、善恶缺乏正确的认识。性犯罪罪犯对自己的行为错误认识严重，头脑中存有性享乐至上的淫欲观，他们把玩弄异性作为人生的第一需要，对自己的犯罪行为不以为耻，反以为荣，没有羞耻心，甚至在监狱内还要向监狱民警甚至其他罪犯卖弄，夸耀自己的淫欲行为和糜烂生活。

（二）认罪悔罪意识差

受扭曲错误的世界观、人生观、道德观所支配，受刑罚处罚和当前处遇所影响，他们千方百计地把犯罪原因推向外界、推向环境、推向受害异性。推卸责任或缩小责任的心理，是性犯罪罪犯在服刑中明显而又牢固的心理特征，由此，他们的悔改之心难以产生。性犯罪罪犯罪责感淡漠，心理需求失衡，价值观扭曲，对自身的犯罪行为危害性认识不够，不能够理解被害人因此受到的痛苦，甚至以此为乐，心理极度扭曲。

（三）犯罪体验深，性需求强烈

大多数性犯罪罪犯有着较长时间的淫乱史，性体验深刻，故在相当长的时期内，其意识中性表象不时出现，性冲动频繁发生，性需求强烈。他们迷恋淫乱的性生活，通过讲淫乱情节来表现他们的犯罪意念，甚至通过同性恋、鸡奸等代偿性的性行为来发泄他们的兽欲。

（四）自卑感强，心理负担沉重

受传统伦理观念的影响，性犯罪罪犯在和其他类型的罪犯相处时，总觉得自己低人一等，而且其他类型的罪犯也往往看不起他们，甚至对他们不屑一顾，不愿与之为伍。这更加剧了性犯罪罪犯的自卑感，使他们自己对自己失去了改好的信心。性犯罪罪犯害怕被人歧视，但又无法摆脱被人歧视，他们既想早日回归社会，又对回归社会充满焦虑和惶恐，因而心理负担十分严重。

二、性犯罪罪犯的管理对策

（一）加强法制及道德教育，促其悔罪

个别性犯罪的罪犯法律意识淡薄，道德意识弱，道德修养差，罪责感不强烈。许多性犯罪的罪犯没有法治观念及法律意识，因此，在管理的同时加强对罪犯的法制教育、思想教育、性知识教育、道德教育、诚信教育，使罪犯产生强烈的罪责感、负罪感，敢于承担犯罪的后果，敢于面对现实、接受改造，并在改造中真正悔罪。

（二）建立良好的改造环境，杜绝不良诱因

对罪犯的活动现场要进行净化，严格控制视听读物，净化监狱改造环境，坚决清除罪犯业余生活中的不健康内容，鼓励他们积极参加监区文化学习，发挥环境的熏陶作用。要积极开展监区文化生活，组织罪犯开展一些健康有益的文体活动，陶冶他们的情操，帮助他们建立健康的人际关系，激励其奋发向上。

（三）分层管束，加强管理

个别性犯罪的罪犯主观恶习较深、改造难度极大，加上性犯罪的罪犯与其他类型的罪犯行为上、思想上有明显的差异，应该尽量进行单独编队，由专门的监狱人民警察单独进行管理。管理中应加强对性犯罪罪犯的行为养成教育，从行为上认真约束，以劳动改造为出发点转移性犯罪罪犯的行为注意力，并加强对该类罪犯的严格管理，避免罪犯之间的深层次感染。

（四）建立监督制约机制，发挥群体矫治的作用

为了达到对性犯罪罪犯矫治的目的，除了建立一套严格、严密的规章制度外，还需要建立一个坚强的集体，充分发挥集体管理的作用，建立监督制约机制，发动性犯罪罪犯相互监督、相互制约，鼓励他们大胆检举揭发，发现问题及时教育、及时处理、及时解决，以群体矫治促进个体矫治。

（五）加强心理矫治和心理治疗

性犯罪罪犯的心理缺陷、人格障碍比其他类型罪犯严重，所以在对他们的管理中应当多开展心理咨询和心理矫治，摸清他们的思想情况，以便采取针对性的管理措施。对于一些病态严重的罪犯，应当及时进行心理和病理方面的治疗，以使罪犯恢复，投入正常的改造中去。

第五节　其他类型罪犯的管理

一、过失犯罪类罪犯的管理

过失犯罪类罪犯没有犯罪的故意，他们走上犯罪道路主要是主观心理上疏忽大意或者过于自信，错误评价了自己的能力而触犯刑律。根据过失类罪犯的心理、行为特点和犯罪性质，可以采取相应的管理措施。

（一）过失犯罪类罪犯的主要特点

1. 认罪悔罪，服从管理

过失犯罪类罪犯是能够意识到自己的罪行给社会带来的危害性的，他们对社会心存愧疚，对被害人及其家属心存歉意，在监狱改造中往往认罪悔罪，能够主动向监狱人民警察承认自己的罪行，真正服从监狱人民警察的管理。在管理中大多规规矩矩、老老实实，很少在监狱内出现打架斗殴、违反监规纪律的事情。

2. 与他犯交往较少

过失犯罪类罪犯与其他犯罪类罪犯最大的不同点在于主观恶性不同。其他犯罪类罪犯的主观恶性较过失犯罪类罪犯较大，且大多不主动承认罪行，有一定的抗拒改造的心理。而过失犯罪类罪犯正好相反，正是基于此，过失犯罪类罪犯很少与他犯接触，交叉感染也比较少。

3. 不问是非，改造平稳

过失犯罪类罪犯因为其主观恶性较小，在监内的改造也不像其他罪犯那样大起大落，与其他罪犯之间来往较少。过失犯罪类罪犯的改造积极性通常表现平稳，不会与其他罪犯之间出现交叉感染，也不会出现违反监规纪律的情况。他们往往能够自觉遵守监狱各项规章制度，老老实实地接受改造，不求有功，但求无过。

（二）过失犯罪类罪犯的管理对策

1. 单独编队，单独管理

过失犯罪类罪犯正因为没有犯罪的故意，犯罪的主观恶性较小、社会危害性不大，比较容易改造。所以，应该把他们和那些主观恶性大、恶习较深的罪犯分隔开来，单独编队、编组进行关押改造，这样可以对过失犯采取针对性的教育改造对策，避免感染的同时，增强其改造信心。

2. 自我管理，加强引导

过失犯自身的约束力较强，能够控制自己的行为，安排他们从事适度的事务性劳动及零散劳动，可以锻炼其意志力，矫正疏忽大意的问题。因此，可以让过失犯参与罪犯的自我管理，如组织他们参与罪犯的伙食、卫生等方面的管理，担任学习、生活记录，生产安全监督等工作，既可激励其改造，也可引导罪犯向良性转化，避免误入歧途。

3. 加强监督，严格考核

对过失类犯罪罪犯一般实行从宽管理，他们在监狱内的活动范围相对更宽松，但是对他们的管理不能过于放松。除了按《监狱服刑人员行为规范》的要求严格训练、严格要求外，还应进行严格的监督和考核，使他们产生一定紧迫感和危机感，自觉进行改造。

二、职务犯罪类罪犯的管理

职务犯罪是指具有一定职务身份的人故意或过失的实施了与其职务之间具有必然联系的、侵犯了国家管理公务的职能和声誉，致使国家和人民利益遭受重大损失的各种犯罪的总称。职务类罪犯是从事公务的人员，普遍具有较高的智能，而且犯罪前还具有较高的职位。针对这类罪犯的特点，可以采取相应的管理对策。

（一）职务犯罪类罪犯的主要特点

1. 后悔莫及，失落沮丧

职务犯罪类的罪犯原本是国家公职人员，他们在服刑过程中也表现出与其他罪犯不同的心理。由于身份的转变，他们在服刑过程中的失落感比其他罪犯强烈，往往留恋过去，后悔莫及，失落沮丧。他们能够注重学习，关心时势，注重锻炼，看不起其他犯罪的罪犯。职务类罪犯由于违法犯罪遭遇到人生的重创，昔日的权力、荣耀、地位、财富、幸福均已烟消云散，因此绝大多数存在懊悔心理。

2. 认罪悔罪，接受改造

从职务类罪犯的刑事处罚上来看，绝大多数的职务类罪犯都能够接受处罚、服从判决，大多数罪犯都是想要将功补过，主动接受处罚，在监狱内的改造也都是积极接受教育改造，服从监狱人民警察的直接管理，身份意识慢慢消散，能够主动接受现实，正视现实。

3. 自尊心强，自视清高

职务类罪犯入狱前在社会上都有正当职业和一定的身份地位，被判刑入狱后对人格尊严特别敏感，不愿意与其他犯罪分子在一起，更看不起其他犯罪分子，自视清高。个别职务类罪犯身份意识较差，思想转变较慢，行为规范意识较差，对转变为罪犯的现实较难接受，甚至不愿意接受。

4. 谨慎小心，遵守监规

职务类罪犯一般年龄偏大，有一定的人生经历和社会阅历，做事情瞻前顾后，怕惹麻烦，处处留神，行为表现沉着、冷静、稳重、老练，能够严格遵守监狱的各项规章制度，自制能力较强。

（二）职务犯罪类罪犯的管理对策

1. 单独关押，防止感染

职务类犯罪罪犯不宜与普通刑事犯罪罪犯混合关押，应该单独把他们编队、编组进行管理，避免他们与不同类型的罪犯交往，防止传染恶习，交叉感染。尤其是在劳动现场，应采取措施限制与其他罪犯的不正常来往。

2. 严格要求，合理使用

职务类犯罪的罪犯虽然危险性较小，但在管理过程中应当严格要求、严格管理，不能降低标准，要严格进行监督，严格进行考核。要发挥他们的才能，有计划地组织他们参与自我管理，可以适度安排一些事务性劳动，充分发挥其知识丰富、社会阅历丰富、个别技术专长的作用，合理安排、合理使用。

3. 强化身份意识，加强监督

对于职务犯的管理应该具体问题具体分析。职务犯的犯罪原因、主观恶性、犯罪经历、改造表现都不一致，在管理中单独管理为对职务犯的个别化管理提供了基础，应该因人而异，因人施管、施教。不能放松对职务犯的监督，必须严格考核、严格奖惩，不能因为罪犯原来是有一定职务的就可以放松管理，应强化罪犯的身份意识、改造意识，促使其积极改造。

三、涉毒犯罪类罪犯的管理

《刑法》对制造、走私、贩卖、运输毒品和种植毒品原植物，非法提供制毒原料，强迫、引诱他人吸食毒品的行为都规定了严厉处罚。根据对涉毒类罪犯的管理实践经验的总结，应主要采取如下管理对策。

（一）吸毒成瘾的，坚持标本兼治，严格管理

由于长期吸毒，大多数罪犯体力衰竭较大，很多罪犯还因为吸毒而患上多种疾病。因此在工作中应坚持标本兼治。首先，在劳动定额上予以适当照顾，只要求其完成适度的劳动任务；其次，在生活管理上，考虑到吸毒类罪犯的实际情

况，适当给其补充营养，以增强体质及抗病能力；最后，邀请卫生医疗部门对涉毒罪犯进行全面的健康医疗检查，对查出有性病、艾滋病等疾病的罪犯进行强制隔离治疗，对有吸毒史的涉毒罪犯，禁止使用含有吗啡的药物，以防止戒毒后再度诱发毒瘾及医治疾病无效的情况出现。在戒毒之后应进行全方位的管理，做到24小时监狱人民警察直接管理，杜绝再次复吸的可能。

（二）强化管理，严格管理

对被捕前居住在境外以及流窜作案的涉毒罪犯实行强化管理。对该类型的涉毒罪犯，一般不安排监狱外劳动，同时实行监控，严格检查收受物品，严防毒品流入监狱内。还可适当放宽通信、会见的时间、次数限制，以缓解该类罪犯的思乡之情，但是必须严加监控，并采取多种有效的措施严格管理。

（三）重点管理，重点监控

对涉毒类罪犯中的累犯应该实行重点管理、重点监控。首先，应实行包夹制度，对其行为进行严密监控，禁止罪犯单独行动；其次，深入进行思想教育，把禁毒知识教育与爱国主义教育紧密结合起来，帮助他们剖析涉毒犯罪原因和毒品的危害性，破除“贩毒致富”的犯罪欲念，坚定拒绝毒品、珍爱生命的信念；最后，对涉毒类罪犯的违纪行为从严处罚，绝不姑息纵容。对多次违反监规纪律的罪犯坚决从严管理，实施重点监控，严防危险行为的发生。

四、涉黑犯罪类罪犯的管理

涉黑犯罪类罪犯是指参加有组织犯罪集团或者当地的恶霸团伙进行犯罪活动的、带有黑社会性质的组织成员被法律制裁后，在监狱服刑的人员。

（一）黑社会性质组织的特征

按照第十一届全国人民代表大会常务委员会第十九次会议于2011年2月25日通过、自2011年5月1日起施行的《刑法修正案（八）》的规定，黑社会性质的组织应当同时具备以下四个特征：（1）形成较稳定的犯罪组织，人数较多，有明确的组织者、领导者，骨干成员基本固定。（2）有组织地通过违法犯罪活动或者其他手段获取经济利益，具有一定的经济实力，以支持该组织的活动。（3）以暴力、威胁或者其他手段，有组织地多次进行违法犯罪活动，为非作恶，欺压、残害群众。（4）通过实施违法犯罪活动，或者利用国家工作人员的包庇或者纵容，称霸一方，在一定区域或者行业内，形成非法控制或者重大影响，严重破坏经济、社会生活秩序。

（二）涉黑犯罪类罪犯的管理对策

1. 分别关押，严格管理

涉黑犯罪类罪犯投入监狱服刑的一般有3人以上，所以应当把他们分别关押在不同的监区，避免他们在监狱里面形成非正式群体，破坏监管秩序，影响改造。有必要的时候可以实施异地关押，防止他们刑满释放后对监狱人民警察进行打击报复。在改造中，还应该规范他们的行为，对其提出明确具体的行为要求。监狱人民警察应掌握罪犯的思想动态，对于拉帮结伙和破坏监管秩序的，要按规定严惩不贷。

2. 加大措施，严格防范

对涉黑犯罪类罪犯，在严格执行各项监管制度的基础上，要采取“四固定”“包夹制度”等监控措施，注重搜集他们的思想、行为改造情况，及时进行分析和防范，有条件的还可以指定监狱人民警察对其进行监督管理，充分发挥管理的震慑防范作用。

3. 加强监控，明确责任

监狱应分清对涉黑类罪犯的监管责任，加强直接管理，加大管理力度，在罪犯通信、会见等方面严密监控。直接管理的监狱人民警察要熟知罪犯的基本情况及动态，同时避免涉黑类罪犯对其他罪犯的感染。

4. 注重管束方法，加强感化

在处理涉黑类罪犯与其他罪犯的打架斗殴等事件时，应避免激化矛盾，但是应采取积极措施及时化解矛盾。对涉黑类罪犯出现情绪波动时，可以冷处理，由监狱人民警察个别谈话或者是亲属感化，加强对这类罪犯的心理疏导，加强交流与沟通，解决改造中的实际困难，运用政策感化与严格管理相结合的方式促进该类罪犯的改造。

五、邪教犯罪类罪犯的管理

邪教犯罪类罪犯，是指组织或参加邪教组织并实施犯罪行为的罪犯。邪教组织冒用宗教、气功或者其他名义，利用制造、散布迷信邪说等手段蛊惑、蒙骗他人，发展、控制成员，危害社会。邪教堪称社会的毒瘤和人类的瘟疫，反科学、反社会、反人类、反政府。目前，“法轮功”邪教组织是重点打击的对象。

（一）邪教犯罪类罪犯的主要特点

1. 思想顽固，性格偏激

邪教犯罪类罪犯思想顽固，中毒较深。入监初期，邪教犯对抗情绪严重，顽固地坚持自己的犯罪思想体系和立场，毫不隐瞒自己的观点，抵触、不服管教，视监狱人民警察及一切帮助教育他们的人为“常人”，对监狱民警苦口婆心的教育置若罔闻，偏激固执。

2. 病态自尊，无罪恶感

邪教组织内部大搞教主崇拜和精神控制，入教后往往禁止个人的独立思考和离经叛道。由于邪教犯罪类罪犯的正常思维已被歪理邪教所摧毁，入狱后，唯邪教的教义是从，病态自尊。“法轮功”邪教犯罪类罪犯自以为是介于佛与人之间的“超常人”，不认为自己触犯了刑律，丝毫没有犯罪感。

3. 容易纠合，煽动性强

在“法轮功”邪教组织的宣传煽动下，“法轮功”邪教犯罪类罪犯接受了许多犯罪思想，心理极易产生共鸣，在监狱虽然受到严格约束，但仍时刻寻求机会，通过串联等形式，形成团伙势力，集体闹事。

4. 敏感多疑，反复性大

邪教信徒对家庭、社会、政治生活丧失信心，渴求新的精神寄托。思想转变需要一个复杂的过程，由于“法轮功”邪教犯罪类罪犯对“法轮功”邪教本质没有认识清楚，思想转变不彻底，对政府、监狱民警的宣传教育半信半疑，一遇风吹草动就会在思想上产生波动，出现反复，导致转化难度加大。

5. 冒险敢为，不计后果

邪教犯罪类罪犯绝大多数情绪稳定性差，自控能力弱。入监前为邪教组织鸣冤叫屈，奔走呼号，有的曾多次被公安机关拘留。入监后，他们对监狱人民警察、监规满不在乎，表现为敢做敢冒险，或在监内强行练功、背诵经文，或以绝食抗拒教育改造，或以自杀威胁政府。

（二）邪教犯罪类罪犯的管理对策

1. 分类管理，隔离关押

邪教类罪犯可以根据改造转化情况划分为彻底转化型、服从管理型、思想顽固型和煽动抗改型四种。监狱人民警察应该严格按照以上四种类型对该类罪犯进行分别管理。针对邪教犯罪类罪犯思想顽固、喜欢宣扬自己的信仰特点，应对他们单独编队、编组，进行分别关押或者隔离关押，避免和其他罪犯混押，阻止邪教类罪犯在监狱内对其他类型罪犯的交叉感染。监狱应该设立隔离室，对煽动抗改型的邪教类罪犯要隔离关押、严密监控。

2. 规范行为，严格管理

除了按照《监狱服刑人员行为规范》严格要求之外，还要制定特殊的行为准则，限制邪教犯罪类罪犯的活动内容和活动范围。不准邪教类罪犯单独行动，不准私自集会，不准散布、书写歪理邪说，不准私自练功，并要求其严格遵守。建立严密的监督机制和安全控制机制，采取各种监督控制制度对其进行监督控制，监狱应成立邪教类罪犯管理教育办公室，监区也应设立相应的机构研究及管理邪教类罪犯，有针对性地采取各种防范措施，发现苗头，及时制止。

3. 组织劳动应慎重，区分类型，合理安排

由于邪教类罪犯的抗拒改造心理的影响，加之其交叉感染的概率较高，在组

织劳动上应该慎重，应该按照类型划分，合理组织。对思想顽固及煽动抗改型罪犯不允许参加集体生产劳动；对于服管型罪犯，本人要求参加劳动的，经监区研究认为可以劳动，可以适当地安排生产劳动，但是应加强管理，严密监控；对于已经转化正在巩固的罪犯每天可以安排半天劳动，以手工习艺性劳动为主，如没有反复可能的可以考虑参加全天劳动。

4. 人文关怀，帮教感化

在对邪教犯罪类罪犯的管理过程中，要尊重其人格，讲究策略和方法，所有管理措施和方法都应当符合国家的法律和党的政策。对于身体虚弱、病情危重、家庭不管的邪教类罪犯，更应贯彻我国的人道主义政策，体现人文关怀。监狱人民警察应对此类罪犯予以关心、帮助，同时，在对邪教类罪犯严格管理下可以运用亲属、社会团体、单位帮教等形式，凡事必须得到监狱单位的允许。监狱人民警察在管理中应加强对邪教类罪犯的管理研究，尤其是帮教方案与监狱人民警察直接管理相结合，促其转化。

事物的发展都是普遍联系的，我们应该从普遍联系的过程中找出规律，找出问题的共性特征与个性特征，实现共性与个性的辩证统一。对于不同类型罪犯的心理行为特征及管理对策，我们是从事物的共性出发，找出适合解决问题的办法，但是这些办法不一定对所有罪犯都适用，因为个体与个体之间是不同的，我们应该具体问题具体分析，积极探索适宜于不同类型罪犯的管理对策，为监狱管理的实践服务。

六、危害国家安全犯罪类罪犯的管理

（一）危害国家安全犯罪类罪犯的心理和行为特征

危害国家安全罪是一种性质严重、社会危害性最大的犯罪类型。虽然犯危害国家安全罪的罪犯人数不多，但其顽固性、危险性和破坏性不可小觑，是监管场所潜在的不安定因素，这类罪犯的特点主要反映在以下几个方面。

1. 坚持反动立场，固执政治偏见

多数犯危害国家安全罪的罪犯认为自己犯罪只是为了钱和物，即使是间谍，有的也强调是为了骗取间谍机关的钱财来大陆的，没有颠覆中国共产党政权的动机和目的。他们在接受法制教育时特别认真，对法律条文逐字逐句研究、推敲，很容易从利己的角度作出推理。在较长的一段时间内，以怀疑、否定或对立态度去对待形势、政策、刑罚措施以致监狱民警教育。在这种心理支配下，犯国家安全罪的罪犯往往会不同程度地抗拒改造、对抗管教、不认罪服法，违纪或破坏监规纪律，甚至继续进行危害国家安全的犯罪活动。

2. 寻求知己，自尊心强

危害国家安全罪罪犯在入监后处于严格监管下，较少与其他罪犯接触，一般刑事犯对他们也“另眼相看”，不愿或不敢与其交往，因此容易产生压抑感。平时通过发泄对社会、对改造的不满，争取他犯的同情和理解，以求心理平衡。随着“知音”增多，就会出现三三两两结伙的现象。危害国家安全罪罪犯一般来说文化层次较高，有的出身高干家庭，有的有一定社会地位，特别是一些长期生活在海外的罪犯，他们留恋过去，喜欢渲染海外的生活方式，自命不凡、傲世清高，看不起满口污言秽语的流氓犯及偷偷摸摸的盗窃犯，甚至看不起个别监狱警察，对警察的管理方法和教育措施极为计较。

3. 关心形势，怀疑政策，悲观消沉

危害国家安全罪的罪犯，在政治上特别敏感，十分关心时事形势，读书看报，收看新闻，国际、国内一发生较重大的事件就议论纷纷，情绪也会出现波动。另外，这些罪犯罪行重、刑期长，改造难度大，因此减刑、获奖人数相对较少，形成了“危害国家安全罪罪犯是轮不上减刑也评不上改造积极分子”的错误观念，从而怀疑监管改造。同时由于活动范围的限制，从事一些轻便劳动，又认为“没有争取的机会”。年老、体弱、多病、刑长的更为消极悲观，抱着混到哪天是哪天的态度。

4. 小心谨慎，学习认真，劳动积极

危害国家安全罪罪犯的戒备心理较强，平时言行小心谨慎，注意分寸。他们一般不做越轨之事，能服从民警安排。学习政治、文化、技术都较认真，劳动也不偷懒，能按指标完成任务。当然，动机有异，个别人不愿浪费光阴，积极锻炼身体，妄图“东山再起”；更多的罪犯则想趁自己年轻，多学点知识，为将来的出路创造一些条件。

（二）危害国家安全犯罪类罪犯的管理对策

对危害国家安全类罪犯的管理，务必坚持科学、文明的严格管理。严格落实各项监管制度和纪律，严格控制他们的思想动态，严防各种破坏事件的发生，同时考虑其心理承受能力，适时调节、因势利导、循序渐进，充分发挥刑罚、政策、管理等各项工作对他们的心理影响和矫治作用，逐步改变他们旧有的思维动力定型。

1. 增强刑罚意识，坚持直接管理的原则

刑罚对罪犯心理的发展起着决定性的影响。审判机关裁决权威性，不管受罚者个人认识如何、情感体验何种、意愿怎么样，一旦生效，即变为现实的强制，罪犯必须服从。这种强制性直接体现在对罪犯某些权益的剥夺，这种剥夺对危害国家安全类罪犯的心理影响，产生的心理矛盾和动机斗争作用特别强烈。虽然他们并不甘心自己的失败，但面对高墙铁窗、高压电网、森严的戒备、严格的管理，无疑会体验到惩罚的严厉和打击沉重，心理压力会更大，充满激烈的思想斗争，并围绕着是接受改造还是反抗改造问题反复斗争着。经过一段时间，他们看到或听到刑罚可变性在其他罪犯身上的体现，自然会产生心理效应，逐渐发生小群体的分化，这种分化作用会改变他们的消极改造态度。管教警察要自觉意识到自己的法律地位，既要充分发挥刑罚的惩戒、震慑作用，又要充分发挥政策的作用，积极激发和引导他们认可刑罚、接受改造、争取立功减刑，逐步达到有效调节以致消除其犯罪心理的目标。

坚持直接管理是实现刑罚目的的重要环节。在监狱收押的各类罪犯中，危害国家安全类罪犯是最危险分子，对他们犯罪的严重性、反动性、顽固性、危险性和破坏性，从事管教的监狱警察必须有十分清醒的认识，时刻保持高度的警惕。警察直接管理，亲自组织和安排危害国家安全罪的罪犯的学习、劳动、生活，不仅将他们的一言一行尽可能纳入自己的视线，切实掌握其思想动态；更为重要的是通过与他们接触、沟通、了解，能逐渐使他们体验政府的关心和人道主义政策的温暖，改变对抗心理和对立情绪，从而接受改造。

2. 必须坚持严格管理的原则

严格的管理、严肃的制度和纪律是破除危害国家安全类罪犯旧有心理，建立新的动力定型的重要保证。“严”要科学、文明，要合法、合情、合理。严格管理就是从改造人、教育人这个根本目的出发，一切管理制度、措施和方法必须符合我国法律和政策。一切管理制度、措施和方法必须顺应罪犯心理发展的变化规律，考虑罪犯接受的可能性；一切管理活动必须建立在罪犯改造实际的基础上，根据每个罪犯不同的案情、思想认识、个性特点、兴趣爱好、道德水准等多方面情况，具体分析研究，有针对性地制订容易使他们接受、服从的矫正方案，以期收到矫正的效果。主要的做法有以下几种：一要制定严格的管理制度，科学安排学习、劳动、生活和活动的时间与内容。二要严格限制活动范围，将派遣进来的与国内滋生的分别编组，防止相互串通、相互感染。三要严格通讯、接见制度，严禁内外勾结、通风报信。四要建立定期汇报制度，规定每人每月至少递交 1 份书面汇报，汇报本人思想，也反映周围罪犯情况。五要经常进行纪律教育和纪律整顿，揭露、批判和打击违纪行为，孤立顽固分子，争取和转化中间分子，形成良好的改造群体氛围。

3. 正确实施奖惩，提高罪犯改造积极性

危害国家安全类罪犯常常有种错误感觉，认为政府对他们未能与其他刑事犯“一视同仁”，普遍反映“减刑少，被评为改造积极分子少”，但很少从自身寻找原因，思想较消极，看不到前途和努力方向。监狱警察除了要求他们踏踏实实、真诚改造、争取光明前途外，必须认真考核他们的改造表现，随时兑现奖优罚劣，使他们在希望中改造。危害国家安全类罪犯在改造期间的需求结构与一般刑事犯不同，多数人要求民警“尊重人格”“掌握政策”，最大需要是“看书、看报”“了解形势”，希望生活内容丰富。因此，管教警察对他们必须不歧视、尊重人格而不侮辱人格，不体罚虐待，切忌感情用事、滥用警戒具。要保障他们法定的申诉权以及正常的通信、接见等权利；提供学习条件，保证让他们看报纸，让他们较全面、客观地看待形势、思考问题；适当组织生产劳动，对年老体弱者可以不安排劳动；积极开展文体活动，组织收看“新闻联播”及其他有益电视节目，丰富改造生活。另外，要关心罪犯生活，注意他们的身体健康，保证看病方便，对国内无家、无接济的罪犯要经常主动关心，逢年过节适当发给日用品和副食品。

实训设计

监区管理实训

一、实训目的

学生通过到监狱进行《狱政管理》课程实训或者综合实训，从感性上认识监狱不同监区、分监区对不同类型罪犯的管理，真实体验不同类型罪犯的管理特点及对策。实现狱政管理理论与监狱具体管理实践相结合，提升对理论知识的理解程度。同时，向一线监狱人民警察虚心学习，不耻下问，多做调查研究，对本章节的内容进行消化理解。

二、实训要求

（一）学生统一着警服，由实训指导教师带队，到指定监狱监区实训。实训指导教师负责与监狱沟通，将学生分配到不同类型罪犯管理的监区或者分监区，以保证学生对不同类型罪犯管理对策的实训分析（女同学只能联系女子监狱进行课程实训或者调研）。

（二）学生严格遵守实训单位规章制度，遵章守纪，不得出现不文明及有损监狱人民警察形象的现象。

（三）实行理论授课教师与实训指导教师联合指导制。理论授课教师具体负责对不同类型罪犯管理的对策讲解，实训指导教师负责对学生所在监区罪犯的管理特点、对策等进行实训指导。

（四）在实训中要严格服从管理，注意自身安全，不得从事法律法规不允许的行为。

（五）实训结束后，每名学生必须写出实训总结，教师进行评议。

三、实训内容

（一）财产型犯罪罪犯的管理。观察财产型犯罪罪犯的特点，分析财产型犯罪罪犯的心理、行为特征，理解财产型犯罪罪犯的管理对策及工作要求。

（二）暴力型犯罪罪犯的管理。观察暴力型犯罪罪犯的特点，分析暴力型犯罪罪犯的心理、行为特征，理解暴力型犯罪罪犯的管理对策及工作要求。

（三）过失犯罪罪犯的管理。观察过失犯罪罪犯的特点，分析过失犯罪罪犯的心理、行为特征，理解过失犯罪罪犯的管理对策。

（四）涉黑、涉毒犯罪罪犯的管理。观察涉黑、涉毒犯罪罪犯的特点，分析涉黑、涉毒犯罪罪犯的心理、行为特征，理解涉黑、涉毒犯罪罪犯的管理对策。

（五）其他犯罪类型罪犯的管理。观察其他犯罪类型罪犯的特点，分析其他犯罪类型罪犯的心理、行为特征，理解其他犯罪类型罪犯的管理对策。

四、实训作业

实训结束后，要求学生每人写出1篇不少于1000字的实训报告。具体要求：实训报告材料翔实，内容具体、全面，能够用调研内容来说明问题，有自己独立的见解。

第十六章

特殊群体罪犯管理

第一节 未成年犯的管理

青春期是一个人确立人生观、价值观的重要时期，而价值观是评价人走向道德成熟的重要标志。所以在新的时期，对未成年犯的管理教育，不论是刚性的制度，还是柔性的管理方式方法，都应当适当给予他们发展空间，充分发挥他们的个性优势，让他们看到改造和美好人生的希望，树立自强、自立、自尊、自爱的信念。

一、未成年犯的概念

在我国，未成年犯系指一类特定的犯罪主体。根据《宪法》和《刑法》的规定，所谓未成年犯，实际上是指因触犯国家刑法，而被依法判处刑罚的已经年满14周岁至18周岁的人。判处刑罚的未成年犯，在未成年犯管教所执行。综上所述，未成年犯具有以下特点：

（一）未成年犯必须是实施了犯罪并被追究刑事责任的未成年人

《宪法》第34条规定："中华人民共和国年满十八周岁的公民，不分民族、种族、性别、职业、家庭出身、宗教信仰、教育程度、财产状况、居住期限，都有选举权和被选举权；但是依照法律被剥夺政治权利的人除外。"也就是说，年满18周岁的人属于成年人，未满18周岁的人属于未成年人。《刑法》第17条规定："已满十六周岁的人犯罪，应当负刑事责任。已满十四周岁不满十六周岁的人，犯故意杀人、故意伤害致人重伤或者死亡、强奸、抢劫、贩卖毒品、放火、爆炸、投放危险物质罪的，应当负刑事责任。已满十二周岁不满十四周岁的人，犯故意杀人、故意伤害罪，致人死亡或者以特别残忍手段致人重伤造成严重残疾，情节恶劣，经最高人民检察院核准追诉的，应当负刑事责任。对依照前三款规定追究刑事责任的不满十八周岁的人，应当从轻或者减轻处罚。因不满十六周岁不予刑事处罚的，责令其父母或者其他监护人加以管教；在必要的时候，依法进行专门矫治教育。”也就是说，未成年人只有在两种情形下，应当对其犯罪行为负刑事责任：已满 16 周岁的未成年人，对任何犯罪都应负法律责任；已满 14 周岁不满 16 周岁，只有犯以上八种行为才承担刑事责任。已满 12 周岁不满 14 周岁的人，须犯故意杀人、故意伤害罪，致人死亡或者以特别残忍手段致人重伤造成严重残疾且情节恶劣才承担刑事责任。

（二）未成年犯必须是在未成年犯管教所中执行刑罚，收监时未满 18 周岁的未成年人

有些未成年犯，被人民法院依法判处管制、拘役或缓刑时，这些是不需要交付未成年犯管教所执行的，所以以上是不属于监狱学所研究的未成年犯。另外，有些罪犯在犯罪时虽然未满 18 周岁或者人民法院作出判决、裁定时未满 18 周岁，但收监时已满 18 周岁的，也不属于未成年犯。因此，要确定时间是收监时。

（三）未成年犯必须是在未成年犯管教所服刑过程中不满 18 周岁的未成年人

有些罪犯收监时不满 18 周岁，但在执行过程中已满了 18 周岁，那么从其年满 18 周岁之日起，就不再属于监狱学所研究的未成年犯了。《未成年犯管教所管理规定》第 64 条规定：“对于年满十八周岁，余刑不满二年继续留在未成年犯管教所服刑的罪犯，仍适用本规定。”

二、未成年犯的犯罪特征

未成年犯由于受个体生理的成熟程度和心理发展水平的影响，与客观世界存在诸多矛盾，所以，他们的犯罪活动也呈现出与成年人犯罪不同的特征。

（一）犯罪现象有增无减并呈现低龄化趋势

作为“初出茅庐”的未成年人，个性发展尚不成熟，识别能力还比较低下，如果一旦接触到了社会不良事物，就很难加以甄别和摆脱，如社会生活中的不正之风、腐败现象、拜金主义、不正当竞争等，都可能对他们的世界观的发展和形成产生负性影响；各类非常态文化所宣扬的暴力、色情、迷信和现实生活中频频发生的杀人、抢劫、诈骗、盗窃、贩毒等案件，都可能对他们产生直接的诱惑。另外，还有学校的失教、家庭的失管以及交友的失当也都可能成为他们犯罪的诱因。

据有关资料显示，刑事涉案的未成年人人数占同龄人口的比例，从2000年到2010年的10年间提高了1倍，未成年人违反社会治安管理的案件常有发生，青少年违法犯罪的初始年龄比之前提前了2～3岁，有的孩子七八岁就开始了犯罪生涯，14岁以下的少年违法犯罪增多，其中以14～16岁少年犯罪更为突出，并呈现越来越低龄化的趋势。

（二）模仿黑社会犯罪初具苗头

对于未成年人来说，主要就是通过模仿而获得社会知识的，由于认识水平的局限和社会经验的缺乏，他们在模仿学习中往往是非难辨，善恶并蓄，社会上的一些人的不良、不法和不道德行为，或丑恶现象，甚至一些电影、电视和报刊文章中出现的有关犯罪方式的报道和记述，都会成为他们模仿的对象。随着年龄的增长和知识经验的丰富，模仿的独立性、自觉性和稳定性会逐步增强，如果得不到及时惩教，那么这种侵害行为就会逐步得到强化，最后发展成为个体的一种自觉的反应活动，形成比较稳定的犯罪意识。

青少年模仿黑社会犯罪便是时下社会问题的一大难点。青少年模仿黑社会犯罪人员主要是易犯罪的青少年群体，这些青少年中，大多数在学校期间就是处于违法犯罪的前沿和边缘，或者干脆已有违法犯罪行为，属于易犯罪未成年人群体。这些模仿黑社会的青少年有着相对固定的生活圈、交际圈，在互相影响的作用下，形成了团伙。这些人好逸恶劳，讲究享受，法制观念极其淡薄，哥们义气严重，主观恶性强，往往遇到争端便采取暴力手段来解决，而且很少顾及后果，手段也较野蛮残忍。

（三）违法犯罪突发性强，“激情犯罪”增多

由于未成年人正在由少年向青年过渡的加速期，由于身体各器官系统发育上的不均衡，再加上新的社会需求，使他们的情绪变得易于烦躁、激动、难以自制。除生理和心理方面的因素外，日益增强的独立意识、幼稚的世界观以及社会生活经验的不足等因素，也使他们难以正确处理与客观世界的矛盾，因而常常导致冲动性犯罪行为的发生。

未成年犯缺乏正确的处理自身与客观环境矛盾的经验，如果一旦在生活中遇到大的事件、挫折、冲突或者过度的抑制、兴奋等就易于产生激情。人在激情状态下，认知范围狭窄，理解和辨别能力下降，意志控制能力减弱，不能正确评价自己行为的后果，因而导致冲动性的犯罪行为发生。因此，这种犯罪行为，多数没有特定的犯罪对象，犯罪原因与犯罪后果之间缺乏明显的因果关系，多具有随意性。例如，某未成年犯杨某为了争购一张电影票与别人引起争执，杨某心怀不满，跑回家里拿出凶器，将准备回家的对方一刀捅死。像这种没有明确犯罪预谋，而是在一定外界条件刺激下形成狂乱情绪的“激情犯罪”，在未成年犯罪中

占有相当多的数量。

（四）未成年犯犯罪的纠合性导致团伙犯罪现象较常见

从生理学角度讲，未成年人体力智力都未发育成熟，独立性差，喜欢结伙聚群玩耍，若与有不良行为的人混在一起，就很容易被感染，进而结成犯罪团伙，这种团伙成员一般不固定，具有松散性。从心理学角度来讲，其思维的灵活性和深刻性还不足，对复杂的问题的认识和处理还需要借助别人的启发。从社会心理学角度来讲，虽然他们的独立意识已经很强，自觉已经长大了，但是却得不到成年人的承认，甚至常常受到压抑，于是便会到同龄人中去寻找知心朋友，借助团伙的力量去寻找好奇、刺激、憧憬等。这些人在作案时，相互壮胆，相互逞强，其危害程度往往在作案过程中逐步升级。正如一位法律工作者所讲的："青少年犯罪时，一个人犯罪胆小如鼠，两个人犯罪气壮如牛，三个人犯罪无法无天。"2010 年 4 月，某市区级人民检察院批准逮捕了以王某为首的 8 名未成年犯罪嫌疑人，一举摧毁了这个疯狂的抢劫、盗窃团伙，在社会上引起了强烈反响。这个犯罪团伙中最大的 18 岁，最小的才 15 岁，自 2008 年 6 月以来，他们多次持刀拦路抢劫出租车和盗窃摩托车，有时一周之内甚至作案几起，给社会造成了极大的危害。

（五）未成年犯犯罪的强大破坏性

由于未成年犯个性没有完全成熟，缺乏识别和处理矛盾的经验，易于盲目行动，往往使他们对奇异、荒诞、乖谬、暴戾等富有刺激性的事物趋之若鹜，并不惜冒险去模仿。他们分辨和评价事物常常是从个人好恶出发，喜怒无常，两级性明显。对于他们所喜爱的，便不顾一切地去得到；对于他们所痛恨的，便想不择手段去排除，甚至不惜冒生命危险。这种凭个人极端好恶实施的犯罪行为，有时可以达到丧心病狂的程度，对社会无疑会造成很大的破坏性。

另外，由于其独立意识比较突出，排斥成年人的干预，乐意在同龄人中寻找"知己"，所以未成年犯纠合在一起时，一种争强斗胜、不甘人后的自我显示心理油然而生。因此在实施犯罪行为时，未成年犯会形成一种自我激励的体验，造成很大的社会危害。

三、未成年犯的改造心理特征

正是由于未成年犯面临着心理发展和客观现实的诸多矛盾，加之在犯罪活动中受到不良影响，养成不良习惯，使他们在服刑改造中，也表现出一些与其他年龄阶段罪犯不同的特征。

（一）思想观念混乱，意识不坚定

未成年犯由于其所处的特殊人生阶段，导致了他们身上既有真、善、美的东西，也有假、恶、丑的渗透，有时表现出正确的思想和行为，有时又会呈现出思想观念混乱的特征。例如，他们有时会因民警的高风亮节而崇拜；有时又会把个别反改造分子的言行看成勇敢行为，甚至去模仿、追随；有时他们为救助灾区群众会慷慨解囊；有时又会为追求物质享受而不顾家庭的承受能力无限地索要钱物等，这种思想观念的混乱表现反映了未成年罪犯人生观的不成熟性。这期间如果能进行正确的教育、引导，会使他们逐渐强化正确的方向从而建立起新的人生观和世界观。

（二）情绪情感波动明显，反复性强

未成年犯正值身体快速发育期，内分泌旺盛多变，判断事物的辩证思维能力很弱，内心体验常常受外在情景的影响，在犯罪生活中养成的不良习惯也会经常干扰其个体的心态发展。正是由于生理的、心理特点与客观情景的相互作用，才使未成年犯情绪情感波动性大，忽而高度兴奋，忽而极度消沉，两级性比较明显。在服刑中，认罪和改造也常常会受到自身情绪情感波动的影响，忽好忽坏，变化无常。例如心情好时认罪了，心情不好时不认罪；情绪高涨时改造信心满满，情绪低落时又悲观失望；受到表扬劲头十足，受到批评垂头丧气等，多数人的改造表现反复性明显。

（三）行为盲目，从众特点较明显

由于未成年犯的世界观还正在形成之中，缺乏正确的判断和评价客观事物的标准，特别是当他们处在一个纪律松弛、歪风邪气盛行的群体之中时，便会产生一种盲目的从众心理，对周围的事物会不加选择地兼收并蓄。同样，未成年犯的从众心理也可以产生积极的效果。如果一名未成年犯进入一个有着严明的纪律、良好的习惯与作风、浓厚的学习氛围的群体，受到周围的人与环境的影响，从而产生从众心理，开始向他们学习，耳闻目染，就会产生良好的教育效果。因此，只要民警加以正确的引导，并给他们创造一种良好、向上的改造氛围，这种从众心理就可以向着我们希望的方向发展，近而成为加速改造的一种优势。

（四）容易形成小群体

青少年由于生理、心理方面的种种原因，特别喜欢与同龄人交往。处于服刑期间的未成年犯，每日学习、生活在一处，会在时间、感情和心理的距离上拉近，所以，服刑中未成年犯更有相互交往的要求和条件。当他们同被编入一个小组、分队或中队时，便会逐渐产生一种亲和作用，在这种亲和作用基础上，再加入性格、兴趣、爱好等因素，又会进而分化形成三五成群的小群体。未成年犯之所以喜欢和重视有自己的朋友圈子，是因为：第一，其需要在同龄罪犯中寻求新的交流和友谊，借以摆脱自己的孤独感。第二，是自我保护的需要。为了改善服刑生活环境，保护自己不受欺负，有的未成年犯便主动与人交往，建立感情联系，借群力群团来保护自己。第三，是为了将来发展的需要。一些未成年的相互交往，是为了将来出狱后的个人发展，“多个朋友多条路”，为将来的出路奠定基础。

（五）接受暗示性强

接受暗示是一种普遍的心理现象。由于未成年犯认识比较贫乏，社会经验严重不足，分析、判断和评价问题时，比较易于接受，如语言、文字、表情、手势、物体、情景等因素直接或间接的影响，即具有较强的受暗示性。正因为接受暗示性强，所以易于接受新影响，内部阻力较小，领会问题较快。例如，未成年犯对环境、文娱和体育活动、师生关系、血亲关系等问题比较敏感，那么在改造中就可以通过美化、净化环境中去加以熏陶；丰富多彩的文体活动以寓教于乐；良好的民警形象以潜移默化；有影响的亲属规劝以启发引导等，从而逐步达到扶正抑邪、驱旧布新的目的。

四、未成年犯的特殊管理要求

（一）将未成年犯与成年犯严格分开监管

《监狱法》第39条规定：“监狱对成年男犯、女犯和未成年犯实行分开关押和管理……”《预防未成年人犯罪法》第53条规定，对被拘留、逮捕以及在未成年犯管教所执行刑罚的未成年人，应当与成年人分别关押、管理和教育。对未成年人的社区矫正，应当与成年人分别进行。对有上述情形且没有完成义务教育的未成年人，公安机关、人民检察院、人民法院、司法行政部门应当与教育行政部门相互配合，保证其继续接受义务教育。由此可见，将未成年犯与成年犯严格分开监管，是对未成年犯改造和处遇的最基本的要求。

未成年犯具有较强的模仿性，如果与成年犯关押在一起，成年犯中的各种陋习很可能会成为他们效仿的榜样。一些用心不良的罪犯会对他们进行拉拢，向他们介绍犯罪经验，传授犯罪方法，引诱他们去对抗监管改造。因此，要切断这个感染源，净化改造环境。另外，未成年犯的生理心理发育都不成熟，自身的防护能力较弱，也会被一些恶习较深的成年犯寻找机会欺凌，为保障未成年犯的人身安全，应当将未成年犯与成年犯严格分开监管。

（二）对未成年犯应实施针对性的管理和处遇

未成年犯与成年犯在很多方面都存在巨大差异，这就决定了监狱对这两类罪犯的管理应该各有侧重点。例如，在伙食供应方面，未成年犯的供应标准适当高于成年犯，大约是10%～20%；在会见、通讯方面应适当放宽条件，多让其与家人沟通和联系；在卫生方面，要注意青春期的生理卫生知识的传授等；在劳动方面，可以根据未成年犯的特点安排适宜的劳动项目，实现特定的劳动目的。总之，应坚持“以人为本，宽严相济”的原则，充分尊重90后未成年犯发展需要。

（三）实行“六个字”“三个像”的政策

在对未成年犯的改造中，应当贯彻“教育，感化，挽救”六个字的政策，并做到“三个像”：“像父母对待孩子，像医生对待病人，像老师对待学生”。在监管实践中，民警应针对未成年犯的特点，做到循循善诱，诲人不倦，把“动之以情，晓之以理”的教育方法贯彻到各项具体工作中。

（四）采取以“教育、感化、挽救”的方针

《未成年人保护法》第113条规定，对违法犯罪的未成年人，实行教育、感化、挽救的方针，坚持教育为主、惩罚为辅的原则。对违法犯罪的未成年人依法处罚后，在升学、就业等方面不得歧视。监狱应当对未成年人犯进行理想教育、道德教育、科学教育、文化教育、法治教育、国家安全教育、健康教育、劳动教育，加强爱国主义、集体主义和中国特色社会主义的教育，培养爱祖国、爱人民、爱劳动、爱科学、爱社会主义的公德，抵制资本主义、封建主义和其他腐朽思想的侵蚀，引导未成年人树立和践行社会主义核心价值观。在监管实践中，应把教育手段和劳动手段紧密结合起来，发挥二者各自作用。

（五）激励管理

对未成年犯的激励应注意以下几点：

1. 未成年犯还不是心理成熟的个体，如果给予强刺激，易于引起他们感知偏颇和扭曲，使他们的人格发展偏离正常，进而影响心理发展和健康。所以，对未成年犯的矫正，应当坚持“教育为主，惩罚为辅”的原则，针对他们身心具有可塑性的若干特点，多实施正激励，少采用负激励。另外，设置的激励条件不应当是难度大的，运用时还要注意适度，可以坚持“从易入难”的原则，具有阶梯性。

2. 要从未成年犯的心理特点出发，注重家庭亲情激励。家庭因素在未成年犯教育矫正过程中，占有特殊的地位。家庭亲情对未成年犯的法制观念、人际关系、需要与动机、情绪状态、环境适应起着各种各样的影响和作用，家庭亲情对未成年犯的矫正影响，具有长期性、深刻性、个别性等特点。在未成年犯看来，家庭的亲情是他在服刑期间最可信赖的一种情感，所以亲情激励也是其最希望得到的激励之一。

3. 激励内容应当丰富多样，如法律激励、文化激励与技术激励。未成年犯就其罪犯身份而言，是暂时的，终有一天，他要回到社会，成为一个普通的社会公民。考虑到未成年犯今后的成长和发展，对未成年犯在实施激励时，应兼顾他今后走上社会的需要。可以根据我国现有法律的有关规定，适当增加对未成年犯法律激励的机会，让他们尽可能通过自己的积极表现早日回到社会。在日常的活动中，应当多施加文化学习和技术学习激励，使他们在服刑期间，学到完成社会化过程所需要的文化知识，学到今后走上社会能够赖以谋生的劳动技能。

（六）未成年犯的改造环境

1. 注意生活环境

未成年犯管教所宜设置在交通方便的大、中城市或其近郊。因为只有交通方便，才能方便亲属经常探视，加重亲人的亲近、爱抚和规劝。在城市近郊区，环境比较安静，空气也比较清新，也便于未成年罪犯的成长和反省。未成年犯的宿舍要建筑得宽敞、明亮、向阳、通风、实用、安全、美观与合理，既有益于身体健康，又有利于防范事故的发生。未成年犯的住区可以种花养草，注意绿化，使未成年犯如生活在大自然中，既赏心悦目，又陶冶情操。

2. 加强学习环境的建设

所内既要科学地安排未成年犯学习、劳动，又要突出业余生活的娱乐性和趣味性，把气氛搞活。要把管教所建设得“严而有度，活而有序”，既有纪律规范，又要个人心情舒畅，让未成年犯在充满愉快和希望的氛围中学习与改造。

3. 应当大力加强所区的文化建设，建立图书馆和阅览室，特别要增加适合青少年阅读的读物

未成年犯管教所内可以举办读书会、朗诵会、演讲会；办墙报；开展表扬与批评，指导所内舆论正确发展；开展经常性的歌咏比赛、文艺晚会，以活跃所内生活。让未成年犯在娱乐中学习、反省自己和创造未来。此外，还可以开展体育活动，举办运动会，促进他们身体素质的提高，也让其展示一下自己的才能。另外，还可以“走出去”参观名胜古迹，解说革命传统教育；“请进来”让名家进行学习辅导，如此等等。把所内的文化生活搞得丰富多彩，富有情趣，让未成年犯在愉悦中增长知识和进行自我改造。

五、未成年犯的具体管理

（一）监管制度

1. 收押与转送

根据《监狱法》第 74 条的规定，“对未成年犯应当在未成年犯管教所执行刑罚”。因此，未成年犯管教所只收押未成年犯，不准收押成年犯，同样，成年犯监狱亦不准收押未成年犯，应严格遵循“未成年犯与成年犯严格分开监管”的制度。

未成年犯管教所收押未成年犯，依照《监狱法》关于收押的规定进行。根据《监狱法》第 76 条的规定，“未成年犯年满十八周岁时，剩余刑期不超过二

年的，仍可以留在未成年犯管教所执行剩余刑期”。也就是说，未成年犯年满18周岁时，余刑在2年以上的，应当转送成年犯监狱继续关押改造。

2. 内卫与警戒

与成年犯监狱相比，未成年犯管教所的内卫警戒有如下特殊要求：

简化部分警戒监管设施。根据有关规定，未成年犯管教所可以不设岗楼、电网和禁闭室。

未成年犯管教所不搞武装看押，内卫与警戒工作均由所内看守人员承担。所内看守人员由监狱人民警察担任，配发警械用具和武器，用于应付监狱突发事件。

对未成年犯原则上不使用戒具，但对有逃跑或者破坏行为的未成年犯，可实行禁闭，期限一般为3~5天，最长不超过7天，对于涉及案件审理的，可适当延长。关禁闭期间每天可以放风2次，每次不少于1小时。

3. 生活卫生方面

各地未成年犯管教所都有一套关于伙食、被服、居住环境、宿舍、内务、个人卫生、作息时间以及零用钱管理的制度。例如，着装要统一，不留胡须，发型上男少年留短发，不剃光头，女少年不烫发，定期修剪指甲，洗澡，勤换衣服，物品要摆放在固定位置等。这套制度使未成年犯改造有了一个良好的生活条件和生活环境，对其养成有规律的生活卫生习惯起到了积极的作用。

（1）伙食供应。未成年犯正处于长身体的时候，快速生长的身体需要大量的营养来补充，所以伙食供应标准适当高于成年犯，大约是10%~20%。在监狱民警的带领下，部分年龄较大，经过培训，体检合格的未成年犯可参加食堂工作，这可以使其通过实践，学会了烹饪手艺。对于有特殊饮食习惯的少数民族未成年犯，应单独配膳，对病号也应在伙食上给予关心。未成年犯管教所还可以改善节假日伙食，开出生日灶、家属会见灶等，让未成年犯吃得卫生，吃得开心，感受到温暖和亲情。

（2）服装供应。未成年犯的服装由未成年犯管教所统一制作、供给，服装色泽和式样可比照在校学生的校服，费用略高于成年犯，服装上同样不准印有侮辱性的字眼。

（3）作息管理。未成年犯管教所应合理安排作息时间，未成年犯每天学习4小时，每周不少于20课时，每年不少于1000课时，文化、技术教育时间不低于总课时的70%。每天劳动4小时，每周不超过24小时，保证每天睡眠时间不少于8小时。

（4）卫生管理。所内的医疗保健机构配备了专门医护人员和医疗设备，对未成年犯进行体格检查、开展卫生防疫工作、定期到监区巡回查诊、密切注意疫情、对各类疾病及时予以治疗。如果所内无法治疗的，应及时转诊。对未成年的女犯应适当增发卫生费。有的未成年犯管教所还针对未成年人易犯近视眼和牙科疾病，聘请专科医院的医务人员进行诊治。另外，医务工作者要定期向未成年犯讲授青春期生理卫生知识，还可以参与到对未成年犯的心理矫治工作中。

4. 会见、通讯方面

未成年犯会见、通讯的时间和次数可以比照成年犯适度放宽，对于改造表现突出的，还可以准其与亲属一同用餐或者延长见面时间，最长不超过 24 小时。如遇到直系亲属病重、死亡或家庭发生重大变故等情况，经所长批准，可以准其回家探望、处理，但必须由民警带去带回。

5. 行为规范

（1）取消小组长，改进罪犯小组模式。营造了公开、公平、公正的改造环境，促进了小组之间、罪犯之间的纪律监督及协调，更好地发挥互监组的作用，有效地防止了小组长的特权思想和行为。

（2）队列比赛。每季度可以组织全所各监区未成年犯进行一次队列“检阅”，大大增强了未成年犯的集体观、执行观、纪律观。还可以针对未成年犯行为懒散、忽视细节的特点，开展以站姿、坐姿、蹲姿为主要内容的“三姿”训练，要求未成年犯以“行如风、站如松、坐如钟”为标准，树立良好的行为形象。

（3）拓展训练。区别于严格的制度管理和宣教式教育形式，拓展训练更能结合未成年犯喜欢参与运动性、探索性活动的特点，让他们“从做中学”，促进动手能力、受挫力、自我激励、承担责任、诚信、团队合作等基本素质能力的提高。

（二）考核与奖惩

未成年犯管教所对未成年犯应当建立日常考核制度，并依法实施奖惩制度，奖励面要宽于成年犯，次数可以多些，幅度可以大些。

1. 对未成年犯的减刑、假释，在掌握标准上可以比照成年犯依法适度放宽

只要未成年犯能够认罪服法，遵守改造行为规范，积极参加学习，完成一定劳动任务，即可以视为确有悔改表现，应予以减刑，其减刑幅度可以适当放宽，间隔时间可以相应缩短；对犯罪时未成年，在刑罚执行中确有悔改表现，不致再危害社会，且假释后具备监管条件的罪犯，可以不受法定执行刑期的限制，适用《刑法》第 81 条关于特殊情节的规定，予以假释，但对集团犯罪的首犯、主犯、惯犯、累犯和罪行特别严重的罪犯的假释，应从严掌握。

2. 离所探亲制度

未成年犯遇有直系亲属病重、死亡或家庭发生其他重大变故时，经所长批准，可以回家探望处理。除了以上的常规探亲以外，未成年犯还可以享有特殊的

探假奖励。享有探假奖励的条件是：服刑期在 1~3 年以上，表现一贯良好，离所后不致再危害社会。时间为 5~7 天（不包括路程时间）。离所探亲的未成年犯必须要其父母或监护人接送。有的未成年犯管教所还拟定了探亲离所的实施细则，加强对未成年犯的管理，如先了解对象的家庭看管条件；听取所在派出所、居委会的意见，并请上述机关进行协助；假期结束后，民警还应了解其放假活动，做好记录等。

3. 未成年犯管教所对违反监规纪律的未成年犯，可以给予警告、记过的处分

对未成年犯一般不适用禁闭处罚，特殊情况下如需适用，关禁闭期限一般为 3~5 天，最长不超过 7 天，每天可以放风两次，每次不少于 1 小时。

（三）刑满安置

未成年犯在刑满回归社会以后，应特别注重其复学、升学问题。《未成年犯管教所管理规定》规定，未成年犯服刑期满，未成年犯管教所应当按期释放，发给释放证明书及路费，通知其亲属接回或者由人民警察送回。刑满释放的未成年人具备复学、就业条件的，未成年犯管教所应当积极向有关部门介绍情况，提出建议。另外，《未成年人保护法》规定："解除羁押、服刑期满的未成年人的复学、升学、就业不受歧视。"

（四）社区矫正

未成年犯社区矫正是一种与在监狱执行的"狱内矫正"相对的、使罪犯不与社会隔离并利用社区资源教育改造罪犯的方法，就是将符合一定条件的罪犯置于社区内，由专门的执行机关在相关的社区组织、社会团体及志愿者的协助下，使其在正常的生活环境中接受帮助和教育，接受正确的道德规范和行为准则。

未成年人与成年人相比，其生理和心理都没有发育成熟，社会经验和认识能力远低于成年人，所以对自己行为所可能导致的后果还没有正确的预见性。未成年违法犯罪的类型一般比较简单，主要是盗窃、抢劫、寻衅滋事、故意伤害以及性犯罪等几种智能化程度较低的犯罪为主，违法犯罪的原因多数是受不良的家庭因素和生活环境的影响，违法犯罪的主体主要是失学学生、失管和失控的青少年。正是因为具有上述特点，也充分说明了未成年犯的主观恶意不大、社会危害程度低、可塑性强、改造后回报社会的概率高，因此，在对未成年犯开展社区矫正时要始终贯彻"教育、感化、挽救"的方针，坚持"教育为主，惩罚为辅"的原则。因此，未成年犯被判处社区矫正以后，社会各界如果能积极配合有关机关进行教育改造，就能收到很好的改造效果。

实行社区矫正，对一个国家来说可以提高矫正的效果，降低重犯率，有利于

维护社会治安状况；对未成年犯自身来说，可以较早恢复自由，有利于在狱外恢复行使其学习和工作自由等重要权利，而且可以使其尽早与家人团聚，从而提高矫正效果，减轻家属在罪犯服刑期间的经济负担和精神痛苦；当然，也有利于合理配置行刑资源，降低行刑成本，提高改造质量，维护社会稳定，使未成年犯避免受到成年犯的“二次感染”；从国际视野来看，社区矫正还符合世界行刑发展趋势，有利于与国际刑事司法领域的通行做法接轨。

因此，社区矫正不仅是对未成年犯人权的一种尊重，更多的是体现了我国“宽严相济”的刑事政策，也符合我国刑罚改革发展的方向，体现了现代文明。

2019 年 12 月 28 日第十三届全国人民代表大会常务委员会第十五次会议通过《社区矫正法》，规定对未成年人的社区矫正，应当与成年人分别进行。未成年社区矫正对象在社区矫正期间年满 18 周岁的，继续按照未成年人社区矫正有关规定执行。对未完成义务教育的未成年社区矫正对象，社区矫正机构应当通知并配合教育部门为其完成义务教育提供条件。未成年社区矫正对象的监护人应当依法保证其按时入学接受并完成义务教育。年满 16 周岁的社区矫正对象有就业意愿的，社区矫正机构可以协调有关部门和单位为其提供职业技能培训，给予就业指导和帮助。未成年社区矫正对象在复学、升学、就业等方面依法享有与其他未成年人同等的权利，任何单位和个人不得歧视。有歧视行为的，应当由教育、人力资源和社会保障等部门依法作出处理。社区矫正机构工作人员和其他依法参与社区矫正工作的人员对履行职责过程中获得的未成年人身份信息应当予以保密。除司法机关办案需要或者有关单位根据国家规定查询外，未成年社区矫正对象的档案信息不得提供给任何单位或者个人。依法进行查询的单位，应当对获得的信息予以保密。

第二节　女犯的管理

一、女犯的犯罪特征

监狱学意义上的女犯，是指已经受刑事处罚的女性被监禁人，这是基于性别的一种分类。从世界各国的在押男女犯比例来看，女犯人数大大少于男犯。例如，根据相关统计，我国女性犯罪在整个刑事犯罪中所占比例极低，一般为 2% ~4%，每年平均在押女犯约 28,000 余人。近几年女性犯罪呈上升趋势，如果把那些免予刑事处罚及缓刑的女性犯罪也包括在内的话，比例会更高一些。女犯作为罪犯中的一类特殊群体，无论是在犯罪特点、改造心理还是在具体监管制度方面都有所区别。

（一）涉及的罪名较集中，“共同犯罪”比例提高

当前女性犯罪的种类主要集中在侵犯财产、侵犯公民人身权利、侵犯公民民主权利犯罪和妨害社会管理秩序犯罪几大方面。在女性犯罪案件中，暴力犯罪比例高达43.8%，同时女性犯罪涉及罪名又趋多样化，如盗窃案占案件总数的29.9%，比例较高，其反映了一些女性追求享受的心理比较突出。在对女性犯罪调研中，还发现女性犯罪共同犯罪人数高达56.7%，且多数为从犯。这是由于女性在现实社会中属于弱势群体，所以如果受到伤害或欺骗、自卑思想严重、迫于家庭暴力而“自愿”协助他人犯罪的现象会比较突出。

（二）文化素质低，法律意识淡薄，年龄呈中青年化趋势

通过相关数据调查，女性犯罪人高中以下文化程度占总数的92.1%，仅9人是本科以上的文化程度，文盲占了15.8%。文化水平低下，其法律意识也会较为淡薄，容易受物质利益的诱惑和外界因素的干扰，同时由于部分女性性格偏激、狭隘，易感情用事，自控能力较差，常因琐事处置不当，而采取过激行为，进而诱发犯罪。

另外，据统计，2006—2010年女性犯罪人年龄，18岁以下的占8.9%，18岁以上的占91.1%；细分18岁以上的，则18～30岁的有88人，30～45岁的有221人，45～60岁的有57人，60岁以上的有3人。由此可见，女性犯罪人群的年龄集中在30～45岁。这一年龄段的人员犯罪率高的原因，主要是身为中青年，大多数人员“上有老，下有小”，生活压力较大，一些人迫于生计及担负着赡养老人、抚育子女等责任，却又不想通过勤劳致富，通过盗窃、诈骗、敲诈勒索、贩毒等犯罪手段来实现敛财的目的。

（三）女性激情犯罪人数居多

由于女性犯罪人不善于理智地控制自己的情感，容易激情犯罪，事后又常常后悔不已。比如，某女子监狱的罪犯黄某某是因与丈夫上网聊天一事发生争吵，在厮打中，黄某某拿起茶几上的水果刀，将丈夫腿部捅伤，随即打“120”将丈夫送到医院，后其丈夫经抢救无效死亡。

（四）犯罪环境的熟悉性

从女性犯罪人的户籍地看，本地人占总人数的92.7%，仅有极个别的属于外来人员。由于女性较之男性做事胆小谨慎，其侵害对象多为熟人、熟事或熟物，常常会选择较为熟悉的环境实施犯罪。例如，女性犯罪人周某因琐事与丈夫发生争执，后其乘丈夫熟睡之际，用剪刀将厨房煤气管道软管剪断，然后打开煤

气阀门，致其丈夫死亡。

（五）高知识犯罪比率上升

具有较高知识学历的女性犯罪大多是贪污、受贿、诈骗等经济方面的犯罪。例如，上海女子监狱的罪犯范某入狱前是某石油公司的经理，在她任职时采取收入不入账、欺骗等手段贪污40余万元，在接到判决书时还不愿承认自己是在贪污。因此，高知识女性在学会用法律保护自己的同时，同样要用法律约束自己，才能远离犯罪。

二、女犯的改造心理特征

女犯投入改造后，其心理现象不是孤立的，原有的罪犯心理结构与监内诸多因素相互转换，相互作用，是一个系统的动态运动轨迹。女犯在监狱环境中，积极的因素逐渐内化到原犯罪心理结构，破坏、矫正原犯罪心理结构，向良性方面转换，并外化到改造行为中。

（一）境遇变迁心理

女犯经过法律惩处之后，境遇发生了很大的变化。入狱服刑对其犯罪心理起到了警戒和震慑作用，但并没有完全被破坏。具体表现有如下几种：第一，女犯不认罪是原犯罪心理的能动性发扬，认为“无罪也判，轻罪重判”。第二，以歪曲法律及道德观念为自己开脱，认为自己“犯了没什么大不了的罪，只不过做错了一点”等。女犯投入改造后不认罪其实是其初期境遇变迁后很明显的一个心理特点，民警应注意在此方面加强监管。

（二）强烈的情感需要

女犯的情感有以下几种表现：

1. 怀念亲人心理

女性情感细腻，体验深刻，投入服刑的初期阶段，与家人分离，对监内环境不了解也不适应，会产生一种思亲恋家的情绪。女犯中流传着这么一句话“丈夫是靠山，儿女是支柱，家庭是一切”。她们把家庭亲情看得高于一切。尤其是逢年过节，或者身体患病，或看到他人刑满释放时便触景生情，思念之情更为迫切、更加强烈。正如一名女犯在向民警汇报思想时说：“我恨过去的犯罪，走到了今天这步田地，夫妻分离，母子不能相见。你知道，孩子失去母爱是多么痛苦，母亲见不到孩子是多么难过。”

2. 社交结伙心理

女犯处于与社会家庭隔离的环境中，她们在孤独、焦虑、胆怯等心理支配下，迫切需要寻找新的精神慰藉，以摆脱孤立无援的困境。

3. 依附归属心理

投入监狱服刑以后，她们自感远离亲友，深感势单力薄，希望获得安全感。因此在改造中极容易聚成群体，寻找同类人，借机填补内心空虚。

（三）错误的认知观念

女犯的认知观念是和她们的理想、需要、兴趣、意志以及个性特征等水平相联系的，同时也与她们的年龄、社会经验、原有的职业、文化程度等因素密切相关。其认知特点主要表现为：

1. 认知范围的狭窄性

一般女犯文化程度偏低，法制观念淡薄，法律知识贫乏，她们对自己的犯罪行为不能正确评价。例如，犯重婚罪的认为是“对买卖婚姻的反抗”；性方面的罪犯则认为“只是在一起玩玩，是两情相悦的事”。在这种情况下，女犯们很容易形成心理郁结而产生苦闷、对立的情绪，成为她们改造过程中心理转换的消极意识。

2. 认知过程的直观性

女犯比较善于接受形象、具体、直观的外界信息，而对抽象概念的信息较难接受。

3. 认知过程的反复性

女犯由于文化水平较低，受性格上的软弱和依附心理的影响，易受暗示、缺乏主见、认识反复。这些特点对其认知也会产生一些负面影响。

（四）意志缺乏坚定性，反复性明显

女犯的意志行为，首先是以她面临的改造目的的存在为前提，是与从入监起要求其改造的目的相连的。如果说女犯认识情感是外部刺激向内部意识的转化，那么意志则是内部心理结构和意识向外部改造行为的转化，所以女犯的意识行为是积极和消极的统一体，这就决定了其意志行为的反复性。由于女犯虚荣心、面子观念比男犯强烈，所以会形成女犯接受改造的进取心较明显，表现为对劳动、学习、遵守监规纪律等方面的积极态度。但是，由于改造目的尚不明确，其意志行为与克服改造中碰到的困难（如犯群中的消极因素和原犯罪心理障碍）相联系，再加上以前形成的恶习较深，积重难返。因此，女犯内心一般既想改好但又怕苦怕累，容易表现出其意志薄弱的一面。据某省女子监狱统计，在一段时间内，50%左右的女犯在改造过程中有小的反复，10%左右的女犯有较大的反复，5%左右的女犯有大的反复。

（五）自相矛盾的心理贯彻于改造的全过程

女犯的改造是一个破旧立新的过程，是彻底改造思想，重新做人的过程。这对于恶习很深的罪犯来说，无疑是艰巨的，必然充满着矛盾的斗争。这种矛盾的心理，表现在很多方面，如认罪与不认罪的矛盾；想改好与怕苦怕累的矛盾；渴望自由但又怕回归社会的矛盾；想见亲人又怕见到亲人的矛盾等。

多数女犯在判刑后，感到后悔，特别是青少年女犯觉得对不起父母，悔不该当初，一失足成千古恨，但她们在改造过程中，又对改造生活感到不适应，甚至畏难，徘徊不定，从而留恋过去放荡不羁的生活。同时，看到别的罪犯通过艰苦的改造争取到了减刑，女犯内心也会受到鼓舞，从而表示要下定决心好好改造。但由于怕苦怕累的性格，多数女犯坚持不了多久，她们的内心经常处于矛盾之中。

三、女犯的特殊管理原则

（一）特殊保护原则

女犯是罪犯中的女性，由于其生理和心理的特殊性，监狱需要对女犯给予特殊的保护，主要以下列几个方面为主：

1. 女犯的人格权保护

监狱应重视女犯的人格权保护，以促进女犯自尊、自爱、自强。例如，不得在女犯衣服上印有“犯人”等字眼，监狱不得强迫女犯留歧视性发型，女子监狱要由女性监狱人民警察管理，对其人身及物品的检查也应由女性民警进行等。

2. 女性婚姻、家庭方面的权利保护

一般而言，女犯较男犯在情感上更依赖家庭和亲人，因此，监狱应重视女性在婚姻、家庭方面的权利。根据《妇女权益保障法》的规定，妇女享有与男子平等的婚姻家庭权利，妇女对夫妻共同财产享有与其配偶平等的占有、使用、收益和处分的权利，不受双方收入状况等情形的影响。

3. 女犯身体健康方面的保护

特殊保护女犯，在教育、监管、行刑处遇、劳动等方面都要具体体现特殊对待。例如，女犯的监舍要特别注意卫生设施和卫生条件，女犯的特殊生理期时应予以特殊关照。《劳动法》第60条规定：“不得安排女职工在经期从事高处、低温、冷水作业和国家规定的第三级体力劳动强度的劳动。”女犯进入更年期，随着生理上的变化，会出现某些反常的心理和行为，如紧张、易激动、情绪不稳等，在管理中，民警应根据情况仔细观察分析，本着“管理从细，生活从宽，劳动从轻”的原则，积极引导她们学会倾诉，冷静思考，与人为善，知足常乐，尽快把她们从人生的泥沼中引领出来。

（二）区别对待原则

区别对待是指要根据女犯的个性特点，个人经历，犯罪性质等不同情况，采取不同的管理方法。主要体现在以下几个方面：在管理主体上，女犯应由女性监狱人民警察负责管理，这不仅是尊重其人格权的需要，还是维护监管正常秩序的需要；在管理方法上，女犯管理可以重点突出感化教育的作用，做到“寓管于教，管教结合”；在奖惩方面，应坚持“考核从严，奖励从宽”的策略；根据有关规定，女犯一般不使用戒具，遇到特殊情况非使用不可，必须从严掌握，严格审批手续，尽可能不实行禁闭；在教育方法上，监狱民警应充分发挥个别教育的优势，因人而异，寻找切入点，从痛心之处谈起，刺其痛心，从寒心之处谈起，暖其寒心，从灰心之处谈起，亮其灰心；加大心理干预，用民警的言行对女犯产生潜移默化的作用，引起女犯心理结构的改变，促使她们正常人格的形成，从根本上消除扭曲的心理定式，达到自觉接受改造的目的。

（三）寓教于管原则

寓教于管原则是区别原则的派生原则，其成立基础是基于女性比男性具有更强烈的情感依赖性。

1. 重视对女犯进行感化教育

管理女犯需要重视女犯的情感培养，强化积极情感，弱化消极情感，这种培养离不开感化教育，这就要求民警能热情的对待女犯的生活学习和改造生活，触动她们的情感，为她们解决后顾之忧，予以更多的人为关怀，使之受到感化。女犯情感丰富细腻，经常会有一些情绪变化，尤其是在入监初期、节假日、生病时或有困难时，这种情感会表现得更明显。民警应把握时机，以自己的真诚和热情来感化她们。通过这种情感交流，能够极大地促使其从内心认罪悔罪。

2. 应根据具体情况开展个别教育

个别教育主要是通过个别谈话的形式开展的，重在启发疏导，有很强的针对性，不受时间、地点的限制，保密性较好，容易为女犯接受。当然，个别谈话要善于选择时机，民警平时应加强对女犯的观察分析，发现问题后及时谈话，可以使效果非常显著。

（四）管理从宽原则

该原则可具体体现在：严禁打骂、体罚、侮辱人格，即不训斥、不侮辱人格，不体罚打骂，不讽刺挖苦，不揭老底；一般情况不适用戒具；在伙食上，可以根据女性体质弱，饭量小的特点，尽量把伙食做精做细；会见、通讯方面，适当放宽限制，如增加次数，延长时间等；在奖惩方面，应坚持“考核从严，奖励从宽”的策略。另外，根据女犯情感变化多、心理承受能力弱的特点，可以设立狱内心理咨询门诊、情感疏导室、情绪宣泄室，用科学的方法消除女犯的对立情绪，教给女犯自我调节、自我疏导的方法。

（五）激励教育原则

女犯普遍思想狭隘、虚荣心强，爱听表扬、鼓励之辞，而受到批评时容易想不开，甚至产生抵触情绪。有鉴于此，民警对女犯的教育改造应注意：

1. 及时鼓励

对女犯有进步或积极改造行为时，应当及时地、不失时机地给予奖励，使其从中受到鼓舞，激发继续努力的热情。因为这时女犯对于鼓励的心理反应是最强烈的，如果时过境迁，再行鼓励，女犯对此会不以为然，鼓励也就失去了激励作用。

2. 适当鼓励

对于女犯不同程度的进步或积极改造行为，应给予相应的、适当的鼓励，灵活运用多种鼓励方式，包括口头肯定、表扬以及监狱法规定的各种奖励措施。因此，民警应细心观察，发现女犯的微小进步，及时给以肯定，鼓励其继续努力。

四、女犯的具体管理

（一）分开关押

对女犯应当实行与男犯的分开关押，根据女犯数量多少，各省、市、自治区设置女子监狱集中收押女性成年罪犯。随着女犯收押数量的增加，各省（市、区）女子监狱建设从20世纪80年代后有较大的发展。女子监狱大多数位于省会城市附近，交通便利，拥有较完整的监管设施。女犯人数如果相对集中，但单独建制有困难的，也可设立了女子分监，相对独立运作。人数较少的，比较分散的，可设专门监区、分监区。《监狱法》规定，女犯由女性人民警察直接管理，这是指在监管改造工作中，管理女犯的监区、分监区和与女犯接触较多的狱政、教育、生产、生活卫生等岗位的管理人员均应是女性人民警察。一些不直接管理女犯的工作岗位，也可以有男性人民警察。女子监狱的领导班子组成人员中应有相当比例的女性人民警察。

（二）监管制度

1. 收监

根据《监狱法》第17条的规定，对收监时女犯正在怀孕或者正在哺乳自己婴儿的妇女可以暂不收监，由交付执行的人民法院决定暂予监外执行。暂予监外执行的情形消失后，原判刑期尚未执行完毕的罪犯，由公安机关送交监狱收监。这体现了对怀孕女犯及胎儿或新生婴儿的权利保障（司法实践中，哺乳婴儿一般视为不满一周岁）。

《监狱法》第18条规定：“罪犯收监，应当严格检查其人身和所携带的物品……女犯由女性人民警察检查。”这样规定主要是为了保护女犯的合法权益，防止异性的骚扰和侵犯，同时也便于更好地检查。

《监狱法》第19条规定：“罪犯不得携带子女在监内服刑。”女犯服刑后，子女已过哺乳期的，子女应交其亲属、监护人抚养，家中确无亲属的，应送到当地政府，由民政部门收养。

2. 生活卫生方面

女犯的卫生制度会直接会影响到女犯的改造情绪，如果制定得科学合理，可以激起女犯生活的热情，调动其改造积极性。

在伙食上，可以根据女性体质弱、饭量小的特点，尽量把伙食做精做细，并适当改善伙食，保证热水供应，保证生活日用品的发放到位，增加女性必需的医用器械和药品，定期组织女犯进行妇科检查，发现疾病及时治疗，做好经期、更年期和老年期女犯的卫生保健，适度增发卫生费。

可以根据女性爱美的特点，在女犯囚服制作的颜色和款式方面，加以改进，尽量给人一种既严肃又柔和的感觉。有的监狱还尝试允许女犯会见时化淡妆，节假日可以穿便服等措施。

可以开展多种形式，健康有益的文体娱乐活动，丰富日常生活，提高情趣，营造一种良好的改造氛围，创造公正、公平、文明、有序的改造环境。注意淡化生活环境的监禁色彩，尽量减少长期监禁给女犯带来的负面影响，有的监狱还动员女犯美化、装饰自己的监舍。

3. 会见、通讯方面

女犯家庭观念较重，思家恋亲的心情迫切，情绪也容易受到外界影响，监狱可以在会见、通讯方面，适当放宽限制，增加次数，延长时间。这样做不仅有利于缓解女犯的消极情绪，而且还可以利用亲情力量加以感化，增强她们的改造信心。配备专门人员做好接见工作，做到热情周到，不歧视、不刁难，主动向亲属介绍女犯的改造情况。

根据女犯的特点，适当延长接见时间，让她们把话说透。对于家属所送物品，除了不利于改造的，一般准予接受。在母亲节或儿童节等节假日可以组织女犯与其子女团聚，改造效果会更显著。此外，一些省份的女监还建立了儿童村，将家庭没有能力抚养的罪犯的子女集中起来进行教育，使孩子在生活上获得保障，成长中受到良好的教育，这对促进女犯改造，唤醒其良知起到了积极的作用。

4. 行为规范

女犯的行为规范是针对女犯的心理、生理特点和维护女犯监狱正常监管改造秩序的需要，对女犯特别制定的行为规范，主要内容有：

（1）女犯应留齐耳短发，不准烫发、染发、戴假发、描眉、涂指甲、抹口红、戴首饰等。

（2）女犯必须着囚服，不准私自改变囚服式样、颜色和标记等。

（3）女犯在公共场所不准高声喧哗，不得敞胸露怀。

（4）遇有参观或视察的来宾、客人或领导，应注意礼貌，不得有不当的举动。

（5）严禁同性恋。

（6）女犯禁止吸烟。

（三）劳动方面

组织女犯参加劳动是改造她们的基本手段。通过劳动，可以改变以前的恶习，消除好逸恶劳、贪图享受的观念，但由于女犯特殊的生理特点，应注意：

1. 禁止安排女犯从事特别繁重的体力劳动

例如，矿山、井下作业、森林采伐、粉尘作业等，我国劳动法和妇女权益保障法对此都有所规定。

2. 坚持劳动适度

组织女犯劳动时，应安排劳动强度与女犯相适应的工作，严格随意加班加点搞超体力劳动。在确定劳动定额时，应考虑到老弱病残等特殊女犯，并予以适当照顾。搞好劳动保护和劳动保健工作，按时发放劳保用品，努力改善劳动环境和劳动条件。

3. 强化职业技能培训

女犯出狱后面临的困难就是就业，所以职业技能培训工作也非常重要。同其他罪犯比，女犯就业有以下特点：可以与当地劳动部门联系，利用社会力量来监狱办一些适合女性特点适应市场需求的职业培训，如服装缝纫、电脑操作、美容美发、糕点制作等；考试合格，由劳动部门颁发等级证书，为出狱后就业谋生奠定基础；还可以组织女犯到企业工厂参观学习，让她们尽早认识社会、接触社会、融入社会，提高适应社会的能力；启动刑满释放就业安置工程，向社会推荐优秀的刑释人员就业，使女犯真正实现由监狱人向社会人角色的转变。

（四）考核奖惩

女犯入狱服刑后，往往会使一个家庭破碎，进而带来老人赡养、子女抚养等社会问题，长期的监狱生活，也增加了原本就处于社会弱势群体的女犯适应社会、立足社会的难度。为了解决这一问题，提高改造质量，一些省份的女子监狱采取了一些新做法，并取得一定成效。例如，北京女子监狱通过与部分部门协调放宽了部分女犯减刑、假释条件，即丧失或离异服满原判刑期一半以上的女犯，其子女在16岁以下并经当地公安机关出具相关证明的，可以假释或减去余刑。该监狱还在深入调查基础上，制定了罪犯日常放假的规定，定于每年春节、妇女节、劳动节或国庆节期间，批准一批符合法定条件的女犯离监探亲。上海女子监狱根据《监狱法》第57条的规定，批准女犯离监探亲，每年平均25人，约占同期在押犯20%左右，使符合条件的女犯有了接触社会、了解社会、重温亲情的机会。

因此，对女犯的考核奖惩要坚持“考核从严，奖励从宽”的原则，对其考核制度要详尽、具体和真实，特别注意掌握分寸和时机，并时刻注意女犯的心理反应和承受能力，尽可能多使用正面引导手段，激发她们的改造积极性，增强改造信心。

（五）改造环境

加强女犯监区文化建设，形成适合自身特色的改造环境，是女犯改造工作的一个重要组成部分。例如，在环境布置上，让每一个空间都成为体现女性人文精神的阵地，大到花草绿荫的格局，小到零碎饰品、格言警句的张贴，让女犯们随处都能受到文化的熏陶，心情更舒畅，避免极端行为。还可以根据女犯爱美的特点，给女犯配睡衣、安装不锈钢镜子。因为“女犯首先是人，其次是女人，而后是罪犯”，在合理合法的情况下，尽量满足女犯的需要。

相比男犯，女犯有着更强烈的诉求愿望，特别是那些刚入监接受改造的女犯。监狱在这方面可以设置绿色诉求通道，如设立诉求信箱，以满足其正常的心理需求。

在监管工作中，还可以积极构建多样的文娱活动，让女犯都能找到属于自己的舞台，在潜移默化中陶冶她们的情操，在愉悦中受到教育，既培养了团体意识和健康的人格，又弥补了政治强教在理论上的单调与严肃。例如，吉林省女子监狱建立了回归预备村，营造一种社会化的改造环境，帮助罪犯顺利回归社会。

延伸阅读

我国未成年犯司法保护主要制度

《未成年人保护法》第113条中规定：“对违法犯罪的未成年人，实行教育、感化、挽救的方针，坚持教育为主、惩罚为辅的原则。”为此我国对未成年犯进行司法保护确定了基本准则，并且规定，公安机关、人民检察院，人民法院和未成年犯管教所，应当尊重违法犯罪的未成年人的人格尊严，保障他们的合法权益。

一、侦查、起诉、审判阶段对未成年人的司法保护

《未成年人保护法》第102条规定，公安机关、人民检察院、人民法院和司法行政部门办理涉及未成年人案件，应当考虑未成年人身心特点和健康成长的需要，使用未成年人能够理解的语言和表达方式，听取未成年人的意见。对审前羁

押的未成年人，应当与羁押的成年人分别关押。对未成年人犯罪案件，新闻报道、影视节目、公开出版物、网络等不得披露该未成年人的姓名、住所、照片、图像以及可能推断出该未成年人的资料。以保护其名誉权益。最高人民法院《关于审理未成年人刑事案件具体应用法律若干问题的解释》对未成年人规定了多项保护性措施：已满14周岁不满16周岁的人偶尔与幼女发生性行为，情节轻微、未造成严重后果的，不认为是犯罪。已满14周岁不满16周岁的人使用轻微暴力或者威胁，强行索要其他未成年人随身携带的生活、学习用品或者钱财数量不大，且未造成被害人轻微伤以上或者不敢正常到校学习、生活等危害后果的，不认为是犯罪。已满16周岁不满18周岁的人具有前款规定情形的，一般也不认为是犯罪。关于适用刑罚又规定：对未成年罪犯适用刑罚，应当充分考虑是否有利于未成年罪犯的教育和矫正。

二、服刑改造阶段对未成年犯的司法保护

《监狱法》第74条规定："对未成年犯应当在未成年犯管教所执行刑罚。"贯彻执行"以教育改造为主，轻微劳动为辅"的方针，实行半天学习、半天劳动的制度，对他们执行刑罚要以教育改造为主，立足于挽救，着眼于造就有用之才，继续普及9年义务教育，经考试成绩合格者，教育部门发给毕业证书；有学习能力的还可继续深造，劳动要因地制宜，以习艺为主，培养生产技能，生活上要保证其身体发育的足够营养，防疫防病，使他们能够健康地成长。培育他们养成爱祖国、爱人民、爱劳动、爱科学、爱社会主义的品德，引导他们树立正确的世界观、人生观、价值观，努力把他们造就成有理想、有道德、有文化、有纪律的社会主义公民。

三、刑满回归社会阶段对未成年人的司法保护

未成年犯在刑满回归社会以后，仍然受到多种司法保护。《未成年人保护法》规定："服刑期满的未成年人的复学、升学、就业不受歧视。"这些法律规定应在实践中一一加以落实。

中华人民共和国成立以来，我国监狱法规均对男犯、女犯分押分管作出明确的规定。1954年颁行的《劳动改造条例》[①] 第38条中规定："女犯由女看守员监管。"但直到1987年前后，现实工作中女犯分押分管的问题仍没有完全解决。据司法部调查，1987年全国有1609名直接管教女犯的中队干部，其中男干部172人，占10.6%。这既不符合监管法规，也不利于监管改造。对女犯清监、查铺、人身物品检查、跟班带班、生活卫生管理等一系列监管制度很难落实。女犯

① 已被1994年12月29日全国人大常委会通过并公布的《监狱法》、1990年3月17日国务院发布的《看守所条例》代替。

的生理变化、婚姻家庭问题等情况不便向男民警启齿，造成犯情不明，工作措施失控。个别思想不健康和意志薄弱的男民警，在管教女犯的特殊情况下，容易发生问题，造成了很坏的政治影响。劳动项目不适应女犯的生理、心理特点。一些省份的女犯从事露天农业劳动，工种繁多，不便监管，稍有疏忽，就很容易发生严重的事故。女犯由男性武警实行武装看押，由于性别的差异，也产生了不少问题。针对以上问题，在1988年召开的全国女犯工作座谈会上，司法部劳改局领导提出了切实可行的解决方案。此后，女犯分押分管的要求得到了较为充分的落实。1994年12月颁行的《监狱法》对此作出了明文规定。

对刑满释放的未成年人，未成年犯管教所应当提前通知其父母或者其他监护人按时接回，并协助落实安置帮教措施。没有父母或者其他监护人、无法查明其父母或者其他监护人的，未成年犯管教所应当提前通知未成年人原户籍所在地或者居住地的司法行政部门安排人员按时接回，由民政部门或者居民委员会、村民委员会依法对其进行监护。未成年人的父母或者其他监护人和学校、居民委员会、村民委员会对接受社区矫正、刑满释放的未成年人，应当采取有效的帮教措施，协助司法机关以及有关部门做好安置帮教工作。居民委员会、村民委员会可以聘请思想品德优秀，作风正派，关心未成年人工作的离退休人员、志愿者或其他人员协助做好前款规定的安置帮教工作。未成年人的犯罪记录依法被封存的，公安机关、人民检察院、人民法院和司法行政部门不得向任何单位或者个人提供，但司法机关因办案需要或者有关单位根据国家有关规定进行查询的除外。依法进行查询的单位和个人应当对相关记录信息予以保密。

第三节 民族罪犯的管理

一、民族罪犯概述

（一）民族罪犯的概念

民族指的是多民族国家中人数最多的民族以外的民族。

在我国是指汉族以外的民族。如有56个民族，汉族以外有55个民族相对汉族人口少而被称为少数民族。

民族罪犯是指因实施犯罪行为而被人民法院判处刑罚，并在监狱内接受惩罚与改造的少数民族人员。

民族罪犯的特点：（1）主体是民族；（2）是犯罪行为的实施者和刑事责任

的承担者；（3）是在监狱内服刑并接受改造的民族人员。

（二）我国有关民族罪犯管理的概况

我国《宪法》中规定：“中华人民共和国各民族一律平等。”《刑法》在总则中规定，“民族自治地方不能全部适用本法规定的，可以由自治区或者省的人民代表大会根据当地民族的政治、经济、文化的特点和本法规定的基本原则，制定变通或者补充的规定，报请全国人民代表大会常务委员会批准施行”。《刑法》分则中规定，“煽动民族仇恨、民族歧视的犯罪”“非法剥夺公民的宗教信仰自由和侵犯少数民族风俗习惯的犯罪”。《刑事诉讼法》规定：“各民族公民都有用本民族语言文字进行诉讼的权利。人民法院、人民检察院和公安机关对于不通晓当地通用的语言文字的诉讼参与人，应当为他们翻译。在少数民族聚居或者多民族杂居的地区，应当用当地通用的语言进行审讯，用当地通用的文字发布判决书、布告和其他文件。”

公安部《监狱、劳改队管教工作细则》规定，对少数民族罪犯，在生活上应当照顾他们的生活习惯，人数多的可以单独编队。《监狱法》第52条规定：“对少数民族罪犯的特殊生活习惯，应当予以照顾”。

二、民族罪犯的特点

1. 地区经济的落后造成犯罪行为的增多。
2. 文化水平低造成其改造行为的无知、无为。
3. 宗教意识浓厚造成其思想的固守、狭隘。
4. 交流不通造成教育、管理的困难。

三、民族罪犯监管的主要内容

（一）在罪犯管理中坚持民族平等，促进民族团结

1. 消除狱中的民族隔阂和民族歧视。
2. 扩大各民族罪犯事实上的平等权利。
3. 坚持各民族罪犯在法律、法规纪律面前平等。

（二）关注民族问题，化解民族矛盾

1. 采取积极措施缩小民族差距。
2. 预防狱内民族矛盾演变为骚乱、暴乱等恶性事件。
3. 规范民族宗教活动。

（三）尊重民族罪犯的风俗习惯

四、民族罪犯管理的注意事项

1. 贯彻民族政策，强调区别对待。
2. 尊重宗教信仰，强化改造效果。
3. 提供良好的改造环境。
4. 培养民族狱政管理干部。

第四节　外籍罪犯的管理

一、外籍罪犯的概念

外国籍罪犯简称外籍犯，是指触犯中国法律而构成犯罪并经中国法院判处刑罚，由中国监狱执行刑罚的外国籍公民，在司法实践中将无国籍罪犯也视为外籍犯。

外籍犯的主体特征：（1）主体是外国籍或无国籍人；（2）是指触犯中国法律而构成犯罪并经中国法院判处刑罚的外国籍或无国籍人；（3）主体是在中国监狱内服刑并接受改造的外国籍或无国籍人。

二、外籍罪犯改造的主要特点

由于外籍罪犯在成长过程中所处的社会环境、法律制度、文化背景、生活习惯与国内罪存在明显差异，加上远离家乡和亲人，因而在改造中呈现出许多与众不同的特点。

（一）共性特点

1. 普遍存有抵触。
2. 服刑改造意识淡薄。
3. 有偿改造心理突出。
4. 过度维权现象严重。
5. 拉帮结伙行为明显。
6. 渴望亲情乡情温暖。

（二）个性特征

1. 发达国家罪犯

来自欧美发达国家的罪犯文化程度普遍较高，他们常常倚仗其国籍妄自尊大，在改造中呈现以下特点：一是身份意识不强。淡化自身角色，厌烦警察称呼自己为“罪犯”、彼此之间也忌讳“罪犯”二字，经常在其他罪犯面前炫耀国籍、指手画脚。平时热衷于揣摩警察心理、曲解监规纪律、寻找执法漏洞，个别来自发达国家的外籍罪犯甚至以“人权”为借口，无理取闹、给警察出“难题”。二是不满改造环境。对狱内改造条件期望过高，普遍认为我国监狱管理太严、设施太差、饮食不好，难以适应。经常以“维权”为名，向警察提“合理化建议”，追求不切实际的“人性化”改造。三是不想参加劳动改造。一些罪犯认为劳动改造是一种变相体罚，严重侵犯其人权，并经常以生病等各种借口逃避劳动，并通过使领馆官员向监狱施压。

2. 南亚和东南亚地区罪犯

表现较好，能够认罪服法、听从管教、积极悔改，易与其他罪犯和谐相处，但语言和沟通上存在客观困难，自身不良习惯也较多，增加了无意识犯错的可能。

3. 中亚和西北亚地区罪犯

宗教信仰较虔诚，但思想较为偏激，行为规范意识较差。对监狱管理规定中的一些禁止性条款常产生抵触情绪，甚至拒不执行，往往只重权利、不讲义务，一切以自我为中心，在改造生活中一旦不顺利即迁怒警察，对抗倾向明显。

4. 拉美、非洲发展中国家的罪犯

“三无”人员较多，长期无会见、无通信、无汇款，在改造中呈现出以下特点：一是心理问题突出。在语言、风俗等方面与警察和其他罪犯存在较严重的交流障碍，极少主动与警察或其他罪犯沟通，思想封闭、自卑感强，精神状态长期处于压抑、忧郁、焦虑的状况，难以真正融入集体生活。二是行为规范较差。自我约束能力低，不能严格遵守监规纪律，极易受其他罪犯的教唆和影响，大错不犯、小错不断，违规违纪行为时有发生。

5. 外籍华裔罪犯

这是较为特殊的群体，其经常利用其同时了解国内、国外情况的“优势”，对监狱管理规定断章取义，寻求个人自身利益的最大化，发达国家的华裔也习惯通过使领馆向监狱管理施压，为其他外籍罪犯作出不良表率。

三、外籍犯监管制度的主要内容

（一）外籍犯的收押及刑罚执行场所

自改革开放后，外籍犯数量增多，部分省区确定了关押外籍犯的监狱，如上海在1996年将外籍犯关押点设在青浦监狱。2001年北京市第二监狱成立了外籍犯分监区，设立了外籍犯专用活动室、图书室、娱乐室、书画室及习艺性劳动场所。

2003年1月，司法部监狱局在福建省泉州市召开的外籍犯研讨会上提出，进一步规范外籍罪犯的收押和刑罚执行，会议结束后同年10月司法部直属燕城监狱外籍犯监区正式组建，同年12月17日正式开始收押外籍犯。设备齐全，基本满足了外籍犯的关押要求。

（二）外籍犯的刑罚执行

外籍犯在中国监狱服刑期间，基本按中国罪犯刑罚执行。外籍犯刑满释放后可根据情况附加驱逐出境和不附加驱逐出境释放。严格按照最高人民法院、最高人民检察院、公安部、外交部、司法部、财政部《关于强制外国人出境的执行办法的规定》执行。

外籍犯在服刑期间死亡的，应当按规定中的国际公约和缔结双边领事条约的规定，尽快通知其所属国领事馆，并报司法部监狱管理局。外籍犯的死亡认定、尸体处理、遗物处理等善后事宜，按照外交部、最高人民法院、最高人民检察院、公安部、国家安全部、司法部《关于处理涉外案件若干问题的规定》办理。

（三）外籍犯的日常管理

根据“法律面前人人平等”的原则，参照联合国《囚犯最低限度标准规则》，在居住、饮食、劳动、卫生、学习等方面给予适当的照顾。

（四）外籍犯的通讯、会见管理

1. 通讯

按照《维也纳领事关系公约》以及我国缔结的双边领事条约的规定，及时转交。

（1）监狱对外国籍罪犯与亲属或者监护人的往来信件要进行检查。

（2）外国籍罪犯的申诉、控告、检举信以及写给监狱的上级机关和司法机关的信件，不受监狱检查。监狱应当及时转交。

（3）经监狱批准，外国籍罪犯可以与所属国驻华使、领馆外交、领事官员或者亲属、监护人拨打电话。

2. 会见

（1）会见的申请。

（2）会见的答复。应当在5个工作日内作出同意或不同意的决定。

（3）会见的安排。外国籍罪犯的会见一般每月1至2次，会见人员一般不超过3人。

（4）会见的执行

（五）外籍犯的移管

移管可由罪犯本人、罪犯所属国政府或我国政府提出。

由罪犯所属国政府或者我国政府提出移管的，监狱应征求罪犯意见，并由罪本人写出是否同意回国服刑的书面声明、判决书副本、司法刑期执行情况、罪犯护照和签证复印件以及罪犯健康状况档案，逐级报送司法部。

参考书目

1. 万安中、李忠源主编:《狱政管理》，中国政法大学出版社 2010 年版。
2. 孙平:《文化监狱的构建》，中国政法大学出版社 2007 年版。
3. 吴宗宪:《罪犯改造论——罪犯改造的犯因性差异理论初探》，中国人民公安大学出版社 2007 年版。
4. 孙延庆:《监狱安全情报狱情分析的理论与实务》，法律出版社 2014 年版。
5. 房玉国:《北京监狱狱政管理实务》，中国财政经济出版社 2013 年版。
6. 中国法学会监狱法学研究会、中国监狱工作协会监狱法学专业委员会编:《监狱法学论丛 2017 年度》，法律出版社 2017 年版。
7. 吴丙林主编:《狱政管理学》，法律出版社 2018 年版。
8. 菲利普·津巴多:《路西法效应: 好人是如何变成恶魔的》，生活·读书·新知三联书店 2015 年版。
9. 唐新礼主编:《狱政管理》，中国检察出版社 2011 年版。
10. 龙学群主编:《新时期狱政管理问题研究》，中国市场出版社 2010 年版。
11. 马志冰、焦宁亚主编:《监狱文化建设与监管安全工作研究》，法律出版社 2011 年版。
12. 武玉红主编:《监狱管理经典案例》，中国法制出版社 2011 年版。
13. 中国法学会监狱法学研究会、中国监狱学会监狱法学专业委员会编:《监狱法学论丛——狱政管理篇》，法律出版社 2009 年版。
14. 于爱荣等:《矫正技术原论》，法律出版社 2007 年版。
15. 于爱荣等:《矫正激励统论》，法律出版社 2008 年版。
16. 陈立成:《罪犯心理障碍——识别与处置》，群众出版社 2008 年版。
17. 宋胜尊:《罪犯心理评估——理论·方法·工具》，群众出版社 2005 年版。
18. 唐新礼、张伟主编:《罪犯管理技术》，法律出版社 2008 年版。